中国古代建筑知识普及与传承系列丛书·中国古建筑地图

HISTORICAL ARCHITECTURAL MAP OF SHANXI（VOL.2）

山西古建筑地图（下）

赵寿堂　李妹琳　刘　畅　编著

清华大学出版社
北京

图书在版编目（CIP）数据

山西古建筑地图 . 下 / 赵寿堂，李妹琳，刘畅编著 . — 北京 : 清华大学出版社，2021.1（2024.9 重印）
（中国古代建筑知识普及与传承系列丛书 · 中国古建筑地图）
ISBN 978-7-302-57109-4

Ⅰ . ①山… Ⅱ . ①赵… ②李… ③刘… Ⅲ . ①古建筑—介绍—山西 Ⅳ . ① K928.712.5

中国版本图书馆 CIP 数据核字（2020）第 253665 号

责任编辑：冯　乐
封面设计：谢晓翠
装帧设计：彩奇风
责任校对：王荣静
责任印制：杨　艳

出版发行：清华大学出版社
网　　址：https://www.tup.com.cn，https://www.wqxuetang.com
地　　址：北京清华大学学研大厦 A 座　　邮　　编：100084
社 总 机：010-83470000　　邮　　购：010-62786544
投稿与读者服务：010-62776969，c-service@tup.tsinghua.edu.cn
质量反馈：010-62772015，zhiliang@tup.tsinghua.edu.cn
印 装 者：小森印刷（北京）有限公司
经　　销：全国新华书店
开　　本：180mm×260mm　　印　　张：36.25　　字　　数：1246 千字
版　　次：2021 年 1 月第 1 版　　印　　次：2024 年 9 月第 5 次印刷
定　　价：239.00 元

产品编号：081604-02

献给关注中国古代建筑文化的人们

策　划：华润雪花啤酒（中国）有限公司
　　　　清华大学建筑学院
统　筹：王　群　朱文一
主　持：王贵祥　曾申平
执　行：清华大学建筑学院
资　助：华润雪花啤酒（中国）有限公司

参　赞：
廖慧农　李　菁　马冬梅　张　弦
刘　敏　毕朝矫　张　巍　张思琪

总序一

2008年年初，我们总算和清华大学完成了谈判，召开了一个小小的新闻发布会。面对一脸茫然的记者和不着边际的提问，我心里想，和清华大学的这项合作，真是很有必要。

在“大国”“崛起”甚嚣尘上的背后，中国人不乏智慧、不乏决心、不乏激情，甚至不乏财力。但关键的是，我们缺少一点“独立性”，不论是我们的“产品”，还是我们的“思想”。没有“独立性”，就不会有“独特性”；没有“独特性”，连“识别”都无法建立。

我们最独特的东西，就是自己的文化了。学术界有一句话：“建筑是一个民族文化的结晶。”梁思成先生说得稍客气一些：“雄峙已数百年的古建筑，充沛艺术趣味的街市，为一民族文化之显著表现者。”当然我是在“断章取义”，把逗号改成了句号。这句话的结尾是：“亦常在‘改善’的旗帜之下完全牺牲。”

我们的初衷，是想为中国古建筑知识的普及做一点事情。通过专家给大众写书的方式，使中国古建筑知识得以普及和传承。当我们开始行动时，由我们自己的无知产生了两个惊奇：一是在这片天地里，有这么多的前辈和新秀在努力并富有成果地工作着；二是这个领域的研究经费是如此的窘迫，令我们瞠目结舌。

希望“中国古代建筑知识普及与传承系列丛书”的出版，能为中国古建筑知识的普及贡献一点力量；能让从事中国古建筑研究的前辈、新秀们的研究成果得到更多的宣扬；能为读者了解和认识中国古建筑提供一点工具；能为我们的“独立性”添砖加瓦。

王群

时任华润雪花啤酒（中国）有限公司总经理
2009年1月1日于北京

总序二

2008年的一天，王贵祥教授告知有一项大合作正在谈判之中。华润雪花啤酒（中国）有限公司准备资助清华大学开展中国建筑研究与普及。资助总经费达1000万元之巨！这对于像中国传统建筑研究这样的纯理论领域而言，无异于天文数字。身为院长的我不敢怠慢，随即跟着王教授奔赴雪花总部，在公司的大会议室见到了王群总经理。他留给我的印象是慈眉善目，始终面带微笑。

从知道这项合作那天起，我就一直在琢磨一个问题：中国传统建筑还能与源自西方的啤酒产生关联？王总的微笑似乎给出了答案：建筑与啤酒之间似乎并无关联，但在雪花与清华联手之后，情况将会发生改变，中国传统建筑研究领域将会带有雪花啤酒深深的印记。

其后不久，签约仪式在清华大学隆重举行，我有机会再次见到王总。有一个场景令我记忆至今，王总在象征合作的揭幕牌上按下印章后，发现印上的墨色较浅，当即遗憾地一声叹息。我刹那间感悟到王总的性格。这是一位做事一丝不苟、追求完美的人。

对自己有严格要求的人，代表的是一个锐意进取的企业。这样一个企业，必然对合作者有同样严格的要求。而他的合作者也是这样的一个集体。清华大学建筑学院建筑历史与文物保护研究所，这个不大的集体，其背后的积累却可以一直追溯到80年前，在爱国志士朱启钤先生资助下创办的“中国营造学社”。60年前，梁思成先生把这份事业带到清华，第一次系统地写出了中国人自己的建筑史。而今天，在王贵祥教授和他的年长或年轻的同事们，以及整个建筑史界的同人们的辛勤耕耘下，中国传统建筑研究领域硕果累累。又一股强大的力量！强强联合一定能出精品！

王群总经理与王贵祥教授，企业家与建筑家十指紧扣，成就了一次企业与文化的成功联姻，一次企业与教育的无间合作。今天这次联手，一定能开创中国传统建筑研究与普及的新局面！

朱文一

时任清华大学建筑学院院长
2009年1月22日凌晨于清华园

总序三

清华大学建筑学院与华润雪花啤酒（中国）有限公司在中国古代建筑普及与传承方面的合作，已经进入了第二个阶段。在第一个阶段的合作中，在华润雪花的大力支持下，清华大学建筑学院建筑历史与文物保护研究所的教师与研究生，投入了极大的努力，先后完成了《北京古建筑五书》（2009年）、《中国民居五书》（2010年）、《中国古建筑装饰五书》（2011年）、《中国古都五书》（2012年）和《中国园林五书》（2013年）等，共5个系列，25部中国古代建筑普及性读物。这其实只是有关中国古代建筑知识普及与传承工作的开始，按照这样一种模式，很可能还会有《中国古代宫殿建筑五书》《中国古代佛教建筑五书》《中国古代军事防卫建筑五书》，如此等等，因为延续了5000年之久的中国古代建筑，是一个十分庞大复杂的体系。关于古代建筑的知识，类似普及性读物的写作与出版，还可以继续许多年。然而，这又是一个几乎难以完成的目标，因为，随着研究的深入，相关的知识，还会处在一个不断增加的过程之中。正是在这样一种成功与困惑的两难之中，清华大学建筑学院与华润雪花啤酒（中国）有限公司，开启了双方合作进行中国古代建筑普及与传承出版工作的第二阶段。

第二阶段的工作应该如何开展，究竟怎样才能既最有效，又最全面地向社会普及中国古代建筑的基本知识。华润雪花针对这个问题，做了大量的市场调查与分析，在充分的市场第一手数据的支持下，华润雪花的决策者们提出了一个全新的思路，即为全国范围，包括港、澳、台地区的古代建筑遗存，做一个全面而系统的梳理，完成一套以各省、自治区及港澳台为单位的中国古建筑地图集。把我们的老祖宗留给我们的那些古建筑家底，做一个系统的梳理，并以简单、明快、便捷的语言与图形模式，做出既具学术性，又通俗易懂的说明。这其实既是一套科普性读物，同时也是一套实用性的工具书。

这确实是一个有魄力的决定，同时也是一个庞大、复杂的系统工程。为了完成这样一套具有全面覆盖性的中国古建筑通俗性、工具性读物，不仅需要有能够覆盖全国尚存古代建筑的详细资料与相应建筑史知识体系，而且要对这些建筑所在的准确位置，保存状况，交通信息，联系信息等读者可能需要的资料，一一搜集、梳理，并以一种适当的方式在书中表达出来，以方便读者学习或前往参观、考察。

既然是一本古建筑地图集，就不仅要有翔实而准确的古代建筑知识，以及这些古代建筑遗存的相关信息，还要有直观、明了的地图表达模式。这同样是一个十分复杂的工程。我们地图集的作者们，不仅要仔细斟酌每一座古建筑的历史、艺术诸方面的价值，要认真整理、提炼与这座古建筑相关的种种信息，而且，还有搜集并提供与这些建筑直接相关的图片资料，此外，更重要的，是要将每一座古建筑的空间定位，准确地表达在一张清晰而简练的地图上。

这就需要我们这些参与写作的古建筑专家们，不仅要仔细而缜密地以一种恰当方式，来描绘每一个省、自治区、市、县的地图，而且，要在这些地图上，将这些古建筑准确地标识出来。这样一个烦琐而细密的工作，其中包含了多少具体而微的繁杂文字、图形与数据性工作，又有多少细致而准确的科学定位工作，是可以想见的。这对于那些本来主要是从事古代建筑历史研究与保护的古建筑学者们来说，是一个不小的挑战。

困难是现实的，工作内容是庞杂而繁细的，但既然社会有这样一个需求，既然华润雪花啤酒（中国）有限公司的领导们，从民族文化与大众需求的角度，向我们提出了这个要求，我们的老师和博士、硕士研究生们，就必须迎难而上，必须实实在在，一丝不苟地为读者们打造出一套合格的中国古代建筑地图集，这不仅是华润雪花啤酒（中国）有限公司对中国古代建筑研究与教学多方位支持的一个回报，更是向社会大众普及中华民族传统建筑文化的责任所在。

这是一个需要连续五年的漫长工作周期，每一年都需要完成5部，覆盖五个省、市、自治区或地区的重要古代建筑地图集。随着每年5本地图集的问世，一套简略、快速而概要地学习与了解中国古代建筑历史知识的丛书，就会展现在我们读者们的面前，希望我们的读者，无论是为了学习古代建筑知识，抑或是为了休闲旅游的实用功能，都能够喜欢这套丛书，很好地利用这套丛书，同时，在阅读与使用中，如果发现我们的丛书中，还有哪些不尽如人意之处，也希望有识方家与广大读者不吝赐教，及时给我们提出来，我们将认真对待每一位读者的意见和建议，不仅要在后续的地图集编写工作中，汲取大家的意见，而且还会在今后可能的再版中加以修正与完善。

王贵祥
于清华大学建筑学院

作者简介

赵寿堂
Zhao Shoutang

清华大学博士研究生，研究方向为建筑历史与理论、文物建筑保护技术。2006年获大连理工大学建筑学学士学位，此后作为建筑师工作多年；2014年考入清华大学攻读建筑学硕士学位；2016年考入清华大学攻读博士学位。主持、参与众多建筑设计项目，发表学术论文数篇。

李妹琳
Li Meilin

现为清华大学建筑学院在读博士生，2016年获得清华大学建筑学院学士学位。研究方向为中国古代木构建筑技术与古建筑木材学。本科期间曾参与彩画复原研究、遗址规划设计，并在故宫博物院古建部实习。博士在读期间参与多个古建筑、文物保护项目的历史研究、现状勘察及测绘工作。

刘畅
Liu Chang

清华大学建筑学院副教授，中国营造学社纪念馆馆长，建筑历史与文物建筑保护研究所所长。1968年出生，1987年毕业于清华大学建筑系，后在故宫博物院服务六年。2002年在清华大学建筑学院获得工学博士学位，并自此留校任教至今。发表《慎修思永》《北京紫禁城》《乾隆遗珍》《山西平遥镇国寺万佛殿天王殿精细测绘报告》《雕虫故事》等著作多部，学术论文八十篇。

引言

《山西古建筑地图（下）》，是对山西省中、北部地区重要古建筑的概览，共收录晋中、吕梁、阳泉、太原、忻州、朔州、大同七个城市的三百余个省级以上文保单位。晋中北地区面积广阔，地理特征鲜明又富于变化；历史悠久又激荡着时空变幻；人文底蕴深厚又不乏创新与活力；古建筑虽不及晋南地区分布之集中，却在单体建筑年代之久远、建筑组群规模之宏大、建筑类型之丰富、木构样本特征之广泛等方面尤胜。晋中北与晋南古建筑共同撑起了山西作为文物大省的地位和“地上文物看山西”的美誉。

一、山河之美

山西东以太行山为界，故名山西；其西部与南部又以黄河为界，自唐代以后又常冠“河东”之名。以地理形态观之，山西地处我国第二与第三阶梯的分界处，东部的太行山脉与西部的吕梁山脉南北纵亘，既成为天然屏障又稳稳地托起了地面高程。山西境内又有群山起伏，崇山峻岭之间形成大同、忻州、太原、临汾、运城、长治等盆地，盆地之内地势平缓、河流穿行、土壤肥沃，古往今来皆是人口密集的栖居之所。独特的地理位置和地貌条件赋予了山西“屏东控西”“表里山河”的地缘优势和山水自然的壮美景观。

山西中、北部地区包括晋中、吕梁以北的七个地级市，区域面积将近全省面积的三分之二。此区东以太行为屏，古有太行八陉之军都陉、蒲阴陉、飞狐陉、井陉以通华北；西以吕梁为靠，隔黄河之险而望陕北；北有五岳之恒山，雄关与盛景并举，分朔州、大同于塞北；南有奇峻之太岳，绵山、石膏山与灵空山景区相连，系晋南以汾水。汾水源自忻州之神池（旧说宁武），绕云中山之西南折入太原盆地，流经临汾盆地汇入黄河；滹沱河始于忻州之繁峙，傍五台山之西北，向东南流入河北省中部，汇滏阳河而入渤海；桑干河出自朔州之朔城，向东北流经大同盆地，汇入永定河。虽说此区的山水皆有环绕映带之势，却又是性情各异，美景不同。

俗话说“一方水土养一方人”，建筑也同样离不开水土的滋养。一方面体现在建筑之于自然环境的因地制宜、因势利导和因材致用；另一方面则是生长于斯的人们将自然赋予他们的性情、审美和习俗不自觉地转译到建筑之中。于是，我们既可以看到浑源悬空寺、介休云峰寺、张壁古堡、夏门古堡、孟家沟龙泉寺、榆社崇圣寺、吕梁安国寺、卦山天宁寺、碛口古镇、太山龙泉寺、前斧柯悬泉寺、五台山佛教寺院、赵杲观、盂县烈女祠等建筑群与山水共生、同自然一色的和谐景象；又能体味到华严寺、善化寺和应县木塔的恢宏豪劲，晋祠的温婉秀美，王家、乔家、曹家和渠家等晋商大院的严整华贵，广武城、西焦山和殷家庄等古民居的淳厚质朴。

在地图集的写作过程中，我们曾四入晋中北地区。三次经“井陉”入阳泉至太原，尔后又分三路：南下太原盆地访太原和晋中，北入忻州盆地访忻州，西上吕梁山脉访吕梁。一次经“军都陉”入张家口至天镇县，沿大同盆地南下访大同与朔州。还记得刚入太原市区的汾水清流激湍，窦大夫祠与净因寺隔水相望；还记得从代县洪福寺砖塔奔赴永和堡的途中与夕阳中的滹沱河不期而遇；还记得傍晚在南山寺回望五台山时的心旷神怡；还记得碛口古镇那逝者如斯的黄河水，吕梁山峦上崎岖难行的泥路和层叠“生长”的窑洞式聚落；还记得穿过雁门关隧道时朔州大地的一马平川，乌荣高速上应县木塔的秀美剪影……一路走来虽有辛劳，却能常以山水为伴、建筑为友，幸甚至哉！

二、时空之会

山西北部可谓占尽地利，东倚太行、恒山、五台，西枕吕梁黄土塬，襟带黄河，怀揽汾水。因其地势险要，自春秋战国始，便为兵家必争之地。在中国历史的绝大多数时期，中原农耕民族和游牧民族在此交锋，而两种文化亦在此碰撞。

苍苍朔北，雁门耸峙。雁门意象成为历代文人墨客笔下的常客：胡笳悲歌，将士浴血，兵戎不断。自战国始，以雁门关为代表的晋北地区常处于两国边境之处，现今遗存以地处朔州的北齐古城墙为祖，涵盖边塞城池以及沿线大量明长城。当然，对于早期木构建筑有重要意义的，在于其为辽宋与宋金边界，从地域上对于古建筑技艺的审视划分了维度。作为北部边塞，随防御设施发展的，亦有整套军屯民屯的供给制度，永和堡等三十九座军事堡垒就是作为前线战略部署的情境下从战国至明代不断发展，成为完备的后勤补给线。随着清朝将雁门南北一统，其边塞文化逐渐式微。

山西北部多为黄土地貌，降水稀少，对于农民来说，谋生并非易事。但是先人们仍以其生生不息的韧性在此扎根、耕耘，并发展出颇具地域特色的水神崇拜。雁北地区现今留存有大量龙王庙以及水神祠庙，如律吕神祠、水神堂等，其中的壁画布局形成独特范式，与之匹配的是一系列祈雨祀奉相关的戏曲、仪式等非物质文化。

山西北部为数不多的绿意葱茏的山地，都为当地之至宝，也是修身之圣地，多建庙宇守护。晋北的石窟、佛寺众多，颇能折射出佛教在中原地区发展的脉络。自北魏云冈石窟，到东魏以降的天龙山石窟，佛教传入中原并本土化的路途自此开始。唐代的太原，作为皇族的“龙兴之地”和兴国之本，对李唐意义非凡。在武周时，因文水为女皇故里，晋北热土堪为历史上之极盛，太原被立为北都，成为规模仅次于长安、洛阳的第三大都会。

虽然鼎盛时晋北的民居环境和街衢肌理都难觅踪迹。但是宗教建筑尤其是佛寺，作为代表性建筑遗存，却使我们可以厘清其宗教发展脉络。从唐会昌灭法前后的南禅寺、佛光寺，到辽代的佛宫寺释迦塔，到金代的崇福寺，到明清的五台胜境，清凉福地，最为辉煌的五台山佛教建筑群逐渐成形，终为皇家礼佛之处。时至今日，五台山作为四大佛教名山中文殊菩萨的道场，依旧香客众多。

此外，明代“北岳”的迁移，使得山西浑源恒山作为五岳之一歆享供奉，最终发展为重要道场。辉映其中的摩崖石刻、壁画彩塑，也是宗教历史的见证者。

在抗日战争时期，山西罹遭战火蹂躏，民不聊生。而最中坚的抗日力量，也发轫于此。山西，尤其是晋东北，是华北抗战的主战场，也是战略反攻的根据地，见证了平型关大捷、忻口会战、百团大战等一系列鼓舞人心的战役，也谱写了《吕梁英雄传》的激昂赞歌。

历史回响，渐为沉寂。不过，来到这些古建筑前，也是听它们将历史际遇娓娓道来，不由感到生命的触手不断伸长，体味贯通古今的时空之会。

三、人文之萃

北连朔漠，边关固为马革裹尸之处，亦可驱驰虎贲，建功立业。北筑长城而守藩篱，自秦汉始，晋中、晋北作为汉匈交锋的大后方，见证了李广、卫青、霍去病等将领的威名远扬。

所谓钟灵毓秀，盛唐时女皇生于文水县，而后其封太原为“北都”，文人墨客游历于此，成为一时之盛。李白曾说：“天王三京，北都居一。襟四塞之要冲，控五原之都邑。雄藩剧镇，非贤莫居。”“非贤莫居”道出了晋北地区人才荟萃的盛况。开国猛将尉迟恭，一代贤相狄仁杰，“诗佛”王维，边塞诗人王昌龄、王之涣，“诗王”白居易，花间派鼻祖温庭筠，都诞生于这片广袤热土。这些在建筑上颇有体现。杨忠武祠，见证着杨家将的丰功伟绩。安国寺，陪伴了一代廉吏于成龙及其后人，且故居、墓地亦在故里方山县。乃至清末孝文化诞生的韩极石牌坊和朱氏牌坊，精美绝伦。这些人杰贯穿起此地的历史，震古烁今。

英雄辈出同时，更不乏豪杰行迹，唐宗宋祖都曾驻跸于此。唐太宗李世民在贞观十九年（645 年）东征高丽，班师途经太原，驻留三月之久，并于贞观二十年正月题写了《晋祠之铭并序》碑碣，现仍存于晋祠，今人得以一览其“飞白”神韵。宋太祖曾三伐北汉，其中开宝二年（969 年）春，更是亲自率兵攻取北汉，引汾水灌晋阳城（今太原），久攻不克。直至宋太宗方才收复北汉，彻底平息了五代十国的局面。

明清时期，晋商在此地的经济活动开始崭露头角。在雄踞亚欧大陆的五个多世纪里，山西以太谷、祁县、榆次、平遥为代表的商人们从盐业起步，发展到棉、粮、油、茶、药材、皮毛等各个行业，通过钱庄票号夺金融之先声，形成平遥、祁县、太谷三大商帮；晋商们依托晋中盆地，把业务逐步扩展到全国各地的关隘重镇和商埠都会，而又从内地贸易起家，把范围扩展到今天的蒙古人民共和国、俄罗斯、朝鲜、日本等邻近的国家。所谓“无西不成商”的说法，也印证了晋商财力雄厚、影响深远。晋商文化又有依托传统的家族文化的特点，对于家族后人有儒商的“诚信”教诲。我们从遍布山西的晋商旧址，如祁县的乔家大院、渠家大院，灵石的王家大院、平遥日昇昌等，能从建筑的布置体会到背后的家族文化与精神追求。

山西作为抗日战争的主战场之一，自有无数英雄义士于此捐躯国难，视死如归。其中行经的左权县，游历的贺昌中学，则是对于抗日英雄最直接的致敬。

生逢治世，鲜有经天纬地、名满天下的英豪。但只要韧性与精神不绝，三晋的文脉不断，相信这片土地也必将孕育更多杰出之人。祝福于斯，永远人文荟萃，生生不息。

四、古建之最

独特的地理、历史和人文环境，塑造了晋中北的古建筑，而幸存至今的古建筑又反过来彰显着地理、历史和人文的魅力。从晋中北现存的古建筑看，单体建筑年代之久远、建筑组群规模之宏大、建筑类型之丰富、木构样本特征之广泛堪称全国之最。

我国的木构建筑体系成熟虽早，却并没有早于唐代的木构遗存至今，唐代木构建筑也仅存三座，即五台县李家庄的南禅寺大殿、五台县豆村的佛光寺东大殿、芮城五龙庙大殿。南禅寺大殿年代最古，为唐建中三年（782 年）遗构；而建于唐大中十一年（857 年）的佛光寺东大殿则是三座唐构中规模最大者，其形制直追唐代官式做法，是窥探唐代木构建筑技术和艺术的最重要实例。辽代建筑承袭唐风，面阔九间进深五间的大同华严寺大殿是现存的元代以前殿宇中尺度最大者；大同善化寺则以 4 座辽金遗构居于保存完整的早期佛教寺院之首；应县木塔是我国现存的唯一一座古代木塔，也是现存木构建筑中，建构技术成就的最高代表。晋祠圣母殿就规模、形制和彩塑而言，也是早期宋构中最为瑰丽华美者；阳泉关王庙、定襄关王庙则是现存最早的两个关王庙。金承宋风，平遥文庙大成殿是现存最早的文庙建筑。

就建筑组群的规模而言，晋北的华严寺、善化寺、朔州崇福寺均为巨刹。五台山，作为文殊菩萨道场的佛教圣地，现存寺院 40 余座，布局集中、规模宏大。晋中地区则拥有数量最多的明清民居大院，王家大院、乔家大院、渠家大院、曹家大院目不暇接，尤以“三晋第一宅”之称的王家大院最为恢宏。晋中的平遥古城是我国保存最为完好的一座明清县城，并于 1997 年成功申报世界文化遗产。晋中的张壁古堡则是最具防御性的民居堡垒，尤以上下三层、长度近万米的地道著称。

晋中北地区古建筑类型也极为丰富，有长城、关隘、城池等军事防御设施，市楼、鼓楼、镇河楼等市政设施，票号、药铺、镖局等商业服务设施，以及衙署、民居、佛寺、宫观、祠庙、书院、石窟、塔幢、陵墓、牌楼、影壁、桥梁等常见建筑类型。应该说，除了古代都城所拥有的宫殿、坛庙等国家级建筑类型外，其他类型几乎全部囊括。

晋中北地区保存了唐、辽、宋、金、元、明、清各个朝代木构建筑，未曾断档，是不同时代木构建筑的重要样本库，尤其是保存了唐代和辽代建筑的珍贵木构样本。唐构虽少，以承袭唐风的辽构作为补充和参照，仍有助于早期木构研究。此外，云冈石窟的石刻上还保存着大量北魏时期的木构建筑形象，是研究北魏至隋唐时期木构建筑演变的重要资料。对这些建筑样本的研究常有横向和纵向两种研究方法。横向研究一般是对同一时代的样本的对比研究，发现共同特点，提炼时代特征；找出不同点，分析地域差异、匠作差异、官式与民间差异等。纵向研究一般取不同时代的样本做对比研究，窥探建筑形制的演变规律、匠作基因的传承与变异等。

下面，就同我们一道探访晋中北的古建筑吧！只是别忘了欣赏山水之美，感悟时空之会，体味人文之萃。

目录 | Contents

凡例

How To Use This Book

编号 国家级文保单位　　编号 省级文保单位

编号 其他建筑

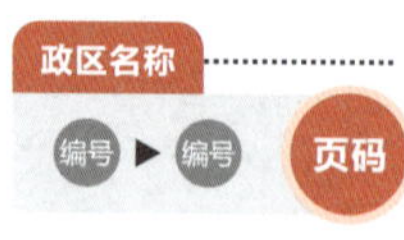

下级图指向标签

1 朝阳宫①

Temple of City God in Lu'an Prefecture

名称与别名	朝阳宫
地　　址	大同古城西城墙内侧
看　　点	布局 · 空间设计
推荐级别	★
级　　别	山西省文物保护单位
类　　型	宫观 · 木构
年　　代	清
交　　通	城区，公交

图 1.1.1.4 后院

- 古建筑编号及名称。1 为文章层级编号，①为每个市的古建筑顺序编号，用于古建筑分布地图
- 英译名
- 地址
- 看点
- 作者推荐指数
- 文物级别
- 类型
- 对于多次重修或改建的古建筑，指现存部分的年代范围
- 交通
- 古建筑图片
- 图片编号和名称

山西省（北部）分片索引

Map Index of Shanxi (North)

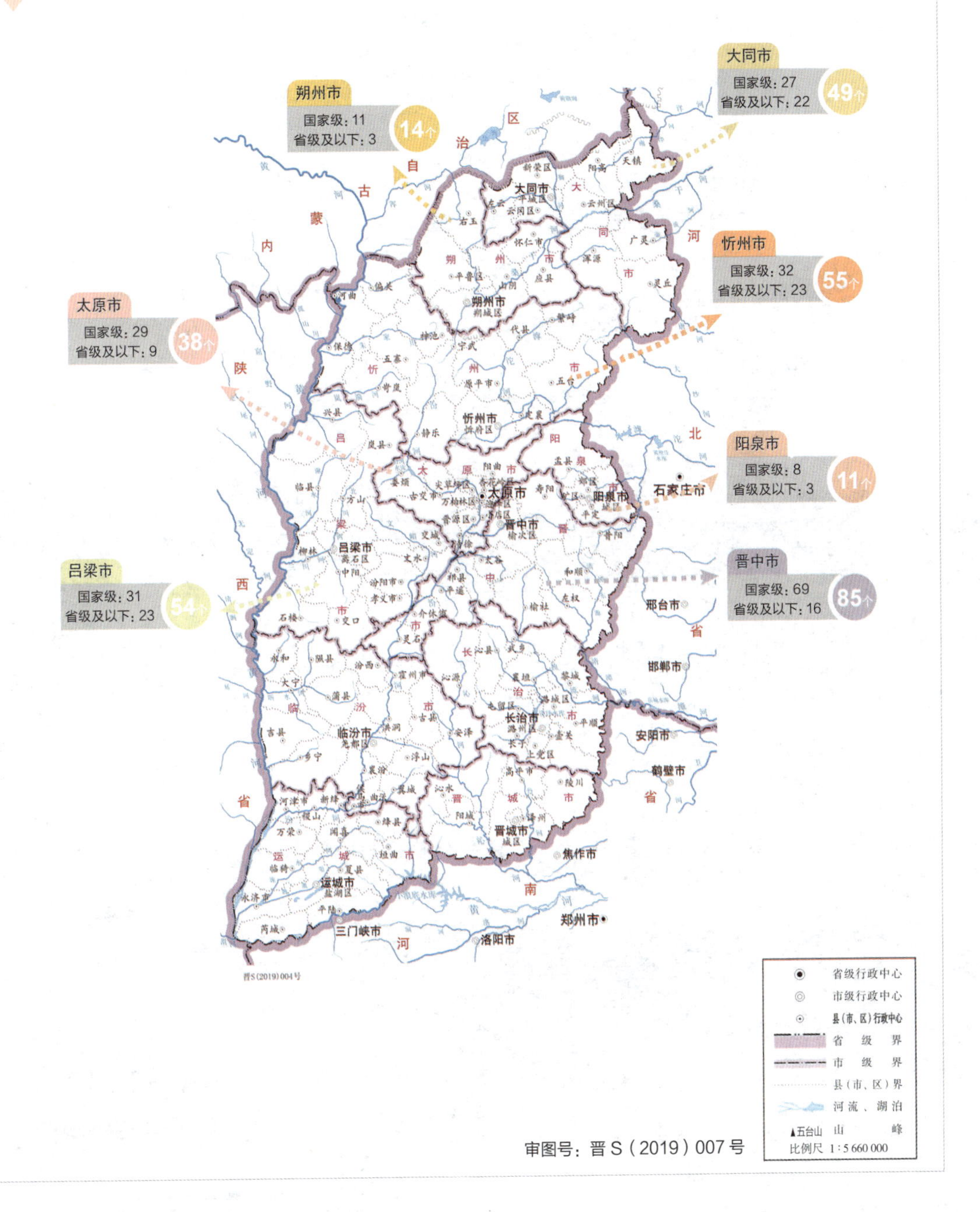

形應萬物
慈被十方

1
大同市
DATONG

大同古建筑分布图

Historical Architectural Map of Datong

1 朝阳宫
2 纯阳宫
3 大十字街五龙壁
4 法华寺塔
5 古城墙
6 鼓楼
7 关帝庙大殿
8 观音堂
9 华严寺
10 华严寺 · 大雄宝殿
11 华严寺 · 薄伽教藏殿
12 九龙壁
13 开化寺
14 清真大寺
15 善化寺
16 善化寺 · 山门
17 善化寺 · 三圣殿
18 善化寺 · 普贤阁
19 善化寺 · 大雄宝殿
20 文庙
21 兴国寺
22 玄真观
23 北宋庄龙母庙
24 禅房寺塔
25 辛寨龙王庙
26 云冈石窟
27 赵彦庄龙王庙
28 安坚寺
29 水神堂
30 西蕉山古建筑群
31 殷家庄古民居
32 翟疃三身寺
33 恒山建筑群
34 恒山建筑群 · 恒宗殿、会仙府
35 恒山建筑群 · 寝宫
36 荆庄大云寺大雄宝殿
37 律吕神祠
38 麻家大院
39 文庙
40 悬空寺
41 圆觉寺砖塔
42 永安寺
43 永安寺 · 传法正宗之殿
44 永兴北岳行宫
45 觉山寺砖塔
46 慈云寺
47 新平玉皇阁
48 杨塔村砖塔
49 云林寺

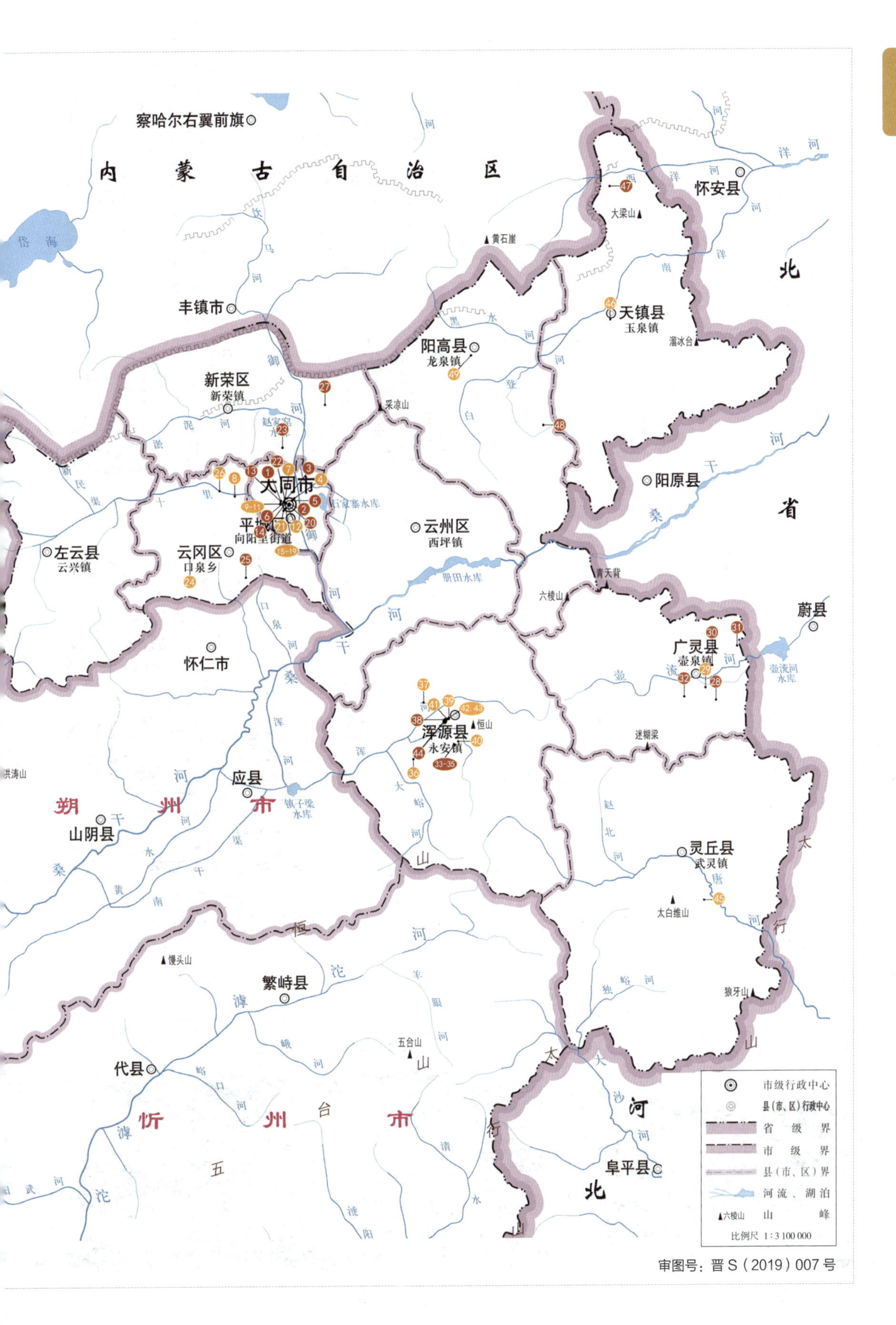

审图号：晋S（2019）007号

1.1 城区及近郊区

1 朝阳宫①

Chaoyang Taoist Temple

名称与别名	朝阳宫
地　　址	大同古城西城墙内侧
看　　点	布局 · 空间设计
推荐级别	★
级　　别	山西省文物保护单位
类　　型	宫观 · 木构
年　　代	清
交　　通	城区，公交

朝阳宫紧邻古城的西城墙，进入清远门北行一百余米，便到了这组紧凑的建筑群。建筑群的沿街界面正被各种宣传古城的广告遮挡着，修复工程或许还未结束，围墙南侧的一处豁口像是特意为访客预留的（图 1.1.1.1）。

建筑群坐西朝东，规模虽然不大，形制却较为完整。山门、钟鼓楼、前殿、厢房、后殿、朵殿形成了两进狭小的院落。前殿和山门之间仅有两米左右的距离，一半的殿身嵌在由两侧厢房形成的"凸"字形空间里（图 1.1.1.2），使得山墙一侧的通道并不直接对着后院（图 1.1.1.3）。经过狭小通道的空间铺陈，不大的后院却让人有豁然开朗之感（图 1.1.1.4）。

比起空间设计上的匠心，建筑单体并无特色可言，就连时光打磨过的历史印记也因过度修复而荡然无存。"修旧如旧"的确是一件说易做难的事情，唯有心存敬畏并谨慎为之，才可能做得更好吧。

图 1.1.1.1 朝阳宫外景

图 1.1.1.2 前院

图 1.1.1.3 前、后院间通道

图 1.1.1.4 后院

2 纯阳宫②

Chunyang Taoist Temple

名称与别名	大同纯阳宫、吕祖观
地　　址	大同市区鼓楼西街北侧
看　　点	布局 · 木构 · 壁画
推荐级别	★★★
级　　别	山西省文物保护单位
类　　型	宫观 · 木构
年　　代	清
交　　通	城区，公交

隔着鼓楼西街，纯阳宫南侧是一个开阔的市民广场。广场北侧正中建有牌楼一座，牌楼两侧配有双阁，广场周边则围以仿古建筑。纯阳宫的沿街立面较为开阔，中部设宫门三座，钟鼓楼分列两侧，整个前导空间秩序井然（图 1.1.2.1）。

建筑群分为东西两路，布局完整。东路坐落着主要殿宇，中轴线上由南向北依次是山门、灵官殿（图 1.1.2.2）、祖师殿（图 1.1.2.3）、献殿和三清殿（图 1.1.2.4），形成了三进院落；西路则是一处园林（图 1.1.2.5）。所有建筑都已修葺一新，无法知晓何为历史遗存何为重建之物。殿宇之楹联、匾额大都集历代名家笔迹而成，虽非真迹，仍不乏赏玩之趣（图 1.1.2.6）。偶有不明真相的游客发现一处落款为王羲之的匾额竟信以为真，兴奋不已。各殿之内的新绘壁画多仿永乐宫壁画笔意，虽画工和艺术价值远不及前者，倒也算佳品。

据说，芮城永乐宫（南宫）、太原纯阳宫（中宫）与大同纯阳宫（北宫）并称为山西的三大纯阳宫。或许在某一时段历史时刻，三座道教庙宇的确是鼎足而立，而今却不得不承认三者在文物价值上的递减关系了。

图 1.1.2.1 纯阳宫外观

图 1.1.2.2 灵官殿

图 1.1.2.3 祖师殿

图 1.1.2.4 献殿和三清殿

图 1.1.2.5 园林

图 1.1.2.6 集苏轼字对联

3 大十字街五龙壁③

Five-Dragon Screen Wall on Dashizi Street

名称与别名	大十字街五龙壁
地　　址	大同市区大十字街南侧
看　　点	龙纹 · 砖雕
推荐级别	★★
级　　别	山西省文物保护单位
类　　型	影壁
年　　代	明—清
交　　通	城区，公交

影壁常作为古代建筑群的前导空间之屏而存在，失去了原有建筑主体的大十字街五龙壁也因此显得十分孤寂。据专家考证，五龙壁曾是明代大同县文庙的一部分，至于文庙当年的模样只能在脑海里重构了。

影壁长 28.5 米，高 5.7 米，由砖构砖雕而成，主体为五间正壁，两侧携单间八字形朵壁（图 1.1.3.1）。正壁面砖以 45 度角斜砌成网状纹理，上嵌砖雕团龙五枚，与檐下垂花式柱头所划分的各间呼应。龙纹以明间之坐龙为中心，对称布置，次间为降龙，稍间为升龙。坐龙图案上仍有斑驳的青绿色彩留存（图 1.1.3.2），不知是否历史遗迹；降龙和升龙虽对称布置，却是形态各异，和而不同（图 1.1.3.3）。朵壁左侧绘“鱼龙之变”（图 1.1.3.4），右侧绘“鱼跃龙门”（图 1.1.3.5），构图考究、雕工精良，与文庙的文化特征十分契合。

大同古城内还有另外两处琉璃龙壁，这座砖雕五龙壁虽不及琉璃龙壁之辉煌炫丽，却多了几分素雅和质朴。

图 1.1.3.1 五龙壁全景

图 1.1.3.2 坐龙

图 1.1.3.3 降龙

图 1.1.3.4 鱼龙之变

图 1.1.3.5 鱼跃龙门

4 法华寺塔④

Pagoda in Fahua Temple

名称与别名	法华寺塔
地　　址	大同市区和阳街北侧
看　　点	喇嘛塔形制 · 琉璃装饰构件
推荐级别	★★
级　　别	山西省文物保护单位
类　　型	塔 · 砖结构
年　　代	明
交　　通	城区，公交

今天的法华寺规模宏大，瑰丽壮观（图 1.1.4.1）。但大部分建筑都是新建的，唯有寺内的砖塔是古物。据专家考证，此塔始建于元末明初，是大同市现存的唯一一座覆钵式喇嘛塔，因塔内曾藏有一部《法华经》而得名。

砖塔位于法华寺最后一进院落的南部，此院十分开阔，周边围以配殿和廊庑（图 1.1.4.2）。塔的整体形象十分瘦削，如置于台座之上的巨大宝瓶，远没有元代盛期喇嘛塔的雄浑和饱满之感。塔周围的地面铺以白色细沙，颇具禅意。宽大的六边形塔基与寺院的南北轴线并无对位关系（原始轴线可能为东西方向），塔基西侧辟有券门（图 1.1.4.3），其余五面均嵌有四

图 1.1.4.1 法华寺远景

图 1.1.4.2 塔院

图 1.1.4.3 塔基券门

图 1.1.4.4 四字真言

字真言（图 1.1.4.4）。洁白的塔身之上设有四个佛龛，佛龛外部饰以琉璃券门图案（图 1.1.4.5）。塔身之上采用的是“十三天”与“密檐”的混合样式，并覆以琉璃饰面；檐下饰有斗拱图案，但各层斗拱之间并无结构上的对位关系。八层密檐之上设置圆形攒尖亭，周辟四龛，各供佛像一尊（图 1.1.4.6）。

图 1.1.4.5 塔身佛龛

图 1.1.4.6 亭式塔刹

5 古城墙⑤

Ancient city wall

名称与别名	大同古城墙
地　　址	大同市区
看　　点	夯土古墙 · 明代城墙形制
推荐级别	★★★
级　　别	山西省文物保护单位
类　　型	防御设施 · 城墙
年　　代	北魏、辽、金、元、明
交　　通	城区，公交

明洪武五年（1372 年），大将徐达奉旨在前代城墙基础上增筑新城墙，以强化大同作为军事重镇的地位，从此奠定了大同城池的基本格局（图 1.1.5.1）。明成化《山西通志》对城墙形制做了详细记载：“周围十二里，高四丈二尺，壕深四丈五尺……门四：东曰阳和、南曰永泰、西曰清远、北曰北定，上各建楼，角楼四座，敌台楼五十四座，窝铺九十六座。”

经历六百多年的风雨，大同古城墙的基本轮廓虽在，但墙体损坏十分严重，城砖几乎全部遗失，夯土墙心也残破不堪。2016 年 11 月，历时 8 年的大同古城墙修复工程竣工，遗存的夯土墙心被重新包砌，本已不存的墙体被重新补全（图 1.1.5.2）。重修后的古城墙巍峨壮丽，成为城市的一道新风景（图 1.1.5.3）。

值得一提的是，南侧护城河之外尚留存一段长约 180 米、南北走向的夯土墙遗迹，为我们保存着古城墙未经修葺的模样（图 1.1.5.4）。

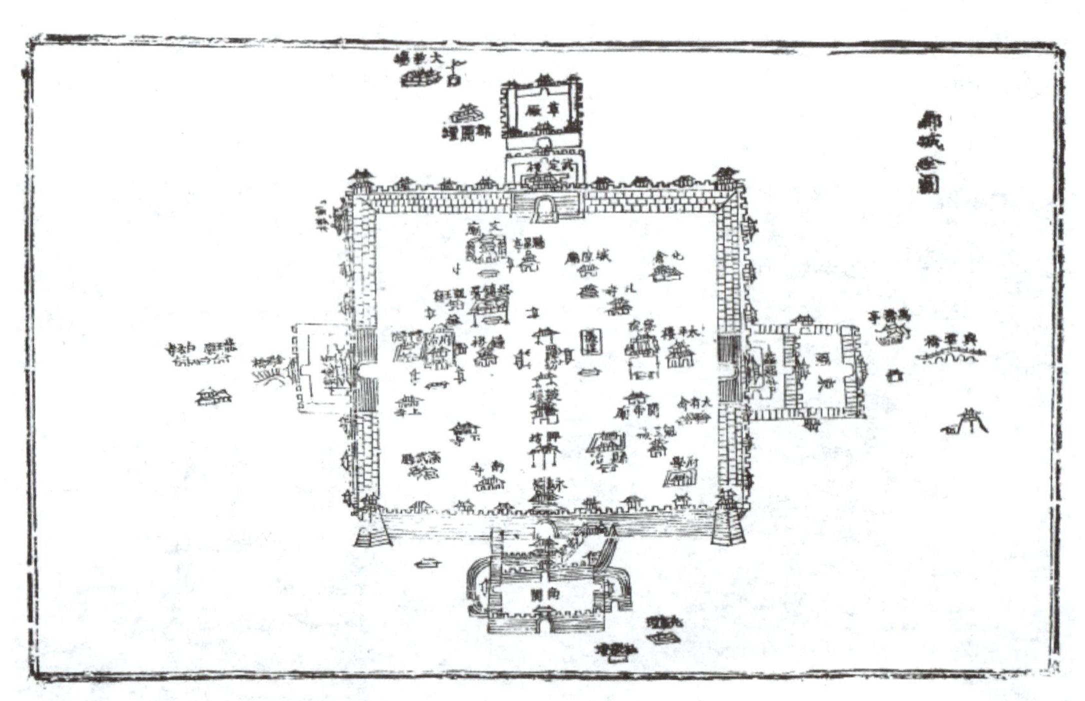

图 1.1.5.1 大同城池图

图 1.1.5.3 城墙远景

图 1.1.5.2 重建中的城墙

图 1.1.5.4 夯土城墙遗迹

6 鼓楼⑥

Drum Tower

名称与别名	鼓楼，更鼓楼
地　　址	大同市区大南街南段十字路口
看　　点	木构 · 清代碑碣
推荐级别	★★
级　　别	山西省文物保护单位
类　　型	市政建筑 · 鼓楼
年　　代	明—清
交　　通	城区，公交

鼓楼位于大同古城大南街南段十字路口，高大雄伟，所谓“其势不高，则其声不扬，而人之听闻也不广”，走在主街之上，远远便看到它的倩影（图 1.1.6.1）。

鼓楼面阔和进深各三间，总广约 18 米，深约 14.5 米；对于匠人，长方形的底层平面与歇山十字脊屋面之间颇费一些几何计算。鼓楼高三层，计约 20 米，每层均设外廊，廊柱落于下层屋檐瓦面之上的构造设计稍欠考究，远不及唐宋建筑平座构造之完美；楼层之间收分颇缓，立面造型端庄沉稳，比例优雅（图 1.1.6.2）。鼓楼曾是过街楼，底层辟十字通道，其旧时交通功用已被今天的“转盘式”交通所取代（图 1.1.6.3）。

图 1.1.6.1 鼓楼远景

据专家考证，鼓楼始建于大明天顺末至成化初（1463—1466 年）。明代李贤在《大同鼓楼记》中对鼓楼的功用和建造意义做了详细论述，并于文末提及了工程组织者及其撰文始末。此后，鼓楼在明清两代屡有修葺，尚存清顺治、康熙和咸丰年间的维修碑记九通。

今天的鼓楼，即便失去了“更鼓”与交通之用，也不只以地标的形式存在，它总能让人们想起那个“官府列焉，百工具焉，众役在焉，人民聚焉，必有更鼓以示”的年代。

图 1.1.6.2 鼓楼近景

图 1.1.6.3 鼓楼老照片

7 关帝庙大殿⑦

Main hall of the Temple of Guan Yu

名称与别名	大同关帝庙大殿
地　　址	大同市区鼓楼东街北侧
看　　点	大木结构 · 小木作 · 壁画
推荐级别	★★★★
级　　别	全国重点文物保护单位
类　　型	祠庙 · 木构
年　　代	元
交　　通	城区，公交

从鼓楼所在路口向东，沿鼓楼东街步行约 250 米，就到了关帝庙。庙前有一个较为宽敞的广场，广场南部居中有一座戏楼，名曰“演真楼”，与关帝庙的山门遥遥相对。据说这座戏楼原是从皇城街迁移过来的（图 1.1.7.1）。

修复后的关帝庙形制完整，由南向北共有三进院落，中轴线上依次是山门、过殿、献殿与大殿、春秋楼，钟鼓楼和各配殿分列两侧（图 1.1.7.2）。与大同纯阳宫所见一致，建筑的匾额和楹联大都集字而成，虞世南、颜真卿、米芾、王铎、傅山等名家笔迹荟萃（图 1.1.7.3）。所有建筑中，唯有关帝庙大殿最具文物价值，并被列为第七批全国重点文物保护单位。

大殿下承低矮台基，上覆单檐歇山顶，面阔和进深各三间，通面阔设隔扇门；普拍枋出头直切，阑额出头刻做菊花头状；檐下斗拱为单杪单下昂重拱计心造，正面补间施斗拱两朵，山面补间施斗拱一朵（图 1.1.7.4）。室内梁架为“乳栿对四椽栿用三柱”；上、下层梁栿之间施驼峰和令拱，缝间用襻间；脊瓜柱上置丁华抹颏拱以承脊槫，脊槫下用叉手，平槫不用托脚；次间设平棊，心间彻上明造（或原有吊顶损毁）（图 1.1.7.5）；进深北次间设佛道帐，内供塑像三尊，小木作较为精美（图 1.1.7.6）；东西山墙绘有壁画，画工较为普通（图 1.1.7.7）。大殿南侧月台之上有献殿三楹，斗拱繁密且形状怪异（图 1.1.7.8）。

大殿创建年代尚未见明确记载，东侧山墙虽有明万历三十四年（1606 年）《重修义勇圣贤庙记》嵌石一块，亦未提及初创年月（图 1.1.7.9），有专家根据大殿木构特征判断其为元代建筑。

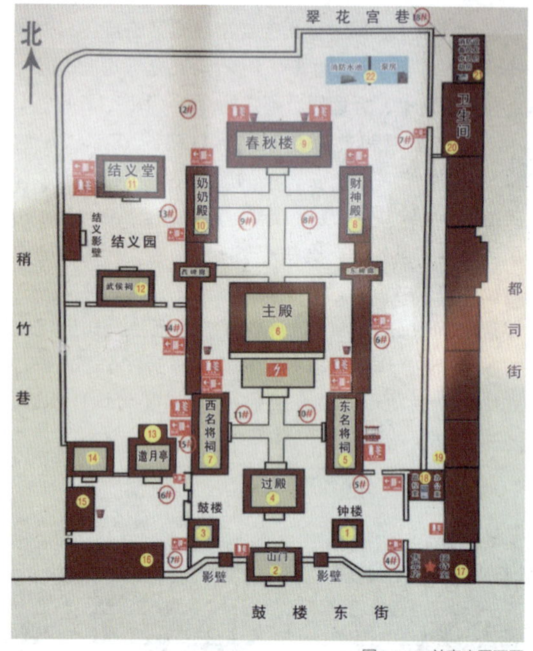

图 1.1.7.2 关帝庙平面图

图 1.1.7.1 演真楼

图 1.1.7.3 集王铎字匾额

图 1.1.7.5 大殿梁架

图 1.1.7.4 大殿外观

图 1.1.7.6 殿内小木作

图 1.1.7.7 大殿壁画

图 1.1.7.8 献殿

图 1.1.7.9 山墙嵌石

8 观音堂⑧ 

Avalokitesvara Temple

名称与别名	大同观音堂
地　　址	大同市云冈区小站村
看　　点	寺院布局 · 雕像 · 三龙壁
推荐级别	★★★
级　　别	全国重点文物保护单位
类　　型	佛寺 · 木构
年　　代	清
交　　通	城区，公交

即便不是专程拜访观音堂，从市区到云冈石窟的途中也会与它不期而遇，或许，山门旁那座精美的琉璃龙壁有一种魔力，常将好奇的目光牢牢锁住（图 1.1.8.1）。

观音堂建在小山坡上，墩台与围墙之上露出灵动的灰瓦屋顶，入口位于轴线东侧，隐藏在琉璃龙壁的后面。龙壁长约 12.2 米，高 6.7 米，或许是基于寺外景观和山门对景的双重考虑，采用了少见的双面龙纹设计，且图案相似：青、绿水云背景之上翻跃着三条金龙，中央仔龙回头顾盼，左右两龙相向而舞，栩栩如生（图 1.1.8.2）。

龙壁后面的入口已不开放，需从东部侧门进入寺内（图 1.1.8.3）。山门之外的中轴线南端建有坐南朝北的戏楼，山门东侧有楼梯通向龙壁之后的入口（图 1.1.8.4）。山门之内，第一进院落的正殿即为观音殿。此殿规模甚小，面阔三间，前出小三间献棚（图 1.1.8.5）；殿内供观音菩萨、胁侍菩萨、明王等石雕立像十余尊，雕工精湛，为寺庙最古之文物遗存（图 1.1.8.6，图 1.1.8.7）；室内壁画和彩画亦保存较为完好（图 1.1.8.8）。院落左右两侧建有钟鼓亭、碑廊等附属建筑，碑廊和献棚内尚存历代碑碣十余通。观音殿之北为第二进院落，建有三真殿。此殿呈下窑上阁样式，侧面设有楼梯通往二层，但尚未对外开放

图 1.1.8.1 观音堂远景

图 1.1.8.2 琉璃龙壁近景

图 1.1.8.3 观音堂今入口

图 1.1.8.4 观音堂原入口

图 1.1.8.5 观音殿与献棚

图 1.1.8.6 观音像

图 1.1.8.7 明王像

（图 1.1.8.9）。

据寺内导览文字介绍，观音堂始建于辽重熙六年（1037 年），辽保大二年（1122 年）毁于兵火，唯观音殿内的石雕仅存；现存观音殿为清顺治八年（1651 年）重建，三真殿则建于乾隆四十三年（1778 年）。

图 1.1.8.8 壁画和彩画

图 1.1.8.9 三真殿

9 华严寺⑨

Huayan Temple

名称与别名	华严寺
地　　址	大同古城西南隅
看　　点	布局 · 木构 · 彩塑 · 壁画
推荐级别	★★★★★
级　　别	全国重点文物保护单位
类　　型	佛寺 · 木构
年　　代	辽、金
交　　通	城区，公交

1933 年，梁思成先生一行对大同古建筑调查之旅的首站便是华严寺，足见其在古建筑学家心目中的崇高地位。今天我们又一次寻着梁先生当年的足迹，来到这座驰名遐迩的古刹。

“华严寺在内城西南隅，东向，自辽金来号为巨刹，至明始析为上下二寺。”梁先生给出的时空坐标在今天仍然有效，只是修缮后的寺院格局要比过去完整很多（图 1.1.9.1）。整个寺院坐西朝东，规模宏大，上寺居北，下寺居南，虽名为上下两寺，内部实则贯通。东西方向，两寺尺度相近；南北方向，上寺尺度约为下寺两倍（图 1.1.9.2）。寺前现为宏阔的市民广场，广场周边仿建了各式辽风建筑，颇为壮观（图 1.1.9.3）。

上寺除大雄宝殿为金代遗构之外（图 1.1.9.4），均为现代仿建。中轴线上由东向西依次是新建山门、普光明殿、上寺山门、前殿、大雄宝殿、千手观音殿，两侧钟鼓楼、配殿、廊庑围合成完整的界面。梁先生当年所见之上寺，仅为上寺山门以西部分。

下寺除薄伽教藏殿为辽代遗构之外（图 1.1.9.5），其余亦为仿古建筑。中轴线上依次建有游客出口、观音殿、薄伽教藏殿、华严宝塔、僧舍等建筑。梁

图 1.1.9.1 华严寺远景

图 1.1.9.2 华严寺平面图

图 1.1.9.5 薄伽教藏殿背立面

图 1.1.9.6 海会殿旧照

图 1.1.9.3 寺前广场的辽风建筑

图 1.1.9.4 大雄宝殿

图 1.1.9.7 华严宝塔

先生当年所见仅止于薄伽教藏殿，而此殿东北原存的另一座珍贵辽构——海会殿，却毁于 20 世纪 50 年代（图 1.1.9.6），殊为可惜。薄伽教藏殿北侧的华严宝塔虽非古物，却仍以木构为之，形态比例尤佳（图 1.1.9.7），且可以登临而鸟瞰华严盛景，确有可嘉之处（图 1.1.9.8）。

图 1.1.9.8 俯瞰华严寺

10 华严寺 · 大雄宝殿⑩

Main Hall of Huayan Temple

名称与别名	华严寺大殿，大雄宝殿
地址	大同古城西南隅
看点	木构 · 彩塑 · 壁画
推荐级别	★★★★★
级别	全国重点文物保护单位
类型	佛寺 · 木构
年代	金
交通	城区，公交

大雄宝殿始建于辽清宁八年（1062 年），辽保大二年（1122 年）毁于兵火，金天眷三年（1140 年）依旧址重建，元、明、清历朝亦有修葺。明洪武三年（1370 年），官方曾将大殿改作大有仓，二十余年后复为佛殿之用。

因大殿坐西朝东，上午或为探访的最好时机。笔者一行到达之时，已是午后，虽欣赏到大殿在逆光下的倩影，却无法弥补殿内略显昏暗的遗憾。大殿雄踞 4.5 米高的台基之上，屋面舒缓、出檐深远，大气磅礴。殿前月台宽大，南北两侧建有钟鼓亭（图 1.1.10.1）。

殿身阔九间、深五间，面积为 1559 平方米，此殿与辽宁义县奉国寺大殿均为现存古代佛殿之巨构，且较奉国寺大殿尤大。大殿外墙，仅在正面的当心间

图 1.1.10.1 大雄宝殿外观

图 1.1.10.2 大雄宝殿外檐

图 1.1.10.3 大雄宝殿背立面

图 1.1.10.5 壁画

和左右第三间辟门，门上设亮子，其余墙面均为实墙。此殿规格虽高，外檐斗拱却仅用五铺作出双杪；各间仅施补间铺作一朵，且于普拍枋之上施驼峰以承栌斗，

图 1.1.10.4 殿内空间

图 1.1.10.6 彩塑

斗拱排布十分舒朗；阑额与普拍枋出头直切，不做装饰（图 1.1.10.2）。屋面用四阿顶，无推山，简洁古朴；正吻为鱼吻，造型遒劲，应为金代样式，唯侧面略显单薄（图 1.1.10.3）。

殿内柱网采用了减柱和移柱手法，仅设内柱20根，空间至为开敞（图 1.1.10.4）。殿内梁栿平直，不用月梁，通设天花且满饰彩画，墙面亦满绘壁画，十分华丽（图 1.1.10.5）。砖坛之上供坐佛五尊，佛像两侧立胁侍菩萨，据梁思成先生考证，佛像均为明代作品，胁侍菩萨中有数尊仍具辽金遗风（图 1.1.10.6）。

为保护文物并满足游客的观赏需求，管理部门制作了“全景华严”AR，游客通过微信扫描二维码即可观看，随时随地感悟国宝之魅力。

11 华严寺 · 薄伽教藏殿⑪

Hall of Buddhist Scriptures in Huayan Temple

名称与别名	华严寺薄伽教藏殿
地　　址	大同古城西南隅
看　　点	木构 · 彩塑 · 小木作
推荐级别	★★★★★
级　　别	全国重点文物保护单位
类　　型	佛寺 · 木构
年　　代	辽
交　　通	城区，公交

薄伽教藏殿建于辽重熙七年（1038 年），为华严寺藏经之所。“薄伽”是“bhagavat”的音译，为世尊梵名，佛之尊号。

大殿坐落在凸字形台基之上，台高约 3 米，设台阶 20 级（图 1.1.11.1）。殿前月台开阔，广及次间外柱，台上南北两侧建有碑亭和钟亭。大殿面阔五间，进深四间，正面心间及次间各设长槅六扇，门上设亮子；背面心间辟直棂横窗，其余墙面均为实墙。檐柱柱头施阑额和普拍枋，出头直切；柱头斗拱为五铺作双杪重拱计心造；补间于普拍枋上立蜀柱以承栌斗，再出两跳华拱，上层华拱置替木以承橑风槫；转角铺作在非转角一侧亦出 45 度斜拱，整朵斗拱匀称端庄（图 1.1.11.2）。大殿屋面平缓，不及四分之一举；屋檐曲线柔和，出檐深远；虽为九脊殿顶，却舒展如四阿顶之形（图 1.1.11.3）；正吻亦为鱼形，较华严寺大殿饱满些，只是形态、细部都远逊于梁思成先生当年所摄之影像，应非原物（1.1.11.4）。

图 1.1.11.1 大殿外观

图 1.1.11.2 大殿外檐

图 1.1.11.3 大殿屋面

殿身平面为《营造法式》所述金厢斗底槽，内槽共有10根柱子，心间左右缝上各增小柱两根，或为后世所添（图1.1.11.5）。外槽除正面中部三间外，通设壁藏与天宫楼阁；内槽设凹字形砖砌佛坛，坛上供佛像三十余尊。主像为三世佛，每佛各占一间，坐像上方设置八角藻井，并有背光伸入其中（图1.1.11.6）。主像两侧各立佛陀弟子及胁侍菩萨数尊，姿态不一、神形兼备。诸像之中，尤以燃灯古佛前的“合掌微笑露齿”菩萨最为优美，被誉为“东方维纳斯”（图1.1.11.7）。据梁思成先生判断，除少数佛像为

图1.1.11.4 梁思成拍摄的正吻

图1.1.11.5 殿内空间

图1.1.11.6 佛像

图1.1.11.7 胁侍菩萨

近代作品之外，其余三十余尊皆为辽代遗存。殿内通设平棊天花，并梁架、斗拱均施彩画，色彩新旧驳杂。殿内尚存金大定二年（1162 年）和元至元十年（1273 年）石碑各一通，是记录华严寺在金、元两朝重修的重要文献。

位于外槽的壁藏与天宫楼阁是辽代小木作精品，可以看作是楼阁式大木建筑的缩小模型，保存了大量辽代建筑形象与构造做法，颇为珍贵（图 1.1.11.8）。壁藏分上下两层，下层包括台基、经厨和腰檐，上层设平座、佛龛或天宫楼阁、屋顶。壁藏周身共有经厨 38 间，心间西墙窗户处设五间凌空式天宫楼阁，两侧以环桥与壁藏相连，独具匠心（图 1.1.11.9）。南北两壁中央、东壁收头、西壁两端以高出周边坡檐的九脊顶打破单调的立面效果（图 1.1.11.10）。小木作斗拱种类丰富，达十七种之多。上檐与腰檐皆用双杪双下昂七铺作，形象与观音阁、应县木塔、奉国寺大殿等辽代遗构之七铺作斗拱相似，只是用假昂和第一跳重拱计心造的设计与上述三殿不同（图 1.1.11.11）；

图 1.1.11.8 殿内小木作

图 1.1.11.9 天宫楼阁

图 1.1.11.10 端部立面设计

图 1.1.11.11 小木作七铺作斗拱

图 1.1.11.12 小木作六铺作斗拱

腰檐之上的平座用六铺作卷头造，勾栏束腰华版雕刻精美，样式多达三十余种（图 1.1.11.12）。各层檐下用橑檐枋而非橑风槫，与《营造法式》所述和应县木塔实例相同；屋顶坡度平缓，檐口曲线柔和。

大殿壁藏和佛坛外侧已设有护栏，无法尽观小木作与佛像的游客亦可扫码观看"薄伽教藏殿全景"。

12 九龙壁⑫

Nine-Dragon Screen Wall

名称与别名	大同九龙壁
地　　址	大同市区大东街路南
看　　点	龙纹 · 琉璃构件
推荐级别	★★★★
级　　别	全国重点文物保护单位
类　　型	影壁
年　　代	明
交　　通	城区，公交

比茕茕孑立的大十字街五龙壁要幸运很多，九龙壁所依附的主体建筑群——代王府，正在重建之中。代王府是朱元璋第十三子朱桂及其子嗣的府邸，建于明洪武二十五年至二十九年（1392—1396 年），九龙壁作为王府的影壁亦建于此时。崇祯十七年(1644 年)，大火之后的代王府仅有九龙壁幸存。

龙壁与新建的代王府之间隔着车水马龙的大东街，且并不在代王府的中轴线上，而是偏西了许多。龙壁周边建有围墙，仅在西北角开设一个很小的入口。

龙壁长 45.5 米，高 8 米，厚 2.02 米，紧靠南侧围墙。虽然与北侧围墙之间有 30 米的距离，身靠北

图 1.1.12.1 二龙相向

图 1.1.12.2 二龙向背

图 1.1.12.3 龙壁全景

墙却很难将整个龙壁纳入取景框，足见其尺度之巨。龙壁由须弥座、壁面和檐部组成。壁面高度约为总高的二分之一，九条巨龙翻腾于青绿色山水云雾之间，气势磅礴。九条龙虽然体态各异，仍呈现一定秩序：色彩上，九龙以金龙为中心，左右对称分布；形态上，升龙与降龙相间；组织上，左侧两组呈相向戏珠状（图 1.1.12.1），右侧两组呈背向分离状（图 1.1.12.2）。就上述三方面特征看，大同九龙壁与北京北海九龙壁和故宫九龙壁十分相似，而故宫九龙壁中央为坐龙形态，更加突出中心感；从龙的形体看，大同九龙壁的龙更加肥硕；从龙的细节表现看，大同九龙壁的龙皆为四爪、排麟、无尾鳍，表现出王权和皇权的等级差别。（图 1.1.12.3）

看过精美绝伦的九龙壁就不难想象当年那座“小皇宫”的恢宏壮丽了。重建工程虽已进入收官阶段，建成的代王府却只能是今天的建筑师重新设计的模样。神似？形似？都似，抑或都不似？想要见其真容，唯有穿越回朱明王朝了。

13 开化寺⑬

Kaihua Temple

名称与别名	大同开化寺
地　　址	大同市区清远街北侧
看　　点	木构 · 历史沿革
推荐级别	★★
级　　别	山西省文物保护单位
类　　型	佛寺 · 木构
年　　代	明、清
交　　通	城区，公交

在电子地图上找不到大同开化寺的位置并不奇怪，即便是本地人也少有人知道。或许是因为开化寺距离马路南侧的华严寺太近，而被华严寺的大名所掩；或许是因为它曾被国民党军队和日本宪兵队占用过，又在新中国成立后改作会议室、仓库甚至民宅等功用而早已断了香火。在徘徊之际，一位路过的老乡指着路旁的工地说那就是开化寺。街道的北端正对着一座

图 1.1.13.1 开化寺街景

图 1.1.13.2 施工中的开化寺

教学楼，大门右侧写着“大同一中”，或许那里曾是一中的旧址（图 1.1.13.1）。

工地周边“戒备森严”，站在北侧的土堆上看到一组清式木构屋架：五开间主殿携两开间耳殿，耳殿南侧有一座侧殿（图 1.1.13.2）。在斜阳下，木色屋架与华严寺的秀美剪影遥相呼应（图 1.1.13.3）。

一处被列为省保的寺庙不应该只是新建的“假古董”吧？带着疑问，我们从围墙的一处处缝隙里窥探，终于找到了原始建筑遗存：蓝色雨布覆盖着一座不大的硬山式殿宇，殿前连着三开间献殿。这应该就是寺庙的正殿了，而起初所见的屋架则是新建的后殿（图 1.1.13.4）。继续绕着围墙前行，我们在南侧的缝隙里又拍到了难得的主殿正面照（图 1.1.13.5）。正殿的梁架仍然是原构，只是进行了加固处理，屋角的椽子则是重新更换的，殿前还立着两尊诡异的黑色塑像。

据《大同府志》记载，开化寺原名佟公祠，始建于清顺治十年（1653 年），五年后更名为开化寺，后楼供奉佟公像，前殿另塑文昌像。有学者考证，“佟公”为佟养量，曾于顺治六年“总督宣大，山西军务，驻扎阳和”。在任职期间，他“平反冤狱，减免税负，修学宫、习礼教”，将这样一位受民爱戴的官员与文昌帝君同祀一庙也算是合情合理的事情了。

图 1.1.13.3 遥望华严寺

图 1.1.13.4 正殿与献殿侧立面

图 1.1.13.5 主殿与献殿正立面

14 清真大寺⑭

Grand Mosque

名称与别名	清真大寺
地　　址	大同市区大西街九楼巷
看　　点	布局 · 建筑造型 · 木构 · 室内空间
推荐级别	★★★
级　　别	山西省文物保护单位
类　　型	清真寺 · 木结构、砖结构
年　　代	明—清
交　　通	城区，公交

在去往华严寺的途中曾路过清真大寺的后门，却因慕名而先访了华严寺，折回清真大寺之时已近黄昏。常听说非伊斯兰教信仰的人会被清真寺拒之门外，这座清真大寺却是个特例。

从大西街转入清真寺前街，远远便看到高耸的望月楼，非常具有标识性（图 1.1.14.1）。整个寺院坐西朝东，入口前的广场直达永泰街。寺院沿街立面呈现出伊斯兰建筑风格，唯独望月楼顶层建有木构六角攒尖亭（图 1.1.14.2），院内建筑则大多以中式木构建筑为主。寺院平面接近正方形，可以分为南、中、北三路。中路是寺院的核心空间，中轴线上由东向西依次是大门、影壁（图 1.1.14.3）、邦克楼（图 1.1.14.4）、泮桥（图 1.1.14.5）、礼拜大殿（图 1.1.14.6）、石雕

图 1.1.14.1 清真寺远景

图 1.1.14.2 望月楼

图 1.1.14.3 入口和影壁

图 1.1.14.4 邦克楼

图 1.1.14.5 泮桥回望

图 1.1.14.6 礼拜大殿入口

图 1.1.14.7 南路正殿

图 1.1.14.8 礼拜大殿外观

图 1.1.14.9 礼拜大殿室内

影壁、西门，两侧设碑廊和配殿；南北两路的中轴线上各设一座正殿（图 1.1.14.7），分列于礼拜大殿两侧，两殿前方是开敞的院落，院落两侧为学习、起居、沐浴、餐饮等生活配套用房；南殿后方为清真女寺，北殿后方为办公院落。

礼拜大殿是寺院的核心建筑，建筑造型独特，通过长方形建筑体量的纵向叠加强化礼拜路径，屋顶则综合运用抱厦、勾连搭等组合方式满足复杂的平面要求（图 1.1.14.8）。礼拜殿纵轴的西端又在垂直方向叠加一座八边攒尖亭，并于各面开窗，天光泻下，内部空间在此处得到升腾，宗教精神也在此升华。在运用中式传统建筑塑造宗教空间上，实属成功案例（图 1.1.14.9）。

对于寺院的始建年代，大致有三种说法：一是唐贞观二年（628 年），据清乾隆七年《敕建清真寺碑记》所载，原存贞观石碑破损而重新立碑并重录唐碑碑文，多数学者认为此碑所载为伪；二是元泰定元年（1324 年），见于《元史》记载，多数学者认同此说；三是明永乐年间，见于明天启二年（1622 年），见于《重修礼拜寺碑记有铭》，碑载“……因永乐中遂建寺于府西南隅”，学者大都认为永乐年间是原址重建，而非始建。

15 善化寺⑮

Shanhua Temple

名称与别名	善化寺
地　　址	大同市区永泰门内街
看　　点	布局 · 木构 · 彩塑
推荐级别	★★★★★
级　　别	全国重点文物保护单位
类　　型	佛寺 · 木构
年　　代	辽、金
交　　通	城区，公交

善化寺位于古城南门（永泰门）之西北，与南门隔路相望。寒冷的冬日清晨，阳光才刚刚掠过高耸的城墙，带着丝丝暖意，洒落在晨练的市民身上（图 1.1.15.1）。琉璃影壁上的巨龙似乎还没有睡醒（图 1.1.15.2），叠印着斑驳树影的山门在如洗的碧空下显得俊朗而古雅（图 1.1.15.3）。

这是一座始建于唐，毁弃于辽，重建于金，修葺于后世的千年古寺。方志和碑碣上曾留下一串关键的时间节点，唐开元、辽保大二年、金天会戊申、金皇统癸亥、金明昌元年、明宣德三年……其中，重建工程的见证者朱弁在《大金西京大普恩寺重修大殿记》中详细记录了寺院重建始末：“辽末以来再罹锋烬，楼阁飞为埃坋，堂殿聚为瓦砾，前日栋宇所仅存者十不三四……于是寺之上首通玄文慧大师圆满者……与其徒合谋协力……经始于天会之戊申（1128 年），落成于皇统之癸亥（1143 年），凡为大殿暨东西朵殿、罗汉洞、文殊普贤阁及前殿、大门、左右斜廊合八十余楹”，重建年代与寺院格局一目了然（图 1.1.15.4）。此后直至 1932 年中国营造学社对善化寺调研时，寺院仍保持着重建时的格局，除罗汉洞、文殊阁和左右斜廊已毁外，其他建筑俱在（图 1.1.15.5）。今天，在文殊阁和左右廊庑得以重建之后，寺院的格局更加完整了。

虽不及华严寺之宏阔，善化寺却保存了辽建金修的大雄宝殿、金代重建的三圣殿、普贤阁和山门四座珍贵的辽金遗构，亦足与华严寺媲美了。

图 1.1.15.1 前广场

图 1.1.15.2 五龙壁

图 1.1.15.3 山门正面

图 1.1.15.4 朱弁所书碑文

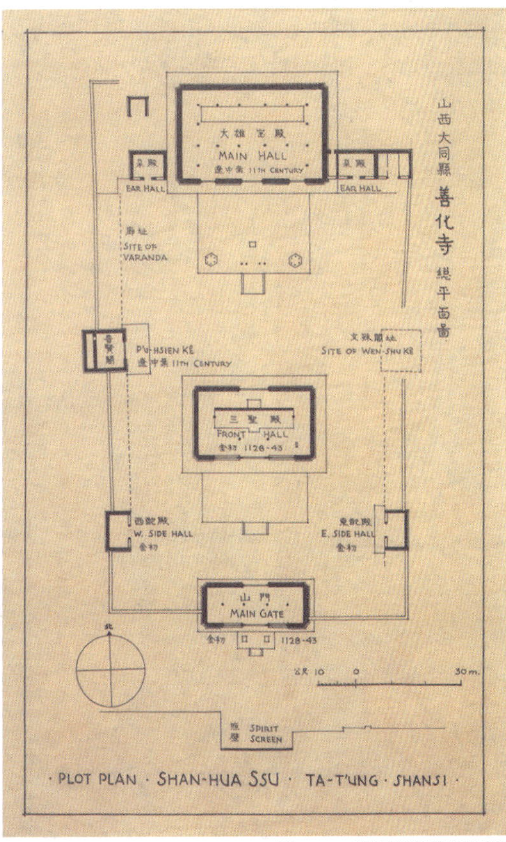

图 1.1.15.5 营造学社绘善化寺平面

16 善化寺·山门⑯

Main entrance to Shanhua Temple

名称与别名	善化寺山门
地　　址	大同市区永泰门内街
看　　点	木构·彩塑
推荐级别	★★★★★
级　　别	全国重点文物保护单位
类　　型	佛寺·木构
年　　代	金
交　　通	城区，公交

山门位于中轴线南端，是寺院的正门，门前的五龙壁本是兴国寺之物，后迁移至此。山门两侧新建了耳门作为游览的出入口。

山门下承低矮台基，上覆单檐四阿顶，面阔五间进深两间。殿身正面心间设板门，次间设直棂窗，背面心间设板门，其余墙面均为实墙。檐柱有生起现象，柱头用阑额和普拍枋，当心间阑额作月梁形，颇为秀美。外檐斗拱用五铺作单杪单昂重拱计心造，除当心间和次间用两朵补间铺作外，其余各补间均用一朵，斗拱分布均匀。屋面坡度舒缓，出檐深远，正脊呈柔和曲线，正吻上部为龙形，不及华严寺之鱼吻遒劲有力（图 1.1.16.1）。

殿身平面为分心槽形式，设内柱四根，柱头额枋与普拍枋上均布五铺作斗拱，与外檐斗拱一起形成水平斗拱层(图 1.1.16.2)。室内彻上明造，梁栿作月梁形，屋角用抹角栿，上下层梁栿间用驼峰和斗拱，脊槫用斗子蜀柱和叉手支撑，各缝梁架用襻间作横向联络（图 1.1.16.3）。室内于两侧次间置四大天王坐像，光线透过南侧直棂窗，将塑像照亮（图 1.1.16.4）。东次间北墙附近立有明万历十一年（1583 年）《重修善化寺记》石碑一通（图 1.1.16.5）。当年梁思成先生在山门内所见的《大金西京大普恩寺重修大殿记》现存于三圣殿内。

图 1.1.16.2 分心柱上斗拱层

图 1.1.16.1 山门背立面

图 1.1.16.3 室内梁架

图 1.1.16.4 彩塑

图 1.1.16.5 重修碑记

17 善化寺 · 三圣殿⑰

Hall of Three Sages of Shanhua Temple

名称与别名	善化寺三圣殿
地　　址	大同市区永泰门内街
看　　点	木构 · 彩塑
推荐级别	★★★★★
级　　别	全国重点文物保护单位
类　　型	佛寺 · 木构
年　　代	金
交　　通	城区，公交

站在山门心间门槛内侧向北望去，三圣殿刚好被框入门框之内，足见古人在规划布局和视线设计上的匠心（图 1.1.17.1）。

三圣殿台基低矮，月台较为宽阔，与山门之间舒缓和谐。大殿面阔五间，进深四间八椽。正面心间辟门，门上有亮子，次间设通长直棂窗；背面心间辟门，余为实墙。檐柱有明显生起，柱头施阑额和普拍枋，普拍枋出头直切，阑额出头刻菊花头形状。檐柱

图 1.1.17.1 在山门望三圣殿

图 1.1.17.2 柱头铺作

图 1.1.17.3 次间补间铺作

图 1.1.17.5 转角铺作

图 1.1.17.4 昂

图 1.1.17.6 大殿构架

柱头斗拱用六铺作单杪双下昂重拱计心造，昂为插昂（图 1.1.17.2）；次间补间铺作出三杪，每跳均出 45 度斜拱，具有很强的装饰性（图 1.1.17.3）；其余补间铺作与柱头铺作外形相似，只是均用真昂，昂尾作挑斡（图 1.1.17.4）；转角铺作亦较为复杂，转角栌斗及两侧附角栌斗之上的各跳横拱作“鸳鸯交手”状（图 1.1.17.5）；檐下用橑檐枋。屋面为单檐四阿顶，坡度略陡，接近《营造法式》之三分之一举；屋脊略呈弧线，正吻尾部如象鼻形，较为纤弱，应为后世修补之物。

大殿为厅堂型构架，用减柱移柱造，除被扇面墙所隐藏的内柱外，仅外露四根内柱，且当心间两侧的内柱似为后世所加，足见原始设计对空间效果的追求和匠人对结构设计的自信（图 1.1.17.6）。就心间左右缝而言，梁栿自下而上共四层：最下为六椽栿对乳栿，其上为劄牵，再上为四椽栿，最上为平梁；次间左右缝上，最下层则用五椽栿对三椽栿。下层梁栿插入柱头斗拱之内，补间铺作昂尾用挑斡，挑四层素枋

图 1.1.17.7 壁画

图 1.1.17.8 佛像

图 1.1.17.9 普贤菩萨像

图 1.1.17.10 文殊菩萨像

以承下平槫，山面丁栿斜搭于五椽栿之上。殿内彻上明造，梁架遍施彩画，四壁新绘壁画之建筑风貌与繁峙岩山寺壁画颇似，或以此为蓝本（图 1.1.17.7）。殿内供奉华严三圣，高坐莲台之上，中为毗卢遮那佛（图 1.1.17.8），东为普贤菩萨（图 1.1.17.9），西为文殊菩萨（图 1.1.17.10）。殿内现存金大定十六年、金明昌元年、万历四十四年、乾隆五年碑碣四通。

走出大殿，阳光暖暖地照在身上，五只猫咪正蹲在墙根儿下慵懒地晒着太阳（图 1.1.17.11）。像是见惯了熙攘的人群，即便从它们身边走过，它们都懒得转睛瞥你一眼，不禁感叹道："千年古寺就是不一样，连猫都这么拽！"

图 1.1.17.11 晒太阳的群猫

18 善化寺 · 普贤阁⑱

Pavilion of Samantabhadra of Shanhua Temple

名称与别名	善化寺普贤阁
地　　址	大同市区永泰门内街
看　　点	建筑造型 · 大木结构
推荐级别	★★★★★
级　　别	全国重点文物保护单位
类　　型	佛寺 · 木构
年　　代	金
交　　通	城区，公交

普贤阁和文殊阁位于三圣殿的侧后方，普贤阁居西（图 1.1.18.1），文殊阁居东（图 1.1.18.2），两阁靠近三圣殿而使得大雄宝殿的前导空间十分开阔。惜文殊阁毁于民国初年，今已仿照普贤阁重建，再现了双阁阙立的风姿。

普贤阁造型优雅，坐落于 1.1 米砖砌台基之上，外观两层，算上平座暗层，实则三层。楼阁为正方形平面，下层边长约 10.4 米。上下层面阔皆为三间，平座以下进深方向划为两间，平座以上则划为三间。正面当心间较为开阔，次间狭高。下层檐柱高峻，径高比约 1:9.5，角柱有明显生起。平座和上层檐柱用插柱子造，并层层内收，立面呈现端庄安稳之态（图 1.1.18.3）。各层柱头皆用阑额和普拍枋，且出头直切，不做雕饰。外檐斗拱皆为双杪卷头造，各层之间、柱头与补间铺作之间又各有差异，类型丰富。上层斗拱尤为特别：当心间补间出 60 度斜拱，柱头、次间补间、转角铺作的横拱连为一体，且转角铺作侧向亦出 45 度斜拱，与华严寺薄伽教藏殿转角斗拱极似（图 1.1.18.4）。屋面为九脊顶，坡度平缓，接近《营造法式》之四分之一举，正吻、垂兽、走兽等瓦饰皆非辽金原物。

图 1.1.18.1 普贤阁远景

阁内无内柱，首层正中供普贤菩萨像，与营造学社所摄之像不同，并非原塑，壁画也是重新绘制的（图 1.1.18.5）。塑像背后设木梯通向楼上，楼梯前有老人与小孩勿攀的提示，既非被限人群，便径直上楼探访。楼梯第一跑向南上至暗层（图 1.1.18.6），然后折 90 度向东直通上层（图 1.1.18.7）。上层南北墙面的当心间设有直棂窗，室内光线充足(图 1.1.18.8)。屋架前后（东西）方向，通檐设四椽栿，上托平梁及蜀柱；蜀柱上置丁华抹颏拱以承脊槫，脊槫两侧用叉手，两缝梁架之间用槫和襻间相联系；山面设丁栿，平搭于四椽栿上；丁栿之上，设太平梁支撑山花板和出际荷载（图 1.1.18.9，图 1.1.18.10）。出上层板门，绕行于平座之上，则可以俯瞰全寺盛景(图 1.1.18.11)。

若把独乐寺观音阁比作“闺秀”，普贤阁也足配得上“碧玉”之名。当年梁思成先生根据普贤阁的木构特征，判断其为“前日栋宇所仅存者十不三四”之一的辽代建筑。后来，人们曾于阁中发现“（金）贞元二年（1154 年）一行造”的题记，即便如此，仍无伤其风神。

图 1.1.18.2 文殊阁远景

图 1.1.18.3 普贤阁近景

图 1.1.18.4 转角铺作

图 1.1.18.5 壁画与彩塑

图 1.1.18.6 暗层内部

图 1.1.18.8 上层内景

图 1.1.18.7 通向上层的楼梯

图 1.1.18.10 室内梁架二

图 1.1.18.9 室内梁架一

图 1.1.18.11 普贤阁上俯瞰

19 善化寺 · 大雄宝殿⑲

Main Hall of Shanhua Temple

名称与别名	善化寺大雄宝殿
地　　址	大同市区永泰门内街
看　　点	木构 · 彩塑 · 壁画
推荐级别	★★★★★
级　　别	全国重点文物保护单位
类　　型	佛寺 · 木构
年　　代	辽、金
交　　通	城区，公交

站在普贤阁平座之上，可以更加清晰、完整地观赏大雄宝殿建筑群：大殿雄踞 2 米高的凸字形台基之上，殿前有宽阔的月台，月台南侧居中立牌坊一座，东西两侧分设钟鼓亭；大殿东西两侧各设三间悬山朵殿，朵殿台基高一米余，与大雄宝殿之间通过台阶相连（图 1.1.19.1）。

图 1.1.19.1 大雄宝殿全景

大雄宝殿面阔七间，进深五间，上覆单檐四阿顶。殿身正面心间与左右稍间辟门，门上设窗，其余均为实墙。大殿檐柱高峻，有生起，柱头用阑额和普拍枋，出头直切无雕饰。外檐所有斗拱皆为六铺作卷头造，各间仅施补间铺作一朵，布局疏朗；补间铺作栌斗之下用驼峰和第一跳瓜子拱两端出 45 度斜拱的构造（图 1.1.19.2），以及转角铺作增加附角斗的做法（图 1.1.19.3），均与华严寺大雄宝殿类似。大殿屋面平缓，总坡度约为 27.75 度，小于四分之一举；脊槫不作推山，正脊微弧，正吻为明清样式；屋檐呈柔和弧线，出檐深远，接近柱高之半。

大殿为殿堂和厅堂混合型构架，进深方向第一排和第三排各减内柱四根，以增大礼拜和供养空间（图 1.1.19.4）。当心间和次间梁架为前部四椽栿、中部六椽栿、后部乳栿，共用四柱；其余为十架椽屋用六柱形式；山面用乳栿和丁栿；外檐补间铺作向内出五跳承下平槫，各缝梁架之间用襻间相联系（图 1.1.19.5，图 1.1.19.6，图 1.1.19.7，图 1.1.19.8）。殿内仅于当心间施天花和藻井，其余为彻上明造，空间极为高敞（图 1.1.19.9）。佛坛之上供奉五方佛，佛像之间又有胁侍弟子和菩萨立像共四尊，经梁思成先生鉴定皆为辽塑精品（图 1.1.19.10，图 1.1.19.11，图 1.1.19.12）；

图 1.1.19.2 补间铺作

图 1.1.19.3 转角铺作

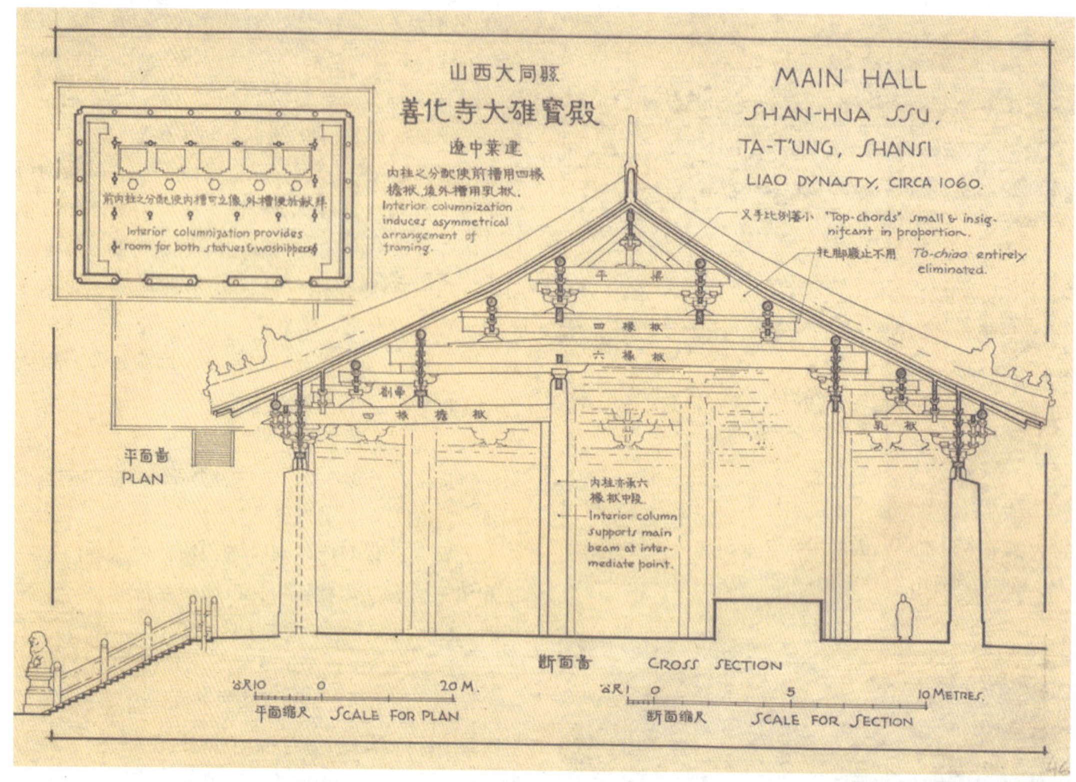

图 1.1.19.4 大雄宝殿平面和剖面

图 1.1.19.5 殿内空间一

图 1.1.19.6 殿内空间二

东西山墙之前立二十四诸天像，梁先生认为东壁的六手观音最为丰美自然（图 1.1.19.13，图 1.1.19.14）。殿内彩画为历代修绘；壁画虽为康熙末年重绘，画工亦精（图 1.1.19.15），唯东壁与南壁似为新近重绘（图 1.1.19.16）。冬日的阳光可以直射到殿身第二排内柱，并通过地砖的反射将佛坛和佛像照亮，丰富的光线层次成功地渲染了神秘的空间氛围（图 1.1.19.17）。

梁先生根据《大金西京大普恩寺重修大殿记》中所谓“重修”而非“重建”的措辞和“前日栋宇所仅存者十不三四”的描述，又以所见的辽代木构特征和细部工艺进行比对，断定大殿为辽代遗构。

图 1.1.19.7 殿内梁架一

图 1.1.19.8 殿内梁架二

图 1.1.19.9 藻井

图 1.1.19.10 东向西看佛像

图 1.1.19.11 西向东看佛像

图 1.1.19.12 释迦牟尼像

图 1.1.19.13 东壁彩塑

图 1.1.19.15 西壁壁画局部

图 1.1.19.14 西壁彩塑

图 1.1.19.17 殿内氛围

图 1.1.19.16 东壁壁画局部

20 文庙⑳

Temple of Confucius

名称与别名	大同文庙
地　　址	大同市区老城东南隅
看　　点	布局·木构
推荐级别	★★★
级　　别	山西省文物保护单位
类　　型	祠庙·木构
年　　代	明、清
交　　通	城区，公交

清乾隆《大同府志》记载："大同府儒学在府城东南隅，旧学在府治东，即元魏中书学、辽西京国子监、金时之太学、元之大同县学也。明洪武八年建为府学，二十九年以府学为代藩府，改云中驿为府学，即今学也。"文中的"府学"即为文庙。文庙自明初改建于"云中驿"之后，却在嘉靖十二年（1533年）冬悉遭兵火破坏，此后两年，文庙得到重建，尔后，经明清两朝又屡有修葺。时至清末，文庙依然保存完好，惜民国以来又遭拆改或另做他用之破坏，仅大成殿幸存。文庙修复工程于2010年告竣，大多数建筑得到了复原式重建。

文庙占地宏大，中轴线向南延伸至永泰门内街，以"云路坊"为起点，经大成坊抵达棂星门前（图1.1.20.1）。棂星门内，由南向北共三进院落。第一进院落正中的泮池为长条形，而不用半月形，似乎与"诸侯不得观四方，故缺东以南"的礼制不符（图1.1.20.2）。泮池之北，东西两侧建有碑亭（图1.1.20.3）。

图1.1.20.2 方形泮池

图1.1.20.1 云路坊

过仪门入第二进院落，大成殿居中而立。殿身面阔五间，进深三间，明间和次间辟门，稍间开窗。檐柱有明显卷杀，柱头用阑额和普拍枋，柱头和补间斗拱皆外出三翘。屋架为单檐歇山顶形式，收山较小；屋檐弧线柔和，出檐深远，屋角翘起如飞，形态优美；瓦面用金色琉璃瓦剪边（图 1.1.20.4）。大殿平面柱网用减柱和移柱形式，殿内彻上明造，空间高敞（图 1.1.20.5，图 1.1.20.6）。

大成殿北侧为第三进院落。院落正中立孔子像，北端为新建的崇经阁（图 1.1.20.7）。阁高三层，覆两层腰檐和十字歇山屋顶，造型与比例尚佳。

图 1.1.20.5 殿内梁架一

图 1.1.20.3 从东碑亭望西碑亭

图 1.1.20.6 殿内梁架二

图 1.1.20.4 大成殿外观

图 1.1.20.7 新建的崇经阁

21 兴国寺㉑

Xingguo Temple

名称与别名	兴国寺
地　　址	大同市区兴国寺街永兴里小区西南
看　　点	布局 · 建筑形制
推荐级别	★★
级　　别	全国重点文物保护单位
类　　型	佛寺 · 木构 · 砖构
年　　代	明、清
交　　通	城区，公交

还记得善化寺山门前那座琉璃龙壁吗？没错，它的“老家”就是兴国寺，只是，今天尚存一隅的兴国寺的确难以让人相信它是五龙壁的归属了。失去龙壁的兴国寺也褪去了昔日的华彩，变得如此暗淡，以至于难以找寻了。

兴国寺位于兴国寺街永兴里小区的西南隅，其入口并不在小区内，而在南侧临近迎宾广场的小路旁（图 1.1.21.1）。推开小小的板门，迎面是一条狭长的红砖界面的小巷（图 1.1.21.2），小巷尽头有一个小门洞，一旁的文物碑确认着寺庙的身份（图 1.1.21.3）。多么希望这条通道是刻意为之的空间设计而不是被侵占后的妥协之举，因为在前导空间的铺垫下竟能感受到殿前小院的豁然开朗（图 1.1.21.4）。

寺庙坐西朝东，仅剩下一座下窑上阁式大殿和两侧的窑洞式配殿。大殿下层为三眼窑洞，洞前建有五间木构前廊，檐下不用斗拱；室内南北方向也为拱券结构，与各间窑拱垂直相交（图 1.1.21.5）。大殿上层面阔三间，进深两间，外设周围廊，上覆单檐歇山顶，檐下也无斗拱；室内彻上明造，屋架为简洁的抬梁结构，梁架上彩画依稀可见（图 1.1.21.6）。大殿与配殿之间的缝隙处设置楼梯，通向侧殿屋顶平台（图 1.1.21.7）。

图 1.1.21.1 入口

据《大同县志》记载，兴国寺建于明万历己未年（1619 年），清康熙、乾隆年间重修。以精美的五龙壁推断，当年的寺院应该非常恢宏，而今天尚存的殿宇实在算不上宏构了。

图 1.1.21.2 小巷

图 1.1.21.3 文物碑

图 1.1.21.4 院子

图 1.1.21.6 二层梁架

图 1.1.21.5 大殿外观

图 1.1.21.7 二楼侧立面

22 玄真观㉒

Xuanzhen Taoist Temple

名称与别名	玄真观
地　　址	大同市老城区代王府北侧
看　　点	城墙上的道观 · 建筑形制
推荐级别	★★
级　　别	山西省文物保护单位
类　　型	宫观 · 砖构 · 木构
年　　代	明、清
交　　通	城区，公交

如果以大同老城的南北主路为对称轴，大十字街五龙壁和玄真观刚好处于对称的位置上。只是在笔者探访时，玄真观已被纳入代王府的工地之内了。进入工地的西侧入口再折向北，便望到一组灰砖建筑孤零零地立在新建王府的西北方。

这组建筑的形制较为独特：一个不大的院落建

图 1.1.22.1 玄真观外观一

图 1.1.22.2 玄真观外观二

在高高的砖台之上，院落仅由一栋单檐歇山顶正殿和两侧单坡硬山顶厢房组成，砖台正中是一个券门洞（图 1.1.22.1），攀登砖台的楼梯依附在砖台的东南侧，整个建筑显得十分封闭（图 1.1.22.2）。台阶前紧锁的板门把我们这些不速之客挡在了门外，在绕台巡视一周仍未找到登台路径的情况下，我们只能求诸代王府那高高台基来远望一番了（图 1.1.22.3，图 1.1.22.4）。

这座道观与代王府究竟有什么关系？为什么会是如此特别的形制呢？其实，高台正中的券门才是解开谜底的钥匙。记得在拜访九龙壁的时候，笔者曾因新建的王府与龙壁不在一条轴线上而怀疑新建工程的东移。九龙壁和这个券门会在同一条轴线上吗？打开卫星地图，假想得到了证实（图 1.1.22.5）。进一步查阅资料，得知清代的玄真观建于广智门之上。而在明正德年间的代王府平面图上，王府的北门正是广智门（图 1.1.22.6）。

图 1.1.22.3 玄真观外观三

图 1.1.22.4 从代王府后殿远眺玄真观

图 1.1.22.5 卫星地图上龙壁与券门的关系

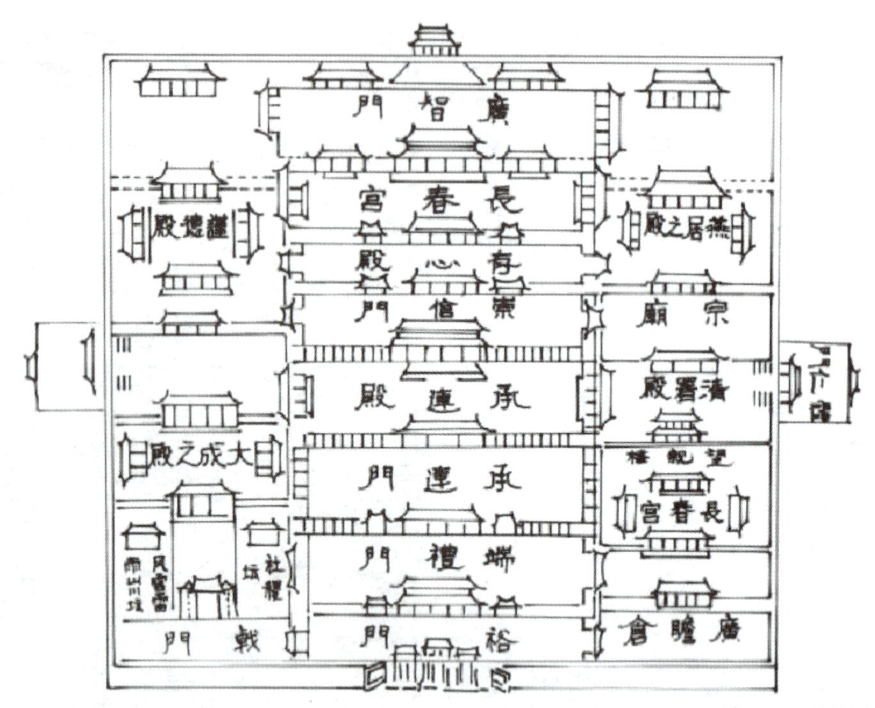

图 1.1.22.6 明正德年间代王府平面图

23 北宋庄龙母庙㉓

Temple of Longmu at Beisongzhuang Village

名称与别名	北宋庄龙母庙
地　　址	大同市新荣区北宋庄村
看　　点	壁画 · 古代求雨习俗
推荐级别	★★★
级　　别	山西省文物保护单位
类　　型	祠庙 · 木结构
年　　代	清
交　　通	近郊区，自驾

龙母庙位于北宋庄村村南，其北侧紧挨着村委会，村委会之北是一个集市。农村人素有早起赶集的习惯，上午十点多已经要“下集”了。龙母庙建筑群高居 3 米多的砖台之上，山门在高台的东侧，正中倒座式建筑的外墙上画作一道白色券门，台阶虽宽却只是一个假入口，只能从两侧的耳门进入（图 1.1.23.1）。一位赶集归来的热心村民带我们找到了寺庙的管理人员。

庙内建筑围绕中心庭院布置，据大殿和戏台的位置判断，南北方向应是寺庙的主朝向。大殿面阔三间、前有檐廊、硬山屋顶，殿前月台宽阔，殿两侧各有耳房一间。三间大殿各间独立，以隔墙分割，每间的墙

图 1.1.23.1 龙母庙外观

面上都满绘壁画。明间供奉龙母，正面绘龙母主像及诸位布雨神官（图 1.1.23.2），东侧绘布阵施雨图（图 1.1.23.3），西侧绘回宫图（图 1.1.23.4）；西次间供奉龙王，正面绘龙王主像及诸位布雨神官，左右绘遣将布雨图；东次间供奉关帝，正面绘关帝坐像，左右绘关羽事迹的绘连环画故事。壁画故事生动，人物丰富，是研究民间求雨文化的重要资料。

大殿明间壁画的一处细节描绘引起了我们的注意：回宫图和布雨图中都绘有一座鎏金屋顶的四角亭，亭子由四人抬着，亭中放着一个白布包裹的物件（图 1.1.23.5）。这个四角亭让我们联想到《光绪大婚图》所描绘的众人抬亭的场景，而在故宫角楼还保存着一座相似的亭子，只是用了更高的等级——重檐攒尖顶。似乎可以推测，这些亭子是古时某些隆重仪式的必备"道具"，用来装载法器、礼器等极贵重之物。

图 1.1.23.2 正面壁画

图 1.1.23.4 西壁壁画

图 1.1.23.3 东壁壁画

图 1.1.23.5 壁画中的神亭

24 禅房寺塔㉔

Pagoda of Chanfang Temple

名称与别名	禅房寺塔
地　　址	大同市云冈区七峰山
看　　点	自然风光
推荐级别	★★
级　　别	全国重点文物保护单位
类　　型	塔 · 砖结构
年　　代	辽
交　　通	南郊区，自驾

做探访攻略时，我们便注意到禅房寺塔，原因并不在于它的建造历史、造型、砌筑材料等建筑学因素，而是我们要做好攀爬1650米海拔高度的准备。

砖塔位于大同西南七峰山的丈人峰，入山不久便望到了山巅之塔，峰回路转之后却又不见其踪。我们同时开启了百度地图、高德地图和奥维地图，在几条山路之间迂回数次却始终无法接近目的地，最后，按照一位路人的指引穿过隧道，绕到山后寻路。山后，沿着盘山路缓缓而上的我们有些欣喜，幻想着能在暮色降临之前一睹这座辽塔的风姿，而当爬到山顶那一刻，却是郁闷至极，虽然山峰上也有一座塔，却只是一座与砖塔隔着山谷相望的信号塔。探访砖塔的行程以失败告终，只好在暮色中远远地拍上几张照片来安慰一下失落的心灵了（图1.1.24.1）。

带着为后来者探路的虔诚之心，在下山的路上，我们继续讨论着访塔的可能路径。事实上，有两条路径都被我们错过了：一是从信号塔所在的山峰徒步向南穿越山谷，如果不是天色已晚，我们或许会选择此路；二是在台子山隧道前，从鸦房线上的一处山谷向西穿越，只可惜这条路已被某厂区封锁了（图1.1.24.2）。

图1.1.24.1 山巅之塔

图1.1.24.2 厂区阻隔的道路

25 辛寨龙王庙㉕

Temple of Dragon King at Xinzhai Village

名称与别名	辛寨龙王庙
地　　址	大同市云冈区辛寨村
看　　点	木构 · 壁画
推荐级别	★★
级　　别	山西省文物保护单位
类　　型	祠庙 · 木构
年　　代	清
交　　通	乡村，自驾

辛寨龙王庙位于大同市云冈区辛寨村北部、辛寨小学操场南侧。虽与北宋庄龙母庙同时列入第五批省保单位，龙王庙却要破败很多，或许在不久的将来它也会得到重新修葺吧。

龙王庙坐北朝南，仅有一进院落。倒座式戏台居中而立，屋顶已经破损，外墙中部有嵌石一块，上书“辛寨村”三字，戏台两侧设耳门。整个沿街立面与北宋庄龙母庙山门形制颇似，只是平地而起未设高台（图1.1.25.1）。内院由正殿、耳殿、配殿戏台围合而成，空间较为开敞。正殿下承低矮台基，上覆硬山顶，正脊由筒瓦砌成镂空图案；殿身面阔三间，前出小三间歇山卷棚顶抱厦，阶前左右两侧立旗杆（图1.1.25.2）。

殿内正中供奉龙王及众位布雨神官画像（图 1.1.25.3），左右墙壁绘有遣将施雨图（图 1.1.25.4），壁画形式和内容与龙母庙相近，唯画工远不及龙母庙。

正殿两侧的耳殿和东配殿已仅剩断壁残垣。戏台与正殿相对，面阔三间进深两间，前出歇山卷棚顶，造型也与正殿相似（图 1.1.25.5）。虽然破败的龙王庙显得了无生气，正殿供桌上零星的贡品和厢房窗台上冻透了的苹果却证明它仍未被彻底遗弃。

图 1.1.25.3 正面壁画

图 1.1.25.1 龙王庙外观

图 1.1.25.4 山墙壁画

图 1.1.25.2 正殿外观

图 1.1.25.5 在献殿回望戏台

26 云冈石窟㉖

Yungang Grottoes

名称与别名	云冈石窟
地　　址	大同市西郊的武州（周）山南麓
看　　点	布局 · 造像 · 石刻 · 壁画
推荐级别	★★★★★
级　　别	全国重点文物保护单位
类　　型	石窟 · 石构、木构
年　　代	北魏
交　　通	公交，自驾

学者们对云冈石窟的研究由来已久，但主要起始于近代。在传统的金石学研究视角下，云冈石窟得到的关注并不多。梁思成先生认为原因可能有三：一是云冈石窟“地处偏僻，交通不便”；二是“没有文字”，所以并未进入擅长文史且偏爱书法的古代文人视野；三是“通儒硕学”的“士大夫阶级排斥异端”。

1933 年 9 月，梁思成和刘敦桢先生带领营造学社对云冈石窟进行了建筑学视野下的考察，而他们的外国同行如伊东忠太、沙畹、关野贞等人已先在云冈石窟留下了脚印，只是这些“隔靴搔痒”的外国学者多因欠缺相关的文史和专业背景而只能浅尝辄止。营造学社的研究无疑是一次全面又深刻的建筑学审视。研

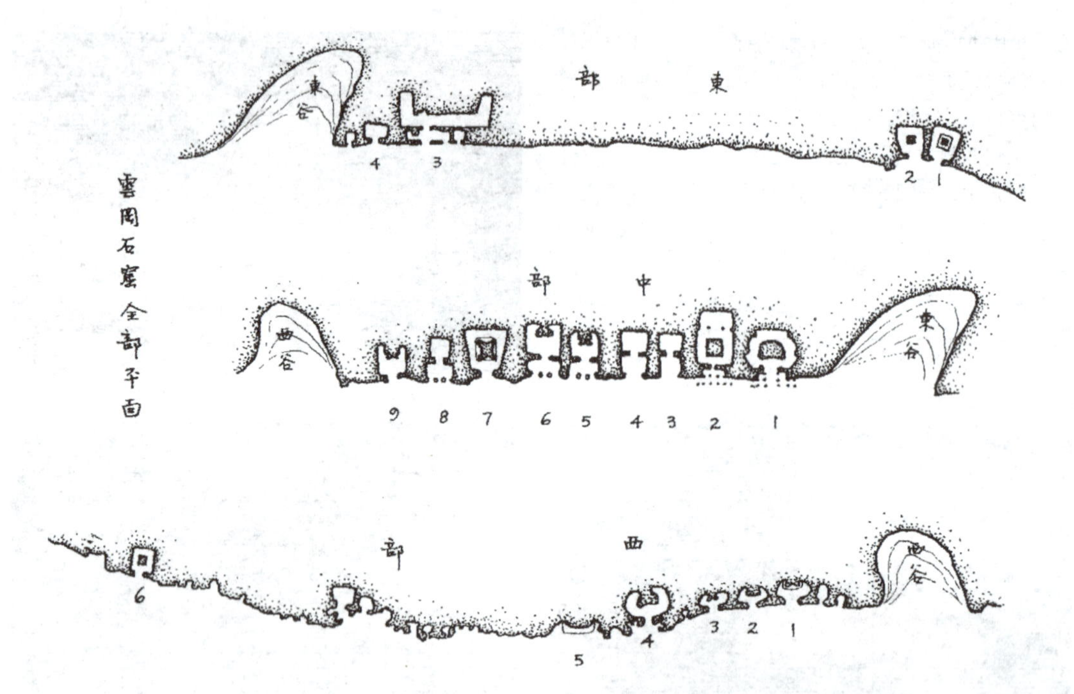

图 1.1.26.1 云冈石窟分段平面图

究主要包括对石窟营建历史的梳理，石窟本体的布局和设计，石刻所表现的建筑形象，佛像雕塑，石刻人物、装饰纹样、色彩等方面。涵盖范围之广可谓前所未有，为后来的研究奠定了基础。

按石窟布局和开凿年代，可将石窟分为西、中、东三部分（图 1.1.26.1）。西部五窟历史最久，日本学者判断是昙曜建议文成帝开凿的，目的是纪念北魏太祖拓跋珪以下的五帝。营造学社结合史料和洞窟特征进一步考证，认为西五窟确实有“昙曜白帝，于京西武州塞，凿山石壁，开窟五所”的可能性，只是具体凿于兴安二年（453 年）至和平元年（460 年）中的哪一年尚不能断定（图 1.1.26.2）。中部诸窟中，第三洞和第七洞分别有太和十三年（489 年）、太和七年（483 年）和十九年（495 年）题记，就雕塑风格而言，中部偏东诸洞有“异国情调”或早于“多经后世修葺”的中部偏西诸洞（图 1.1.26.3）。东部诸洞规模甚大，惜未竣工，“颇疑此洞因孝文帝南迁洛阳，在龙门另营石窟，平城（即大同）日渐衰落，故此洞工作，半途而废”（图 1.1.26.4）。

至于石窟的平面形式，大多是前后两室，“以方形和长方形为最普遍”，西五窟“独作椭圆形、杏仁形”略显奇特。石窟这一佛教建筑类型虽源自印度，却在传播过程中融入西域风格，并最终与中原文化和建筑类型相融合，实现了本土化（图 1.1.26.5）。

于是，石窟中所刻的建筑形象便成了北魏木构建筑难得的影像记录，甚至可以为北魏至隋唐时期的木构建筑演变提供直接证据。于塔而言，汉时“下为重楼，上累金盘”的形式至此进一步完善，西部第六洞的五层塔即是最好的例证（图 1.1.26.6）。而此后数十年，史书所载的永宁寺塔已高九层逾百米，足见木塔营造

图 1.1.26.2 西部石窟外景

图 1.1.26.3 中部石窟外景

图 1.1.26.6 西部第六洞五层塔

图 1.1.26.4 东部石窟外景

图 1.1.26.5 中部石窟内景

图 1.1.26.7 石刻中的殿宇

之术已臻极高程度。

石刻中的殿宇，虽刻画简略，但建筑形制和构造做法仍清晰可辨。例如形似河马耳朵的鸱尾，补间铺作的“人字拱”，“一斗三升”式的柱头铺作，用额枋而不用普拍枋的构造，都呈现出早期木构的粗犷之风，是我国木构样式走向成熟的前奏（图 1.1.26.7）。而某些形式语言又明显受到外来影响，如柱头形式既有希腊的“爱奥尼式”，又有波斯的“兽头式”，还有印度的“元宝式”等（图 1.1.26.8）。尽管如此，这些外来形式始终未能成为显性基因，更没有撼动本土形制。

80 多年后的今天，沿着先生们的足迹再访云冈石窟，它早已不是地处偏远的异端之构，反而成为世界文化遗产和国家 5A 级景区。景区以石窟为依托，建设了大片休闲观光景点。前导空间的湖心还新建了一座灵岩寺，建筑样式皆取自窟内所刻的形象元素（图 1.1.26.9），尤其是院中之塔，几乎是窟内石塔的原样放大，颇为壮观（图 1.1.26.10）。

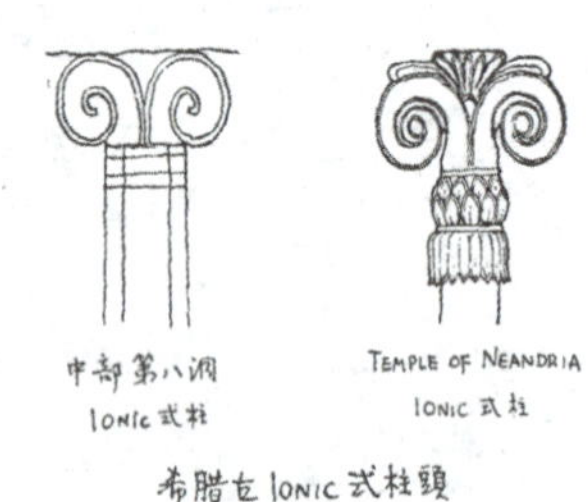

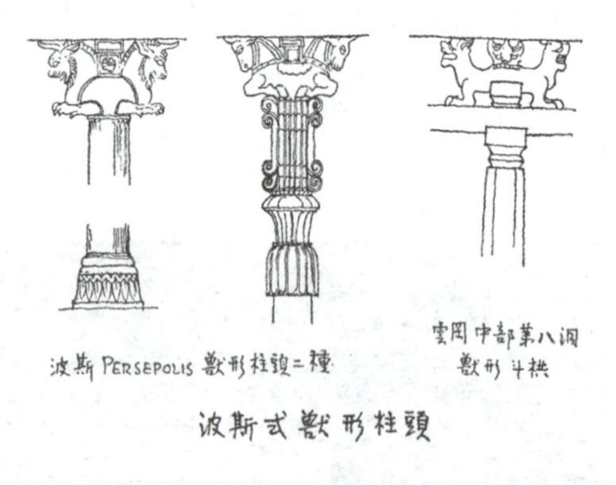

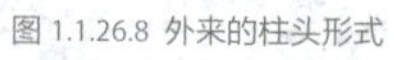

图 1.1.26.8 外来的柱头形式

图 1.1.26.10 灵岩寺的塔

图 1.1.26.9 灵岩寺外观

27 赵彦庄龙王庙㉗

Temple of Dragon King at Zhaoyanzhuang Village

名称与别名	赵彦庄龙王庙
地　　址	大同市新荣区赵彦庄村
看　　点	壁画
推荐级别	★
级　　别	山西省文物保护单位
类　　型	祠庙·木构
年　　代	清
交　　通	乡村，自驾

前面已经提及了一个龙母庙和一个龙王庙，在干旱的山西大地，为求雨而建的庙宇十分常见。

赵彦庄龙王庙比辛寨龙王庙还要破败，仅剩下正殿和戏台两座残破不堪的建筑（图 1.1.27.1，图 1.1.27.2）。正殿面阔三间，硬山屋顶，明间十分宽阔，从外门窗的位置可以看出此殿曾改作他用的历史。戏台为前卷棚后硬山的勾连搭形式，此种形制虽然造型优美，卷棚和硬山交接的天沟处却是最薄弱易坏的地方，破洞的屋面和折断的椽子就是最好的证明（图 1.1.27.3）。

正殿的壁画却是古代遗存，画工和所绘内容与北宋庄龙母庙壁画十分相似，而两座庙宇不足 12 公里的直线距离，让人心疑是出自同一画工之手（图 1.1.27.4，图 1.1.27.5）。

可喜的是，龙王庙刚刚荣升为第五批省保，这就意味着它有了重修机会。提起重修，又不免让人担忧，只希望在延年益寿的前提下，更多的历史信息能完好地保存下来。

图 1.1.27.1 正殿远景

图 1.1.27.2 戏台远景

图 1.1.27.3 戏台梁架

图 1.1.27.4 正殿北墙壁画

图 1.1.27.5 正殿山墙壁画

1.2 广灵县

1 安坚寺㉘

Anjian Temple

名称与别名	安坚寺
地　　址	广灵县加斗乡东留疃村
看　　点	壁画 · 木结构
推荐级别	★
级　　别	山西省文物保护单位
类　　型	佛寺 · 木结构
年　　代	明、清
交　　通	乡村，自驾

安坚寺坐落在东留疃村，坐北朝南，前后两进院落。

寺庙建于明正德八年（1513 年），清嘉庆二十三年（1818 年）重修，现存建筑为正殿、过殿和西配殿。

过殿三开间硬山顶（图 1.2.1.1），出前廊，内部绘有壁画（图 1.2.1.2），内容为关公故事，成幅绘制。一个有趣的细节是里面的士兵服饰和元代士兵相类（图 1.2.1.3），本以为是明代匠人为之。然而观察另一幅的女性形象，发型到服饰又是典型的清代风格。壁画当为嘉庆二十三年重修时绘制，或许有明代留下的残画参照也未可知。

正殿三开间悬山顶，当心间悬“安坚寺”匾额一块（图 1.2.1.4）。建筑东侧有古树一棵（图 1.2.1.5），年代不详，树干约需两人合抱。殿内现存壁画 62 平方米，内容为帝后、天龙八部和众鬼神组成的护法行列，分四行绘制，人物成组成列，大小接近却神态各异。风格和天王殿相类，亦应为嘉庆二十三年所作。

紧邻正殿，西侧有西配殿一间（图 1.2.1.6）。现在朝东门脸俱毁，进入其间，尚有壁画，剥落比较严重，隐约可见墙壁上部分组绘制观音和左右二胁侍，下部则是表现僧侣、腾龙、山石等题材（图 1.2.1.7）。虽然留存篇幅不若两殿之大，但是年代应为同一时期。

虽然安贞堂建筑不算雄伟，甚至无一施斗拱。但是三间殿宇都有精美的彩画留存，能让我们借着佛家圣境，一窥当时的市井百态，亦是不虚此行。

图 1.2.1.1 安坚寺过殿

图 1.2.1.2 过殿壁画

图 1.2.1.3 过殿壁画细节

图 1.2.1.4 安坚寺正殿

图 1.2.1.5 古树

图 1.2.1.6 安坚寺配殿

图 1.2.1.7 配殿壁画

2 水神堂㉙

Shrine to Water God

名称与别名	水神堂，丰水神祠
地　　址	广灵县壶泉镇
看　　点	布局 · 景观 · 木构
推荐级别	★★★
级　　别	全国重点文物保护单位
类　　型	祠庙 · 木结构
年　　代	明、清
交　　通	乡村，自驾

在广灵县城东南部有河，名壶流河，流经之地汇积成泉，名曰壶泉。山西之地，多沙少雨，因此这壶泉便成了周围生灵的生命之泉。在壶泉之上，建有水神堂，希望这神泉圣水，庇佑一方。

水神堂始建年代不详，现存的建筑和碑碣均为明清时期所作。寺院坐北朝南，平面为罕见的八边形，布局紧凑，俨然一组精巧的江南园林（图 1.2.2.1）。

图 1.2.2.1 水神堂全景

图 1.2.2.2 山门钟鼓楼

山门东西两侧分别为钟鼓楼（图 1.2.2.2），其中铁钟为明嘉靖五年（1526 年）所铸，是水神堂中现存最老的文物。山门上悬一“小方壶”牌匾（图 1.2.2.3），为清代广灵知县朱修度题写，寓意此地可以和海上三岛之一的“方丈”相媲美。

山门北侧为圣母殿（图 1.2.2.4），单檐悬山顶，面阔三间，进深四椽，四椽栿通檐用两柱。殿中供奉九江圣母。建筑内部南侧，两壁绘制祈雨壁画，和山西其他龙王庙龙母庙有异曲同工之处，东侧为龙母出行降雨图（图 1.2.2.5），西侧为雨后得胜回宫图，根据题记，壁画为 1993 年绘制（有记载壁画在 20 世纪

图 1.2.2.3 “小方壶”牌匾

图 1.2.2.4 圣母殿

图 1.2.2.5 圣母殿东山墙壁画

图 1.2.2.6 圣母殿悬塑

图 1.2.2.7 砖塔

图 1.2.2.8 百工祠

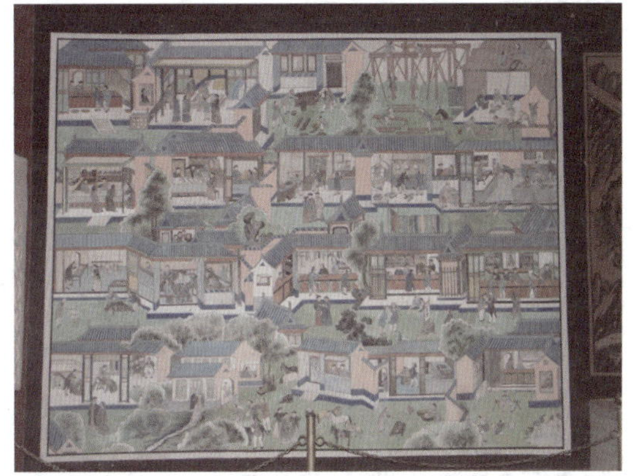

图 1.2.2.9 百工祠壁画

图 1.2.2.10 壶泉濯衣图景

中叶被涂抹破坏，当是依照原样进行的重绘）。建筑内部北侧则相背供奉观音菩萨，东西墙壁上立有悬塑（图 1.2.2.6），悬塑部分做成小龛，龛内有罗汉像。

院内东侧有楼阁式六角砖塔一座（图 1.2.2.7），为清代乾隆年间修筑，光绪二十五年（1899 年）重新修复。塔高 17.5 米，共七层。线条比较僵硬，不甚有美感。不过在寺庙的大布局上，砖塔和西院墙月洞门相映，形成笔砚之势，十分精妙。

圣母殿北侧，有百工祠（图 1.2.2.8），三开间硬山顶。供奉太上老君、范蠡、鲁班三位百工之祖，东西两壁有壁画描绘百工之事（图 1.2.2.9），采用轴测，制图工稳，稍显滞重。圣母殿东侧有文昌阁，建于清乾隆六十年（1795 年）。双层楼阁，首层三间，二层一间、四柱双梁，周围廊。东配殿被辟作碑廊，内部有雍正同治碑碣两通，民国及当代碑碣若干。

壶泉水量充足，清冽甘甜，隆冬一月，也能看到不少当地的居民在水神堂东侧的石头上洗濯衣物（图 1.2.2.10），甚至人持杯取水以饮。今日的水神堂内不再有香火供奉，开辟成了景点；但是壶泉却一直润泽这片土地，守护着由古至今生长在这片土地上的人们。

3 西蕉山古建筑群㉚

Ancient architectural complex at Xijiaoshan Village

名称与别名	西蕉山古建筑群
地　　址	广灵县蕉山乡中部
看　　点	布局・雕刻工艺
推荐级别	★★
级　　别	山西省文物保护单位
类　　型	民居・木结构
年　　代	明、清
交　　通	乡村，自驾

驱车行至一座陈旧的“西蕉山”公交亭（图 1.2.3.1），发现南侧有卷棚顶戏台一座（图 1.2.3.2）。戏台对着一条南北向的村路，我们踏着土路，来到了西蕉山建筑群。

西蕉山建筑群大多数住户已经搬迁，空余雕饰精美的旧房子。普遍的民居格局是坐北朝南的，大门正对影壁，讲究的人家会在影壁上进行砖雕（图 1.2.3.3）。二门朝东或者朝西开，进入二门才是院落，布局和同位于蕉山乡的殷家庄古民居有相似之处。

图 1.2.3.1 “西蕉山”公交亭及周围村落

虽然大部分建筑已经变成空屋，但是我们仍然能够从雕刻精美的建筑构件窥见当时村落的繁荣。一般来说，墀头、门簪是雕饰最为繁复的（图 1.2.3.4）。

图 1.2.3.2 戏台

图 1.2.3.3 影壁

或雕刻“福”“禄”（图 1.2.3.5），或雕刻祥花瑞兽。门窗的槅扇纹样也很丰富，甚至会有同一间房屋的门窗使用多种不同的花纹（图 1.2.3.6），但是比例和谐，并不会有突兀之感，采用榫卯拼接，木工技术细腻精致。在一户规模较大的民居中，我们发现了二层的门房（图 1.2.3.7），可能是作为保护瞭望之用。

很多屋主都选择把旧屋完全拆掉，盖新的房子。新盖的房子，砖墙红瓦顶（图 1.2.3.8），一派社会主义新农村的气息。有的人家没有拆到房子，但是却把原来的大门完全换掉，混凝土框架，钢铁门扇。这些新的建筑物和构筑物，混合在原有的建筑之中，有一点不和谐音的味道。不过我们询问了当地一家户主，他对我们解释说，旧的房子构件出现了破坏，需要进行维修或更换，然而，一方面由于当地的木工技术已经没有当年的水平，另一方面，维修旧建筑甚至可能不如重建一个新的更便宜，在经济上也很不划算。由于有一些建筑是文保，无法拆改，人们索性搬迁到附近的新农村，于是就导致了旧建筑群或人去屋空，或面目全非的现状。

这个问题，也在很多情况相似的古村落中存在，如何在不破坏文脉肌理建筑韵味的情况下，尽可能保存当地的风土民情，不让它们成为“空城”，希望我们能逐渐在一些成功的案例中吸取经验，更好地实现古村落的整体保护。

图 1.2.3.4 门簪雕花

图 1.2.3.5 墀头砖雕

图 1.2.3.6 窗棂纹样

图 1.2.3.7 二层门房

图 1.2.3.8 新建房屋

4 殷家庄古民居㉛

Ancient houses at Yinjiazhuang Village

名称与别名	殷家庄古民居
地　　址	广灵县蕉山乡殷家庄
看　　点	布局 · 雕刻工艺
推荐级别	★★
级　　别	山西省文物保护单位
类　　型	民居 · 木结构
年　　代	清
交　　通	乡村，自驾

图 1.2.4.1 建筑群入口

图 1.2.4.2 戏台

图 1.2.4.3 民居大门

提到“殷家庄”，可能村子里的乡亲会指向一个簇新的村落，就是新的“殷家庄”。新的村落建在古村落的北面，像是蒲公英的种子，在附近的土地继续生长，而殷家庄古民居，则显得人气冷清。

古村落的最南面是个砖砌的门洞（图 1.2.4.1），正面写着“殷家庄”，背面写着“北堡”，题于明嘉靖年间。两扇厚重的板门带着点清末的气息。门外东侧有戏台一座（图 1.2.4.2），三开间卷棚，屋檐已经塌陷，当是废弃很久。

走进大门，踏上古民居的街道，便会感到过去的气息扑面而来。主街是南北向的，在主街上又蔓延出很多东西向约 4 米左右宽的小巷，民居基本都是朝正南北，对小巷开门，这一方面是迎合了“坎宅巽门”的说法，把门开在吉位，另一方面是也对于隐私能有更好的保护。由于人去屋空，年久失修，建筑残破不堪，不过从宽敞的大门和华丽的雕饰可以想象出当年的盛况（图 1.2.4.3）。我们走进了一座典型的院落，大门正对着一面影壁（图 1.2.4.4），从影壁左右各分为两组形制对称的院子。每个院子各有一座二门（图 1.2.4.5）。二门木雕更加精致，雀替等小品多用透雕。走进院落，终于来到了民居的起居空间（图 1.2.4.6）。这里看上去基本保留了清代的原汁原味，连门窗槅扇都是旧时物件，虽然在雕饰上不若二门华丽，但是比

图 1.2.4.4 大门、影壁

例和交接都体现了工艺的复杂。在木雕之外，民居的石雕技术同样令人称道。抱鼓石、柱础等构件都雕刻得细腻生动（图 1.2.4.7）。

图 1.2.4.5 二门

大多数民居建筑用土坯砖制成，小巷的颜色亦是赤裸的黄土的色调 。殷家庄古民居就笼罩在苍凉的土黄色之中，正像是市井黎民强韧又生生不息的力量。

图 1.2.4.6 民居内部

图 1.2.4.7 柱础石雕

5 翟疃三身寺㉜

Temple of Trikayah at Zhaituan Village

名称与别名	翟疃三身寺
地　　址	广灵县壶泉镇翟疃村内
看　　点	木构 · 壁画
推荐级别	★
级　　别	山西省文物保护单位
类　　型	佛寺 · 木结构
年　　代	清
交　　通	乡村，自驾

三身寺坐落在翟疃村中，坐北朝南，前后两进院落。现存建筑为中轴线上的天王殿和正殿（含左右耳房）。

天王殿硬山顶（图 1.2.5.1），进深四椽，建筑五架梁通搭前后檐用两柱，上用驼峰承接三架梁，构造简洁。建筑内部供奉四大天王（图 1.2.5.2），壁画已经被涂抹掉。天王殿南侧墙壁上留有“大跃进”时期的壁画和题记，有一种时代交叠的感受在其中，屋脊也有残损，应该保留了旧时的原汁原味。

图 1.2.5.1 三身寺天王殿

图 1.2.5.2 天王塑像

图 1.2.5.3 三身寺大殿

图 1.2.5.4 经幢

图 1.2.5.5 大殿梁架结构

图 1.2.5.6 大殿东山壁画

图 1.2.5.7 壁画细节

走入后院，映入眼帘的是大殿（图 1.2.5.3），同为三开间硬山顶，出前廊。正脊上雕有两条龙，为最近修复。殿前嘉靖十三年（1534 年）八边形经幢一座（图 1.2.5.4），刻有佛经。另有雍正十二年（1734 年）碑碣一通。梁架为七架梁通搭前后檐用两柱，通过瓜柱承三架梁。梁架结构十分简洁（图 1.2.5.5），或为清代重修时改动所为。据说大殿曾被用作粮仓，因此内部的壁画局部保存了下来，西侧南侧壁画被涂抹，东侧墙壁虽然剥落较为严重，我们还是能从残存的片段之中感受到画师的高超技法（图 1.2.5.6）。壁画绘制的题材或为释迦牟尼一生的行迹经历，壁画大量运用绿色，释迦牟尼身着红衣或者红色袈裟，因此在每一个场景的构图中格外突出。人物神态庄严，衣纹流畅，面容生动，体态丰腴。其中一幅场景中的服饰颇有明代风格（图 1.2.5.7）。

在大殿东侧有关帝庙一间，内部南壁上绘有关帝坐像（图 1.2.5.8），左右墙壁上成幅绘制关羽事迹。人物绘制的技法与风格远逊于大殿。

图 1.2.5.8 关帝庙壁画

1.3 浑源县

1 恒山建筑群㉝

Architectural complex at Mount Heng

名称与别名	恒山建筑群
地　　址	浑源县恒山主峰天峰岭阳面脚下
看　　点	布局 · 环境
推荐级别	★★
级　　别	山西省文物保护单位
类　　型	宫观 · 木结构
年　　代	明—清
交　　通	乡村，自驾

笔者于暮春时节，携好友访恒山。天高云淡，山色清幽，树木葱茏，颇为可爱。恒山之姿并非兀立挺拔，相反很有点山脉连绵的感觉（图 1.3.1.1）。所以便有了“恒山如行”的说法，山顶比较平，远观如屏，有几分版画的味道。

事实上，由于古五岳和今日五岳并不一致，古北岳在曲阳。明中期以后官方经历多次争辩，才确定了浑源恒山作为北岳的地位，得到了皇家的认可，便有了更多的祀奉。因此恒山建筑群均为明清遗构，不算古老。与其说是建筑群本身的特色韵味取胜，倒不如说是建筑借恒山之景，加之攀爬至此甚是不易，便觉得这些在近年修饰一新的建筑也生动了起来。

恒山宫观建筑群位于恒山主峰天峰岭阳面坡上，行至半山腰，有岔路通向东西两侧，总体上建

图 1.3.1.1 恒山风光

筑的分布较为集中。现存建筑主要有恒宗殿、真武庙（图 1.3.1.2）、寝宫、十王庙、纯阳宫等，建筑群充分体现了恒山作为道教名山的特色，又与摩崖石刻相得益彰，共同营造出恒山自然风光外的文化气氛。

图 1.3.1.2 恒山建筑群总览

2 恒山建筑群 · 恒宗殿、会仙府㉞

Temple of Mount Heng & Cave of Celestials in architectural complex at Mount Heng

名称与别名	恒山建筑群 · 恒宗殿、会仙府
地　　址	浑源县恒山主峰天峰岭阳面脚下
看　　点	布局 · 环境
推荐级别	★★
级　　别	山西省文物保护单位
类　　型	宫观 · 木结构
年　　代	明—清
交　　通	乡村，自驾

初到恒山，乍一下车，山崖上磅礴的正楷大字“恒宗”石刻便映入眼帘，令人神色一振。所谓“恒宗”，极言北岳恒山作为万山之宗祖的重要地位。

而恒山建筑群的主庙亦名“恒宗殿”，又名朝殿、元灵宫、真元殿。恒宗殿院落布局大体坐北朝南，最南侧为山门、钟鼓楼，北侧为主殿朝殿（图 1.3.2.1）。以朝殿为基准，左青龙右白虎，更衣楼藏经楼分峙两侧，且依托山势，背倚绝巘，颇为奇绝壮观(图 1.3.2.2)。

恒宗殿朝殿（图 1.3.2.3）面阔五间，进深六椽，出前廊。屋面覆盖黄色琉璃瓦，其重要性可见一斑。殿内供奉明代北岳大帝的塑像。院内有明清修缮碑碣、祭祀碑文数通。

会仙府位于恒宗殿西北侧的石窟内，又名集仙洞，在恒山建筑群中占据最高点。传说是八仙在恒山聚会的地方，因此得名。主殿面阔三间，硬山顶出前廊。

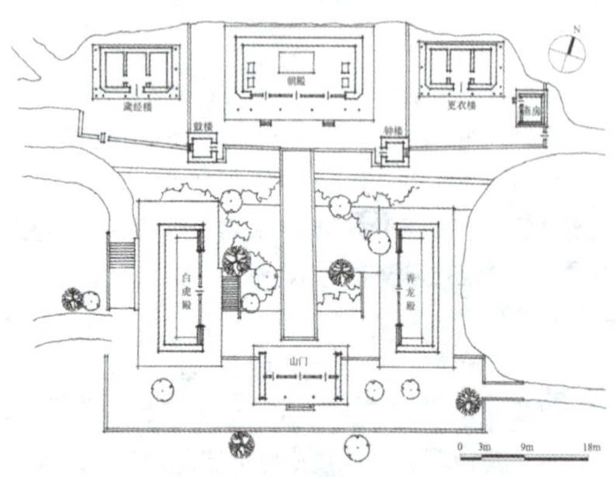

图 1.3.2.1 恒宗殿平面图

图 1.3.2.2 恒宗殿全景

殿前诸多碑碣中，有一座石碑，上为“北岳全图”，为民国二十一年（1932 年）浑源知县董垚组织设立，也是恒山第一幅完整的地图。

正殿东侧为八角形碑亭（图 1.3.2.4），内有康熙御碑，上书“化垂悠久”。恒山石刻碑碣荦荦大观，康熙御碑在其中反而显得失去了它的独特价值，不得不说五岳的气势实在宏大，尊如帝王似乎也在历史的洪流中被冲淡了痕迹。

图 1.3.2.4 碑亭

图 1.3.2.3 恒宗殿朝殿

3 恒山建筑群 · 寝宫㉟

Chamber in architectural complex at Mount Heng

名称与别名	恒山建筑群
地　　址	浑源县恒山主峰天峰岭阳面脚下
看　　点	布局 · 环境
推荐级别	★★
级　　别	山西省文物保护单位
类　　型	宫观 · 木结构
年　　代	明—清
交　　通	乡村，自驾

寝宫原为北岳正殿，创建于北魏太延元年（435 年），这个时间坐标在恒山建筑历史上也堪称先祖。原建筑在唐、金、元屡遭损毁，现存建筑为明代遗构。

寝宫正殿（图 1.3.3.1）为石窟形制，须登台方能到达，增添崇高之感。殿的后部嵌入山体之内，出单坡。建筑重檐歇山顶，出前廊，上覆黄色琉璃瓦，比起背后断崖的赭色略为明亮，飞檐颇有跳脱出来的错觉。下层斗拱三踩单昂，上层为五踩重昂。檐下施青绿彩画，辉煌壮观。

从寝宫向南，台阶上为梳妆楼（图 1.3.3.2），为清代遗构。虽然也是二层楼阁，但与寝宫正殿相比，用色上就低调了很多，面阔三间，进深四椽，歇山顶。与正殿遥相呼应，这样的院落空间布局依山就势，又灵活多变，梳妆楼的点睛之笔让人余味无穷。

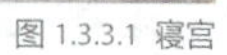

图 1.3.3.1 寝宫

图 1.3.3.2 梳妆楼

4 荆庄大云寺大雄宝殿㊱

Main Hall of Dayun Temple at Jingzhuang Village

名称与别名	荆庄大云寺大雄宝殿
地　　址	浑源县东坊城乡（原为荆庄乡）荆庄村
看　　点	壁画 · 木结构
推荐级别	★★★
级　　别	全国重点文物保护单位
类　　型	佛寺 · 木结构
年　　代	金
交　　通	乡村，自驾

我们在一个傍晚抵达了荆庄，大云寺大雄宝殿坐落在一个破败的院内。大殿四围都是坍朽的民居（图 1.3.4.1），大雄殿即使体量不大，建筑面阔三间，进深四椽，也在这样的烘托下显得高大起来。

图 1.3.4.1 大云寺周围环境

根据清乾隆《浑源州志》记载，大云寺始建于北魏。据当地老人回忆，原本的寺院形制完整，山门、过殿、大雄殿、后殿以及两侧的钟鼓楼、配殿一应俱全。可惜除大雄殿外，其他建筑均已损毁不存。

前有康熙三十三年（1694 年）重修碑碣一通（图 1.3.4.2），大体漫漶不清，从可辨认的字迹看来，

图 1.3.4.2 修缮碑碣

此处为大云寺下院，可见当时寺庙的规制之大。

大雄宝殿立于台基之上，单檐歇山屋顶，斗拱四铺作单杪计心造（图 1.3.4.3）。当心间施补间铺作两朵，次间施一朵。内部梁架结构为四椽栿通檐用两柱，四椽栿上通过驼峰和栌斗承平梁，再用蜀柱叉手承脊椽（图 1.3.4.4），结构简练。殿内东、西、南三面墙壁留存有较为完整的壁画，题材为十大明王，用色奔放大胆。其中大日如来佛变化的忿怒身——大威德不动尊明王（图 1.3.4.5），以其奇特的形象给观者留下深刻印象。壁画的题材和风格和永安寺壁画接近，或为明代所作，不过用色较躁，可能是较晚期作品。在西侧墙壁上，壁画之下又有壁画（图 1.3.4.6），通过修缮基本清理出原貌，可以看出正中绘制须弥座，上端坐佛像，左右各有胁侍菩萨。用色以绿色为主，年代早于十大明王壁画。该壁画的绘制水平颇高，人物须眉尽现，神态端庄，雍容大气，应为明代早期甚或更久远的佳作。

图 1.3.4.3 大殿正立面

图 1.3.4.4 大殿内部梁架结构

图 1.3.4.5 大殿壁画

图 1.3.4.6 大殿壁画叠压关系

5 律吕神祠㊲

Shrine to Rain God

名称与别名	律吕神祠
地　　址	山西省浑源县下韩乡神溪村
看　　点	布局 · 木结构
推荐级别	★★★
级　　别	全国重点文物保护单位
类　　型	祠庙 · 木结构
年　　代	元一清
交　　通	乡村，自驾

晋北很多地区降水稀少，因此关于水神的文化就格外丰富，律吕神祠就是祭祀和水有关的律吕神的祠堂。

看管神祠的大爷为我们介绍了“律吕神祠”名字的来源，律吕是一个姑娘的姓氏，她嫁入神溪村后，受到婆婆的刁难，挑来的水只能用前面的一桶，后来遇见一白发公公，赠给她一条马鞭，放在缸中，水就一直不少。后来婆婆发现了此事，抽出马鞭，结果大水汹涌，淹没村庄。律吕为救村民跳入缸中。洪水止息，化作一眼清泉，就是神祠脚下的神德湖。村民们为了纪念她，就兴建祠堂，名唤“律吕神祠”。

律吕神祠建在坡地之上，格局十分紧凑，大殿、

图 1.3.5.1 律吕神祠全景

图 1.3.5.2 律吕神祠影壁及钟鼓楼

图 1.3.5.3 律吕神祠大殿

图 1.3.5.4 律吕神祠大殿内部梁架

图 1.3.5.5 大殿壁画

影壁、山门、钟鼓楼围合成一进院落（图 1.3.5.1）。整组祠堂坐北朝南，南面有影壁一座（图 1.3.5.2），建于乾隆年间，上面的五龙琉璃件风化脱落，从剩余部分雕刻的纹路仍能看出其精美不凡。正对影壁的即是大殿。大殿为元代遗构，面阔三间、进深两间，歇山顶（图 1.3.5.3）。内部通檐用两柱，施抹角梁（图 1.3.5.4）。建筑内部留存元代的壁画（图 1.3.5.5），绘制向律吕神祈雨的过程，人物动作稍显僵硬，灵动不足，构图一般，主次关系交代得不清楚，不过胜在保存完好，画幅整齐。画中形象和大部分龙王庙类似，也都绘制了雷公电母、各值功曹等角色，表达出百姓对于水源的渴求。

建筑前有清代碑碣数通，讲述了神祠修复的经过。又有天启年间的六边形经幢一座，正面刻“五方德道行雨龙王……”字样（图 1.3.5.6），顶部又有动物若干（图 1.3.5.7），雕工精美。

通过律吕神祠，我们能更好地了解到晋北地区的水神文化。伴随着一个美丽的传说，一泓不冻的清泉，神祠一直带给当地黎民对于丰收润泽的希冀。

图 1.3.5.6 经幢

图 1.3.5.7 经幢石雕细节

6 麻家大院㊳

Family Ma's Compound

名称与别名	麻家大院
地　　址	浑源县城永安镇永安社区
看　　点	布局 · 木结构
推荐级别	★
级　　别	山西省文物保护单位
类　　型	民居 · 木结构
年　　代	清
交　　通	县城，公交 / 自驾

提到山西的“大院”文化，麻家大院算不得出名。和其他富甲一方的晋商建起的豪宅相比，麻家大院显得简朴而平常。麻家大院的主人名叫麻席珍，字国华，生于 1866 年，卒年不详。于清光绪二十八年（1902 年）中举人，拣选知县，宣统二年（1910 年）考取法官，民国保准为任职任用，历任陕西长安初级审判厅、山西太原地方审判厅推事，山西闻喜、晋城、沁水等县知事，是民国时期浑源的知名缙绅。作为麻家第十七代族人，麻席珍撰写了麻家族谱，里面提到他曾被授予六等嘉禾兼司法部二等金质奖章、山西都督阎一等金质名誉奖章、省长教育奖章。麻席珍于民国十二年（1923 年）5 月辞职返乡。麻席珍在还乡后，对同年

李峪青铜器出土一事极为关注，进行详细调查，并于民国二十一年（1932 年）撰写《浑源出土古物图说》一书。

麻家大院占地面积 3300 平方米，坐北朝南，平面呈长方形，现存房屋 73 间。东西向分为正院、东跨院、西跨院并列三组院落。正院共有三进院落，格局保存尚算完好。东跨院现存后院，中院、前院已毁；西跨现存前院、中院，后花园已毁。

庭院深深，古宅幽幽。虽然历经岁月变迁，很多珍贵的雕刻逐渐风化、剥落或者遭到破坏，但是我们仍然能从余下的砖瓦木石之中，感受到当年旧宅的风情。麻家大院正门用倒座房的一间打开洞口而成（图 1.3.6.1），比较低调。门头的雀替处有细腻的浮雕，雕刻内容其一为二人对弈的场景（图 1.3.6.2），另一为荷锄入林的场景（图 1.3.6.3）。不落窠臼，妙趣横生。材质较新，可能是修复时所加。门前有抱鼓石一对，雕刻精美（图 1.3.6.4）。门上有“树德”二字。山西民居多见把家训写在门外的情形，可见麻家对于族人的希冀更多在于修身立德。走进院落，会发现小木作构件翻新、修复得比较多，不过造型古雅、形制端庄（图 1.3.6.5），可以感受主人不豪奢却精致的生活状态。

图 1.3.6.1 麻家大院外观

图 1.3.6.3 大门西雀替浮雕

图 1.3.6.2 大门东雀替浮雕

图 1.3.6.4 抱鼓石

图 1.3.6.5 麻家大院内部空间

7 文庙㊴

Temple of Confucius

名称与别名	浑源文庙
地　　址	浑源县城内西大街
看　　点	布局 · 木结构
推荐级别	★★
级　　别	全国重点文物保护单位
类　　型	祠庙 · 木结构
年　　代	明、清
交　　通	县城，公交 / 自驾

我们到达浑源文庙之时，文庙正在施工（图 1.3.7.1），并有汪汪犬吠，在文物局郝局长的帮助下，我们得以进入。

浑源文庙始建于辽金，扩建于元，明成化八年（1472 年）大规模重建，形成了今天的形制。

文庙坐北朝南，正值施工，只有一部分建筑修缮完成。现在中轴线上依次分布着戟门、大成殿、尊经阁，部分廊庑也得到恢复。现存建筑中戟门位于最南侧（图 1.3.7.2），戟门南面的大门和泮池正在营建。戟门悬山顶，面阔三间，中间辟门，穿过戟门，映入眼帘的就是主体建筑——大成殿（图 1.3.7.3）。

大成殿为院落之中最重要的建筑遗存。黄绿色琉璃瓦庑殿顶绚烂辉煌，面阔五间，进深六椽，外观为单翘单昂，貌似并无出彩之处。然而走进之后，会发现内部梁架留存了金元和明代的基因。架构交接简单，大量使用侏儒柱、角背，确是明代的做法（图 1.3.7.4）。东西两侧用趴梁，支撑庑殿的两坡（图 1.3.7.5）。然而用五椽栿对后劄牵通檐三柱的减柱造，为建筑前部留出了开敞通透的空间，确是金代的遗风。可以猜测是明代匠人接续了原来的构造方式，重建了大成殿。更令人称奇的是，梁架和柱子至今保存相当完好，后

图 1.3.7.1 浑源文庙临时入口

世亦无须为之增补新柱承担重量。可见“减柱”结构计算之成功。

建筑内部梁架、斗拱和拱眼壁上有模糊的彩画（图 1.3.7.6），当年文庙盛况，可见一斑。建筑外檐外观所见的柱头铺作“单翘单昂”那一“翘”，是梁头直接挑出柱子之外，在梁头上雕出翘的形状（图 1.3.7.7），可见晚期古建筑斗拱逐渐简化平实的趋势。

后院有二层楼阁尊经阁，首层做成无梁殿形式，很有地域特色，风格颇似晚清至民国。

浑源文庙目前还没有完成修缮，亦无学子拜谒。然而就其大成殿的壮丽，仍然让人叹服于其构造的巧思与成熟。

图 1.3.7.2 戟门

图 1.3.7.3 大成殿正立面

图 1.3.7.4 大成殿内部梁架

图 1.3.7.5 大成殿屋顶两坡结构

图 1.3.7.6 大成殿内部彩画残留

图 1.3.7.7 大成殿斗拱

8 悬空寺㊵

Hanging Temple

名称与别名	悬空寺
地　　址	浑源县恒山金龙峡西侧翠屏峰
看　　点	布局 · 木结构
推荐级别	★★★★
级　　别	全国重点文物保护单位
类　　型	佛寺 · 宫观 · 木结构
年　　代	明—清
交　　通	乡村，自驾

悬空寺（图 1.3.8.1）是北岳恒山景区中重要一景，加之知名度甚高，是恒山诸多旅游专线中必经一站，因此游客络绎不绝。

笔者于“五一”期间抵达悬空寺，真可谓人山人海。景区为了保证文物的结构安全，实行了人员的限流，每次只允许放行特定人数。一边欣赏着山色，一面和好友海侃，排队的一小时倒也不算无聊。

被放行之后，我们随着人流蠕动到了悬空寺。即使实行了限流，参观大军仍然比肩接踵，拍一张游客照都变得格外困难。人群中也混杂着不少家长，脖子上骑着娃。这种对孩子从小进行建筑美学熏陶的努力，让我备感欣慰。

可能因为人太多，脚下的木地面发出了吱吱呀

图 1.3.8.1 悬空寺全景

图 1.3.8.3 悬空寺东西空间组织

图 1.3.8.2 悬空寺结构

图 1.3.8.4 悬空寺配殿

呀的响声。我正巧在栏杆一侧，探身下望，峭壁不若当初想象得那样千仞高绝，但是也足以让人命丧黄泉。一念及此，不由得紧张起来。事实上，悬空寺以山崖为基础，主要荷载是由钉入岩壁的横梁来承担的，而另一侧看上去“孱弱”的木柱，起到支撑作用（图 1.3.8.2），让悬臂梁变为简支梁。根据理论的力学推导，这样的结构十分合理。

悬空寺的格局（图 1.3.8.3）与坐落在平地上的寺庙类似，沿山崖从西侧进入，首先迎面的是山门和钟鼓楼，位于东侧的便是两座三层高的大殿。这些建筑之间又有尺度较小的配殿，既包容了三教九流的文化，又使得空间序列上颇有节奏感（图 1.3.8.4）。

虽然从古建筑的眼光来看，作为明清的遗构，确是稍嫌青涩。然而实际上，对于诸多的爱好者，也许更喜欢悬空寺这样有趣活泼的空间。如果能让普罗大众领略到古代匠人的智慧，甚至成为一些稚子人生中的“建筑第一课”，那悬空寺也不失其作为国宝的重要价值了。

9 圆觉寺砖塔㊶

Brick pagoda in Yuanjue Temple

名称与别名	圆觉寺砖塔，小寺塔
地　　址	浑源县北部石桥北巷
看　　点	砖结构
推荐级别	★★★
级　　别	全国重点文物保护单位
类　　型	塔 · 砖结构
年　　代	金
交　　通	乡村，自驾

圆觉寺，又称小寺。据清顺治年间州志记载，圆觉寺创建于金代，明清时期均有修缮。寺庙坐北朝南，现仅存一进院落，由南向北依次为山门、舍利塔、正殿。寺院建于金正隆三年（1158 年），由僧人玄真主持筹建。塔的第一层南面有比金正隆三年早 33 年的题刻，可见塔的实际年代为辽末金初。

释迦舍利塔为金代遗构（图 1.3.9.1），是晋北金代密檐式砖塔的孤品。全塔总高 30 余米，平面八边形，九檐密檐塔。该塔完全仿木结构雕刻，各种建筑构件一应俱全。塔身为砖雕束腰须弥座式，下层雕刻莲瓣，上部承以斗拱。须弥座中间每面雕刻有壸门（亦作“壶门”，即龛状假门）两个，内外雕有人物和花卉。在八个转角处分别刻有罗汉一名，袒胸露腹，用肩部扛

图 1.3.9.1 圆觉寺外观

图 1.3.9.2 圆觉寺砖塔整体样式

起普拍枋，这种做法在距离不远、年代更早一些的华严寺塔中也出现了，或为当时流行之风。普拍枋上设五铺作双杪斗拱，每间设补间铺作一朵，转角出斜拱（图 1.3.9.2）。

塔身首层高度较高，东西南北四面雕出板门，其余六面刻直棂窗，檐下施双杪斗拱。其他各檐不设斗拱，用砖叠涩出挑，檐椽、飞子、瓦件雕刻整齐细腻（图 1.3.9.3）。二层向上出檐逐渐变密，最上一层层高又有所增高，富有微妙的变化，同时又比例匀称，形态优美。从南侧板门能够进入塔身之内，会发现塔内留存有壁画和彩画，神灵佛祖色泽鲜艳、神态安详，顶部做藻井，上绘八座佛像，端坐莲瓣须弥座上，姿态各异。

塔刹下部为叠涩基座，上刻仰莲，再上为覆钵、相轮、宝盖、宝珠（图 1.3.9.4）。最让人称奇的是，刹杆顶端立有铁质候风鸟一只，铸成鸾凤形态。凤首可以指明风的朝向，结合八边形砖塔的八面向隅，对于风向的指示则更加精确。据考证，这是我国迄今为止唯一一座流传下来且尚在指示风向的候风仪实物，具有重要的文物价值。

图 1.3.9.3 圆觉寺砖塔雕刻细节

图 1.3.9.4 圆觉寺砖塔塔刹

10 永安寺㊷

Yong'an Temple

名称与别名	浑源永安寺，大寺
地　　址	浑源县永安镇鼓楼北巷
看　　点	布局 · 木结构
推荐级别	★★★★
级　　别	全国重点文物保护单位
类　　型	佛寺 · 木结构
年　　代	元
交　　通	县城，公交 / 自驾

永安禅寺位于永安镇鼓楼北巷，山门正对一条小街（图 1.3.10.1）。虽然寺院位于恒山脚下，然而知者不多，冬季之时门可罗雀。

根据《寰宇通志》和《大永安禅寺铭》记载，寺院始建于金代，后毁于火灾。元时都元帅、永安军节度使高定携长子乐善居士高仲在金代废墟上重建寺院，起初不得法，没有建成。1243 年，请归云宣禅师创建寺院，归云宣禅师圆寂时，寺院已初有规模。1289 年，高定之孙高琰，请归云宣禅师之重孙法西庵长老有德宗师引入藏传佛教。元延祐二年（1315 年），高定之孙，本州判官高璞重建传法正宗之殿，至此，永安寺的建筑格局基本形成。

1342年，住持月溪和尚，在传法殿正壁稍间，书写“庄严”二字（图1.3.10.2）。1780年，张煖在传法正宗殿后壁次间和稍间书写“虎啸龙吟”四字（图1.3.10.3），在天王殿后壁，书写“法相”二字，除“相”字毁损不存之外，其余各字保存完好。

现存建筑中传法正宗殿为元延祐二年（1315年）遗构，其他建筑为明清遗构。

寺院坐北朝南，山门前有石狮一对（图1.3.10.4），左右另立有影壁，成八字形，影壁上嵌有二龙戏珠的琉璃件（图1.3.10.5）。山门北侧为天王殿（图1.3.10.6），五开间悬山顶，后出卷棚歇山顶抱厦，斗拱七踩，每间设平身科两朵，形制规矩，风格接近明代。

穿过天王殿，便来到了寺院最主要的院落。正北有雄浑奇伟的传法正宗殿（图1.3.10.7），东西两侧有配殿和钟鼓楼（图1.3.10.8）。在传法正宗殿后原有法堂五间，正中供奉铁佛一座，又名铁佛殿，现已坍塌不存。

图1.3.10.1 永安寺入口

图1.3.10.2 传法正宗殿正壁书法

图1.3.10.3 传法正宗殿后壁书法

图1.3.10.4 永安寺山门

图 1.3.10.5 永安寺影壁

图 1.3.10.7 传法正宗殿正立面

图 1.3.10.6 永安寺天王殿正立面

图 1.3.10.8 永安寺配殿及钟鼓楼

11 永安寺·传法正宗之殿㊸

Hall of Preaching in Yong'an Temple

名称与别名	浑源永安寺·传法正宗之殿
地　　址	浑源县永安镇鼓楼北巷
看　　点	壁画·木结构
推荐级别	★★★★
级　　别	全国重点文物保护单位
类　　型	佛寺·木结构
年　　代	元
交　　通	县城，公交/自驾

传法正宗之殿是永安寺的正殿，建筑立在高大台基之上。面阔五间，进深三间，单檐庑殿顶（图 1.3.11.1）。南北双坡大面积铺设黄色琉璃，等级规制非同一般。大殿内部梁架用减柱造，四椽栿对后乳栿用三柱（图 1.3.11.2），当心间用平闇，中间升起斗八藻井（图 1.3.11.3），两侧四椽栿上建有小木作楼阁（图 1.3.11.4）。除明间之外，均为彻上露明造，这样的设计突出了明间的空间氛围。

殿内后金柱之间砌扇门墙，墙前砖台上原有须弥座，上塑坐像三座，佛侧还有阿难、迦叶和菩萨。在 1966 年寺庙用做粮仓时全部毁坏。

虽然塑像毁坏，然而四壁上现存精美的水陆壁画

图 1.3.11.1 传法正宗殿正立面

图 1.3.11.2 传法正宗殿内部梁架

图 1.3.11.3 传法正宗殿藻井

图 1.3.11.4 传法正宗殿梁架小木作天宫楼阁

（图 1.3.11.5），殿内北壁绘制十大明王，每像高三米有余。东、西、南三面绘制有三层佛道各众像。其中东西两壁人物数量出入较大、绘制风格稍有不同，可能为两个工匠隔帘同时绘制而成。四壁上共有水陆人物 895 尊，共分为 135 组，背景绘制间隔的红色和黄色火焰纹（图 1.3.11.6）。每组人物尺寸近似，排列整齐，造型、面容、衣着各不相同，线条花纹繁复有余潇洒不足，这也是明清壁画的共同之处。

图 1.3.11.5 传法正宗殿壁画

图 1.3.11.6 传法正宗殿水陆画构图

在内墙西壁绘制了往古为国亡躯一切将士众（图 1.3.11.7），为康熙年间补绘，画中居中出现了成吉思汗，身着蒙古装束。可见当时之人对于前朝历史也是有心理认同的，并能做出一定客观公允的评价。

壁画的绘制具体年代不详，宿白先生根据十大明王的题材将其推定为明代，东西两壁的往古先贤众绘于清代。壁画用色丰富，构图工稳，保存完好，我们可以借此一观晋北地区明代水陆画的典型形制。

这次永安寺之行中，管理寺庙的张建德师傅非常热心地为我们介绍了寺庙的历史和壁画的内容。张师傅在永安寺工作三十余年，对壁画进行了细心地扫描、记录和考证，并自费出版《永安寺壁画》一书，让我们感动于基层文物工作者的热忱和奉献。

图 1.3.11.7 传法正宗殿壁画之往古为国亡躯将士众

12 永兴北岳行宫㊹

Residence for Emperor Mount Heng at Yongxing

名称与别名	永兴北岳行宫，恒山太贞宫
地　　址	浑源县永安镇永兴社区
看　　点	碑刻
推荐级别	★
级　　别	山西省文物保护单位
类　　型	祠庙 · 木结构
年　　代	清
交　　通	县城，公交 / 自驾

永兴北岳行宫，又名北岳恒山太贞宫，距离麻家大院不远，我们一路问询，终于觅得。首先映入眼帘的是散落地上的一对石狮（图 1.3.12.1），状貌憨厚。然后向北走入，就看到一座三开间小殿。小殿没有斗拱，带前廊，彩画留存尚好，从其东侧小门走入，便进入院内。

北岳行宫坐北朝南，共有院落两进。第一进院落坐落着正殿，三开间带前廊，屋顶为硬山卷棚勾连搭（图 1.3.12.2），次间开圆洞窗，檐下悬匾，上书“北岳行宫”。

后院由三间后殿和两座配殿各两间组合而成（图 1.3.12.3），均为硬山顶，尺度小巧，布局紧凑，看上去应为近年新修。

北岳行宫当中最值得称道的遗存要数留下的贞观年间的唐碑。碑上书“天下第一宫”（图 1.3.12.4），有“万岁敕封之宝”的印（图 1.3.12.5）。

此外还有一碑，碑上则刻有“贞元胜会”

图 1.3.12.1 石狮

图 1.3.12.2 北岳行宫正殿南立面

（图 1.3.12.6），另有碑记一篇，漫漶不清，落款年代不详。行文大量摘抄唐太宗《祭北岳恒山文》，描绘恒山胜景，也提到建庙功德。此碑用真书写成，骨肉匀停，遒健挺拔，书法造诣颇深（图 1.3.12.7）。

然而在明代以前，北岳恒山位于河北曲阳。此二碑出现在明代封禅的浑源恒山脚下。而“贞元胜会”碑碣证明了庙宇确为清代所建，那么“天下第一宫”碑碣是否又为当时之人所伪？此二碑的身世来由，真假莫辨，尚待进一步考证和探究。

图 1.3.12.3 北岳行宫后殿南立面

图 1.3.12.4“天下第一宫”碑碣

图 1.3.12.5“万岁敕封之宝”印

图 1.3.12.6“贞元胜会”碑碣

图 1.3.12.7“贞元胜会”碑文书法

1.4 灵丘县

1 觉山寺砖塔㊺

Brick pagoda in Jueshan Temple

名称与别名	觉山寺砖塔，普照寺砖塔
地　　址	灵丘县城东南 15 公里红石塄乡笔架山西侧
看　　点	布局 · 砖结构
推荐级别	★★★
级　　别	全国重点文物保护单位
类　　型	塔 · 砖结构
年　　代	辽—清
交　　通	乡村，自驾

图 1.4.1.1 笔架山与觉山寺砖塔

"笔架山"，顾名思义，山峰兀然独立，状似笔架。看多了连绵苍翠的恒山山脉，便觉奇石嶙峋之山更有意趣。在笔架山西侧，有觉山寺（图 1.4.1.1）。在群山环抱之中，寺庙坐北朝南，规制宏大，中轴线上依次分布山门、钟鼓楼、天王殿、韦驮殿、伽蓝殿、祖师殿，东轴线上有魁星楼、碑亭、金刚殿、梆点楼、弥勒殿；西轴线上为文昌阁、砖塔、罗汉殿、藏经楼、贵真殿。

根据现存辽重熙七年（1038 年）的《重修觉山寺碑记》及其他碑碣记载，和康熙年间的《灵邱邑志》记载的建寺历史，可知觉山寺始建于北魏太和七年（483 年），重修于辽大安五年或六年（1089 年或 1090 年），在明崇祯及清康熙、光绪年间均有修缮。砖塔即建于辽代。

觉山寺砖塔为平面八角形的密檐砖塔。塔基下部为须弥座，每面开壶门三个，内部有佛或菩萨的坐像，壶门之间雕有罗汉（图 1.4.1.2），现在虽头部均已不存，但是观其身姿，肌肉遒劲、威武不凡。每座罗汉左右各有飞天，衣袂飘然、顾盼生姿（图 1.4.1.3）。飞天和罗汉一动一静，相映成趣。须弥座通过双杪斗拱上承平座，平座完全仿照木结构，栏板上雕刻有"卍"

图 1.4.1.2 觉山寺砖塔基座

图 1.4.1.3 觉山寺砖塔基座罗汉与飞天

字纹样。平座上方为仰莲，莲瓣硕大雄浑。塔基之上为塔身，首层较高，上承十三层密檐（图 1.4.1.4）。首层东西南北四面辟门，其余四面雕刻直棂窗。首层檐下双杪斗拱，其余各层均为单杪斗拱，转角出斜拱。内部残存有辽代壁画，十分珍贵。十三层重檐，首层椽、飞子均为木制，二层及以上木椽砖飞。塔刹作金属覆钵、相轮、圆光、宝盖、仰月、宝珠、刹杆。密檐的椽、飞上悬挂铃铛，远离凡尘之处，山风吹过，响声清脆悦耳，不觉心灵被荡涤。

在觉山寺砖塔的西南方向的小山上，有另一座小砖塔（图 1.4.1.5），塔身方形，三层密檐，应为辽代僧人的灵塔。据管理文物的师傅说，这一大一小两座砖塔的塔刹顶端高度相同，形成呼应。

除辽代砖塔外，其他建筑均为明清遗构。值得一提的是碑亭中藏有一块珍贵的魏碑——《皇帝南巡之颂》，又称御射碑，立于北魏和平二年（461 年）。原位于觉山寺东北，笔架山对面“御射台”上。碑总高 4 米，宽 145 厘米，碑阳现存 170 字，内容为北魏文成帝数次南巡和群臣于此竞射之事。碑阴共有可辨文字 1700 余字，工拙率性，为魏碑书法的佳品（图 1.4.1.6）。

图 1.4.1.5 小砖塔

图 1.4.1.4 觉山寺砖塔整体形态

图 1.4.1.6“御射碑”书法

1.5 天镇县

1 慈云寺㊻

Ciyun Temple

名称与别名	慈云寺，法华寺
地　　址	天镇县西北村西大街北侧 176 号
看　　点	布局 · 木结构
推荐级别	★★★
级　　别	全国重点文物保护单位
类　　型	佛寺 · 木结构
年　　代	元—清
交　　通	乡村，自驾

慈云寺山门南侧即紧邻西北村西大街（图 1.5.1.1），车水马龙，人流熙攘。山门前立有红栅栏，似乎昭示着与尘世的隔绝。

光绪版《天镇县志》记载："慈云寺，在城内西街，唐时建，寺原名法华。辽开泰八年 (1019 年) 修，明宣德三年春至五年夏 (1428—1430 年) 重修，千户熊亮奏赐额更名慈云寺。" 元明清各朝屡次修葺，遂成今日格局。

慈云寺坐北朝南，门前左右侍立石狮一对，憨态可掬。寺院共有三进院落，中轴线上由北到南依次为山门、天王殿、释迦殿、毗卢殿。天王殿前院左右分别设钟鼓楼，释迦殿前的配殿文殊、地藏二殿亦为旧时遗存。

天王殿（图 1.5.1.2）悬挂着两块匾额，一曰"山河闲气"，一曰"英灵万古"，是清光绪皇帝和慈禧太后所题。原来光绪帝一行人因八国联军侵华而逃难之时，中途曾在此寺避难。寺庙不比宫殿繁华，然而既可归化凡人，又能安顿天子，在乱世中充满温情。

天王殿北侧为释迦殿（图 1.5.1.3），又名大雄宝殿，

图 1.5.1.1　慈云寺山门

图 1.5.1.2　慈云寺天王殿

图 1.5.1.3　慈云寺释迦殿

三开间歇山顶，施七踩斗拱。殿内西侧北侧墙壁上有明代壁画留存，为儒道释各神佛、君王的群像，人物密集，神态生动。

院落最北侧的毗卢殿是庙宇中最大的建筑，五开间悬山顶，设前廊，屋脊用琉璃，斗拱用九踩，较有清式风格。殿内东西两侧设重檐歇山顶楼阁式木雕藏经柜，内部经书据说被移至大同华严寺，现仅余藏经阁，雕刻精美，当年寺庙盛时的景象，由此可见一斑。

寺庙之中最为奇特的建筑，当属圆形的钟楼和鼓楼（图 1.5.1.4），它们形制比较特殊，也是慈云寺中仅有的元代遗构。天镇县民间流传有一种形象的说法——“大庙盖成小庙庙，钟鼓楼盖成草帽帽”，道出元代对于慈云寺修缮的情况。钟鼓楼均为二层，下层设八根檐柱，内层砖墙之内又有八根老檐柱，伸到二层成为二层的檐柱。施五踩斗拱，每间又加平身科一朵，用材不纤细，有一种朴拙之美。钟鼓楼建于元代，融合了游牧民族的文化，因此风格上比较新奇，虽然经历明代修复，仍然可窥当时风华。

图 1.5.1.4 慈云寺钟鼓楼

2 新平玉皇阁㊼

Pavilion of Jade Emperor at Xinping Town

名称与别名	新平玉皇阁，镇边楼
地　　址	天镇县新平堡镇
看　　点	木结构
推荐级别	★★
级　　别	山西省重点文物保护单位
类　　型	市政建筑 · 木结构
年　　代	明
交　　通	乡村，自驾

玉皇阁亦名镇边楼，坐落在新平堡村旧城十字街的中央（图 1.5.2.1）。

玉皇阁坐北朝南，立于砖基座之上，基座四面开券，以供车马通行，是一座古朴完备的过街楼。

玉皇阁建于明万历二十一年（1593 年），在清康熙、乾隆、光绪年间均有修缮。楼阁算基座在内共为三层，歇山顶，北悬“镇边楼”匾额一块（图 1.5.2.2），南悬“玉皇阁”匾额一块（图 1.5.2.3）。两层木结构为周围廊，然而廊柱的用材十分纤细，和木结构主体的衔接比较粗糙，疑似修缮时所为。

从西侧的陡峭石阶登楼，站在砖台基上，会看到地坪西南角有赑屃一只（图 1.5.2.4），应为明清遗物，此处旧时应有石碑，可惜碑首碑身均已不存。木结构下层供奉泥塑玉皇大帝像一座，上层则供奉着乾隆年间修造的铜制玉皇大帝像。建筑内壁上有残存的壁画（图 1.5.2.5），剥落严重，然而仍然能约略窥出画工的技法高超，人物神韵生动。下层装有天花，为后人补修。东南有楼梯通向上层。上层三开间周围廊，设勾栏平座，施三踩斗拱。在阑额、拱眼壁、飞子上均有彩画（图 1.5.2.6），堂皇富丽。屋顶遍铺黄色琉璃瓦则比较出格，这种“僭越”的做法应为今世所为。

我们在玉皇阁南侧门券外发现了一只风化严重的小石狮子（图 1.5.2.7），高不足一米，应为玉皇阁旧时遗物。

从楼阁上眺望，可以看到新平堡村的全貌（图 1.5.2.8），以及远处的夯土城门、城墙。村庄的街巷保留了旧时的机理，又不乏热闹与生机。新平堡村在明代中后期商业兴起，因此得以积累财富，建造玉皇阁。时至今日，阁楼与村落仍然相互依存，雄伟壮观的玉皇阁依旧镇守村落，庇佑一方。

图 1.5.2.1 新平玉皇阁西立面

图 1.5.2.2 新平玉皇阁北侧“镇边楼”匾额

图 1.5.2.3 新平玉皇阁南侧“玉皇阁”匾额

图 1.5.2.4 台基地坪赑屃

图 1.5.2.5 玉皇阁建筑下层西山壁画

图 1.5.2.6 玉皇阁彩画

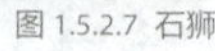

图 1.5.2.7 石狮

图 1.5.2.8 新平堡村俯瞰

1.6 阳高县

1 杨塔村砖塔㊽

Brick pagoda at Yangta Village

名称与别名	杨塔村砖塔
地　　址	阳高县旧杨塔村
看　　点	砖结构
推荐级别	★
级　　别	山西省文物保护单位
类　　型	塔 · 砖结构
年　　代	辽
交　　通	乡村，自驾

杨塔村砖塔位于旧杨塔村，村落里面居民基本都已迁出，唯余黄土，以及破败无人的空窑洞，诉说着这里过去的悠长岁月（图 1.6.1.1）。

在没有路标和门牌的荒野中，辗转问询之后，我们终于找到了屹立在一个土坡顶端的杨塔村砖塔（图 1.6.1.2）。因为砖塔只有 8 米高，色泽偏黄，和周围的黄土浑然一体，寻塔之路颇为困难。

杨塔村砖塔建于辽代，平面六边形（图 1.6.1.3）。束腰三层，用莲瓣和斗拱承托，塔身上六面隐刻出直棂窗。塔身之上共有屋檐三层，层层挑出。屋檐通过三层砖叠涩而成，檐下雕出斗拱。最下层出两跳，上面两层各出一跳。檐口的曲线雕饰成内凹的形状，让檐部有了“如翚斯飞”的姿态（图 1.6.1.4），使得整座塔的形态更为隽秀。从砖塔的老照片看来，基座简陋，塔基塔顶破败。砖塔于 2014 年进行了考古发掘和维修，补全了塔顶，修建了基座，并修好了塔基处残缺的莲瓣。

有说法是“杨塔”是因纪念杨家将而得名。又据说杨塔村建村始于明清，因砖塔而得名。前一种说法笔者不敢苟同，砖塔建于辽代，地处朔北，辽人没有理由为抗辽名将建塔立碑。不过后者倒是不无可能，“杨塔村”这个名字，或许真的有这座砖塔留下的烙印和记忆。

图 1.6.1.1 杨塔村空窑洞

图 1.6.1.2 砖塔周围环境

图 1.6.1.3 杨塔村砖塔全貌

图 1.6.1.4 杨塔村砖塔檐部雕刻细节

2 云林寺㊾

Yunlin Temple

名称与别名	云林寺，西寺
地　　址	阳高县城内新华南街文物巷 24 号
看　　点	布局 · 木结构
推荐级别	★★★
级　　别	全国重点文物保护单位
类　　型	寺庙 · 木结构
年　　代	明
交　　通	县城，公交 / 自驾

云林寺位于阳高县城西侧，寺院坐北朝南，借旧城西侧的夯土城墙做西院墙。寺院山门原在最南侧，现在入口为县文物管理所的门房，设在城墙上（图 1.6.2.1）。

云林寺始建年代不详，根据清雍正七年（1729 年）《阳高县志》记载，云林寺建于明代。清代光绪、宣统年间均有整修和扩建。现存建筑为中轴线上的天王殿、大雄宝殿及其耳房，东西配殿。南部的山门和北部的藏经阁均损毁不存。

天王殿与配殿在“文革”时期遭到破坏，20 世纪 90 年代得到修复。

大雄宝殿是云林寺的主殿，也是最重要的留存文物。大殿前有“故董章经塔记”石经幢一座，石狮、石鹤各一对（图 1.6.2.2）。建筑面阔五间，进深四间，庑殿顶，用七踩斗拱（图 1.6.2.3）。檐柱和柱础尺寸不匹配，疑为前朝修缮时更换。内部雕梁画栋，运用减柱造，四椽栿对乳栿用三柱。南侧礼佛空间通过巨大内额承托四椽栿（图 1.6.2.4），仅用东西两根金柱，内部空间十分宽敞。大殿正面明间和次间共有隔扇门十二扇（图 1.6.2.5），窗棂图案雕刻精致，分六对设计，体现出明清匠人的高超工艺。内部西侧有宣统年间修缮碑碣一通（图 1.6.2.6）。

大雄宝殿中最动人的要数留存完好的塑像和壁画。正殿须弥座上塑有三世佛、二弟子、二护法。东西两侧分列十八罗汉（图 1.6.2.7），工艺精湛，神韵生动。四面墙壁上留存有明代的水陆壁画（图 1.6.2.8），上下绘制三层人物，每组人物的独立性很强，画师构图灵活，将天神、鬼卒、诸天画到一起。人物的衣纹、铠甲线条流畅，背景云纹刻画精细，赋予人物以升腾之感。在色彩上大量使用青绿，沉稳庄重。另外壁画中还有对于农具、乐器的描摹，也是我们领略明代的物质文化弥足珍贵的资料。

图 1.6.2.1 云林寺入口

图 1.6.2.3 云林寺大雄殿南立面

图 1.6.2.2 云林寺院落内部石经幢、石狮、石鹤

图 1.6.2.4 云林寺大雄殿大内额

图 1.6.2.5 云林寺大雄殿隔扇门

图 1.6.2.6 云林寺大雄殿内修缮碑碣

图 1.6.2.7 云林寺大雄殿内部西侧罗汉塑像

图 1.6.2.8 云林寺大雄殿西山壁画

2
晋中市
JINZHONG

晋中古建筑分布图

Historical Architectural Map of Jinzhong

1. 蒲池寿圣寺
2. 宣乘寺正殿
3. 榆次城隍庙
4. 永康东岳庙
5. 荣华寺
6. 石牌坊
7. 懿济圣母庙
8. 祆神楼
9. 回銮寺
10. 城隍庙
11. 东岳庙
12. 后土祠
13. 五岳庙
14. 源神庙
15. 太和岩牌楼
16. 云峰寺石佛殿
17. 张壁古堡
18. 张壁古堡 · 地道
19. 张壁古堡 · 祠庙建筑
20. 晋祠庙
21. 静升文庙
22. 后土庙
23. 王家大院
24. 夏门古堡
25. 资寿寺
26. 北常普音寺
27. 北依涧永福寺过殿
28. 长则普明寺
29. 城隍庙
30. 城墙
31. 慈相寺
32. 慈相寺 · 大雄宝殿
33. 慈相寺 · 麓台塔
34. 干坑南神庙
35. 惠济桥
36. 金庄文庙
37. 梁家滩白云寺
38. 雷履泰旧居
39. 利应侯庙
40. 南政隆福寺
41. 清凉寺
42. 文庙
43. 清虚观
44. 日昇昌旧址
45. 双林寺
46. 双林寺 · 天王殿
47. 双林寺 · 释迦殿
48. 双林寺 · 大雄宝殿
49. 双林寺 · 千佛殿、菩萨殿
50. 双林寺 · 娘娘殿
51. 市楼
52. 襄垣慈胜寺
53. 镇国寺
54. 镇国寺万佛殿
55. 聚全堂药铺旧址
56. 梁村洪福寺
57. 乔家大院
58. 渠家大院
59. 祁县文庙
60. 兴梵寺
61. 镇河楼
62. 段王村罗汉寺
63. 普光寺
64. 平舒崇福寺
65. 孟家沟龙泉寺
66. 福田寺
67. 松罗院
68. 安禅寺
69. 曹家大院
70. 法安寺
71. 范村圆智寺
72. 光化寺
73. 净信寺
74. 太谷鼓楼

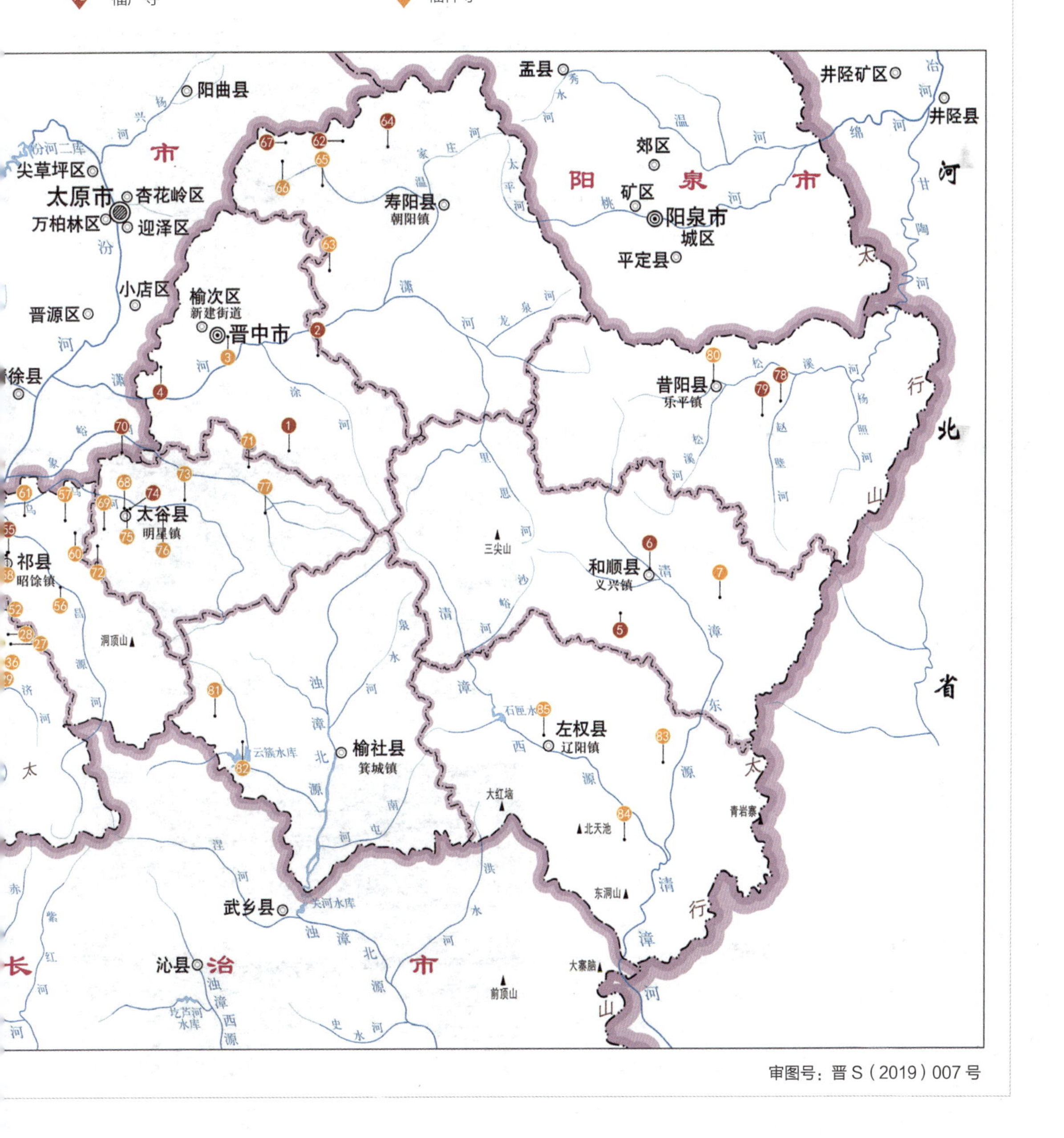

审图号：晋 S（2019）007 号

2.1 城区及近郊区

1 蒲池寿圣寺①

Shousheng Temple at Puchi Village

名称与别名	蒲池寿圣寺
地　　址	榆次区庄子乡蒲池村
看　　点	斗拱
推荐级别	★★★
级　　别	山西省文物保护单位
类　　型	佛寺·木结构
年　　代	金—清
交　　通	乡村，自驾

榆次区南部地势崎岖，丘陵纵横，干旱缺水，并不优越的自然环境中却不缺历史书写的痕迹，这里古寺庙、古建筑、石窟石刻众多。蒲池村正是位于榆次南部的一个四面环山的安静小村庄。就像大多数山间的村庄一样，蒲池村也留不住年轻人，只有些许的老人和零星的老房。寿圣寺孤单地伫立在凋零的蒲池村村口，安详、古朴、沧桑（图 2.1.1.1）。

寺庙坐北朝南，只有一进院落，布局规整。山门为单檐硬山顶，檐下三昂六铺作斗拱十分秀美；山门右侧的卷棚顶钟楼低矮敦实地伫立着，左侧的鼓楼却

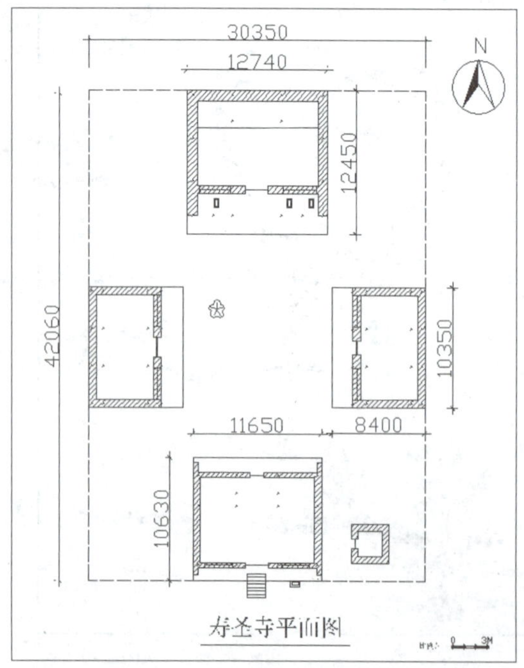

图 2.1.1.1 寿圣寺平面

图 2.1.1.2 山门与钟楼

图 2.1.1.3 山门斗拱

图 2.1.1.4 正殿外观

图 2.1.1.5 正殿梁架

已不存（图 2.1.1.2，图 2.1.1.3）。山门紧锁，四周却没有围墙，从山门和钟楼的夹缝中便可进入院内。

正殿面阔三间，上覆单檐悬山顶，前有檐廊。明间出 45 度昂形斗拱，用材硕大、遒劲有力，斗拱高度约略檐柱高度的三分之一；正殿明间设板门，次间置直棂窗；额枋、拱眼壁、雀替上都留存着彩画（图 2.1.1.4）。殿内梁架简洁，梁架上彩画清晰可见（图 2.1.1.5）。就外檐而言，正殿颇具金元之风，而室内梁架又有晚期特征。据庙内石碑记载，该庙始建于唐代，明、清重修，以此观之，屋架应为后世所改。

纵然围墙、鼓楼早已不存，寿圣寺的艺术价值却不可忽视；纵然现存建筑的屋顶和柱子已经破败，院内的碑碣也残缺不齐，山门和正殿的主体结构还算稳定。我们心里暗暗期待它在不久将来会被重视并修复的消息。令人高兴的是，几个月后，文物部门就下发了修缮蒲池寿圣寺的官方文件。

2 宣乘寺正殿②

Main hall of Xuancheng Temple

名称与别名	宣乘寺正殿
地　　址	榆次区长凝镇西见子村
看　　点	木构
推荐级别	★★★
级　　别	山西省文物保护单位
类　　型	佛寺 · 木结构
年　　代	宋
交　　通	乡村，自驾

来到榆次区东部丘陵上的西见子村，村口的渡槽令人难忘，村南的土墙和门楼依然守护着这座古老的村庄。

宣乘寺坐落在村北的土台之上，土台临近道路的转角处用石头和灰砖包砌着，呈现出一种实用而质朴的乡土营造之风（图 2.1.2.1）。寺内仅余一进院落，正殿平面近方形，面阔三间，现为硬山屋顶（原本或为悬山），屋面平缓。因大殿曾用作小学，外墙和室内隔墙均为彼时改动的产物，只有主体木构基本保留着旧时风貌（图 2.1.2.2）。正面中间两根檐柱呈四角抹棱形，此种造型多见于石柱；外侧两根檐柱为圆柱，柱头卷杀明显（图 2.1.2.3）。宽扁的普拍枋之上施以单昂四铺作斗拱，昂头现已残缺，据说当年被认为是

图 2.1.2.1 土台上的宣乘寺

图 2.1.2.3 正殿檐部

图 2.1.2.2 正殿外观

图 2.1.2.4 正殿梁架

旧文化的腐朽标志而被锯掉，生生令人心痛。殿内的四根柱子也是两方两圆，南侧两根圆柱为后世所加而非原构，因此，结构骨架实为“乳栿对四椽栿用三柱”；上下梁架之间用驼峰、令拱和替木，槫下用叉手、托脚等构造做法颇具古风（图 2.1.2.4，图 2.1.2.5）。外檐斗拱内出一跳，上置两层枋材，下层罗汉枋隐刻斗拱，上层刻椽椀以承檐椽，此种做法较为奇特，或为后世借旧料所改（图 2.1.2.6）。

至于寺庙的创建年代，寺内并没有可供断代碑刻，梁架也未发现年代题记，唯有明万历年间《榆次县志》的记载：宣乘寺始建于唐咸亨二年（671 年），宋熙宁七年（1074 年）重修，金大定二年（1162 年）赉赐今额。专家据此并结合现存木构做法，认为大殿虽经后世修葺，总体上仍留有宋构特征。

图 2.1.2.5 正殿山面梁架

图 2.1.2.6 外檐斗拱里转做法

3 榆次城隍庙③

Town God's Temple at Yuci

名称与别名	榆次城隍庙
地　　址	榆次区城隍庙社区东大街路北
看　　点	布局 · 木构 · 城隍文化
推荐级别	★★★★
级　　别	全国重点文物保护单位
类　　型	祠庙 · 木结构
年　　代	元—清
交　　通	市中心，公交，自驾

进入新建的东大街牌楼，便到了城隍庙的前广场。兴许是城管的力量打压着世俗商业的气场，抑或晋中这座古老城市的历史厚度熏陶着市民的品位，广场周边的商业开发与古城文脉恰到好处地融为一体（图 2.1.3.1）。站在东大街向西望去，可见旧城中央的市楼，市楼东北隅坐落着县衙。城隍庙与县衙就这样对称布置着，分司着阴、阳两界的事物。

坐北朝南的城隍庙共有三进院落，规模宏大，布局严整（图 2.1.3.2）。山门、钟楼、鼓楼、玄鉴楼构成扁长的第一进院落，让人颇感压抑（图 2.1.3.3）；玄鉴楼背后的乐楼和戏台、献殿与显佑殿、周围廊庑构成了方整的第二进院落，在前院空间的铺陈下，此

图 2.1.3.1 广场

图 2.1.3.2 城隍庙远景

图 2.1.3.3 一进院落

图 2.1.3.6 玄鉴楼

图 2.1.3.4 二进院落

图 2.1.3.7 玄鉴楼室内楼梯

图 2.1.3.5 三进院落

图 2.1.3.8 正殿外观

院略显宏阔（图 2.1.3.4）；显佑殿之北为寝殿所在的第三进院落，院虽也不大，却因建筑尺度较小而亲切怡人（图 2.1.3.5）。

众殿之中，玄鉴楼最为精美。此楼与乐楼及戏台连城一体，造型丰富。外观为四檐歇山顶，设檐廊和平座（图 2.1.3.6）；内部则分为上下两层空间和前后三进厅堂，并于中部设楼梯通往二层（图 2.1.3.7）。戏台凸出于建筑主体后部，台基中部断开，辟为通道，虽有戏台之名实无戏台之用；戏台两侧设八字形影壁，影壁上嵌有精美的琉璃麒麟图案。据导览说明介绍，玄鉴楼建于明正德十年（1515 年），1999 年曾入选世界文化遗产基金会濒危遗产名录。

显佑殿是城隍庙的正殿，主体结构具有元代建筑特征。大殿面阔五间进深四间，上覆单檐歇山顶，前设檐廊，檐廊南侧再出三间卷棚式献殿，献殿与大殿檐廊连成整体，共用一排檐柱（图 2.1.3.8）。大殿檐下用单杪单下昂五铺作斗拱，补间铺作用真昂，昂制目测约为四举。下昂与耍头上彻，挑一材两絜以承下平槫，足见檐步坡度远陡于下昂斜度（图 2.1.3.9）。大殿用内柱四根，梁栿高置于柱头斗拱之上，使得殿内空间格外高敞（图 2.1.3.10）。献殿内立有碑碣六通，殿前月台宽阔。

城隍信仰历史悠久，至明代达到顶峰并发展为主流信仰，仅在明代开国的前三年，朱元璋就多次下达关于城隍封号和祭祀的诏令。据《榆次县志》记载，榆次城隍庙始建于元至正二十二年（1362 年），完成于明嘉靖二年（1523 年）。从洪武元年（1368 年）迁建现址至嘉靖二年建成，这组历时 160 余年建设而成的恢宏建筑群，见证了政治和信仰的强大力量。

图 2.1.3.9 正殿外檐斗拱

图 2.1.3.10 正殿室内

4 永康东岳庙④

Temple of Mount Tai at Yongkang Village

名称与别名	永康东岳庙，泰山庙
地　　址	榆次区张庆乡永康村中部
看　　点	布局 · 木构
推荐级别	★★★
级　　别	山西省文物保护单位
类　　型	祠庙 · 木结构
年　　代	明
交　　通	乡村，自驾

永康村位于榆次西部，历史悠久，明中期为抵御蒙古侵袭，曾和榆次周边的其他村庄一样，修筑起高耸的城墙，只可惜城墙遗迹现今荡然无存。作为晋中和太原的交界处，永康村曾经商业繁荣，驿站遍布。

据明万历《榆次县志》记载，东岳庙始建于元代，现存建筑为明清遗构，庙内石碑记载着清光绪年间重修始末。东岳庙仅有一进方形院落，坐落着山门和戏台、钟鼓楼、正殿等主要建筑（图 2.1.4.1）。山门与戏台互为正反，山门一侧是重檐悬山样式；戏台一侧是卷棚歇山顶，建在 2 米高的砖砌高台上，戏台题壁留存着晋剧史上最早的戏班“荣升班”的题记（图 2.1.4.2，图 2.1.4.3）。正殿建于半米台基之上，面阔三间，单檐歇山顶，屋面用黄绿琉璃瓦的剪边，并饰以孔雀蓝琉璃瓦方心。正殿左右各设 3 间硬山朵殿，朵殿两侧再设两座卷棚小殿（图 2.1.4.4，图 2.1.4.5）。

比起其他的“村级”东岳庙，此庙布局较为独特，它着眼于由建筑形体组合而形成的丰富视觉效果，却并不强调纵向空间序列的多样性。山门和戏台相连的构造处理实属巧思；戏台两侧的影壁和钟鼓楼，拉伸着立面的空间张力；正殿与耳房主次分明，一气呵成却又叠落有致。无论从整体布局上纵览，还是从具体细节上品味，都具有较高的艺术和历史价值。

图 2.1.4.1 东岳庙远景

图 2.1.4.3 戏台

图 2.1.4.2 山门

图 2.1.4.4 正殿

图 2.1.4.5 正殿斗拱

2.2 和顺县

1 荣华寺⑤

Ronghua Temple

名称与别名	荣华寺
地　　址	和顺县东喂马村
看　　点	木构 · 石雕佛像 · 新塑泥像
推荐级别	★★★
级　　别	山西省文物保护单位
类　　型	佛寺 · 木结构
年　　代	元—清
交　　通	乡村，自驾

尽管“荣华”二字的本义是描绘盛开之花，却多以“荣华富贵”的引申义为大众熟知。荣华寺之“荣华”究竟取诸何义已难考证，或许朴素的本义和世俗的引申义本就无须分开，因为“利用”和“厚生”本来就是多数中国人对待宗教的“现世”态度。

寺院位于东喂马村的西北角，东喂马村则因临近207国道而交通便利。寺前是一个开阔的广场，整个寺院建筑群又坐落在3米高的宽敞台基之上，显得有些傲气（图2.2.1.1）。远望未见开启的庙门，按常规经验，我们又得找寻管理人员了，细看才发现庙门未锁，一阵欢喜。

建筑群分为东西两路，各为一进院落，东路现为管理人员的住所（图2.2.1.2），西路为寺院的主体（图2.2.1.3）。西院建筑以大殿年代最古，殿内现存明嘉靖四十二年（1563年）重建石碑一通。殿内还存有石雕佛像三尊，每间一尊一字排开，专家考证为南北朝作品（图2.2.1.4）。大殿外观为单檐悬山顶，檐柱直切不做卷杀，各间施45度斜出的平身科斗拱一攒，柱头斗拱略显宽扁，普拍枋呈折线形卯接（图2.2.1.5）。

除大殿内的石雕作品外，其余各殿均有新塑泥像数尊，虽为新塑作品，人物神形兼备，堪称佳品（图2.2.1.6）。

图2.2.1.1 荣华寺外景

图2.2.1.2 寺院东路

图2.2.1.3 寺院西路

图 2.2.1.4 石雕佛像

图 2.2.1.6 新塑佛像

图 2.2.1.5 大殿外观

2 石牌坊⑥

Stone Archway

名称与别名	石牌坊，兵宪石坊
地　　址	中和北街 88 号附近
看　　点	石砌结构 · 石雕
推荐级别	★★★
级　　别	山西省文物保护单位
类　　型	牌坊 · 石结构
年　　代	明
交　　通	县城，公交 / 自驾

石牌坊位于和顺县中和北街，因牌坊门额所题“中宪大夫昌平兵备道山东按察司副使药济众”而被称作“兵宪石坊”（图 2.2.2.1）。石坊是为了纪念药济众而立，立坊者是药济众的门生——山西监察御史刘弘光。

药济众既然能被后人立坊彰功，定然不是凡夫俗子。据《赠太仆寺卿前昌平道副使药济众传》，笔者对其生平进行了简要梳理。药济众，山西和顺人，本姓乐，是乐毅的后裔，为避祸而后改“药”姓。他在万历三十六年（1608 年）至天启四年（1624 年）的宦海生涯中，从知县一直做到山东按察司昌平兵备道副使，颇有政绩，告老还乡时却正值明末动乱，贼匪作乱、烽烟四起。天启六年（1626 年）贼乱和顺，药济众出巨资全力抵抗，终因城陷而投井殉国。死后他被追赠太仆寺少卿，谕赐祭葬。

就在药济众辞世 5 年后的崇祯四年（1631 年），刘弘光为他修建了这座精美的石牌坊（图 2.2.2.2）。

牌坊横跨中和北街之上，高约 10 米，四柱三楼式，重檐歇山顶，通身由八十八块石头雕砌而成。整个牌楼由四根石柱撑起，柱子两侧的戗石上各刻石狮一尊，柱与狮共同立于石基之上。柱间以石枋相连，枋下镂

图 2.2.2.1 石牌坊远景

图 2.2.2.2 石牌坊近景

刻雀替，大小额枋之间镂刻菱形与万字形图案。檐下斗拱，椽子、瓦当、屋瓦等细部雕刻十分逼真。整个石牌坊在仿木构造上趋于极致，柱身、梁枋刻满吉祥图案，十分精美。明间门额上部阳刻“陵京锁钥”四个大字，笔力豪劲（图 2.2.2.3）。

几百年过去，物是人非，不知匆匆的行人是否还记得药济众，是否会在路过时沉思片刻或驻足而望。人们常说历史是一面镜子，笔者觉得文物又像是历史的镜子，在它们身上历史变得真切可读。

图 2.2.2.3 石牌坊细部

3 懿济圣母庙⑦

Temple of Goddess Yiji

名称与别名	懿济圣母庙，合山庙
地　　址	和顺县平松乡合山村
看　　点	自然环境 · 布局 · 木构
推荐级别	★★★
级　　别	全国重点文物保护单位
类　　型	祠庙 · 木结构
年　　代	元
交　　通	乡村，自驾

“环和顺皆山也，东去县三十里许，诸峰林矗尤美，望之蔚然而深秀者合山也。山之麓有神庙额曰懿济圣母之殿，东南隅又有其弟显泽侯神祠，殿前水声潺潺，泻出于其间者，神泉也……”这篇写于大明嘉

图 2.2.3.1 山间高耸的圣母像

靖元年（1522年）的《改建合山庙钟楼记》，又一次因循着《醉翁亭记》的词眼，虽说难脱抄袭之嫌，倒也确有美景可恃，不然纵有文采恐也难为“无米之炊”了。

优美的山色环抱着合山村，只是村东山坡上新建的山地景区和其中巨大的圣母像，扰动着村落原本幽静的气场和自然生长的肌理。强烈的导向性牵引着游客的脚步，竟误认为懿济圣母庙就在那里（图2.2.3.1）。其实，这不过是商业操作的把戏而已，真正的圣母庙依偎在村落的东南隅，谦和而低调（图2.2.3.2）。

圣母庙建筑群坐南朝北，主体建筑为圣母庙，其东南依附着显泽侯神祠。圣母庙院庭宽阔，依山就势地分成上下两个院落，恢宏而不失丰富。下院甬道两侧排列的六通碑碣，渲染着庄严肃穆的空间氛围（图2.2.3.3）。圣母殿携两侧朵殿和东西配殿雄踞高台之上，这便是上院。大殿为单檐九脊顶，面阔和进深均为三间，殿前另设献殿三间，悬山顶，独立于大殿之外。大殿不用补间铺作，柱头用四铺作斗拱出45度斜拱（图2.2.3.4，图2.2.3.5）。殿内构架为“六椽栿对后乳栿用三柱”形式，八椽的屋架与三开间的进深之间显然缺乏严整的对位关系，梁架也因此而繁缛，不知是为了追求更加柔和的屋面曲线还是受限于木料尺寸的妥协之举；山面斜置的曲木丁栿和脊槫下的叉手做法虽有古风却因梁架和彩画的过度修葺而返老还童，索然无味（图2.2.3.6）。

据考证，懿济圣母本名昌仆，为蜀山氏之女，昌

图2.2.3.2 从景区远眺圣母庙

图2.2.3.3 回望下院

图2.2.3.5 圣母殿外观二

图2.2.3.4 圣母殿外观一

图2.2.3.6 圣母殿梁架

意（黄帝儿子）之妻，高阳（颛顼，五帝之一）之母。因“高阳有圣德”且子嗣繁盛，其母被后世奉为“圣母”，至北宋又敕封为“懿济圣母”，建圣母庙。相传“合山奇泉”是圣母云游和顺之时，为解除黎民干渴之苦而造，于是，人们在泉水之源为其建庙以祀便顺理成章了。而今，涓涓清泉仍润泽着一方土地，只是不多的水源已显得力不从心，不知造化之功和凡人之力还能让这古泉流淌多久……

2.3 介休市

1 祆神楼⑧

Xianshen Tower

名称与别名	玄神庙，元神庙
地　　址	介休市北关顺城街
看　　点	结构，造型
推荐级别	★★★
级　　别	全国重点文物保护单位
类　　型	祆神庙 · 木结构
年　　代	清
交　　通	市中心，公交，自驾

不必因念错了“祆神楼”的读音而羞愧，祆（xiān）这个读音着实有些生僻。在《汉语大词典》里，“祆”被解释为“古代对拜火教信奉之神的统称”，祆神庙便是祭祀火神的庙宇了。“祆教”是个神秘的教派，它比伊斯兰教更早地流行于古代波斯和中亚，并通过丝绸之路传入新疆，魏晋至唐宋时期在中原发展起来，唐宋时期相对宽容的宗教政策使得祆教得以与本土文化融合，明代以后却逐渐衰落。看到这里，您是否想到了《倚天屠龙记》中的“明教”？没错，“祆教”就是金庸大师妙笔演绎之下的“明教”。

北关顺城街位于介休市中心，穿过一条长长的、两侧都是低矮民宅和商业店铺的巷子，尽头就是祆神楼（图 2.3.1.1）。远远望去，会以为祆神楼凸出的部分是个过街楼，走近了却发现无须过街，因为楼前是个宽阔的广场。广场虽大，却并没有合理的规划和细节设计，也没有任何欢愉的人群和吸引驻留的氛围，倒像是被冷落的城市一角。广场的空寂与祆神楼的精美之间生成一种对峙的张力（图 2.3.1.2）。

祆神楼造型优美，结构复杂，功能复合。建筑平面呈“凸”字形，外观呈三层屋檐加一层平座样式，向南突出的方形体量是最为精美的部分：它每面均为三开间，四根内柱直达的顶层；它底层架空，腰檐之上设平座和檐廊，每面明间再出歇山顶抱厦一间；它上覆十字歇山顶，屋脊瓦饰和吻兽颇为精美（图 2.3.1.3）。主体建筑北侧为歇山卷棚顶乐楼三间，两侧为八字形影壁墙，墙壁中央各嵌琉璃团龙一枚（图 2.3.1.4）。乐楼底层架空，设木楼梯上达二层，经乐楼可以到达建筑主体内部，再经内部楼梯抵达楼顶，一睹那彻上明造的屋架巧构（图 2.3.1.5，图 2.3.1.6）。

据康熙年间的《重修三结义庙碑记》记载，祆神楼的建造者是北宋政治家文彦博，或许正是名臣的威望，使得这座建筑能够留存至今。明代对祆神庙进行了重修，之后又不幸毁于火灾，清康熙年间一丝不苟的复原，使得祆神楼外在的精构巧思和内在的文化气质得以留存。弥足珍贵的是，这座祆神楼可能是我国唯一幸存的祆教建筑了。

不知祆神庙当年的形制如何，在祆神庙毁坏之后，祆神楼就被重新编入了三结义庙的“阵营”，并被赋予了正门和戏楼的功用。而对于今天的城市而言，它又成为了顺城街重要的空间节点和庙前广场的核心建筑。

图 2.3.1.1 祆神楼远景

图 2.3.1.2 空寂的广场

图 2.3.1.3 袄神楼正立面

图 2.3.1.5 袄神楼梁架

图 2.3.1.4 乐楼外观

图 2.3.1.6 顶层十字脊

2 回銮寺⑨

Huiluan Temple

名称与别名	空山灵溪寺，兴国寺
地　　址	介休市城西南 20 公里兴地村
看　　点	选址，木结构，石碑
推荐级别	★★★
级　　别	全国重点文物保护单位
类　　型	佛寺 · 木结构
年　　代	元—清
交　　通	乡村，自驾

“回銮寺在兴地村，按碑记即空王灵溪寺，唐太宗欲登山礼佛至此回銮，时僧惠真诣阙请额，赐今名，五季遭兵火，宋建隆三年重建，敕名兴国寺，明嘉靖四十三年修旧志尤载回銮寺，乃古名也。”这是《介休县志》中对回銮寺的记载。有人认为唐太宗《谒并州大兴国寺诗》中描写的就是回銮寺，诗云：“回銮游福地，极目玩芳晨。梵钟交二响，法日转双轮。宝刹遥承露，天花近足春。未佩兰犹小，无丝柳尚新。圆光低月殿，碎影乱风筠。对此留馀想，超然离俗尘。”以笔者愚见，“大兴国寺”和“回銮”等字眼虽与回銮寺的名称和别名相似，却不足以下此定论。首先，按县志所载的敕名顺序，“回銮”之名先于“兴国”；其次，介休在贞观年间为汾州所治，并州则是太原及其周边地区；再有，绵山作为该地的主要自然景观并未在诗中有所体现，似乎不合常理。

据寺内碑载，今天的回銮寺是金天会至大定间于故基重建的，明清屡有修葺，大雄宝殿明间的襻间枋仍有“大元国至大元年（1308 年）”的重建题记。

图 2.3.2.1 山门外观

寺院坐北朝南，占地宏大，由天王殿分割成前后两进院落，现存山门、天王殿、大雄宝殿及朵殿、东西配殿等建筑。山门高峻，砖砌外墙辟券门三个，山门两侧出八字形影壁（图 2.3.2.1）。天王殿面阔三间进深四椽，上覆悬山顶，正面和背面明间辟门，其余皆为实墙（图 2.3.2.2）。大雄宝殿携朵殿端居于台基之上，殿前月台宽阔，台前的云松虽已枯萎，却远比参差的绿植更为优美；檐廊横贯于十一开间的总面阔，一气呵成，廊下有历代碑碣十余通（图 2.3.2.3，图 2.3.2.4）。大殿面阔五间，进深六椽，悬山屋顶；外檐用单杪双下昂六铺作斗拱，下昂均为真昂，头昂之下用华头子，令拱之上置替木以承榱檐枋，橑檐枋刻椽椀以承檐椽，衬方头出头叠于耍头之上；各补间仅施斗拱一朵，当心间用 45 度斜拱，昂端刻做龙头，极具装饰性（图 2.3.2.5，图 2.3.2.6）。

雨后的庭院十分泥泞，好在配殿与大殿的檐廊设计使得穿行无碍，远处的绵山却因晨雨的晕染而增添了隽永的韵味（图 2.3.2.7）。离开回銮寺，天气渐渐放晴，在奔赴东岳庙的途中，我们走了一段乡间小路，云破天青，清风徐徐，树影悠悠，心境平缓而舒畅。

图 2.3.2.2 天王殿远景

图 2.3.2.3 大雄宝殿外观

图 2.3.2.4 大雄宝殿近景

图 2.3.2.5 大雄宝殿外檐

图 2.3.2.6 大雄宝殿斗拱

图 2.3.2.7 远眺绵山

3 城隍庙⑩

Town God's Temple

名称与别名	介休城隍庙
地　　址	介休市北关街道
看　　点	木构 · 建筑群组布局
推荐级别	★★★
级　　别	全国重点文物保护单位
类　　型	祠庙 · 木结构
年　　代	明—清
交　　通	乡村，自驾

城隍庙所处的位置一般都是传统的城镇商业、文化中心，介休城隍庙便是如此隐于市，在周边居民楼的包围下，显得格外安静（图 2.3.3.1）。城隍庙始建年代已经无从考证，根据现存碑文记载大殿应为明代重建，以后经过历代重修，后来这里也曾长期被晋剧团占用，因此院里的房间都根据需要进行过改造，形成了今日的样貌。

院落中轴线上坐落着乐楼和大殿。乐楼是卷棚硬山顶，向外带有歇山顶的抱厦三间，向内有一间歇山顶的抱厦开敞作为舞台，建筑体量平缓，舒展开来与两旁的钟鼓楼一并组成错落有致的建筑群，同时与重檐歇山顶的七间大殿遥相呼应（图 2.3.3.2，图 2.3.3.3）。重檐的大殿体量雄伟，副阶周匝，虚实相映，尤其在周边居民楼的包夹下，更显视觉冲击力（图 2.3.3.4）。尽管体量大，然而大殿的柱、枋与斗拱等构件纤细而精致，展现了明代建筑秀美的特点（图 2.3.3.5）。大殿内部空间高耸，除却带有斑驳彩绘的梁架，已空无他物，乐楼也是如此，舒展的大进深建筑，尽管采光条件有限，但是空间却没有任何压抑之感（图 2.3.3.6）。建筑的瓦饰均用彩色琉璃装饰，也为灰蒙蒙的北方的冬天增添了不少色彩（图 2.3.3.7，图 2.3.3.8）。

我们去过很多地方的城隍庙，有一些地方已经没有古建筑了，但是仍然是热闹的人声鼎沸的生活场景，而另一些地方，只剩下了曾经承载这种生活的容器——建筑空间。

图 2.3.3.1　城隍庙全景

图 2.3.3.3　乐楼背立面

图 2.3.3.2　乐楼正立面

图 2.3.3.4　大殿外观

图 2.3.3.5 大殿外檐

图 2.3.3.7 大殿琉璃瓦饰

图 2.3.3.6 大殿室内

图 2.3.3.8 乐楼琉璃瓦饰

4 东岳庙⑪

Temple of Mount Tai

名称与别名	介休东岳庙
地　　址	介休市城南 7.5 公里的小靳村
看　　点	布局 · 木结构 · 雕塑 · 壁画
推荐级别	★★★
级　　别	全国重点文物保护单位
类　　型	祠庙 · 木结构
年　　代	元—清
交　　通	乡村，自驾

东岳庙位于回銮寺正北方向绵山脚下的小靳村，比回銮寺离绵山的距离稍远些。寺庙正对着一条南北向的村路，庙外的红色围墙、影壁和繁茂的古槐守护着庙宇的风水（图 2.3.4.1）。

庙宇坐北朝南，共有三进院落，布局紧凑、空间灵活。中轴线上由南向北依次坐落着影壁、山门、戏台、献殿、大殿、后殿，左右两侧有钟鼓楼和窑洞式配殿。

图 2.3.4.1 东岳庙外观

图 2.3.4.2 哼哈二将泥塑

山门面阔三间进深两间，进深方向设分身隔墙，外侧立哼哈二将泥塑（图 2.3.4.2），内侧绘二将画像，山墙绘云龙和猛虎（图 2.3.4.3，图 2.3.4.4）。戏楼居于 1.5 米高的台基之上，左右设钟鼓楼，建筑外墙和台基均用砖包砌，应为近代所为（图 2.3.4.5，图 2.3.4.6）。戏楼和献殿之间是不大的院落，献殿平面呈凸字形，歇山卷棚顶，面阔三间，前出抱厦一间，台基高半米余，轮廓随殿身；整栋建筑用石雕、木雕和彩画装饰得十分华丽，极尽精巧之能事，抱厦檐下悬挂“历代登封”一副，与殿身木雕风格一致；就木构特点和装饰风格来看，献殿具有明显的清代的特征（图 2.3.4.7，图 2.3.4.8）。正殿与献殿紧邻又各自独立，面阔和进深均为三间，外设周围廊，上覆重檐歇山顶，规格较高（图 2.3.4.9）；屋脊用蓝色琉璃瓦件，屋面用蓝色琉璃瓦剪边，外檐彩画仍清晰可见，整个殿宇的色彩和装饰较为华丽；下檐斗拱用一斗三升，上檐用单昂三踩，略显低调；大殿后廊现存历代碑碣十余通。大殿北侧为圣母殿，单檐硬山顶，面阔三间，规模很小，与普通民居类似（图 2.3.4.10）。

寺院始建年代不详，县志中亦未见记载。寺内现存碑记中，最早的重修记录是元至元七年（1270 年）和大德七年（1303 年），明清亦屡有重修。据相关研究，正殿和寝殿内皆有明清壁画和塑像，我们因未能进入殿内而不得尽观，颇感遗憾。

图 2.3.4.3 云龙壁画

图 2.3.4.4 猛虎壁画

图 2.3.4.5 戏楼外观

图 2.3.4.6 从戏楼看献殿

图 2.3.4.7 献殿外观

图 2.3.4.9 正殿外观

图 2.3.4.8 献殿内部

图 2.3.4.10 圣母殿外观

5 后土祠⑫

Shrine to Goddess of the Earth

名称与别名	介休后土祠，后土庙
地　　址	介休市北关街道办事处北大街社区庙底街 99 号
看　　点	布局 · 建筑造型 · 琉璃瓦饰
推荐级别	★★★
级　　别	全国重点文物保护单位
类　　型	祠庙 · 木结构
年　　代	明，清
交　　通	县城内，公交

后土祠区域有一片很大的古建筑群，建筑群南侧是一个宽阔的市民广场，广场与建筑群形成两个面积相当的虚实空间。后土庙坐北朝南居于建筑群的中央，中轴线向南延伸，穿过广场中央的空间序列，直达广场南端的牌楼，牌楼再往南正对着城市道路，由此形成了一条局部的城市空间控制线。

如今的后土祠分为东西两路，西路是祠庙的主体建筑所在，保留了较多的历史建筑；东路为娘娘庙建筑群，多数建筑是新建的仿古建筑。游访之时，西路的正门并不开放（图 2.3.5.1），只能先由东路进入娘娘庙，经山门、过殿，到达娘娘殿（图 2.3.5.2），再

图 2.3.5.1 西路正门

向西北转入后土大殿所在的西路最北侧院落，然后再由北向南经乐楼、三清楼和献殿、护法殿、天王殿，到达祠前影壁（图 2.3.5.3）。最终，还要原路返回从娘娘庙离开，原本流畅的参观流线却因不合理的管理而变得迂回曲折。

所有建筑之中，以后土大殿、乐楼、三清楼和献殿最具特色。

大殿面阔五间，重檐歇山顶，前出檐廊，下檐斗拱用五彩重昂，上檐用七踩三昂。大殿两侧各为三开间单檐悬山顶朵殿，与大殿一道形成面阔 11 间的宏大体量。大殿与朵殿均用黄色琉璃瓦屋面，屋脊和脊兽等琉璃饰件造型繁复，整个屋面在阳光下金碧辉煌，足见建筑等级之高（图 2.3.5.4）。大殿内部彻上明造，空间高敞，室内设佛道帐，供奉"后土娘娘"（图 2.3.5.5）。据寺内导览介绍，大殿始建于南北朝之前，元大德七年（1303 年）毁于地震，延祐五年（1318 年）重建，现存为明正德十六年（1521 年）扩建后的形制。

乐楼与大殿正对，居于大殿台基南侧，与两侧钟鼓楼相连，建筑体量复杂，立面轮廓线十分优美。乐楼面阔三间，上覆重檐歇山顶，前出单檐歇山顶抱厦一间，抱厦与其左右的八字形影壁，形成三个离散的体块，丰富了建筑的立面效果和空间层次。乐楼内部空间为上下两层，下层架空作为通道，上层作为戏台（图 2.3.5.6）。

图 2.3.5.2 娘娘殿外观

图 2.3.5.5 殿内空间

图 2.3.5.3 祠前影壁

图 2.3.5.6 戏台外观

图 2.3.5.4 后土祠大殿与朵殿

图 2.3.5.7 三清楼外观

三清楼位于乐楼背后，与乐楼相连却处于不同高度的台基之上，两楼中部以隔墙分割，东西两侧设楼梯相连；楼前设献殿三间，屋面各自独立。三清楼平面方正，面阔虽为三间却不及乐楼和献殿宽阔，体现出匠人在建筑体量组合和空间营造上的匠心。三清殿造型优美，重檐十字脊的屋面造型使它并不大的建筑体量变得卓尔不群（图 2.3.5.7）。

民国《介休县志》记载：“后土庙在城西北隅，始建年代无考，宋元祐二年（1087 年）、明宣德二年（1427）、清道光十三年（1833 年）俱重修”。从庙内现存碑碣可知，后土庙的前代建筑都在元大德七年（1303 年）的地震中损毁了，现存最古的建筑也是震后重建，又经明清重修的。

6 五岳庙⑬

Wuyue Taoist Temple

名称与别名	介休五岳庙
地　　址	介休市教育局综合实践基地（草市巷小学）院东
看　　点	木构 · 戏楼造型
推荐级别	★★★
级　　别	全国重点文物保护单位
类　　型	祠庙 · 木结构
年　　代	清
交　　通	市中心，公交，自驾

五岳庙并不好找，寻了好久的路才问到在小学校里的庙址。从东大街向南转入段家巷，前行约 200 米，再向东转入小胡同，前行 90 米，便看到一片装饰华丽的琉璃瓦屋顶（图 2.3.6.1）。

紧靠胡同北侧的外墙中间是一道琉璃瓦顶影壁，影壁两侧各设一座掖门，但并不开放，影壁北侧是一座戏楼。进入草市巷小学的院门，可以从侧面看到戏楼的全貌（图 2.3.6.2）。戏楼面阔五间，高居台基之上，台基辟为五道拱券式门洞，每个门洞之上对应一间屋架。戏楼明间向北突出一间，强调出它的中心地位，屋顶用歇山卷棚样式，檐下斗拱做象鼻昂，繁复华丽；两侧稍间各覆十字脊屋顶，精巧别致，檐下简洁的斗拱进一步强化了明间的中心地位；三个屋顶形式奇特，异常秀美，主次分明又不失活泼之气，这种屋身一体

图 2.3.6.1 五岳庙远景

图 2.3.6.2 戏楼全貌

图 2.3.6.3 戏楼近景

而屋面分设的做法体现出匠人精巧的构思和高超的技艺（图 2.3.6.3）。

继续在小学院内寻找可以入寺的偏门，虽未找到，却得以观赏东岳庙的外部轮廓和主殿背影。主殿的山墙和背面已经全用砖墙包砌，如果没有屋脊吻兽的有意提醒，根本认不出它竟是一座老房子（图 2.3.6.4）。再向前，我们便绕到五岳庙东南的一组灰瓦建筑院落，不料竟被两只小狗追咬。向狗主人表明来意和“私闯”的歉意之后，主人告诉我们要从南门进入。原路返回之后，又向老乡询问才知，我们“私闯”的民宅正是管理人员的住所。回想起来，也许是不期的冒犯将我们隔在了寺门之外吧，但愿这次曲折的寻路经历会给探访的读者们打开一扇方便之门。

图 2.3.6.4 主殿背面

7 源神庙⑭

Temple of God of Spring

名称与别名	介休源神庙
地　　址	介休市洪山镇洪山村狐岐山麓
看　　点	布局 · 琉璃饰品 · 碑刻
推荐级别	★★★
级　　别	全国重点文物保护单位
类　　型	祠庙 · 木结构
年　　代	清
交　　通	乡村，自驾

介休源神庙位于狐岐山麓，为洪山源神而建。庙址原在泉源之上，明万历十六年（1588 年）由知县王一魁迁建于今址，现存建筑均为明清遗构。

祠庙坐东朝西，依山而建，分成四个逐级升起的台地，山门、戏楼、配殿、正殿各居其一，牌楼则置于寺前石阶的休息平台之上（图 2.3.7.1）。山门是一座敦实的硬山式建筑，两侧斜出八字形影壁墙，北侧的影壁墙上还嵌着一枚精美的琉璃团龙（图 2.3.7.2）。山门背后便是戏楼，戏楼高两层，上为三开间卷棚式戏台，下为五开间窑洞，中间设有通道（图 2.3.7.3）。配殿与大殿皆为悬山式建筑，前设檐廊，廊内存有碑

图 2.3.7.1 源神庙外景

图 2.3.7.2 山门正面

图 2.3.7.3 戏楼

碣（图 2.3.7.4，图 2.3.7.5）。据统计，庙内共有碑碣 20 余通，其内容不仅包括了祠庙从北宋至清代近千年的历史沿革和修缮情况，还记载了古人治水、理水、管水等多方面史实，具有重要的文献价值。

留存在晋北大地的祠庙以圣贤、山岳庙居多，缺水的地区又多有龙王和龙母庙，像源神庙这样并非传统意义的地方性神祇庙宇并不多见。从源神庙悠久的历史、严整的形制和持续的修葺记录看，它曾在当地民间信仰中有着非常崇高的地位。而信仰的背后却是传统农业社会对于水资源的极度依赖。

掌握了现代科技、不再“靠天吃饭”的现代人抛弃了曾经的信仰也许无可厚非，而那些被利益驱使，偷盗、破坏文物的贪婪之徒却无法让人原谅。当精美的琉璃团龙被盗走时，公众和官方的愤慨已经给出了答案。然而，愤慨终究不是解决的问题的方法，在为了安全而束之高阁与为了共享而疏于防范之间或许有更好的方案。

图 2.3.7.4 大殿

图 2.3.7.5 东配殿正面

8 太和岩牌楼⑮

Taiheyan Archway

名称与别名	太和岩牌楼
地　　址	介休市义安镇北辛武村
看　　点	造型 · 琉璃装饰
推荐级别	★★★
级　　别	全国重点文物保护单位
类　　型	牌楼
年　　代	清
交　　通	乡村，自驾

仅一座牌楼就可以成为国保单位，足见它的珍贵。然而，这座牌楼并没有宏大的规模和久远的历史，也没有煽情的故事和动人的传说，那它有什么不同呢？答曰：遍身“琉璃”者也。

说起琉璃，我们自然会想到一座更为恢宏的琉璃建筑，它就是曾被西方人誉为“中世纪世界七大建筑奇迹之一”的大报恩寺塔。如果不是借助琉璃的华彩，纵然塔高 80 米，恐怕也难以折服世人吧。太和岩牌楼同样因琉璃而增添了光彩。

牌楼坐北朝南，高 8.5 米，面阔 9.65 米，进深 1.55 米，四柱三楼歇山顶，主体为砖石结构，除石雕基座外，遍身以精美的琉璃装饰（图 2.3.8.1）。此牌楼有如下的突出特点：一是比例优美，亭亭玉立——无厚重板滞之感，有高峻优雅之态；二是用色高雅，华而不俗——以孔雀蓝为主，黄、绿为辅，形成醇和配色体系；三是仿木构造，轻盈精巧——阑枋、斗拱、檩椽等均仿木构，十分逼真；四是层次分明，繁而不乱——装饰虽繁却井然有序，远观整体不失，近观细部不碎，细品韵味不减（图 2.3.8.2）；五是集书法、绘画和雕刻艺术为一身——虽用琉璃烧制工艺来承载多种艺术形式，却仍不失笔墨神韵（图 2.3.8.3）；六是外饰统一，和而不同——左右相随、前后相迎、两侧相背，统一的装饰中又有无穷变化（图 2.3.8.4，图 2.3.8.5）。

据说，太和岩牌楼原是真武庙的附属建筑，牌楼东侧还存有道光十一年（1831 年）重修庙宇的功德碑记（图 2.3.8.6）。一座村中的庙宇缘何要将牌楼造得如此华丽，是真武庙过于灵验而香火鼎盛还是富甲一方的晋商慷慨解囊？不论答案如何，幸运的是，历史为我们留下了这样一座精美的建筑。

图 2.3.8.1 牌楼全景

图 2.3.8.2 细部装饰

图 2.3.8.3 琉璃书法艺术

图 2.3.8.4 东侧龙纹

图 2.3.8.5 西侧虎纹

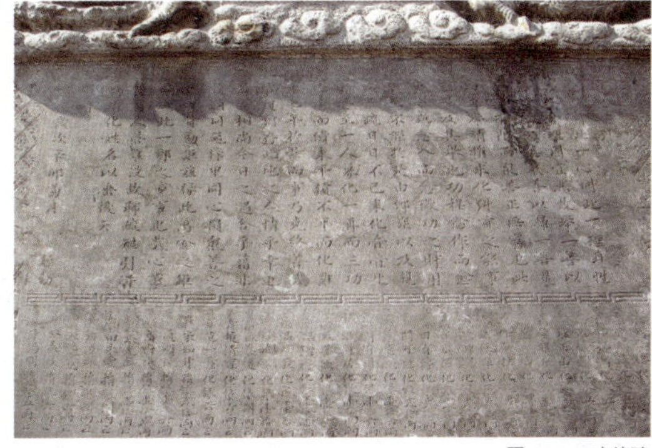
图 2.3.8.6 功德碑

9 云峰寺石佛殿⑯

Hall of Stone Buddha in Yunfeng Temple

名称与别名	云峰寺石佛殿
地　　址	介休市绵山镇绵山抱腹岩
看　　点	布局 · 自然景观 · 石木结构
推荐级别	★★★
级　　别	全国重点文物保护单位
类　　型	佛寺 · 石、木结构
年　　代	明—清
交　　通	乡村，自驾

云峰寺位于回銮寺西南的绵山风景区内，两寺直线距离仅有4.5公里，然而因绵山阻隔，一路峰回路转，实际路程达16公里，车程将近一个小时。

图 2.3.9.1 云峰寺全貌

图 2.3.9.2 石佛殿外观

图 2.3.9.3 石佛殿斗拱

云峰寺又名灵官仙窟、大云寺，据碑载，始建于唐贞观年间（627—649 年），宋、元、明、清历朝均有修葺。寺院坐北朝南、依山就势，分为上、下两层建筑群。下层各建筑均为1998年以后复建的仿古建筑，上层建筑除石佛殿为明代遗构外，其余皆为清代建筑风格，上下建筑群之间以石阶相连（图 2.3.9.1）。

石佛殿背依悬空石崖，面阔三间，每间又以人字形斜撑承托额枋，经过雕琢的斜撑呈现出火焰券效果；佛殿上覆单檐歇山顶，檐口曲线饱满，柔和优美；檐下施三踩单昂石雕斗拱，斗拱均匀布置，并不强求与柱子的对位关系，明间正中用斜拱一朵，起到装饰和强调中心的作用（图 2.3.9.2，图 2.3.9.3）。与木构相比，佛殿的额枋、斗拱、檫檐枋比例高俊，屋檐出挑浅近，明显受到石头材性的制约。佛殿进深一间，殿内有精美的彩塑与高僧包骨真身泥像（图 2.3.9.4）。

五行之中，土、木温润而有生命力，偏爱土木的古代中国人热情地发展了土木兼济的木结构建筑体系，而被冷落的砖石等建筑材料则多被用在塔和墓等建筑类型上。即便是供奉神灵的建筑也是多用木构而少用砖石，即便是用了砖石也要建造成木构的样子。因此，像石佛殿这样的建筑在古代也是不多见的，而能留存至今，就更为稀有而珍贵了。

图 2.3.9.4 空王佛包骨真身像

10 张壁古堡⑰

Zhangbi Fortress

名称与别名	张壁古堡
地　　址	龙凤镇张壁村
看　　点	布局 · 地道 · 古建筑
推荐级别	★★★★
级　　别	全国重点文物保护单位
类　　型	民居 · 土木、砖石结构
年　　代	隋唐？宋？明？清
交　　通	乡村，自驾

图 2.3.10.1 古堡整体意向图

图 2.3.10.2 堡墙上的视野

绵山纵亘介休东南，山之西侧由南向北坐约 10 公里范围内落着云峰寺、回銮寺、五岳庙、张壁古堡等名胜古迹。与其他古迹相比，张壁古堡以其宏大的规模、独居匠心的规划布局和类型丰富的建筑遗存闻名于世（图 2.3.10.1）。

古堡本质上是一座村落，特别之处在于其独特的地理环境和军事防御性。它背靠绵山，海拔约 1040 米，颇具雄视之势；它筑墙守民、掘地藏身，又将儒、释、道文化和习俗寓于居民的日常生活之中；它历史迷离，有“十六国说”“东魏说”“杨谅说”“刘武周说”，近年也有学者论证古堡与地道均建于明代之说，认为在明朝和蒙古的长期战争中，老百姓为躲避战乱而建，并非军队的防御工事。古堡的历史沿革显然还需进一步的考证，比起历史疑云，古堡的物质实存更易梳理。

先说堡墙。堡墙是古堡的第一道防御屏障，堡墙依山就势，轮廓并不规则，墙体夯土而成，高 10 米、厚 3 米、周长 1.3 公里。有学者认为堡墙与地道可能同时创建，很好地回答了工程中的土方平衡问题（图 2.3.10.2）。

再说交通。古堡地形南高北低，设南北两座堡门，主门在北侧，设瓮城（图 2.3.10.3，图 2.3.10.4）。南北堡门之间以 S 形的主街（龙脊街）为干道，将古

图 2.3.10.3 北堡门

图 2.3.10.4 南堡门

堡分成东西两区（图 2.3.10.5）。东西两区分别有三条和四条横街与主街相连，横街都作尽端式，据说是出于军事考虑，使得进入胡同的兵马调头困难。堡内排水设计也很合理，横街将雨水汇至纵街，纵街南高北低形成自然排水，类似的排水设计也见于王家大院（图 2.3.10.6）。

三说建筑。古堡的建筑宏观上可以分为地上和地下两部分，地上主要是民居、祠庙和商铺等，地下则有上下三层地道。民居以木构式与窑洞式为主，除仍有居民居住的保存尚好之外，有些已被遗弃、塌毁，保存状况堪忧（图 2.3.10.7，图 2.3.10.8）。堡中现存多处祠庙建筑，如关帝庙、可罕祠、兴隆寺、真武庙、三大士殿、吕祖阁、二郎庙等，大都经维护和修缮，保存状况良好。

四说风水。整个古堡在规划设计上颇重风水和堪舆之术。整个村落格局比拟太极图，以 S 形的龙脊街为分割线，东西涝池为双眼。龙脊街又有人才辈出的寓意，S 形还使南北堡门不相冲；西涝池为石榴形，寓意多子多孙；东涝池为桃形，寓意驱邪延寿（图 2.3.10.9）。龙脊街中部有一块方形的空地，被称作“中央戊己土”，街道东、西、南、北则代表木、金、火、水，合称堡内五行。中央戊己土北侧有槐抱柳一株（图 2.3.10.10），据说原有六株宋槐，寓意“南斗”；古堡北门外又有七星星槐，寓意“北斗”。

图 2.3.10.5 龙脊街街景

图 2.3.10.6 堡内的横街

图 2.3.10.7 民居现状

图 2.3.10.8 塌毁的民居

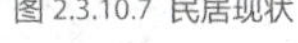

图 2.3.10.9 西涝池

图 2.3.10.10 槐抱柳

11 张壁古堡 · 地道⑱

Tunnel at Zhangbi Fortress

名称与别名	张壁古堡地道
地　　址	龙凤镇张壁村
看　　点	布局
推荐级别	★★★★
级　　别	全国重点文物保护单位
类　　型	民居 · 土结构
年　　代	隋唐？明？
交　　通	乡村，自驾

说起地道，总会想起抗日战争时期的地道战，张壁古堡的地道即便算不上是地道的鼻祖，也是资历颇深的前辈了。如果画一张古堡的剖面图，一定十分震撼，不妨将地下空间看成在实体中切割、挖掘而成，地上空间则是在虚体中以不同形态的建筑实体填空，若以地坪为界面，则大致形成虚实相对的景象。

地道主入口位于可罕祠院落东侧，堡外的沟壑中设有出口（图 2.3.11.1，图 2.3.11.2）。地道分为上下三层，每层约 2 米高、1.5 米宽，最底层距地面 17~20 米，足见工程量之大。地道平面呈网状结构，遍布古堡用地之内。上层设有喂养牲畜的土槽；中层洞壁间歇布置着可以容身的土洞，可能是地道的哨位；底层有宽 2 米余、长 4 米多的深洞，据说是存粮之所。地道洞壁上还间歇布置存着放油灯的小坑；堡内的 6 眼水井也直通地道，可于地道内汲水饮用；地道内还设有通气孔，直通古堡周围沟壑处。有学者认为地道是堡民为躲避战乱而为，反对者却认为如此浩大的工程绝非民力能为，定是军队的战略设施；还有人进一步以堡内刘武周和尉迟敬德之像为证，认为是尉迟恭帮刘武周与李世民于介休交战时所为（图 2.3.11.3）。

古堡的地道好似现代建筑中的地下人防设施，虽说时代迥异，冷兵器搏杀早已被信息化作战取代，而最朴素的军事防御思维却未有大的改变。

图 2.3.11.1 地道入口所在的可罕王祠院落

图 2.3.11.2 地道入口内部

图 2.3.11.3 现已开放的地道平面图

12 张壁古堡 · 祠庙建筑⑲

Shrines at Zhangbi Fortress

名称与别名	张壁古堡祠庙建筑
地　　址	龙凤镇张壁村
看　　点	布局 · 木构 · 琉璃制品
推荐级别	★★★★
级　　别	全国重点文物保护单位
类　　型	祠庙 · 木结构
年　　代	明—清
交　　通	乡村，自驾

张壁古堡的祠庙建筑多集中在南北两个堡门周围。南堡门附近有关帝庙、可罕祠、魁星楼等，北堡门附近有三大士殿、真武殿、空王行祠、二郎庙等，龙脊街北段有兴隆寺，下文仅对部分祠庙作简要梳理（图 2.3.12.1）。

关帝庙坐落于古堡南门外，始建于明末，现存建筑为清康熙四十八年（1709 年）重建之物。庙宇布局独特，坐南朝北，显然是以古堡为核心的配置。主体建筑为献殿和大殿，两殿紧邻，献殿为卷棚顶前出歇山抱厦形式，造型丰富（图 2.3.12.2）。

可罕祠位于南门东北侧的台地之上，创建年代不详，最早的重修记录为元延祐元年（1314 年），明天启六年（1626 年）重建，乾隆三十二年（1767 年）重修。可罕王究竟是谁仍有争议，不知是东魏高欢、隋杨谅、隋末刘武周还是另有他人（图 2.3.12.3，图 2.3.12.4）。

真武殿建在北堡门上方，对应真武大帝掌管北方的神职。大殿创建年代不详，嘉庆十三年（1808 年）重建。大殿面阔三间，硬山屋顶，殿前左右各立一亭，颇为隆重。各楼屋面用黄、绿琉璃瓦剪边，琉璃正吻和脊刹十分华美（图 2.3.12.5）。

空王行祠居于真武殿之东，创建于明万历四十一年（1613 年）。行祠面阔三间，硬山屋顶，正脊和吻兽较真武殿更为华美（图 2.3.12.6）。大殿檐廊下有两通精美的明代琉璃碑，孔雀蓝打底、墨字楷书，碑首为金龙戏珠，碑身边棱以黑龙纹花卉装饰。总体而言，两碑颜料昂贵、工艺复杂、制作精良，是稀有的琉璃制品（图 2.3.12.7）。

古堡中的祠庙不仅类型众多、装饰华美，而且与堡门、堡墙、堡内台地相协调，凸显出营造者在规划布局、空间壁画和形象设计等方面的匠心。

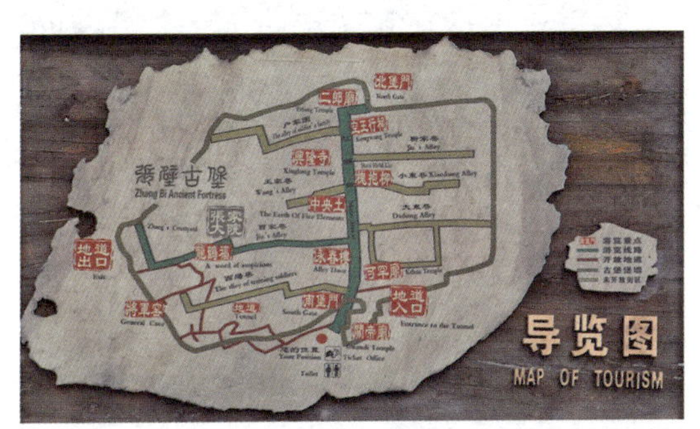

图 2.3.12.1　堡内主要建筑分布图

图 2.3.12.2　关帝庙献殿与大殿

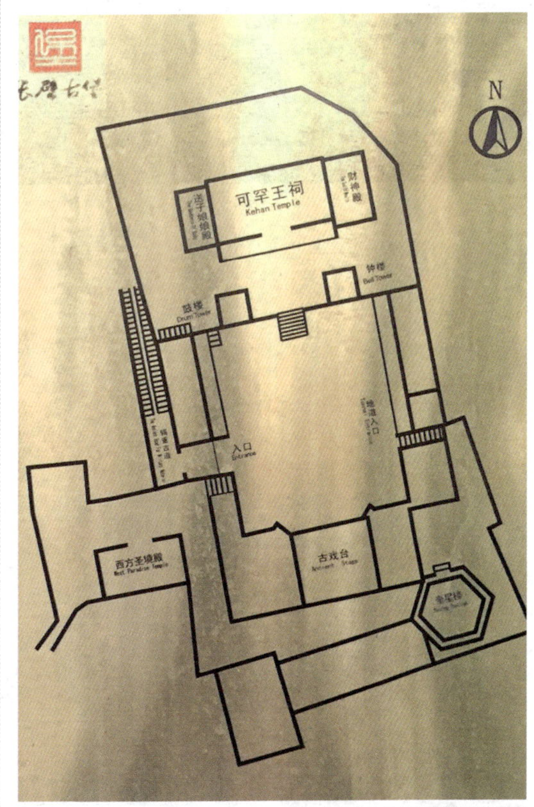

图 2.3.12.3　可罕祠平面示意图

图 2.3.12.4 可罕祠大殿

图 2.3.12.5 真武庙远景

图 2.3.12.6 空王行祠脊刹

图 2.3.12.7 琉璃碑

2.4 灵石县

1 晋祠庙⑳

Jinci Temple

名称与别名	晋祠庙
地　址	灵石县马和乡马和村
看　点	布局 · 木结构
推荐级别	★★★
级　别	全国重点文物保护单位
类　型	祠庙 · 木结构
年　代	元—清
交　通	乡村，自驾

听到“晋祠庙”的名号，不免让人联想到太原的晋祠，它们之间的确有渊源关系，因为所祭的神祇都是“昭济圣母”，只是此庙始建于元至正三年（1343 年），远不及太原晋祠的历史悠久。

晋祠庙在马和村村北的洼地上，庙前道路比庙内地坪高出近两米，于是，庙宇的正立面只能在狭长的下沉广场中展现了（图 2.4.1.1）。正立面形制完整，山门、钟鼓楼、耳殿一字排开，颇有气势，高低错落的屋面缓解着砖墙的沉闷气息。中轴线上由南向北坐落着山门（戏楼）、献殿、大殿，院内东西两侧建有配殿。献殿与大殿为元代遗构，其余为明清建筑。

献殿平面为正方形，四根壮硕的角柱撑起硕大的九脊顶，每根角柱两侧又辅以两根小柱，结构设计虽显得有些保守，却很让人放心。檐下用五铺作斗拱，每面设补间铺作三朵，布置均匀（图 2.4.1.2）。

大殿面阔三间，下承低矮台基，上覆硬山顶，面阔三间进深六椽，前出檐廊。阑额置于柱头之上，不做穿插构造，略显奇特，檐下用单杪单下昂五铺作斗拱，各补间仅用一朵斗拱。当心间较为宽阔，补间用45 度斜拱一朵，强化装饰效果的同时还调匀了斗拱间距（图 2.4.1.3，图 2.4.1.4）。

晋祠庙于 2006 年 5 月荣升全国重点文物保护单位，2012—2013 年文物部门对其进行了保护性修复。

图 2.4.1.2 献殿外观

图 2.4.1.1 庙前广场

图 2.4.1.3 大殿外观

图 2.4.1.4 大殿斗拱

2 静升文庙㉑

Tempe of Confucius at Jingsheng Town

名称与别名	静升文庙
地　　址	灵石县静升镇静升村
看　　点	布局 · 木构
推荐级别	★★★
级　　别	全国重点文物保护单位
类　　型	祠庙 · 木结构
年　　代	明—清
交　　通	乡村，自驾

如果说只有县级以上的治所才有设立文庙的必要，那么“静升文庙”作为一座乡村文庙显然超出了常理。《灵石县志》记载：“元至正二年（1342 年）知县冉大年建文庙于静升。”冉大年建立文庙的始末在《静升里庙学记》里有更为详细的描述，碑载：“灵石县东北有乡曰灵瑞，里曰静升。里之耆民南塘辈欲庙夫子于里中，遂告诸县大夫广平冉大年。君闻之曰：‘善！’乐然就董其功，一旦会暇诣于里，相方视址，南俯通衢，外薄溪涧，纵六丈四尺与武，横如其纵而加六丈焉。……起堂三楹四桷，基高柱檽，不鄙不华。像圣人于其中，左右配以颜、曾。既落成，即伐木杵土，庑于东西，以庥学之师生。楼其门以御中外，子午甚称。将勒石以寿其传，于是来谒为文，终让不可……”

当德高望重的南塘先生遇到了贤明的父母官，一件“常理之外”的事情就变成“情理之中”了。

虽然可以在乡间建立文庙，但建筑规模仍要符合封建礼制的等级要求，不可僭越。按碑文记载，整个文庙用地不过20米乘以40米的长方形，只有一进院落，大成殿面阔仅为三间，东西两庑作教学，南侧建门楼以分内外。比起初建的规模，今天的文庙显然扩张了好些，形成东中西三路，南北数进院落，形制更为完备的建筑群。中路是文庙的核心建筑群，也是元代文庙的基址所在。中轴线由南向北依次是影壁、棂星门（图2.4.2.1）、泮池、大成门（图2.4.2.2）、大成殿（图2.4.2.3）、寝殿和尊经阁（图2.4.2.4），形成大小不等、功能完备的四进院落。西路是义学和明伦堂之所在，东路则有魁星楼、赈济堂和义仓。各建筑之中以影壁、魁星楼、大成殿最具特色。

影壁虽尺度不大，雕刻却十分精美。内外两侧壁心都以“鲤鱼跳龙门”为主题，综合运用镂雕、浮雕、隐刻等石雕技术进行分块雕刻，再将20余块雕好的石材错缝垒砌而成。画面分为云水相接的上下两部分，上部蛟龙腾云，下部锦鲤搏浪，画心龙门耸立。云龙吐瑞，将跃起的鱼首化作龙头；鱼尾卷曲，还在做最后的搏击。整个画面栩栩如生（图2.4.2.5）。

魁星楼位于文庙建筑群的东南角，楼高四层，是文庙的标志性建筑。此楼建于康熙元年，此后又经多次重修，民国二十二年将原三层改为四层。魁星楼首层方整，好似宽大的基座，上部三层木阁楼置于首层平台之上。楼体平面为六边形，屋顶为六脊盔顶形式，每层都设置了平台和外廊，只是平面尺寸略小，整个楼稍显纤弱（图2.4.2.6）。

大成殿面阔三间进深四椽，悬山屋顶，前出檐廊。大殿规模虽小，月台、栏杆、螭首的使用仍凸显了它的重要性（图2.4.2.7）。殿内彻上明造，靠北墙设置佛道帐，供奉圣贤塑像（图2.4.2.8）。殿外山墙上“为革命而学为工作而学”的标语虽与庙内的斯文之风并不契合，却也是一段特殊的历史印记（图2.4.2.9）。

文庙的正北就是王家大院，比起大院的名声，文庙低调了很多，穿行于影壁前方的游客大都不知道它的名号。然而，王家的兴盛或许让这座乡间文庙的香火更加繁盛了，时至今日，王家大院仍然为它吸引着不期的访客。

图2.4.2.1 棂星门

图2.4.2.3 大成殿

图2.4.2.2 大成门

图2.4.2.4 尊经阁

图 2.4.2.5 影壁

图 2.4.2.7 在大成殿月台上回望大成门

图 2.4.2.6 魁星楼

图 2.4.2.8 大成殿室内空间

图 2.4.2.9 山墙上的标语

3 后土庙㉒

Temple of Goddess of the Earth

名称与别名	灵石后土庙
地　　址	灵石县静升镇静升村西
看　　点	布局 · 木构
推荐级别	★★★
级　　别	全国重点文物保护单位
类　　型	祠庙 · 木结构
年　　代	元
交　　通	乡村，自驾

崇宁堡温泉酒店向南，一条笔直的马路直达 221 省道，后土庙就坐落在酒店南面约一里远的道路西侧。庙宇东、西、南三面绿树环绕，间歇的电锯声一次次将这片幽静打破。原来，后土庙正在修复之中（图 2.4.3.1）。

图 2.4.3.1 后土庙全景

后土庙院庭宏阔，却仅有一进院落，中轴线由南向北坐落着山门（戏台）、献殿、大殿，献殿和大殿为元代遗构，其余建筑均为原址新建。

献殿外观与晋祠庙的献殿颇似，仔细观察却会发现众多不同之处（图 2.4.3.2）。首先，此殿角柱两侧的小支柱直接顶起额枋，而不像晋祠庙那样做穿插构造；其次，檐下各补间用 4 朵斗拱，晋祠庙仅用三朵；再有，殿内藻井构思精巧，外檐斗拱内转承托井字枋，井字枋上再施斗拱层，四面的斗拱均以 45 度斜拱相连络，完成四边形到八边形的平面转化（图 2.4.3.3）。献殿两侧各新建碑亭一座，东亭内有大明正德五年“平阳府霍州灵石县静升里重修古庙记”碑碣一通（图 2.4.3.4）。

大殿面阔三间，悬山屋顶，前出檐廊，檐下用四

图 2.4.3.2 献殿南立面

图 2.4.3.3 献殿梁架

图 2.4.3.4 碑亭与石碑

图 2.4.3.5 大殿南立面

铺作斗拱，华拱做昂形。阑额之下的绰幕方做成龙头和象头形状，与静升文庙大成殿颇似（图 2.4.3.5）。檐廊两山墙各有嵌石一方，东为乾隆四十六年（1781年）重修记事，西为光绪二十三年（1897 年）田产置换存据。大殿两侧各新建朵殿五间，与大殿一字排开，建筑平面略作叠退，屋面亦层层叠落，主次分明。据说殿内梁架之上有“元大德八年（1304 年）重修”题记，因施工原因未能入殿尽观。

在游访的过程中，我们同一位参加过众多修复和仿古工程的木匠师傅攀谈起来。言语之间，他对木工技艺的骄傲里却透露着对生计的担忧。的确，建筑体系的演变、新材料与新技术的应用、机器对人工的替代……它们不可阻挡地加速着传统技艺的隐退，或许，唯有智慧才能始终与我们结伴而行吧。

4 王家大院㉓

Family Wang's Compound

名称与别名	王家大院
地　　址	灵石县静升镇
看　　点	布局 · 砖雕 · 木雕 · 石雕
推荐级别	★★★★★
级　　别	全国重点文物保护单位
类　　型	民居 · 木构 · 砖构
年　　代	明—清
交　　通	乡村，自驾

晋商大院是山西民居中最特色的建筑类型之一，而王家大院又是山西大院之冠，素有“王家归来不看院”的美誉。

王家大院是静升官商大族王氏在明清两朝逐渐建设起来的，从王氏的宗祖王实算起，至王嘉言变卖祖产，经历了创业、辉煌、没落的 600 年历史。在这 600 年中，清代的康、雍、乾、嘉四朝是王家的辉煌期，建造了大量房产。据说规模最大时曾有“三巷四堡五祠堂”，总建筑面积约 15 万平方米。而今作为文保单位的王家大院主要包括西堡（红门堡）和东堡（高家崖）两个建筑群，二者之间以石桥相连（图 2.4.4.1，图 2.4.4.2）。

图 2.4.4.1 西堡模型

西堡建筑群建于清乾隆四年（1739 年），面积约 2.5 万平方米，形制十分规整。正中一条南北向纵街串起三条横街，形成“王”字格局，纵街东侧每行三路宅院，西侧每行四路宅院。依山就势的纵街南低北高，对雨水宣泄极有好处（图 2.4.4.3，图 2.4.4.4）。城堡四周围着高高城墙，城墙之上设置垛口，四角与各边中部设马面、建亭阁，具有极强的防御功能（图 2.4.4.5）。西堡呈现了中国传统城市与建筑之间的同构关系，它既是一座微小的城市，又是一个宏大的家族宅院。

东堡是由王家十七世王汝聪、王汝成兄弟在嘉庆年间增建的，虽不及西堡规模之大、布局之整，兄弟二人的宅院却比西堡的任何一栋都大，装修也更为讲究（图 2.4.4.6）。精湛的砖、木、石雕刻工艺与富贵、吉祥、长寿、兴旺等装饰主题相结合，题材繁多、内容丰富（图 2.4.4.7，图 2.4.4.8）。

西堡西北侧还有一座崇宁堡酒店，入住之后听

图 2.4.4.2 东堡模型

说这原是王家的众堡之一，被整体买下做了商业开发。幸运的是并没有对建筑群有多少改变，只是整体架空提升了地面，解决了防水和排水的问题。我们入住当天，灵石的天空飘洒着绵绵的细雨，雨水浸润着身边的砖墙和脚下的石板，雾色朦胧中仿佛穿越到那个富甲一方的王家和以血缘、伦理为纽带的时代（图 2.4.4.9）。

图 2.4.4.3 西堡主街南望

图 2.4.4.4 西堡主街北望

图 2.4.4.5 远望西堡

图 2.4.4.6 敬业堂

图 2.4.4.7 木雕

图 2.4.4.8 石雕

图 2.4.4.9 夜色中的崇宁堡

5 夏门古堡㉔

Xiamen Fort

名称与别名	夏门古堡
地　　址	灵石县城西南十公里处夏门镇夏门村
看　　点	布局 · 木构
推荐级别	★★★
级　　别	山西省文物保护单位
类　　型	民居 · 砖木结构
年　　代	明，清
交　　通	乡村，自驾

夏门古堡位于灵石县城西南的夏门村，与县城东北方向的王家大院形成了约略对称之势。和静升村因王家而知名一样，夏门村也因梁家而著名，而王家与梁家都是灵石名门，他们与两渡何家、蒜峪陈家被共称为“灵石四大望族”。

比起王家的红门堡和高家崖，夏门古堡更有自然生长之态和负阴抱阳的风水之势：汾水西流，与龙头岗相遇后又折向南，绕过山岗继续向西流去，在龙头岗之阳形成“腰带水”；龙头岗又呈南低北高之势，北有山峦可依，南有峻岭为屏。古堡的选址也与《管子》中“高勿近旱而水用足，下勿近水而沟防省”的规划思想十分契合（图 2.4.5.1）。

比起基址的天然优势，古堡的建设则离不开人工之力，夏门梁家正是其中最大的助力者。梁氏为书香门第，仕宦传家，家族先后有 185 人为官，102 人次受赠或诰封，官职五品以上有 66 人次，三品以上有 18 人次，这样的望族对家乡的持续建设是可想而知的。

堡内现存的主要建筑多与梁家有关，比如大夫第、御史府、知府院、深秀宅、道台院、百尺楼、梁氏宗祠等。除普通民居、府邸和祠堂之外，堡内还有老字号店铺和私塾等生活配套设施，关帝庙、土地祠、真武庙、三官庙、河神庙、文昌庙、魁星楼等祠庙建筑，以及雁归亭、对碑滩、鲁班缠、文峰塔、牌坊等遗迹（图 2.4.5.2，图 2.4.5.3，图 2.4.5.4，图 2.4.5.5）。

古堡周边还有李世民安营的秦王岭、隋将宋老生扎寨的老生寨、古战场等历史遗迹，为夏门之地增添了历史和人文厚度。

图 2.4.5.3 宅第

图 2.4.5.1 夏门古堡全景

图 2.4.5.4 匾额

图 2.4.5.2 堡内老街

图 2.4.5.5 砖雕屏风

6 资寿寺㉕

Zishou Temple

名称与别名	资寿寺，苏溪寺
地　　址	灵石县城东苏溪村西侧
看　　点	布局 · 木结 · 彩塑 · 壁画
推荐级别	★★★★
级　　别	全国重点文物保护单位
类　　型	佛寺 · 砖木结构
年　　代	明
交　　通	乡村，自驾

资寿寺位于灵石县苏溪村西侧的山坡上，东望绵山，西近汾水，尽得自然风光之美。据考证，寺院创建于唐咸通十一年（870年），此时正值唐武宗“会昌灭佛”不久的佛教复苏期。尔后，寺庙又经历了北宋咸平二年（999年）、元泰定三年（1326年）、明成化到正德十六年（1521年）之间的多次修建，入清之后仍有多次修葺，现存主要建筑为明代遗构。

“资寿”之名约始于宋代，它寄托了古人“祝帝道以遐昌，资群生于寿域，神灵呵护，风雨之时，水旱无闻，春祈秋报，登吾民于康阜，跻吾邑于仁寿”的美好愿望。而对于“苏溪寺”这个别名而言，不论“苏溪”是否的确与苏东坡相关，寺以地名是可以肯定的。

寺庙建筑依山就势，院落叠进，布局巧妙：以入口的八字形影壁为起点（图2.4.6.1），穿过仪门（图2.4.6.2）、长廊（图2.4.6.3）、明代砖坊（图2.4.6.4），经过长长的前导空间，才能到达元代山门（图2.4.6.5）；穿过山门进入天王殿所在的第一进院落（图2.4.6.6），院落东南依附着关帝庙（图2.4.6.7）；穿过天王殿进入大雄宝殿所在的第二进院落（图2.4.6.8，图2.4.6.9），院落西北依附着禅堂和方丈院（图2.4.6.10）。

除了寺院格局和建筑之外，寺内彩塑与壁画也十分珍贵。据统计，寺内现有彩塑140余尊，壁画160余平方米，均为明代作品（图2.4.6.11）。彩塑之中以三大士殿的十八罗汉最为传神，这些神形兼备、栩栩如生的作品曾不幸失窃并流落海外。1996年，台湾的陈永泰先生设法回购了被盗的罗汉头，并如数捐回资寿寺。在陈先生和海峡两岸的共同努力下，“身首异处”的罗汉得以再现昔日尊容（图2.4.6.12）。

或许被王家大院的名声所掩，悠久的历史和海峡两岸共同保护文物的佳话并没有为资寿寺带来更多的旅游收益。为提升资寿寺影响力，当地政府与少林寺在2014年8月签署了合作协议，将资寿寺归入少林寺下院，由少林寺接管。

图 2.4.6.1 入口影壁

图 2.4.6.2 仪门

图 2.4.6.3 长廊

图 2.4.6.4 砖坊

图 2.4.6.5 元代山门

图 2.4.6.6 第一进院

图 2.4.6.7 关帝庙

图 2.4.6.8 第二进院

图 2.4.6.9 大雄宝殿前檐斗拱

图 2.4.6.11 三大士殿彩塑、壁画

图 2.4.6.10 方丈院

图 2.4.6.12 罗汉像

2.5 平遥县

1 北常普音寺㉖

Puyin Temple at Beichang Village

名称与别名	北常普音寺
地　　址	平遥县段村镇北常村
看　　点	木构
推荐级别	★★
级　　别	山西省重点文物保护单位
类　　型	佛寺 · 木结构
年　　代	明—清
交　　通	乡村，自驾

北常普音寺的山门是村中的标志性建筑，下窑上阁式的门楼，一层为十字窑的高台，村内东西向街道穿窑而过；二层为重檐十字歇山式阁楼，面宽、进深各五间，四周有围廊，但年久失修，别致中带着沧桑（图 2.5.1.1）。

北常中心小学长期将普音寺用作校舍，院落中中殿已经不存，两旁窑洞式的配殿，正好作为教室。三间悬山大殿不知被学校如何使用，不知那些幸运的学生和老师曾在这里度过一段怎样的与历史亲密接触的时光（图 2.5.1.2，图 2.5.1.3）。尽管建筑非常不起眼，还被刷饰成了土红色，但走进一看，不免被其中所保留下的精美佛像所震撼。佛像充满了几乎整个室内空间，金碧辉煌，尽管佛头已然遗失，但其金身不灭，背光也是雕刻精美，配合山墙上依稀残存的壁画，营造出虔诚的礼佛空间氛围（图 2.5.1.4）。

目前普音寺已经升级为省级文物保护单位，修缮工作也该逐渐开展了吧，清退校舍一定是第一步，也许消失的中殿也会重建，丢失的佛头也会补上，但这就是我们想要的景象吗？也许还是会怀念这里琅琅的读书声呢。

图 2.5.1.2 正殿正立面

图 2.5.1.1 山门

图 2.5.1.3 正殿背立面

图 2.5.1.4 正殿佛像

2 北依涧永福寺过殿㉗

Passage Hall in Yongfu Temple at Beiyijian Village

名称与别名	北依涧永福寺
地　　址	平遥县朱坑乡北依涧村
看　　点	布局·木结构
推荐级别	★★★
级　　别	全国重点文物保护单位
类　　型	佛寺·木结构
年　　代	明—清
交　　通	乡村，自驾

北依涧村原名“柏泉山”，后因其位于灢涧河支流婴沟北面，改为“北灢涧”，年久将“灢”改为“依”，故称“北依涧”。永福寺位于村北的土台上，近年来经过修缮，院落完整、建筑状态良好。寺南有戏台隔街相望，拾级而上，可见天王殿，悬山顶带前廊作山门。殿前设平台，周匝花栏墙，两侧有“八字”掩壁。殿身两侧有钟、鼓楼，底层设拱券门洞可通东、西禅院。（图 2.5.2.1）

院落共两进，一进院以过殿为收尾，面阔五间，歇山顶，屋檐曲线缓和，角柱明显有侧脚和生起，使得建筑整体形象轻巧灵动而秀美（图 2.5.2.2，图 2.5.2.3）。外檐斗拱排列紧凑，明间补间用了如意斗拱，装饰性很强，相较更早期的建筑，过殿的斗拱构件整体纤细精致了许多，排列的紧凑使其丧失了不少结构功能，而加强了立面装饰效果（图 2.5.2.4，图 2.5.2.5）。殿内依稀残存有彩画和壁画（图 2.5.2.6），梁架结构明确而设计合理，构件加工精致（图 2.5.2.7，

图 2.5.2.1 永福寺远景

图 2.5.2.2 过殿正立面

图 2.5.2.3 过殿背立面

图 2.5.2.8）。脊槫上有“大明成化五年岁次己丑（1469年）重建”的题记，与文献记载相合，这座大殿是典型的明代建筑。

由于历史原因，二进院落中的正殿古佛殿如今已经不复存在，以及其他附属建筑如配殿、和尚墓幢等，不免是一个遗憾。希望这样的历史原因今后不再有，因为我们的宝贵物质文化遗产已经不再经得起如此浩劫了。

图 2.5.2.6 壁画

图 2.5.2.4 次间补间铺作

图 2.5.2.7 过殿梁架一

图 2.5.2.5 明间补间铺作

图 2.5.2.8 过殿梁架二

3 长则普明寺㉘

Puming Temple at Changze Village

名称与别名	长则普明寺
地址	平遥县襄垣乡长则村
看点	木结构 · 壁画
推荐级别	★★★
级别	全国重点文物保护单位
类型	佛寺 · 木结构
年代	明
交通	乡村，自驾

普明寺位于长则村村西，距其不远的路程，东南有北依涧永福寺，西北有慈相寺和镇国寺。小范围内集中了如此多的古建筑实为难得，只是比起其他几座庙宇，普明寺破败了好些（图 2.5.3.1）。

普明寺坐东朝西，由天王殿、正殿、南北配殿四座悬山建筑围合成一进院落。天王殿西北尚存一座硬山式配殿，已用作民居，只是这座配殿与天王殿过于邻近，空间关系十分局促，或许并非原构。由现存建筑或许可以推测普明寺的原始格局：东西两进院落，中轴线上则有山门、天王殿、正殿三座建筑。

四座悬山式殿宇外形近似，尺度微异，高居于砖台之上的大殿凸显着尊贵身份（图 2.5.3.2）。大殿面阔三间进深四椽，明间辟板门，次间开直棂窗；檐柱柱头不做卷杀，用阑额和普拍枋；檐下用四铺作斗拱，补间各施一朵，明间补间以如意斗拱增加装饰性（图 2.5.3.3）。殿内用内柱两根，梁架形式较为简洁，蜀柱上施丁华抹颏拱以承脊槫，脊槫两侧用叉手，梁架的彩画清晰可辨（图 2.5.3.4）。大殿内壁绘有壁画，用笔流畅、神形兼备，以发饰和衣冠判断或为明代作品（图 2.5.3.5）。

寺院创建年代不详，据现存碑碣可知明成化年间（1465—1487 年）、万历年间（1573—1620 年）曾有修葺，专家认为主要建筑均为明代遗构。

图 2.5.3.1 普明寺远景

图 2.5.3.3 明间补间铺作

图 2.5.3.2 大殿近景

图 2.5.3.4 室内梁架

图 2.5.3.5 壁画

4 城隍庙㉙

Town God's Temple

名称与别名	平遥城隍庙
地　　址	平遥县城隍庙街中段
看　　点	布局 · 木构 · 壁画
推荐级别	★★★★
级　　别	全国重点文物保护单位
类　　型	祠庙 · 木结构
年　　代	清
交　　通	市中心，步行

以南大街为对称轴，城隍面与县衙正好处在东西对称位置上，这正是明清时期的典型布局方式（图 2.5.4.1）。前文曾提到的榆次城隍庙和介休城隍庙都遵循了同样的布局原则，而保存完好的平遥古城为我们留下了更为直观的古城意向。

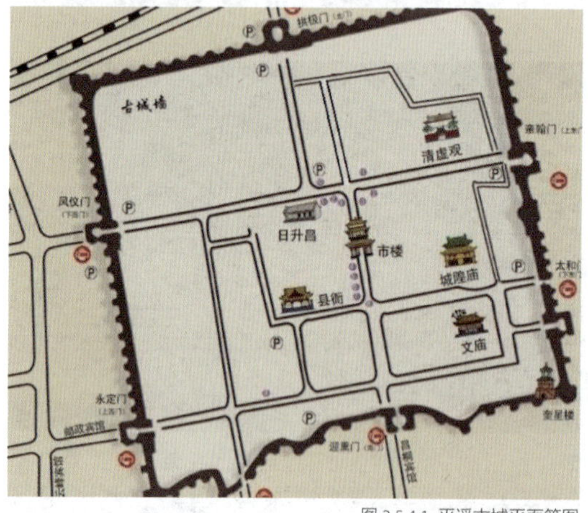

图 2.5.4.1 平遥古城平面简图

城隍庙入口正中是一座四柱三楼式歇山顶牌楼，牌楼两侧斜出八字形影壁，影壁两侧为耳门，东曰“天知”，西曰“地鉴”，有意将凡人纳入天地监管的体系之中，也暗示着城隍庙的功用（图 2.5.4.2）。

牌楼之内，由南向北依次坐落着山门、戏楼、献殿、城隍殿、寝宫殿，朵殿和东西配殿则分配给财神、灶君、土地、六曹等神祇，形成各司完备的宏大建筑群（图 2.5.4.3）。各建筑之中，以戏楼、献殿和城隍殿、寝宫最具特色。

戏楼重檐歇山顶，面阔三间，设周围廊。楼体分为上下两层，底层为砖砌基座，基座正中辟券门洞通向后院，基座之上为戏台。戏楼檐柱设于砖台之外，比例高峻。戏楼正面明间出悬山式抱厦，门洞上写着“敢入”二字，强化着门洞的穿越功用。戏楼两侧为钟鼓楼，钟鼓楼底层辟券门通向后院（图 2.5.4.4）。戏楼背面为戏台，内挂“昭格楼”匾额，此匾与清徐尧庙内的“昭格楼”牌匾十分相似，字体完全相同，唯一金一墨的颜色差异，不知是古时官方统一赐赠还是后来复制而成（图 2.5.4.5）。

献殿与戏楼相对，高居砖台之上，面阔五间，硬山屋顶，明间出歇山式抱厦，此殿形制独特，并不常见（图 2.5.4.6）。殿内的陈设则烘托出阴森肃穆的气氛（图 2.5.4.7）。献殿之北即为城隍殿，两殿彼此分离，形成狭长的内院，为城隍殿提供着良好的光照条件（图 2.5.4.8）。

图 2.5.4.2 城隍庙外景

城隍殿北侧的寝宫是一个由院门、左右配殿和正殿组成的独立院落（图 2.5.4.9）。正殿高两层，下窑上楼形制，配殿北山墙处设有通向二层的砖砌楼梯（图 2.5.4.10）。站在二层之上，可以眺望优美的屋面曲线和精美的琉璃瓦件（图 2.5.4.11）。

“无争一炷香，翦恶护邦，灵显偏教香火盛；不泯千秋德，佑民赐福，繁荣定是德根深。”献殿抱厦的楹联赞美着城隍的功绩，也教化着世人……

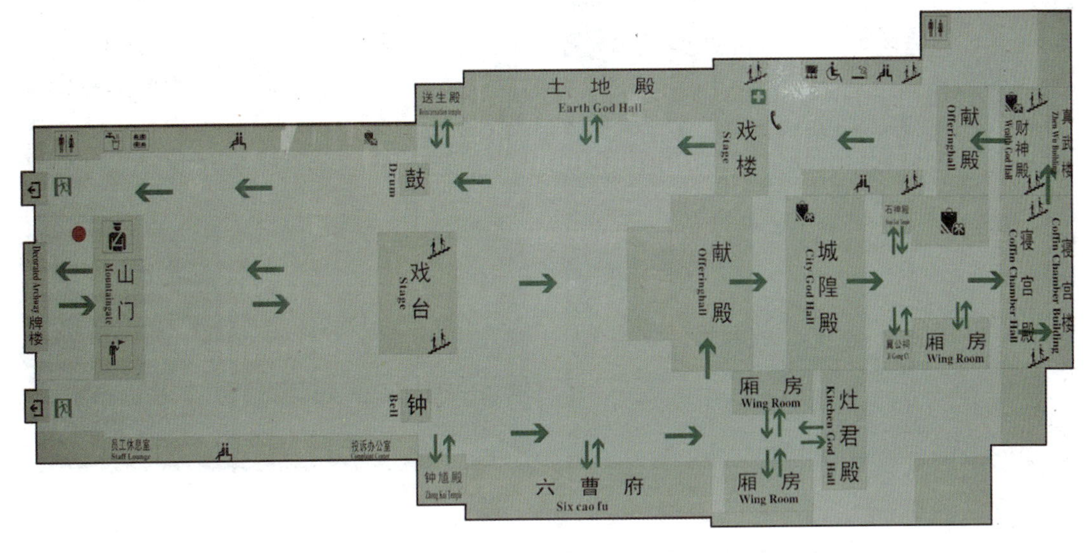

图 2.5.4.3 城隍庙平面图

图 2.5.4.4 戏台与钟楼

图 2.5.4.6 献殿外观

图 2.5.4.5 昭格楼牌匾

图 2.5.4.7 从献殿回望戏台

图 2.5.4.8 献殿与城隍殿之间的内院

图 2.5.4.9 寝宫院落外观

图 2.5.4.10 寝殿外观

图 2.5.4.11 华美的屋面

5 城墙㉚

City wall

名称与别名	平遥城墙
地　　址	平遥县平遥古城
看　　点	城楼 · 城墙构造 · 防御设施
推荐级别	★★★★
级　　别	全国重点文物保护单位
类　　型	市政 · 城墙
年　　代	明
交　　通	市中心，步行

“城，所以盛民也”，“言盛者，如黍稷之在器中也”，城墙就是城这个“器”的外壁，城必有城墙。可以想象，从建城之初至今的三千年里，平遥城墙一定经历过许多次“建设—倾颓—重建”的循环往复。明洪武三年（1370 年）的重新修筑和包砌奠定了当今平遥城墙的基本格局，此后各个时代的持续维护和修葺则塑造了平遥城墙今日的容颜。

平遥城墙总长约 6.2 公里，高 6~10 米，平面接近正方形，除南面城墙随河流蜿蜒曲折之外，其他三面都较为平直。城墙共设有六座带有瓮城的城门，南北各一座、东西各两座：南曰“迎薰”，北曰“拱极”，上东曰“太和”，下东曰“亲翰”，上西曰“永定”，下西曰“凤仪”，均取吉祥之意。各门之中唯有“凤仪”和“亲翰”二门由东西大街径直相连。据说，城设六门乃象“神龟”之形，南北为首尾，东西为四足，因此平遥古城又称“龟城”（图 2.5.5.1）。

城墙墙体是收分明显的夯土结构，除城墙外侧（图 2.5.5.2）、顶部（图 2.5.5.3）和城门内外（图 2.5.5.4）包砌砖墙之外，城墙内侧多将夯土裸露（图 2.5.5.5）。这种做法虽有损于墙体的坚固，却是综合了防御、坚固、经济、美观等众多因素的恰当之举。墙身外侧设置的马面和角台则兼具了防御外敌和加固墙体的功用。

城墙之上建有城门楼、角楼、敌楼和垛口等附属建筑。这些建筑不仅是防御功能一部分，还勾画出优美的城市轮廓线（图 2.5.5.6）。据说，这些建筑在数量的设置上还有深层含义，比如 72 座敌楼和 3000 个垛口就是对孔子弟子 3000 人和其中贤者 72 人的隐喻。城墙顶部的砖铺地面向靠近墙体内侧的排水口找坡，雨水顺着贴附在夯土坡面的砖砌水沟顺利排下（图 2.5.5.7）。

“平遥古城是中国汉民族城市在明清时期的杰出范例，平遥古城保存了其所有特征，而且在中国历史的发展中为人们展示了一幅非同寻常的文化、社会、经济及宗教发展的完整画卷。”这是世界文化遗产委员会对平遥古城的一段评价。在我们看来，平遥城墙正是这幅“完整画卷”中最为厚重和精美的一部分。即便城门石板路上的车辙不必再承载过往的车轮，即便护城河里的清流无须再裹挟河床的泥沙，即便城墙上的游客从未见过弥漫的硝烟和浓烈的烽火，深凹的车辙、如斯的流水、熙攘的人群……仍旧讲述着平遥的故事。

图 2.5.5.1 古城城池简图

图 2.5.5.2 城墙外侧

图 2.5.5.3 城墙顶部

图 2.5.5.4 瓮城

图 2.5.5.6 城门楼

图 2.5.5.5 城墙内侧

图 2.5.5.7 城墙排水设计

6 慈相寺㉛

Cixiang Temple

名称与别名	慈相寺，圣俱寺
地　　址	平遥县冀郭村东北角
看　　点	布局 · 木构 · 砖塔
推荐级别	★★★★
级　　别	全国重点文物保护单位
类　　型	佛寺 · 木结构、砖结构
年　　代	北宋—清
交　　通	乡村，自驾

慈相寺位于冀郭村东北角，北依瀴涧河，与长则普明寺、北依涧永福寺同属瀴涧河流域的古建筑。寺院占地呈长方形，用地宏阔，建筑舒朗，垣墙之外植被繁茂、景致清幽（图 2.5.6.1）。

建筑群坐北朝南，大雄宝殿院落居中，南端以山门与戏台开场，北端以麓台塔收尾，颇有气势（图 2.5.6.2）。山门与戏台相连，中辟券洞形成内外通道，可惜戏楼现已不存（图 2.5.6.3）。大雄宝殿院落远离山门，与东西配殿、关帝庙、钟鼓楼围成独立的院落。颇让人费解的是，既是寺庙却为何会将关帝庙置于中轴线上？好在雍正六年（1728 年）的《关庙记碑》给出了答案——因关帝祭祀等级的提高而将祠庙从塔后东庑移至正殿前方。

图 2.5.6.1 远眺慈相寺

图 2.5.6.3 山门外观

图 2.5.6.4 麓台塔外观

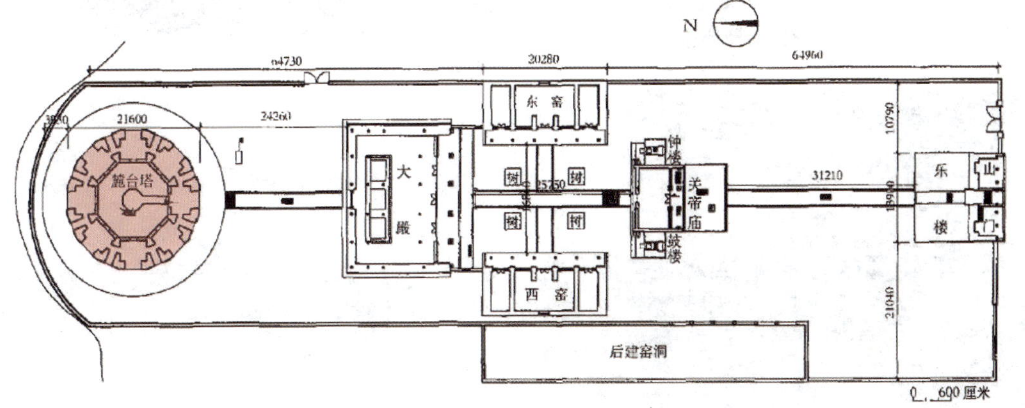

图 2.5.6.2 慈相寺总平面

麓台塔高约 48 米，八边九级，造型饱满，傲视一方（图 2.5.6.4）。

寺内现存历代修缮碑碣 10 通，曾有学者按时间先后顺序对寺院沿革进行考证：寺名原为圣俱寺，创建年代不晚于唐肃宗时期（756—761 年）；宋庆历年间（1041—1048 年）建麓台塔，皇祐三年 (1051 年) 更名慈相寺；宋末寺院毁于兵燹，金天会年间（1123—1137 年）重建佛塔，大定十九年至明昌元年（1179—1190 年）重修、扩建，规模最大时有房屋一千二百余间；元明修葺情况不详，清代康熙至嘉庆各朝均有修葺，只是规模渐小。

现如今，这座千余年的古刹在经历了王朝更迭和自然剥蚀之后，仍保存着大雄宝殿和麓台塔两座珍贵的金代建筑，殊为难得。

7 慈相寺 · 大雄宝殿㉜

Main Hall of Cixiang Temple

名称与别名	慈相寺，圣俱寺
地　址	平遥县冀郭村东北角
看　点	布局 · 木结构
推荐级别	★★★★
级　别	全国重点文物保护单位
类　型	佛寺 · 木结构
年　代	金
交　通	乡村，自驾

大雄宝殿下承低矮台基，上覆单檐悬山顶，面阔五间，进深七椽，前设檐廊。檐柱柱头卷杀明显，阑额高狭、普拍枋宽扁，檐下用五铺作斗拱，各补间仅施一朵，因各间面阔相近，斗拱分布较为均匀。檐廊之内，殿身明间及次间设槅扇门，稍间辟直棂窗，午后的光影丰富了大殿的立面层次，凸显着传统建筑灰空间的魅力（图 2.5.7.1）。

走进细看，檐下斗拱颇值得研究一番。柱头和补间斗拱均为单杪单下昂重拱计心造，均用真昂。柱头铺作昂尾压于乳栿之下（图 2.5.7.2），补间铺作昂尾上彻、挑一材一栔以承下平槫（图 2.5.7.3）。山西一带宋、辽、金时期的五铺作下昂造遗构并不少见，且下昂斜度多为四举左右。随着屋顶坡度渐陡，四举下昂往往需要特殊的构造设计来补足昂尾处挑高的亏空，而本案的独特之处恰在于下昂斜度大于檐步坡度，昂尾与下平槫顺畅连接，或许这正是对早期的匠作做法的延续。

殿内彻上明造，梁架为四椽栿对前乳栿后劄牵，用材纤细拮据，屋架上的双重平梁设计或许也是由于木料的匮乏，当然也不排除某种特别设计或权衡的可能（图 2.5.7.4）。佛坛之上供奉佛像三尊，扇面墙上绘背光和彩云；殿内尚存壁画 100 余平方米，可惜损毁严重（图 2.5.7.5，图 2.5.7.6）。

据大殿四椽栿下“宝量仲英”等题记和金明昌五年《汾州平遥县慈相寺修造碑》记载，将大殿年代推断为 1194 年前后。

图 2.5.7.1 大雄宝殿外观

图 2.5.7.2 柱头铺作

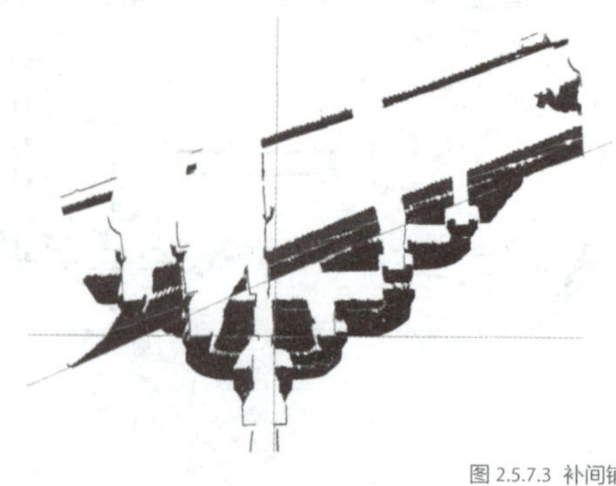

图 2.5.7.3 补间铺作

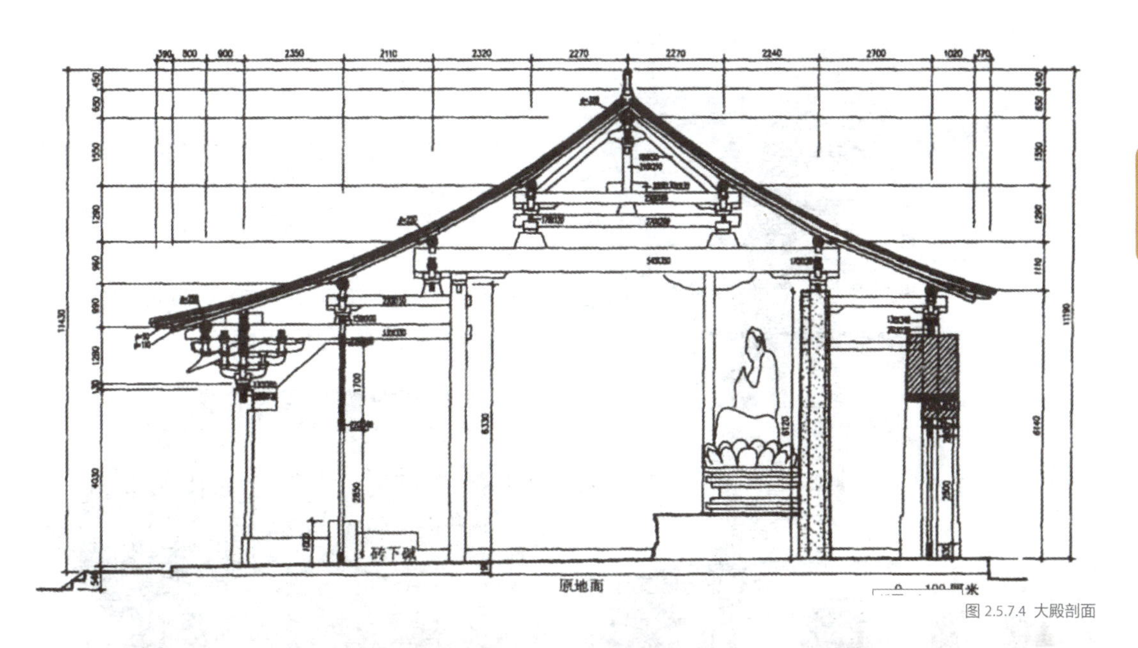

图 2.5.7.4 大殿剖面

图 2.5.7.5 彩塑

图 2.5.7.6 壁画

8 慈相寺 · 麓台塔㉝

Lutai Pagoda in Cixiang Temple

名称与别名	麓台塔、无名大师灵塔、冀郭塔
地　　址	平遥县冀郭村东北角
看　　点	砖结构 · 壁画
推荐级别	★★★★
级　　别	全国重点文物保护单位
类　　型	佛塔 · 砖结构
年　　代	宋—金
交　　通	乡村，自驾

据寺内碑记，麓台塔为北宋庆历年间（1041—1048）的寺僧道靖为收藏无名祖师骨灰而建。相传，无名禅师是寺院的创建者，他“繇西极来，宴座于麓台山四十载，唐肃宗召诣京师，待若惇友，上元初，示化于宫城之寺，诏还故山”。经历北宋末年的兵燹，塔遭破坏，金天会年间（1123—1137 年）由住持僧宝量将原本“约九丈余”的宋塔重建成更加壮观的九层高塔，即现存砖塔之貌（图 2.5.8.1）。

砖塔为八角形楼阁式塔，为宋代常见的佛塔形式。塔高 48.2 米，外观仿木构造：因砖砌斗拱出跳困难，外观虽为单杪双下昂六铺作样式，每层出跳却极小；斗拱之下宽扁的普拍枋出头之切，是宋金时期常见的普拍枋形式；屋檐与平座用砖层层叠涩，出檐较为深远（图 2.5.8.2）。首层塔身外围是明清时期加建的券洞围廊，宽大的券廊使得原本干净利落的砖塔变得冗

图 2.5.8.1 麓台塔远观

余，券廊的内部空间倒颇为丰富。二层以上的塔身东、西、南、北四面设券洞，塔体造型饱满，外轮廓弧线柔和。

塔体内部为空心结构，内部由木楼板和楼梯形成与外部对应的楼层空间，此种结构形式与太谷无边寺宋代白塔十分相近。或许可以推测，这座金代重建的砖塔继承了此前的宋塔形制，因为从匠作习俗的延续、技艺的传承来看，即便是改朝换代，80 年的时间跨度仍不足以支撑匠作传统的骤变。

图 2.5.8.2 砖塔檐部细节

9 干坑南神庙㉞

Temple of Yasodhara at Gankeng Village

名称与别名	干坑南神庙，源相寺，耶输神祠
地　　址	平遥县古陶镇干坑村
看　　点	彩塑 · 琉璃
推荐级别	★★★
级　　别	全国重点文物保护单位
类　　型	佛寺 · 木结构
年　　代	明
交　　通	乡村，自驾

干坑南神庙，庙门牌匾上写着“源相寺”，明代重修时称为“耶殊夫人庙”“耶输神祠”，庙内正殿供奉着光明菩萨，曾为迦毗罗卫国乔达摩 · 悉达多王子的王妃，乔达摩 · 悉达多便是后来的释迦牟尼。现在此处由平遥佛教协会使用，协会曾筹集资金对南神庙进行修缮。这一段寺与庙的历史，追溯起来也是很有意思的。

南神庙的二进院落周边已经起了高楼，土红的院墙还在守护着一方信仰（图 2.5.9.1）。院落尺度不大，建筑体量也不大，整体布局和组合都很恰当，建筑构件精致而装饰性很强，甚至在二进院的院墙上还有大片琉璃砖雕，包括人物、建筑、环境等题材，讲述着经传中的故事（图 2.5.9.2）。院中还有琉璃佛母冢以及石经幢（图 2.5.9.3）。

佛母殿为正殿，殿内的彩塑约略与建筑同时期，包括有保存完好的摩耶夫人、胁侍菩萨、供养人等同期彩塑 14 尊（图 2.5.9.4，图 2.5.9.5）。与晋东南常见的二仙娘娘庙相似，这里的彩塑也以女性为主题，尤其是周边八尊供养人像，形象、表情生动，肢体语言丰富，手中还持有常见的家用物件儿（图 2.5.9.6）。一路走来，见惯了佛祖、菩萨和罗汉等佛教题材的塑像，而佛母殿所讲的故事，确是大不相同了吧。

图 2.5.9.1 南神庙全景

图 2.5.9.2 琉璃砖雕

图 2.5.9.4 正殿侧景

图 2.5.9.3 石经幢

图 2.5.9.5 殿内彩塑一

图 2.5.9.6 殿内彩塑二

10 惠济桥㉟

Huiji Bridge

名称与别名	平遥惠济桥
地　　址	平遥县古陶镇东城村
看　　点	砖石结构 · 砖雕
推荐级别	★★★
级　　别	全国重点文物保护单位
类　　型	桥梁 · 砖石结构
年　　代	清
交　　通	乡村，自驾

从平遥县城东门出发，不一会就能看到东北方向的惠济桥，横跨于惠济河上。今天的惠济河水位已经降低，冬天时河床基本裸露，然而今天的惠济桥，却一直发挥着重要的交通作用，历经风霜，老而弥坚（图 2.5.10.1）。

惠济桥始建于清康熙年间，最初只有五孔，由于河水冲击略有损毁，后代官绅乡民筹资重建为今天的九孔石桥。桥身略微起拱，坚实有力，飞架大河两岸，水树苍茫，风扬壮观，到清代后期，以“河桥野望”一名，列为平遥“十二景”之一（图 2.5.10.2）。只是形态的飘逸与结构的创新已经不再有赵州桥那样的经典。桥上的勾栏望柱雕刻精美，然而大多为近年修缮所更替，所幸还能看到桥身上的龙头龙尾，反映了古人以龙治水的愿望(图 2.5.10.3)。桥基上、下游方向，皆筑有缓冲作用的三角形石基，石基的条石间以银锭形铸铁铆连接，券石用铁制扒钉稳合（图 2.5.10.4）。

1977 年，惠济桥遭洪水袭击，桥基外露，视其券迹，现存石桥系原券座上加筑之券洞，高出旧桥洞 5 米，属清代在原桥墩上重建而成。当年，洪水吞没了平遥境内所有的公路桥梁时，惠济桥仍旧岿然不动，一度成为河道上的唯一通道，并沿用至今。希望今后，在发挥重要的交通作用的同时，也能得到妥善的保护。

图 2.5.10.1 惠济桥远景

图 2.5.10.3 勾栏望柱

图 2.5.10.2 桥身近景

图 2.5.10.4 桥基局部

11 金庄文庙㊱

Temple of Confucius at Jinzhuang Village

名称与别名	金庄文庙
地　　址	平遥县岳壁乡金庄村西
看　　点	布局 · 木结构 · 孔子塑像
推荐级别	★★★
级　　别	全国重点文物保护单位
类　　型	祠庙 · 木结构
年　　代	元—清
交　　通	乡村，自驾

雨后的金庄清新而幽静，入村不久就看到了文庙的棂星门（图 2.5.11.1）。与静升文庙相似，金庄文庙也是一座位于乡间的“国保级”的文庙。

文庙东侧紧邻金庄文物管理处，空旷的文化广场并没有正对着任何一座院门，对于我们这些看惯了中正设计的眼睛，略感不适，或许这也算是一种超越“乌托邦”束缚的“在地设计”吧。

棂星门并不开放，要从东侧的管理处大门迂回进入（图 2.5.11.2）。坐北朝南的庙宇共有三进院落，中轴线上依次坐落着棂星门、明伦堂、状元门、泮池（图 2.5.11.3）、仰圣门（图 2.5.11.4）、大成殿，另有东西配殿六座、碑廊两座，形成了形制完整的文庙

图 2.5.11.1 棂星门

建筑群（图 2.5.11.5）。就整体布局而言，纵向展开的院落和门墙强化了空间秩序，而明伦堂作为第一进院落正殿的格局也略显特别。

据专家考证，金庄文庙建于元代，大成殿内的梁架之上有“大元延祐二年（1315 年）修造”的题记，光绪《平遥县志》依照元代碑记把建庙时间记为“元至顺四年”（1333 年），两个记载虽有差异却都指向元代。大成殿内现存彩塑亦为元初所造，金庄文庙正因保存了全国最古老的一尊孔子像而身价倍增（图 2.5.11.6）。只是和很多游客的遭遇一样，我们被挡在了“仰圣门”外而无法瞻仰先圣尊容，不知今日的“仰圣门”是否改作“隔圣门”更加合适呢?

图 2.5.11.2 管理处大门

图 2.5.11.3 泮池

图 2.5.11.4 仰圣门

图 2.5.11.5 碑廊

图 2.5.11.6 门缝中的大成殿

12 梁家滩白云寺㊲

Baiyun Temple at Liangjiatan Village

名称与别名	梁家滩白云寺
地　　址	晋中市平遥县卜宜乡梁家滩村
看　　点	院落布局 · 彩塑 · 舍利塔
推荐级别	★★★
级　　别	全国重点文物保护单位
类　　型	佛寺 · 木结构、砖石结构
年　　代	明
交　　通	乡村，自驾

图 2.5.12.1 白云寺全景

白云寺依山而建，临山俯瞰，四进院落沿石阶层叠展开，并以窑洞屋顶相连，不同时期风格的建筑依次排开，与周边优美的自然环境融为一体。这里香火常年旺盛，对于文物保护单位来说却也难得（图 2.5.12.1）。

白云寺创建年代已不可考，在明嘉靖年间重修后，后世又经历过九次修葺。不仅建筑上体现了从明代至民国的营建历史，同时也是佛教禅宗发展的珍贵遗迹。这里历来为佛教禅宗临济派僧人的修行场所，虽然临济宗在明末时已近衰微，但此寺直至民国仍是北方地区禅宗传承的重要禅院。

寺院中轴线上依次设立了二层的山门（图 2.5.12.2），传统木构的南殿（图 2.5.12.3），

图 2.5.12.2 山门

图 2.5.12.3 南殿

图 2.5.12.4 禅堂与古佛殿

下窑上阁的正殿观音阁，以台基直接开洞为窑的禅堂，以及十字形窑洞五孔的高大砖石建筑古佛殿（图 2.5.12.4）。从空间设计角度而言，为了解决依山而建的高差，灵活利用了台基结合窑洞的设计，不仅解决了各组建筑相互连通的问题，同时也扩大了建筑空间，增加了空间的层次。

如今殿内仍存有早期彩塑，建筑彩绘、壁画、碑碣，以及十二座舍利塔等相关附属文物，都是珍贵的文化遗产（图 2.5.12.5，图 2.5.12.6，图 2.5.12.7）。

图 2.5.12.5 南殿壁画

图 2.5.12.6 正殿彩塑

图 2.5.12.7 舍利塔

13 雷履泰旧居㊳

Former residence of Lei Lvtai

名称与别名	雷履泰旧居
地　　址	晋中市平遥县城内书院街 11 号
看　　点	院落布局 · 建筑装饰
推荐级别	★★★
级　　别	全国重点文物保护单位
类　　型	民居 · 砖木结构
年　　代	清
交　　通	古城内，步行

雷履泰，出身经商世家，精明强干，又善于经营，在道光三年（1823 年），力谏平遥著名的“西裕成”颜料庄财东李大全，将商业资本与金融资本分离，创办了中国第一家以异地银两汇兑为主营、兼营存放款业务的私人金融机构——日昇昌票号。他所创立的票号一业曾经鼎盛百年，以“汇通天下”著称于世，并为“晋商”赢得了“海内最富”的美誉。因此，他也是中国金融史上举足轻重的人物。

图 2.5.13.1 旧居局部俯瞰

图 2.5.13.2 旧居外景

雷履泰的旧居约建于清嘉庆末年至道光初年，位于平遥古城内，曾是他中晚年居住和生活的地方，保存完好，今天已经变成了古城内的套票景点，同平遥附近的晋商大院一样，院落结构相似，功能分区明确，装饰精美，显示了一代晋商的财富积累和审美情趣（图 2.5.13.1，图 2.5.13.2）。院套院的结构是当地民居的普遍建筑格局（图 2.5.13.3），院落布局和建筑形式也并无新意，最能体现主人个人特点的就是不同的建筑装饰以及内檐装修了，如结合建筑结构设置的砖雕、木雕、楼梯（图 2.5.13.4），以及家具、室内隔断和装修等（图 2.5.13.5），都是贴近主人日常生活的设计，精美而独特。

尽管在平遥古城中，有很多保存完好的大院景点，然而在旅游开发和当地商业经济发展的带动下，这里其实也在悄然发生着改变。雷履泰旧居不光院落、建筑格局保存完好，内部家具、装修等也保存着当时的特色，是非常珍贵而不易的。雷先生不光在中国金融史上留下了重要的一笔，在平遥的建筑史上也为我们留下了宝贵的遗产。

图 2.5.13.3 西主院里院院景

图 2.5.13.5 西主院正房炕围画

图 2.5.13.4 西主院石雕楼梯

14 利应侯庙㊴

Temple to Marquis Liying

名称与别名	利应侯庙，狐爷庙
地　　址	平遥县襄垣乡郝洞村
看　　点	木构
推荐级别	★★
级　　别	全国重点文物保护单位
类　　型	祠庙・木结构
年　　代	元
交　　通	乡村，自驾

狐突和利应侯都不被大众熟知，二者其实是同一个人的不同名号。狐突是春秋时期的晋国大夫，晋文公的外祖父。利应侯则是封号，不管是政治统治的需要还是乐于封神的嗜好，宋徽宗给狐突颁发了“护国利应侯”的勋章，狐突便从此走上神坛。

狐突能得到加封，与其平生的作为和贡献是分不开的，《左传》和《史记家》等史书都有关于狐突的记载。狐突的女儿狐季姬和小戎子嫁与晋献公，狐季姬生重耳，小戎子生夷吾。晋献公时，骊姬谗构，重耳、夷吾出逃。献公死后，夷吾回国即位，是为晋惠公。惠公死后，其子圉即位，即晋怀公。此时，重耳已流亡在外多年，怀公为巩固统治，命追随重耳外逃之人限期回归，不归则诛其全家。重耳的两个舅舅即狐突之子就在被追回之列，狐突认为："子之能仕，父教之忠，父教子贰，何以事君？"狐突因拒绝召回儿子被杀。次年，重耳借助秦国之力回晋，杀怀公、即位，是为晋文公。晋文公厚葬了狐突，狐突也因"教子事君不贰"留下千古美名。

利应侯庙与镇国寺比邻，位于南侧，庙并不大，仅一进院落，正殿为元代遗构。既然此庙在规模和年代上都不及镇国寺，就只能屈居于镇国寺的光环之下了，这便是"傍大咖"的坏处，而好处是慕镇国寺之名的游客常会顺路探访一下。或许，利应侯庙根本就不屑于这些不期的探访，锁起大门，一副拒人千里的面孔（图 2.5.14.1）。

正殿面阔三间，悬山屋顶，前出檐廊，檐下用单杪单昂五铺作斗拱，正面各间施补间铺作一朵，殿前月台宽阔。据说殿内有元代彩塑和明清壁画，因未能入庙而不得观。据专家考证，祠庙建成于金泰和六年 (1206 年)，元至元二十九年 (1292 年) 重修（图 2.5.14.2）。

图 2.5.14.1 紧锁的大门

图 2.5.14.2 大殿外观

15 南政隆福寺㊵

Longfu Temple at Nanzheng Township

名称与别名	南政隆福寺
地　　址	平遥县南政乡南政村
看　　点	院落布局 · 建筑单体
推荐级别	★★★
级　　别	全国重点文物保护单位
类　　型	寺院 · 木结构
年　　代	明—清
交　　通	乡村，自驾

南政隆福寺最瞩目的地方莫过于正殿的瓦顶，单檐歇山的坡面上用琉璃瓦拼嵌出"隆福寺"字样，在很远的地方就能看见（图 2.5.15.1）。色彩丰富、形态各异的屋面交织错落，院墙虚实相间，层次丰富，营造了中国建筑特有的空间特色。

隆福寺坐北朝南，三进院落布局，中轴线上依次建有影壁、山门殿、护法殿及大雄宝殿，东西两侧建有钟鼓楼、禅房、配殿及耳殿等，建筑形式多样。根据县志记载，南政隆福寺创建于元大德二年（1298 年）（图 2.5.15.2，图 2.5.15.3）。明代重修，大雄宝殿梁架上存有清嘉庆五年（1800 年）补修的题记。这同时也是近代经历浩劫的一座寺院，大佛殿被拆毁，只剩下了空荡荡的台基，同时被毁的还有各殿内所有的精美彩塑，其他的改建更添伤痕。然而如今的隆福寺已然容光焕发，得到了妥善的保护，多亏了文物部门和基层的文物保护工作者（图 2.5.15.4）。

隆福寺的整体感觉可以用精巧来形容，各式单体建筑精巧地组合成群组，每座单体建筑都有精巧的装饰和设计，主次分明，繁简相宜，共同组成了一座建

图 2.5.15.1 隆福寺远景

筑艺术的精品（图 2.5.15.5）。除去佛教内容外，这里还有民间信仰的礼拜空间，体现了当地流传的宗教建筑特点。寺内仍有部分壁画的留存，线条流畅，风格古朴，也值得细细欣赏（图 2.5.15.6，图 2.5.15.7）。

图 2.5.15.2 山门殿

图 2.5.15.3 地藏殿

图 2.5.15.4 正殿外观

图 2.5.15.5 正殿斗拱

图 2.5.15.6 寺内壁画一

图 2.5.15.7 寺内壁画二

16 清凉寺㊶

Qingliang Temple

名称与别名	平遥清凉寺
地　　址	平遥县卜宜乡永城村北
看　　点	彩塑 · 木构
推荐级别	★★★
级　　别	全国重点文物保护单位
类　　型	庙宇 · 木结构
年　　代	明—清
交　　通	乡村，自驾

雨后的村路有些泥泞，进村寻路时恰遇一位热心老乡，同我们一起来到村北的清凉寺。处于修缮之中的寺庙显得十分破败：山门已经不存，残砖碎瓦随处可见，浸透了积水的泥路稀软难行（图 2.5.16.1）。此情此景让人顿生清冷、苍凉之感，虽有曲解之嫌，倒也暗合“清凉寺”之名。

寺院坐北朝南，仅有两进院落，中轴线上由南向北依次是山门遗址、过殿、大殿，前院配殿为窑洞式建筑，后院配殿为木构建筑。倒塌的山门扯破了配殿的北墙，暴露在外的剖面不仅展示着窑洞建筑的一般构造，还彰显着砖拱的建造合理性和力学稳固性（图 2.5.16.2）。

过殿和大殿的四周布满了脚手架，屋面之上则覆盖着蓝色彩钢板（图 2.5.16.3）。中殿屋面的瓦件已经全部揭下，光线从破败的望板和椽档中溜入室内，除了建筑构件和脚手架之外，室内空无一物（图 2.5.16.4）。大殿外围比过殿多了一层绿色纱网，只露出明间的隔扇门和一朵 45 度斜出的平身科斗拱。隔扇门上牵连勾咬的木雕格心精美得让人赞叹（图 2.5.16.5），紧扣的门锁保护着殿内彩塑，这或许是维修阶段最为简单有效的保护方式了。爬上脚手架，看一看瓦作的施工程序，琢磨一下斗拱的构造设计，体味一番匠人的巧思奇想，便觉得与这大殿有了心灵的触碰（图 2.5.16.6）。

比起建筑，清凉寺的彩塑或许更令人称道，有人说这里的彩塑能与双林寺比肩，足见其价值之高了。然而，文物价值的高低始终与不法之徒的惦记成正比，寺内的一块北魏石碑和三尊胁侍菩萨泥塑就曾失窃于 20 世纪，文物安全与公众共享始终是文保单位的一道难解之题。

此次探访虽无缘瞻礼佛像，却得以了解古建筑修缮之中的状态；虽黯然于殿宇的破败，却得以窥视隐藏的营造技艺，失中有得，足以欣慰。

图 2.5.16.1 清凉寺远景

图 2.5.16.3 被脚手架包围的正殿

图 2.5.16.2 残破的券洞

图 2.5.16.4 中殿内部

图 2.5.16.5 隔扇门上的木雕

图 2.5.16.6 施工中的屋面

17 文庙㊷

Temple of Confucius

名称与别名	平遥文庙
地　　址	平遥古城东南隅文庙街
看　　点	布局 · 木结构 · 书院
推荐级别	★★★★
级　　别	全国重点文物保护单位
类　　型	祠庙 · 木结构
年　　代	金—清
交　　通	古城内，步行

如果想感受一下文庙建筑群的恢宏气势，最好的游览路径或许是从迎薰门登上城墙，再沿城墙向东，直达文庙中轴线的南端。城墙与庙前的“云路老街”之间通过砖砌台阶无缝连接，形成了连续的空间序列（图 2.5.17.1）。

云路老街长约 120 米，或许被文庙的文化氛围浸染，街道两旁整齐排布的旅馆、饭庄、商铺等设施并

图 2.5.17.1 从城墙远望文庙

图 2.5.17.2 棂星门

无熙攘的商业氛围，而相似的场景也出现在大同文庙南侧的云街之上。

穿过云路老街，便到达棂星门前（图 2.5.17.2）。文庙建筑群规模宏大，形制完整，以文庙为核心，集聚了书院、学堂、戏台等众多使用功能。今天的平遥文庙还是中国科举博物馆和文庙学宫博物院（图 2.5.17.3）。

文庙建筑群中，以大成殿最为古老。此殿重建于金大定三年（1163 年），后世虽屡有修葺，古风犹存。大殿面阔和进深均为五间，正面心间、次间设隔扇门，稍间设窗，殿身通以灰砖包砌，檐柱有明显生起和侧脚；殿身上覆单檐九脊顶，鸱吻遒劲、收山显著、出檐深远，檐下七铺作斗拱雄大有力、高峻疏朗；殿下台基低矮，月台宽阔，虽无高凌之气，足具亲和之感（图 2.5.17.4）。殿内设置 U 字形隔墙，将室内空间划分为内、外槽形式，U 形墙内侧通设神坛，供奉孔圣及群贤彩塑；当心间减去两根内柱，使得礼拜空间更加开敞；明栿上方设置平棊天花，天花上另置藻井，内檐装修颇为讲究。大殿外檐的双杪双下昂七铺作斗拱，一三跳上用翼形拱、第二跳用华头子等构造做法亦有特色，是金代建筑中少见的七铺作案例（图 2.5.17.5）。大成殿北墙正中写着一个巨大的“魁”字，笔体与浑源永安寺大殿墨迹颇似。从大成殿后部的明伦堂向南望去，龙门正好将“魁”框入框内，构思精妙（图 2.5.17.6）。

除大成殿外，文庙建筑群的其他建筑均为明清遗构，其中以超山书院较为著名。书院位于明伦堂之北，自成院落，现在是科举博物馆所在。书院门口立鳌头石一块（图 2.5.17.7），院内正中有徐继畲塑像一尊。徐继畲曾在朝考中考取过第一名，也算独占鳌头；他虽非平遥人，却于咸丰六年（1856 年）被聘为超山书院的山长，并在此教书立说数年。院内主殿为尊经阁，创建于明朝初年，后来废弃，近年修葺一新（图 2.5.17.8）。

从云路老街南端算起，长约 360 米的文庙中轴线以高耸的尊经阁收尾。站在尊经阁上眺望，文庙之内庭院深深、杨柳堆烟（图 2.5.17.9），城隍庙街上屋宇鳞次、行人寥落（图 2.5.17.10）。平遥的古韵依旧醇和，流转的时光未曾冲淡，匆匆的过客不曾带走。

图 2.5.17.3 大成门

图 2.5.17.4 大成殿外观

图 2.5.17.5 大成殿斗拱

图 2.5.17.6 明伦堂南望

图 2.5.17.8 尊经阁外观

图 2.5.17.9 尊经阁上俯瞰文庙

图 2.5.17.7 书院入口

图 2.5.17.10 尊经阁上俯瞰街市

18 清虚观㊸

Qingxu Taoist Temple

名称与别名	清虚观，太平观
地址	平遥古城东大街东段路北
看点	布局 · 木结构 · 彩塑 · 石雕 · 木雕
推荐级别	★★★★
级别	全国重点文物保护单位
类型	道观 · 木结构
年代	元—清
交通	古城内，步行

清虚观位于东大街东段路北，离古城的下东门（亲翰门）仅有百米之遥。据考证，此观始建于唐高宗显庆二年（657 年），宋、元、明、清历朝多次赐名并屡有重修，现存建筑有元、明、清三代遗构。

清虚观的名气不仅在于其历史悠久，还在于名人效应和神话传说。据说，在元代道教兴盛之时，丘处机的亲传弟子尹志平曾住持于此，虽然尹志平曾不幸被金庸大师“黑”过，但是更为真实的他却是继丘处机之后道法一流的全真派掌门，在道教界有十足的影响力。到了清代康熙年间，又有吕洞宾显灵于清虚观，并在玉皇阁的柱子上留下“一心二人仁”神迹的传说。这个传说为清虚观赚得了更多的香火。如今的清虚观已成为第六批全国重点文物保护单位和平遥博物馆，这里虽不再有道士修行，却成为古代建筑、彩塑、石雕、木雕、碑刻、水陆画等多种传统艺术的宝库。

先说建筑。清虚观建筑群坐北朝南，山门、龙虎殿、纯阳宫、三清殿、玉皇阁形成南北三进院落（图 2.5.18.1）。第一进院落较为宽扁，似乎是为了衬托出纯阳宫和三清殿所在第二进院落的宏阔（图 2.5.18.2）；第三进院落尺度适中，而窑洞式的主殿和配殿也与前院中的木构建筑形成鲜明对比。各殿之中，以纯阳宫、三清殿的布局和外观最为独特。三清殿在纯阳宫之北，与纯阳宫紧邻却彼此独立，仅留出屋檐之间的一线蓝天。此殿为清虚观的主殿，大殿面阔五间，上覆单檐歇山顶，檐下用五踩重昂斗拱，殿身前出檐廊，缓和了与纯阳宫之间的局促氛围（图 2.5.18.3）。纯阳宫面阔三间，上覆悬山卷棚顶，殿身正中出歇山顶抱厦一间。远远望去，纯阳宫和三清殿好似一栋形式复杂的单体建筑，形成一间、三间、五间的层层叠退，造型十分优美（图 2.5.18.4）。

再说雕塑。道观内现存泥塑、石雕、木雕等多种造像，除部分泥塑和木雕为清虚观原物外，石雕多是平遥博物馆的收藏。泥塑以位于龙虎殿左右次间的龙虎二将最为精彩（图 2.5.18.5）。龙虎殿明间辟为通道，次间的塑像正好形成左右守护之势。泥塑高约 5 米，

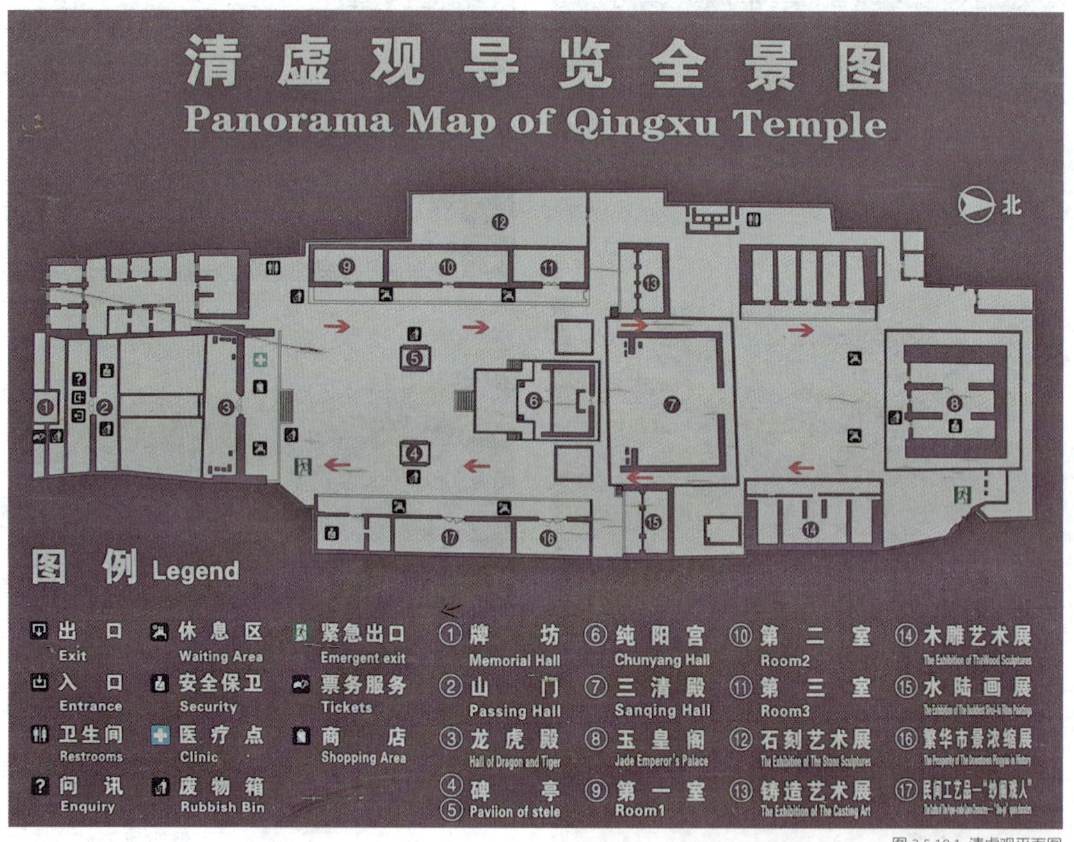

图 2.5.18.1 清虚观平面图

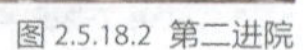
图 2.5.18.2 第二进院

图 2.5.18.3 三清殿

图 2.5.18.4 三清殿与纯阳宫外观

图 2.5.18.5 龙虎殿

图 2.5.18.7 虎将

图 2.5.18.6 龙将

图 2.5.18.8 石刻文物

坐姿，龙将居东，右手持戟，虎将居西，左手持剑，二将怒目相视，十分威武（图 2.5.18.6，图 2.5.18.7）。二将背靠分心墙，墙上以浮雕手法塑龙虎腾云图案，渲染着龙虎二将的霸气。观内石刻多置于配殿身后的临时建筑中，保存状态的木雕造像供奉于第三进院落的窑殿之中，佛像、石碑造像、文臣武将、石兽等品类丰富，只是破损较为严重，保存环境也并不理想（图 2.5.18.8）。木雕多存于第三进院落的窑殿之中，以道教神仙塑像为主，雕工细腻，古旧之中仍见原始敷色之华丽。

除建筑和雕塑外，观内现存历代碑碣十余通，馆藏水陆画和纱阁戏人等其他文物，这些文物都是研究平遥历史和文化的重要资料。

19 日升昌旧址㊹

Former site of Rishengchang Draft Bank

名称与别名	日升昌旧址
地　　址	平遥古城西大街路南
看　　点	布局 · 票号文化
推荐级别	★★★
级　　别	全国重点文物保护单位
类　　型	票号 · 砖、木结构
年　　代	清
交　　通	古城内，步行

西大街与北大街交叉口东行 50 米，路南的日升昌票号足足占据了 7 间房的沿街界面，在商业繁荣的平遥市肆，如此阔气的门面或许正是雄厚财力的象征。在黑色板门的映衬下，国保单位的石碑显得十分扎眼，而门口长长的台阶也成为游客休憩的好地方（图 2.5.19.1）。

国保的石碑、钱其琛“中国票号博物馆”的题字，都说明这不是一家普通的票号（图 2.5.19.2）。的确，日升昌创建清道光初年（1823 年），是我国第一家专营银两汇兑，存、放款业务的私人金融机构。换句话说，它是我国现代银行业的鼻祖。我们带着对早期银行空间格局和经营模式的好奇走进日升昌。

票号北临西大街，南至东郭家巷子，南北通深约 70 米，划分成三进院落，共有建筑 20 余座，房屋 100 余间。从北向南，依次布置着经营空间、接待与管理人员起居空间、客房与厨房等使用功能，空间属性由开放向私密过渡。主体院落东部是一个狭长的辅助空间，设置面房、马房等后勤服务功能（图 2.5.19.3）。经营空间由铺面、柜房、账房、金库、信房组成，各房间保留着原始陈设，让人直观感受到日升昌的营业场景（图 2.5.19.4，图 2.5.19.5）。接待与管理人员起居空间饶有趣味：三大掌柜房围绕中厅设置，大掌柜房居东，二掌柜房居西，三掌柜房紧邻大掌柜房东北角，各房主次分明（图 2.5.19.6，图 2.5.19.7）。客房、厨房与后厅位于最后一进院落，可从南侧开向东郭家巷的大门进入（图 2.5.19.8）。这就是日升昌总店的规模和布局，在金融大楼林立的今天，很难相信这座建筑规模不及大户宅院的票号，会在清末的 100 年里发展成分号遍布全国，甚至远及海外的金融巨头。

图 2.5.19.1 票号街景

图 2.5.19.2 票号正门

日升昌西侧紧邻着另一家名为“日新中”的票号。“日新中”在规模和名气上虽不及日升昌，但能与日升昌比邻而立并争有一席之地，定非凡类。昔日的竞争对手，如今已变为合二为一的中国票号博物馆，为世人呈现着晋商曾经的辉煌和荣耀。

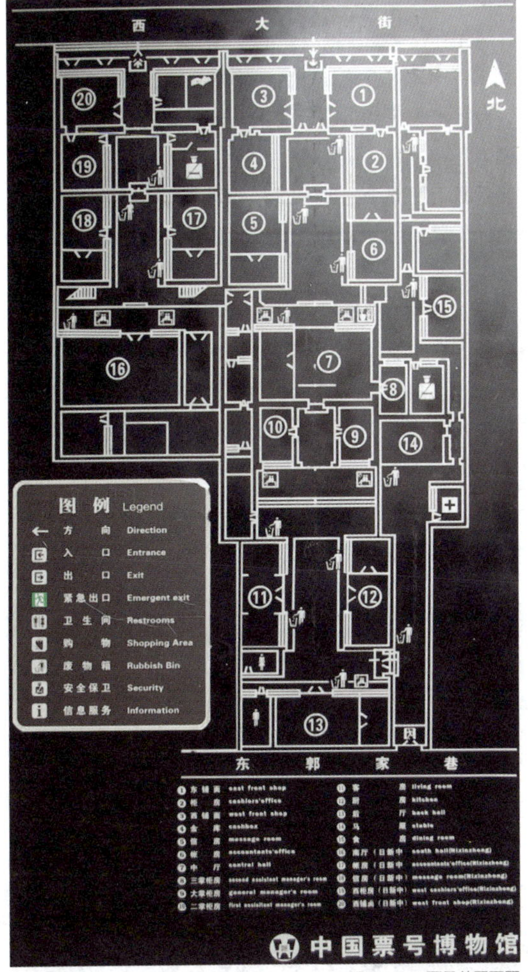

图 2.5.19.3 票号总平面图

图 2.5.19.4 经营空间

图 2.5.19.5 柜房

图 2.5.19.6 起居空间外观

图 2.5.19.7 起居空间内部

图 2.5.19.8 客房、厨房院落

20 双林寺㊺

Shuanglin Temple

名称与别名	双林寺，中都寺
地　　址	平遥县中都乡桥头村
看　　点	布局，彩塑，木构，壁画
推荐级别	★★★★★
级　　别	全国重点文物保护单位
类　　型	佛寺 · 木结构
年　　代	明
交　　通	乡村，自驾

双林寺的明代彩塑名扬天下。在平遥城内逛了两日，出城后的第一个目的地便是双林寺，只是天公不作美，又下起了雨，不过雨中探访古寺或许别有一番韵味吧（图 2.5.20.1）。

寺院历史久远，曾因寺址在中都城而以“中都寺”为名，约至宋代改名双林寺，而“双林”本是释迦牟尼涅槃之地，后逐渐成为佛陀或寺院的代称。寺院创建年代虽不可考，但以寺内北宋古碑“重修寺于武平二年（571 年）”的记载可以推测创建时间定不晚于此。

双林寺虽原地未动，地址却早已从中都城变为桥头村。村北厚实的堡墙不仅守护着庙宇的安全，还框出一片宏阔的场地。场地内原有三组建筑，西侧是寺庙主体，保存完好；东侧南北各一座禅院，南禅院已荡然无存，北禅院尚有断壁残垣（图 2.5.20.2）。

主体建筑群规模宏大，形制完整，三进院落的十座殿宇多为明代重建，后世补修。天王殿、释迦殿、大雄宝殿、娘娘殿由南向北居中而立，罗汉和伽蓝殿、地藏和土地殿分列前院左右，钟、鼓楼立于释迦殿两侧，千佛殿、菩萨殿为中院配殿，娘娘殿独居后院之中。

建筑群的中轴线正对着堡墙上的门洞，厚实的墩台之上或许曾建过门楼。从门洞向内望去，力士正“剑拔弩张”地守卫着“天竺胜境”（图 2.5.20.3）。我们轻轻撑开雨伞，虔诚地拨开雨帘，走近去一睹古寺的尊颜。

图 2.5.20.1 双林寺入口

图 2.5.20.3 门洞内看天王殿

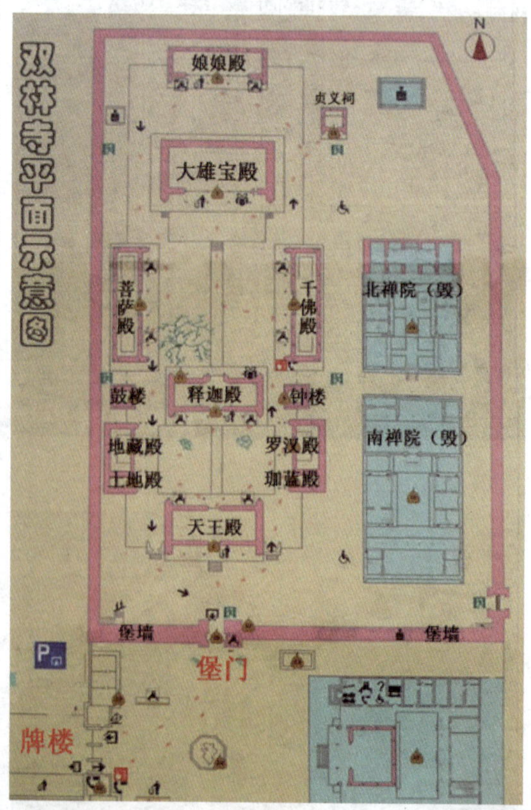

图 2.5.20.2 双林寺总平面图

21 双林寺 · 天王殿㊻

Hall of Heavenly Kings in Shuanglin Temple

名称与别名	双林寺天王殿
地　　址	平遥县中都乡桥头村
看　　点	彩塑 · 木构 · 壁画
推荐级别	★★★★★
级　　别	全国重点文物保护单位
类　　型	佛寺 · 木结构
年　　代	明
交　　通	乡村，自驾

刚进院内，就被天王殿的气势镇住了。五开间的面阔、近乎等距的间广、厚重的墙身，严整匀质的五踩重昂斗拱，平直的屋檐、绿琉璃瓦剪边的屋顶、华丽精美的脊饰，无不渗透着宽博率真的气质。天王殿进深六椽，殿内无柱；殿身前后均设檐廊，后檐不用斗拱，略显简朴（图 2.5.21.1，图 2.5.21.2）。

最为抢眼的仍是前檐廊下的四尊力士。力士身材魁梧，足有 3 米高，且各占一间面阔，大气磅礴。他们转头斜视中央，目光如炬；容貌虽似，却以不同的表情、衣着、动作、兵器传达出各异的性情。最西侧一尊威而不怒，稳如泰山；西侧第二尊张口挥拳、坦胸露乳，似有奔雷之势；最东侧一尊与西二衣着颇似，有呐喊助威之态；东侧第二尊身向东扭、聚精会神，俨然蓄势待发之姿（图 2.5.21.3，图 2.5.21.4）。

殿内泥塑依然精彩。弥勒佛化身的天冠菩萨端坐于中，左右帝释、梵天侍立，南墙倒坐四大天王，两侧分坐八大菩萨。在天王殿内供奉八大菩萨并不多见，而天王殿阔绰的殿内空间也确实为众多泥塑提供了可能（图 2.5.21.5，图 2.5.21.6）。

大殿前檐的门窗外围绘有云纹等花饰，窗间墙上绘有壁画。遥想当年，彩塑、壁画完工之时定然是色彩澄新、瑰丽华美。

图 2.5.21.2 天王殿背立面

图 2.5.21.1 天王殿正立面

图 2.5.21.3 西侧第二尊力士

图 2.5.21.4 东侧第二尊力士

图 2.5.21.5 殿内天冠菩萨

图 2.5.21.6 殿内天王彩塑

22 双林寺·释迦殿㊼

Hall of Sakyamuni in Shuanglin Temple

名称与别名	双林寺释迦殿
地　　址	平遥县中都乡桥头村
看　　点	彩塑·木构·彩画
推荐级别	★★★★★
级　　别	全国重点文物保护单位
类　　型	佛寺·木结构
年　　代	明
交　　通	乡村，自驾

释迦殿在天王殿身后，面阔五间、悬山屋顶，外部造型与内部梁架与天王殿颇似，只是檐下未用斗拱，屋面还增加了方胜纹琉璃瓦聚锦装饰（图 2.5.22.1）。

建筑形制虽略显低调，殿内彩塑却精美不减。释迦牟尼佛正中高坐，肤色粉润，眉目清秀，略带笑意，有丰腴之态；佛陀身后背光花饰繁复，色彩柔和，有

图 2.5.22.1 释迦殿外观

图 2.5.22.2 释迦与胁侍菩萨像

图 2.5.22.3 释迦像

图 2.5.22.4 释迦殿悬塑

力地拓展了佛像的空间张力。左右胁侍菩萨则衣饰朴素，有凡人女侍之容（图 2.5.22.2，图 2.5.22.3）。殿内四壁悬塑也十分精彩，圆雕、深、浅浮雕手法并用，将释迦牟尼从投胎降生、涅槃成佛、四方传经、普度众生等连环画式故事立体化，丰富了空间层次和视觉效果。悬塑的故事场景集建筑、人物、车马、草木等元素为一体，栩栩如生，极具感染力（图 2.5.22.4）。扇面墙背后以圆雕手法另塑渡海观音像一尊。在涌动的惊涛骇浪之中，观音仅乘一瓣红荷，侧身盘坐，衣带飘动，悠然自若（图 2.5.22.5）。

据最新研究发现，释迦像之粉润肤色为用橙红色铅丹与白色锌钡白（立德粉）调和而成，再由立德粉 1874 年发明于英国、清末才传入我国的历史判断，释迦之容或为近代重妆。进一步的涂层剖面显微分析则指向早期佛像通体鎏金的可能。

跨出殿门，漆面剥落的横匾上写着“灵鹫遗风”四个大字，门框上方的墙套上彩绘的繁花仍清晰可见。

图 2.5.22.5 释迦殿渡海观音

23 双林寺 · 大雄宝殿㊽

Main Hall in Shuanglin Temple

名称与别名	双林寺大雄宝殿
地　　址	平遥县中都乡桥头村
看　　点	木构 · 彩塑 · 壁画
推荐级别	★★★★★
级　　别	全国重点文物保护单位
类　　型	佛寺 · 木结构
年　　代	明
交　　通	乡村，自驾

图 2.5.23.1 大雄宝殿庭院

大雄宝殿是寺内最大的殿宇。殿前庭院宏阔（图 2.5.23.1），院子西南角的唐槐虽然还算枝繁叶茂，却被支撑枝干的柱子暗示出年老体衰的状态（图 2.5.23.2）。

大殿下承低矮台基，上覆单檐歇山顶，面阔五间，前设檐廊，廊内保存古碑七通，殿前月台宽阔

图 2.5.23.2 唐槐

（图 2.5.23.3）。殿身木色古朴，檐柱有侧脚和生起，外檐用五彩斗拱；明间檐下悬道光年间横匾一幅，上书“大雄宝殿”四字，笔力遒劲；檐廊上铺设天花并通饰彩画，凸显着大殿等级之高（图 2.5.23.4）。

大殿进深四间，设天花和藻井，只是色彩崭新、构件完好，或为近年所修。殿内设凹字形佛坛，坛上供奉佛像 7 尊，正面主像为三世佛，正中佛像两侧立胁侍菩萨，主像前方坛下立“接引佛”一尊，主像两端侧坐文殊和普贤菩萨。除胁侍菩萨外，各佛像面色深暗，与其他殿内彩塑不似，或为后世重妆。殿内墙壁的白粉涂层之下还藏有“礼佛图”壁画，画工颇精（图 2.5.23.5）。

据专家考证，大殿原为七层楼阁，后归祝融，明景泰三年（1452 年）重修成现今形制。

图 2.5.23.3 大雄宝殿近景

图 2.5.23.5 大雄宝殿内部

图 2.5.23.4 大雄宝殿檐廊

24 双林寺 · 千佛殿、菩萨殿㊾

Hall of One Thousand Buddhas/Hall of Bodhisattva in Shuanglin Temple

名称与别名	双林寺千佛殿、菩萨殿
地　　址	平遥县桥头村
看　　点	彩塑 · 壁画 · 木构
推荐级别	★★★★★
级　　别	全国重点文物保护单位
类　　型	佛寺 · 木结构
年　　代	明
交　　通	乡村，自驾

双林寺不仅拥有精美的彩塑，还不乏高质量的壁画作品。除大雄宝殿内被遮盖的壁画之外，尤以千佛殿和菩萨殿的外檐壁画为最。因此，两殿虽仅为配殿，却是彩塑和壁画双璧生辉，实为难得。

菩萨殿居西，千佛殿居东，两殿形制基本一致：面阔七间、前出檐廊、悬山屋顶、不用斗拱，就木构而言并无甚特色。而两殿的外墙、门窗套、窗间墙、窗槛墙形式和构造均与其他殿宇一致，这些做法也是双林寺的特色之一（图 2.5.24.1）。

两殿外檐壁画形式相仿，内容呼应。窗间墙绘菩萨立像，画像比例匀称，造型优雅；线条流畅，设色素雅；神情泰然，雍容华贵（图 2.5.24.2）。门窗上部走马板位置以逆时针为序绘制“善财童子五十三参”

连环图，建筑、人物、车马、草木场景丰富，刻画生动（图 2.5.24.3）。门窗套位置则围以旋子彩画，或许是对木构彩画形式的模仿，又恰似将壁画装裱起来的画边，别具匠心（图 2.5.24.4）。

两殿的彩塑还是精彩。观音殿主像为千手观音（图 2.5.24.5），左右侍以帝释天和梵天，四面墙壁上悬塑 400 余尊菩萨（图 2.5.24.6），叹为观止。千佛殿主像为自在观音（图 2.5.24.7），左右侍韦驮和夜叉，尤以韦驮最为传神，曾有“东方大卫”之誉，并不为过（图 2.5.24.8）；四周墙壁又悬塑佛像 500 余尊（图 2.5.24.9），目不暇接。

图 2.5.24.1 千佛殿外观

图 2.5.24.3 走马板画局部

图 2.5.24.4 门窗套位置彩画

图 2.5.24.2 窗间菩萨像

图 2.5.24.5 千手观音

图 2.5.24.6 悬塑菩萨

图 2.5.24.7 自在观音

图 2.5.24.8 韦驮

图 2.5.24.9 悬塑佛像

25 双林寺·娘娘殿⑤⓪

Hall of Child-giving Goddess in Shuanglin Temple

名称与别名	双林寺娘娘殿
地　　址	平遥县桥头村
看　　点	彩塑·壁画
推荐级别	★★★★
级　　别	全国重点文物保护单位
类　　型	佛寺·木结构
年　　代	明
交　　通	乡村，自驾

图 2.5.25.1 娘娘殿远景

图 2.5.25.2 外檐斗拱

娘娘殿位于中轴线的最北端，殿北即是堡墙，殿南与大雄宝殿的距离也不远，两侧并不设配殿，与大雄宝殿的恢宏之势形成鲜明对比。就整个寺院的“篇章结构”而言，此殿正如高潮之后的余韵，平静祥和（图 2.5.25.1）。

殿身面阔五间，前有檐廊，明间与次间设隔扇门，稍间置直棂窗，窗洞周边的墙套做法与其他殿宇相类。正面檐下用四铺作斗拱，尺度颇小，各补间仅施一朵，布局疏朗（图 2.5.25.2）。屋顶为悬山式，坡度略陡、正脊平直；南北两侧梁架并不对称，通檐五架椽分成南三北二形式，恰与南侧檐廊设计相契合（图 2.5.25.3）。

殿内供奉娘娘主像七尊，端坐于宝座之上，宫女、太监侍立左右，人物发饰和衣着均有明代特征，只是动作和神情的刻画则不及其他殿宇生动，或许并非出自 15 世纪那位中国的“米开朗琪罗”——达蒲里庄塑匠人段孟春之手。殿内墙壁曾满绘壁画，可惜损坏严重、漫漶不清，唯北壁上的宫廷建筑依稀可辨，从青、红搭配仍可窥见画风之艳丽（图 2.5.25.4）。

据专家考证，此殿建于明正德年间（1506—1521 年），清代曾对彩塑重修。

图 2.5.25.3 山面外观

图 2.5.25.4 彩塑和壁画局部

26 市楼㉛

City tower

名称与别名	平遥市楼
地　　址	平遥古城中部
看　　点	形制 · 木结构
推荐级别	★★★
级　　别	全国重点文物保护单位
类　　型	市政 · 木结构
年　　代	清
交　　通	古城内，步行

市楼位于平遥古城的中部，从南大街和东大街的交叉口南行约 150 米便到达市楼之下。在古代县城里，这样的位置多应设置鼓楼，平遥却以市楼取代了鼓楼，着实独特。实际上，晋中的其他县城如介休和榆次，也有相似的案例。

就建筑位置和形式而言，鼓楼与市楼或许并无本质差异：都居于城中心，作为标志性建筑存在；都采用木构重楼，以求视听之高远。就功能而言，鼓楼主要用于定更报时，市楼则用于“俯察百隧”、监察商贩。而鼓楼和市楼在更深层面上又是城市在政治和经济上的缩影，鼓楼作为必要的市政建筑，为城市秩序和日常生活服务，市楼则凸显着繁荣的市场和贸易。因此，市楼代替鼓楼正透露出明清以降的平遥城存在着某种“重商轻政”的倾向。这种倾向在清乾隆以来的市楼修缮上也有明显的显现。据学者统计，从乾隆朝至清末，市楼共经历过五次较大规模的修葺，时间间隔长则五十年，短则二十年，重修频率不可谓不高。而且，捐修的主体也从官方转向商贾，足见此时商业之发达。

市楼始建年月尚待考证，最早的营造记载是清康熙二十七年（1688 年）的重修。康熙以后虽有多次修缮，但并未对建筑形制和主体结构另做调整，由此可知，今日之市楼至迟仍保留着康熙年间的神韵（图 2.5.26.1）。

市楼总高约 18.5 米，两层楼阁，中设平座，呈现三重屋檐的歇山顶样式。此楼首层高峻，考虑到过街楼功用，仅作三开间，明间面阔与街同宽，视野开阔。重楼部分面阔五间，对柱跨和檐高进行了重新调整（图 2.5.26.2）。重楼置于平座之上，平座轻盈高挑，下施五踩重翘斗拱，斗拱位置与重楼檐柱严格对位；角科及其相邻的斗拱做鸳鸯交手拱，解决了重楼边跨略狭所引起的斗拱间距过小问题（图 2.5.26.3）。市楼基座两侧的券洞连着商铺，已然融入了市井生活（图 2.5.26.4）。

“朝晨午夕街三市，贺凤桥台井上楼”，几百年来，市楼就这样高耸在拥挤的市肆里，端庄秀美地俯望着熙攘的人群，倾听着市井的喧闹，见证着古城的繁华。

图 2.5.26.1　市楼远景

图 2.5.26.2　市楼近景

图 2.5.26.3 市楼斗拱

图 2.5.26.4 市楼侧面券洞

27 襄垣慈胜寺[52]

Cisheng Temple at Xiangyuan Township

名称与别名	襄垣慈胜寺
地　　址	平遥县襄垣乡襄垣村
看　　点	木构 · 彩画
推荐级别	★★★
级　　别	全国重点文物保护单位
类　　型	佛寺 · 木结构
年　　代	明—清
交　　通	乡村，自驾

襄垣慈胜寺位于襄垣村中部，距其直线距离约 2.3 公里的东北方向有镇国寺，南偏西方向约 3.5 公里处有慈相寺，东南又有长则普明寺和北依涧永福寺。今天看来，不大的区域内汇聚着多处古寺十分难得；而在历史上，这定是平常之事，即便是村村有庙也并不稀奇。

相传，襄垣村在明嘉靖年间还是两个村庄，名曰东桑垣、西桑垣。两村之间有小庙一座，因有高僧“若思兴盛，须将两村之间小庙改为大寺”之言，而扩建寺庙，名慈神大寺，庙兴而村合，始有襄垣村。传说中的慈神大寺或许正是慈胜寺，果真如此，我们至少可以得到三个启示：一是庙宇位于村落中央，二是明嘉靖之前有一座规模不大的寺庙，三是嘉靖年间扩建了寺庙。寺庙位于村中，在位置上传说吻合；光绪《平遥县志》和寺内碑记均有元代重修的记载，以碑记更为可信来推测，创寺之年定在元至顺三年（1332 年）重修之前；从现存建筑均为明清遗构而大殿又有明代

图 2.5.27.1 主院

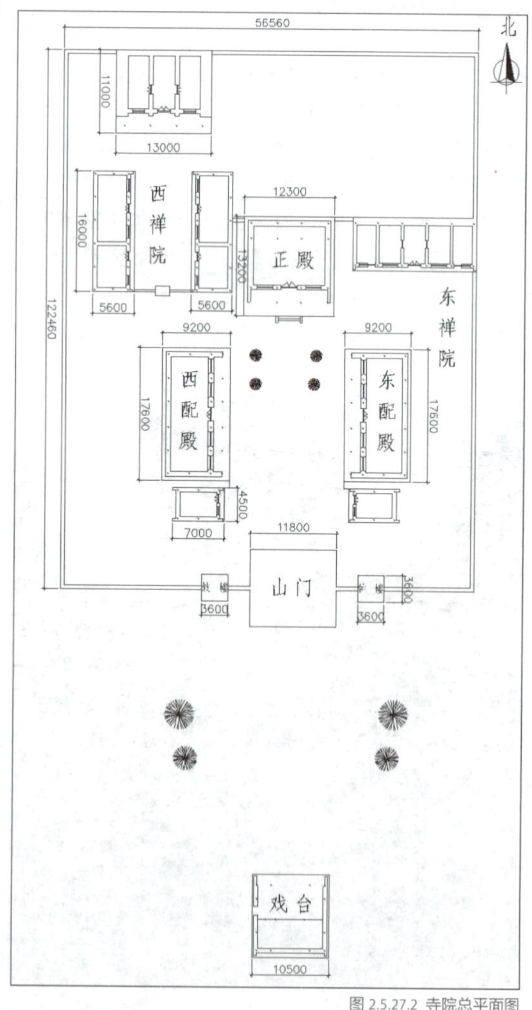

图 2.5.27.2 寺院总平面图

建筑特征来看，明代扩建之说也颇为可信。

寺庙现存一进主院，山门、钟鼓楼、后殿均已不存，院内古柏劲挺（图 2.5.27.1）。主院之东、西均有禅院，主院之南、隔着马路和广场尚存清代戏台一座。由现状观之，寺院原有规模相当可观，可称乡间大寺（图 2.5.27.2）。

诸建筑中，以正殿最有特色（图 2.5.27.3）。大殿面阔三间，进深六椽，单檐悬山顶；明间十分宽阔，以圆木为额，至次间则变为阑额加普拍枋形式。圆额做法或出于结构之需，也不排除前代做法之延续。檐下斗拱用重昂五踩（图 2.5.27.4），明间平身科用斜拱补足柱间空余，不仅调匀了斗拱间距还增加了装饰效果（图 2.5.27.5）。殿内梁架简洁，梁架之间不用斗拱承接；梁架彩画保存尚好，壁画大部分为白垩所覆（图 2.5.27.6）。

图 2.5.27.3 正殿近景

图 2.5.27.4 正殿柱头斗拱

图 2.5.27.5 明间平身科斗拱

图 2.5.27.6 室内梁架

28 镇国寺(53)

Zhenguo Temple

名称与别名	镇国寺，京城寺
地　　址	平遥襄垣乡郝洞村
看　　点	布局 · 历史变迁 · 木结构 · 彩塑 · 壁画
推荐级别	★★★★★
级　　别	全国重点文物保护单位
类　　型	佛寺 · 木结构
年　　代	五代—清
交　　通	县城，公交 / 自驾

比起去过平遥县城的人数，拜访过县城东北 14 公里处的镇国寺的人要少很多很多。但去过的人一定不会失望。

今天的晋中平原南部平遥县襄垣乡郝洞村，在地图上并不显眼，但这里的小寺院在 1540 年以前曾经被称为京城寺，这要一直上溯到北汉天会七年（963 年）大殿的建造，这一叫就是将近 580 年。

镇国寺建筑群坐北向南，只是前后两进院落（图 2.5.28.1）。天王殿为其大门（图 2.5.28.2），两边是钟鼓二楼；前院东西二组配房——东翼有二郎殿、东碑亭、三灵侯祠；西翼有土地殿、西碑亭、福财神殿，名目虽多体量小巧；然后是中央的万佛殿（图 2.5.28.3）及东西侧门；后院东配殿观音殿、西配殿地藏殿、东厢房、西厢房，正座是三佛楼，另有其东西经堂、西配院玉皇阁遗址（图 2.5.28.4）。

每处古迹都是一本厚厚的历史书。寺内现存碑刻 20 通，铸铁古钟一座，题记也是众多。综合考察，可

图 2.5.28.1 镇国寺外景

图 2.5.28.2 天王殿外景

图 2.5.28.3 万佛殿外景

以判断镇国寺经历了金、元、明、清历代修葺。虽然早期庙貌不详，“而前之山门、后之佛阁、左右之东西廊皆后人续而成之者”，“庙之东偏旧有元坛一所”，嘉庆间“建舞榭一于山门之外，经堂一于佛阁之西”，村中小庙也有徙于寺中者，现存格局定型于清代嘉庆时期，而光绪间稍有增加。

原本料想这样的历史读本对于当地的人们应当是无价的世代相传的家书；而不是外乡过客的讶异惊奇。可谁又责怪那些文化劫掠之后从未离开过村庄的村民呢？

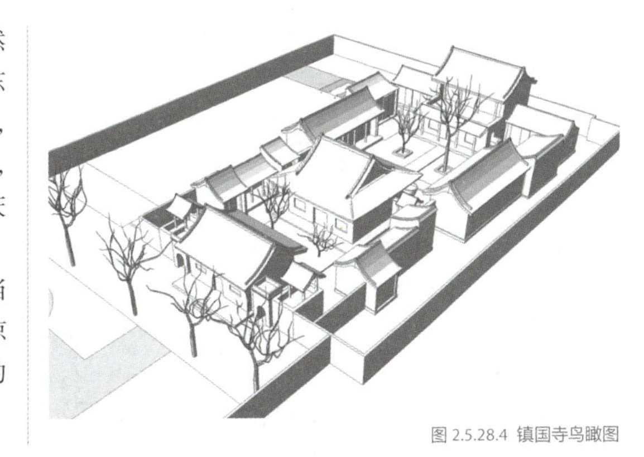

图 2.5.28.4 镇国寺鸟瞰图

29 镇国寺万佛殿㊴

Hall of Ten-thousand Buddhas in Zhenguo Temple

名称与别名	镇国寺，京城寺
地　　址	平遥襄垣乡郝洞村
看　　点	木结构 · 彩画 · 琉璃 · 彩塑 · 壁画
推荐级别	★★★★★
级　　别	全国重点文物保护单位
类　　型	佛寺 · 木结构
年　　代	五代
交　　通	县城，公交 / 自驾

平遥镇国寺万佛殿是镇国寺建筑群的主殿，位于院落中央，是一座面阔三间、进深三间的歇山顶建筑。万佛殿殿身前后当心间辟门，周围厚壁，壁中有木柱，柱础不可见——尽管厚墙属于明代以来的做法（图 2.5.29.1）。

大殿的木结构绝对是值得长久玩味的要点，与此类似的早期唐、辽斗拱在国内不过六处。根据露明痕迹判断，大殿角柱有生起，柱头带卷杀。殿内结构露明，称为“彻上明造”（图 2.5.29.2）。用专业术语描述，

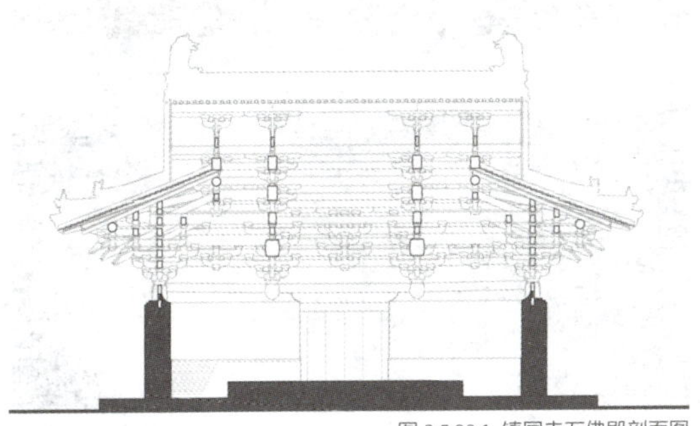

图 2.5.29.1 镇国寺万佛殿剖面图

可以大致介绍为：梁栿结构为六架椽屋，前后用二柱；当心间的东西两缝各用六椽檐栿搭在前后檐头的柱头铺作上，其上则用六椽草栿、四椽栿、平梁和侏儒柱、叉手，以承托脊榑，四椽栿和平梁的两端有托脚辅助支撑；东西两缝梁架间有襻间枋联结；东西山面均设丁栿，前后各一道，转角处各设递角乳栿各一道，丁栿外端入山面柱头铺作，内端制成骑栿拱与栿交构，乳栿外端入转角铺作，内端骑六椽栿上，丁栿、乳栿上设割牵，上承两山承椽枋和太平梁；转角铺作处大角梁和子角梁搭置其上。结构严谨，制作工艺规矩整

图 2.5.29.2 镇国寺万佛殿内景

图 2.5.29.3 镇国寺万佛殿原有门窗构造痕迹

齐。万佛殿结构虽经过历代维修，更换过散斗、榑、枋等少数构件，但是无论总体结构还是多数构件本身都是五代十国末期的遗物，是无价的木构瑰宝。

大殿门窗小木作样式与大木结构构件上保留的“破子棂窗”痕迹不符（图 2.5.29.3），一定是后代做法累积的结果；大殿瓦顶经过 2009 年以来修缮工程之后，保存状况完好，但也定非与五代木构同时期所成，而多与当地其他明清建筑做法相同（图 2.5.29.4）。

殿结构上所施彩画颇值得详细介绍一番，可分为三部分：第一部分为主体大木结构构件，表面采用红、绿两色刷饰，垂直面用红色，水平面用绿色（图 2.5.29.5）；第二部分为泥壁表面，拱眼壁等部位采用多色彩装饰，其中拱眼壁装饰主题有五色佛、菩萨像和红地墨龙二种，其他泥壁以红色刷饰为主，局部拱间泥壁下层保留墨线童子纹样（图 2.5.29.6）；第三部分为椽飞彩画，椽头彩画有片金青绿狮子和青绿墨虎眼二种（图 2.5.29.7），飞头彩画保存状况极差，只能模糊辨认出采用万字题材。

大殿之内，佛作和壁画作构成殿内整体的宗教造像环境。佛台之上设像 11 座，为释迦牟尼、二弟子、四菩萨、二天王、二童子，另有北向倒座自在观音像 1 座；壁画部分，东西北三面墙壁下碱（即山墙三分之一的下段）之上，绘制千佛题材的壁画；南壁门窗之间下碱之上的位置绘制渔猎豕犬思度图，约略反映地方文殊普贤崇拜。

如果不嫌弃的话坐在配房檐下，长久端详大殿，手头还要有一字一句抄录下来的碑文：“然其规制奇古，绝不类近世所为”，还有，“观其庙貌奇古，欂栌节棁结构非常，询之能工巧匠，皆不知从何而起，从何而止，相传鲁班所造，非人力所能为也”。那就是近世古人对更远久的古人的敬畏吧！一边是飞速发展的时代，另一边是人工之力的极限。与其说敬畏古人，不如说敬畏宁静的心境之下人工极致的发挥。

图 2.5.29.4 镇国寺万佛殿瓦顶外景

图 2.5.29.5 镇国寺万佛殿内檐大木彩画

图 2.5.29.6 镇国寺万佛殿外檐泥壁原有彩画痕迹

图 2.5.29.7 镇国寺万佛殿外檐椽头彩画痕迹

2.6 祁县

1 聚全堂药铺旧址55

Former site of Juquantang Herbal Medicine Shop

名称与别名	聚全堂药铺旧址
地　　址	祁县城内东大街 30 号
看　　点	木构
推荐级别	★
级　　别	山西省文物保护单位
类　　型	民居 · 砖木结构
年　　代	明
交　　通	县中心，步行

有时，即便有非常明确的地址也找不到目的地，聚全堂药铺就是这样。我们在东大街上细数着门牌，却独不见 30 号，就连街边的商贩也说不清位置。求助于祁县文管所之后，一位工作人员欣然与我们前往。

药铺原址就在文管所（位于渠家大院内）东边的一条小巷里，巷门口挂着“美潮美甲”的招牌，丝毫看不出药铺的痕迹（图 2.6.1.1）。走入巷口，靠在墙边的省保文物碑确认着药铺的身份，只是它过于隐蔽了（图 2.6.1.2）。这条巷子本属于四合院的院子，院子里私搭乱建之后，就只剩下这条狭窄的通道了（图 2.6.1.3）。

从现存的建筑看，药铺是两进院落的规模，沿街设铺，后院居住。第一进院落的厢房已被加建得看不出原始模样，正房明间也辟成通道，左右两侧被不

图 2.6.1.1 街景

图 2.6.1.3 大杂院

图 2.6.1.2 文保碑

图 2.6.1.4 被用作民居的正房

同的住户占据（图 2.6.1.4）。从彻上明造的明间屋架看，正房的用材用料、斗拱和其他木作细部都很考究（图 2.6.1.5）。透过明间通道，可以看到后院的正房是两层高的楼阁式建筑。此楼底层为砖砌窑洞，二层为木构阁楼，楼外的脚手架说明此楼正在维修之中（图 2.6.1.6）。

聚全堂药铺的保存状况着实让人担忧。一方面，原有的药铺业态和医药文化已荡然无存；另一方面，如何对大杂院式的建筑现状进行有效更新和保护仍是答案未明的议题。

图 2.6.1.5　正房梁架

图 2.6.1.6　后院阁楼

2 梁村洪福寺⑯

Hongfu Temple at Liangcun Village

名称与别名	梁村洪福寺
地　　址	祁县古县镇梁村
看　　点	布局，木构
推荐级别	★★★
级　　别	全国重点文物保护单位
类　　型	佛寺 · 木结构
年　　代	元，明，清
交　　通	乡村，自驾

梁村的集市很热闹，和很多上午的集市不同，这里的午后仍然人来人往、摊位不撤。唯一不便的是，进村的主路已被封堵，出入的车辆只能从村西的一条窄路错动而行。

洪福寺位于村南的一块高地上，高地四周的夯土墙已有些破败，远远便可望见正殿的屋顶（图 2.6.2.1）。寺庙坐北朝南，南侧围墙正中是一个砖砌的拱门，门洞上方有嵌石一块，上书“洪福寺”，这便是寺庙的唯一出入口（图 2.6.2.2）。进入门洞，迎面是天王殿的背墙，墙上也有一块嵌石，嵌石正中书“洪福寺”三个大字，大字的上侧和左右两侧各有三排小字，上为“大唐开元元年鼎建”，右为“大明天启五年重修”，左为“民国二十六年补修”。显然这是民国年间补修时的题记，而唐代和明代的题记摘抄于何处已不可考，寺内现存碑碣也无此记载。

绕过天王殿就来到寺庙的正院。院子面阔不大却颇为深远，据说院内原有的一座铁铸韦驮殿在大炼钢铁的年代里支援国家建设了，若是把韦驮殿考虑在内，院落比例似乎更加和谐些（图 2.6.2.3）。

院子的尽端坐落着正殿（图 2.6.2.4，图 2.6.2.5）。正殿面阔三间，下承低矮台基，前出檐廊，檐下用单昂四铺作斗拱，部分昂头和耍头曾被锯掉，现已修补完整。檐柱柱头卷杀明显，阑额窄高、普拍枋宽扁，令拱之上用替木承托撩檐槫，很多细部做法具有宋金时期的木构特征。另外，当心间补间铺作使用了真昂，瓜瓣形栌斗也常见于晋中的一些元代遗构之中（图 2.6.2.6）。再有，正殿形制较为独特，凸字形的殿身平面，当心间向北出龟头殿，用作神龛。殿内梁架虽经历代重修，用材也良莠不齐，建构体系仍算清晰（图 2.6.2.7，图 2.6.2.8）。正殿梁架之上还留有部分彩画和修缮题记。

正殿檐廊尽端有清道光年间石碣一通，碑记虽未对建寺沿革进行梳理，却大致描述了寺庙的原始格局和规模："……古人建修洪福寺，中有大佛殿，左有关帝庙，右有禅堂院，周围计地十亩有余……"如今，关帝庙和禅堂院均已不存（图 2.6.2.9）。

这座高台之上、墙垣之内的寺庙，"处常则春祈秋报，遭变则御寇防兵"。时过境迁，防御之用已然退出了历史舞台，但作为祈福之所，洪福寺仍然香火不断。即便庙门紧锁，虔诚的百姓仍有入寺之径；即便数十尊精美的泥塑已经不存，一尊小小的泥塑也足以慰藉心灵（图 2.6.2.10）。

图 2.6.2.1 洪福寺远景

图 2.6.2.2 洪福寺入口

图 2.6.2.3 正院

图 2.6.2.4 正殿近景

图 2.6.2.5 正殿背立面

图 2.6.2.6 正殿外檐

图 2.6.2.7 正殿梁架一

图 2.6.2.8 正殿梁架二

图 2.6.2.9 重修碑记

图 2.6.2.10 殿内佛像

3 乔家大院㊼

Family Qiao's Compound

名称与别名	乔家大院
地　　址	祁县东观镇乔家堡村
看　　点	布局 · 装修 · 陈列
推荐级别	★★★★
级　　别	全国重点文物保护单位
类　　型	民居 · 砖木结构
年　　代	清
交　　通	乡村，自驾

乔家大院的名声或许是伴着同名电视剧的热播而鹊起的，即便是下雨天也不见游客稀少，足见媒体对大众的影响力。

对大院的第一印象是过于宏大的气场。从景区停车场到大院的东门足有 400 米的距离，长长的外部轴线起于东端的牌楼（图 2.6.3.1），止于东门的百寿屏，外部空间尺度远远超过了宅院本身，空旷而乏味。大院原本的恢宏之气全被这更为强势的前导空间掩盖了，这里更像是景区而不是民居，完全失去了街区的肌理和尺度。不禁要问，这里真的是曾经的乔家堡吗（图 2.6.3.2）？

印象之二是“迷宫般”的宅院。“迷宫”并不是贬义，去过王家大院的游客或许也是同样的感受，如迷宫般的丰富本来就是晋商大院的特色，也是传统院落模式复杂性的表现。而要避免陷入迷宫就要先识读总平面，在记下总体格局的基础上进行游览；或是随身带着平面图，时刻清楚地知道自己身在何处。乔家大院更像是迷宫，与它自身格局和形成过程是分不开的。大院由“德兴堂”“宁守堂”“保元堂”“在中堂”和花园组成，总面积约 2.4 万平方米（图 2.6.3.3）。四堂分属于乔致庸父辈三兄弟。长子乔全德一支在德兴堂，次子乔全义一支在宁守堂和保元堂，三子乔全美（乔致庸之父）一支在在中堂。在中堂从 1790 年至 1928 年间从最初仅有的西北院发展到四堂之中规模最大的一处，见证了乔致庸当家之后的繁荣。值得一提的是，在中堂的各个院落原本在十字街口周围，乔致庸在 1898 年买断了街巷使用权，将其各个院落规划成有机的整体，并在横街的东口建起大门，西口建起祠堂（图 2.6.3.4）。

印象之三是繁缛奢华的居住品质。晋商大院有两个明显特征，一是大，二是奢华。大指的是占地和规模，奢华则表现在材质、工艺、家具、装饰、陈列甚至空间分布和功能组织等各个方面。乔家大院内外檐装修中精湛的砖、木、石雕刻工艺自然不少（图 2.6.3.5，图 2.6.3.6），各式名贵家具、瓷器古玩等陈设以及家塾、戏台甚至用于接待贵客的中西餐厅等功能配置，都彰显着富商之家的阔气（图 2.6.3. 7，图 2.6.3.8）。

游览过程中，贯穿始终的还是对乔致庸传奇人生的想象，挥之不去的仍是陈建斌先生扮演的乔致庸形

图 2.6.3.1　牌楼

象。他以儒商之道创造了商界神话，他以乐善好施赢得了世人赞誉，他以诗书传家、严明家规稳固了家族的根基。然而，即便富甲一方，乔家的富贵荣华最终也未能幸免于历史的风雨骤变，唯有这座大院安然地留存至今。

图 2.6.3.2 前导空间

图 2.6.3.4 东口至祠堂

图 2.6.3.3 总平面图

图 2.6.3.5 在中堂外檐装修

图 2.6.3.7 九龙屏

图 2.6.3.8 戏台

图 2.6.3.6 石雕

4 渠家大院㊽

Family Qu's Compound

名称与别名	渠家大院
地　　址	祁县城内东大街 33 号
看　　点	布局 · 装修 · 陈列
推荐级别	★★★★
级　　别	全国重点文物保护单位
类　　型	民居 · 砖木结构
年　　代	清
交　　通	县城，公交 / 自驾

祁县老城东大街的两侧几乎都被商铺占据着，就在这热闹的商业氛围里却有一处大院被高高的堡墙守护着，它便是渠家大院的主院（图 2.6.4.1）。

渠家与乔家同是晋商中的翘楚，却远比乔家的发迹史要长得多，如果从明初创业始祖渠济算起，到家业鼎盛的清代同光年间已有 400 余年的历史。渠家大院颇具规模则是在乾隆朝以后。和乔家类似，大多晋商并不把宅院建在城里，渠家却是个例外，十多个大院支撑起“渠半城”的霸气。如今对公众开放的渠家房产计有六处，分别是：雨楼家私馆、晋商镖局、度量衡博物馆、珠算博物馆、长裕川茶庄、渠家大院主院。

主院坐北朝南，占地五千余平方米，由 10 组院落构成，纵横两条 T 字形内巷串起各组院落（图 2.6.4.2）。纵巷实际上也是著名的“五进院”，正对着主入口拱门，每道院门又稍有错动，并不正对。“五进院”的第一进是客厅院，位于纵巷西侧，因与纵巷之间以石栏杆分割又被称为栏杆院（图 2.6.4.3）；第二进仅作交通之用（图 2.6.4.4）；第三进东厢为灶房，西侧辟门转向横巷（图 2.6.4.5）；第四进院为杂用院（图 2.6.4.6）；第五进为穿堂院（图 2.6.4.7）。如果说纵巷上汇集了公共和服务功能，横巷门额上的“慎言语”匾额似乎是内宅私属空间的暗示（图 2.6.4.8）。进入西巷门，正对的养心斋如影壁般将西巷隔断（图 2.6.4.9），南侧的院门通向戏台院（图 2.6.4.10），北侧的院门通向牌楼院；牌楼院有两进，两进之间设置牌楼（图 2.6.4.11），正院为冯小刚《温故 1942》拍摄地（图 2.6.4.12）。经戏台院过渡后，又转向养心斋背后的横巷（图 2.6.4.13）。横巷北侧有统楼院和北院，南侧为南院和书房院。

又是一座迷宫般的大院！仅以清晰的布局、单一的空间模式和有限的形式母题就能将空间营造得如此迷幻和丰富，能将文化、习俗和日常生活统一得如此完美，真要赞叹传统建筑的魅力！

图 2.6.4.1 渠家大院街景

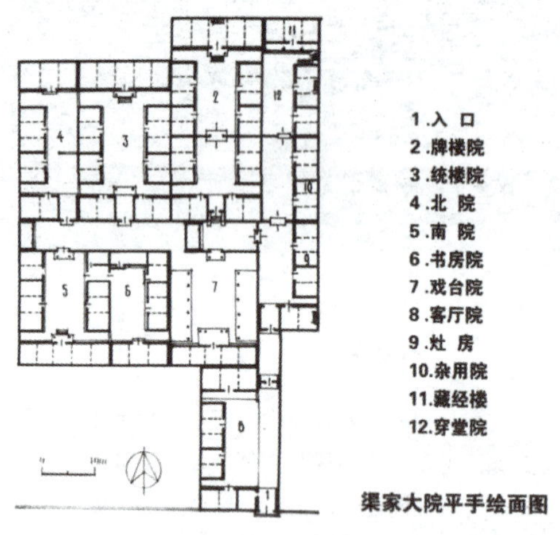

图 2.6.4.2 渠家大院平面图

图 2.6.4.3 客厅院

图 2.6.4.4 五进院的第二院

图 2.6.4.5 五进院的第三院

图 2.6.4.6 五进院的第四院

图 2.6.4.7 五进院的第五院

图 2.6.4.8 西巷门口

图 2.6.4.9 养心斋

图 2.6.4.10 戏台院

图 2.6.4.11 牌楼

图 2.6.4.12 牌楼院正院

图 2.6.4.13 横巷

5 祁县文庙 59

Temple of Confucius of Qixian

名称与别名	祁县文庙
地　　址	祁县城内桂林巷，祁县中学院内
看　　点	布局 · 木结构
推荐级别	★
级　　别	山西省文物保护单位
类　　型	祠庙 · 木结构
年　　代	明，清
交　　通	县城，公交 / 自驾

文庙也是学宫，清末民国以来，很多文庙都曾作为新式学校使用。祁县文庙也是同样的经历，它至今还被围在祁县中学的院墙之内（图 2.6.5.1）。

据光绪版《祁县志》记载，文庙创建于金大定年间，旧址在城南街东巷，明嘉靖二年（1523 年）改建于县治东南，此后各朝虽屡有修葺仍保持着基本格局。从《祁县志》可知，光绪年间的文庙学宫包括东西三路建筑，最西侧是以大成殿为核心的建筑群，其东为明伦堂建筑群，再向东为教谕训导宅，如今仅剩下大成殿建筑群（图 2.6.5.2）。

文庙在学校广场北侧、教学楼之东，用铁丝网围锁着，需从门卫处借取钥匙才能进入。建筑群虽有些破败，形制还算完整，棂星门、泮池、戟门、大成殿、东西配殿，形成南北两进院落（图 2.6.5.3）。大成殿高居砖台之上，上覆单檐悬山顶，面阔虽为五间，却因东西两个山墙的檐廊设置而呈现出面阔七间的外观。檐下用五踩重昂斗拱，各间仅施平身科斗拱一攒，昂嘴则大都被锯掉了（图 2.6.5.4，图 2.6.5.5）。按《祁县志》记载，大成殿之北还有尊经阁一座，现已不存了。东西配殿之内仍留有祁县中学用作办公用房的使用痕迹。

图 2.6.5.1 祁县中学

图 2.6.5.4 大成殿外观

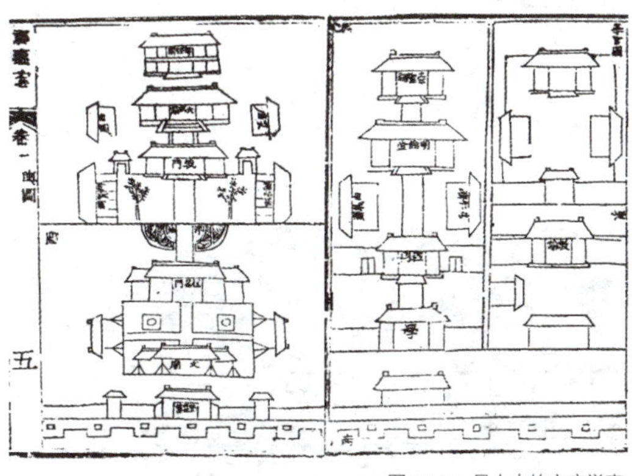

图 2.6.5.2 县志中的文庙学宫

图 2.6.5.3 泮池所在的前院

图 2.6.5.5 大成殿外檐

6 兴梵寺㊿

Xingfan Temple

名称与别名	兴梵寺
地　　址	祁县东观镇东观中学校园内
看　　点	大殿 · 古树
推荐级别	★★
级　　别	全国重点文物保护单位
类　　型	佛寺 · 木结构
年　　代	宋
交　　通	县城，公交 / 自驾

开着导航却找不到东观中学，经过一番打听终于找到财源东街北侧的一条小路，学校就坐落在路的尽端。进入校门，正对的是一栋三层的豆腐块儿式主楼（图 2.6.6.1），20 世纪八九十年代的建筑。主楼的背后是一个深深的院子，兴梵寺大殿幽幽地矗立在院子的尽端。院内的地砖上已长出斑驳的杂草，低洼的地面上还有一处积水。原来，这所学校已经在 2014 年停止招生了。人去楼空的校园有些清冷，唯有殿前的古柏仍坚毅地守候着（图 2.6.6.2）。

《祁县志》记载，兴梵寺在西管村，始建于北宋天圣三年（1025 年）。寺院今址距西关村一公里余，据说是康熙年间迁建于此的。想必在迁建之前，大殿已经过了历代的多次修葺，再加上此次“伤筋动骨”

图 2.6.6.1 东观中学主楼

图 2.6.6.2 兴梵寺远观

图 2.6.6.3 大殿近景

图 2.6.6.4 大殿檐部

图 2.6.6.5 大殿室内

的迁建，宋代建筑的醇和秀美之风早已不存，更多的是清式的羁直工整（图 2.6.6.3）。

大殿坐落在两层高度不同的台基之上，多了几分巍峨。低处的台基十分宽大，周遭种了花儿；高处的台基异常狭窄，仅容一人之身，又被靠墙而立的八尊伟人头像填满。居里夫人、爱迪生、达尔文、雷锋，陶行知、鲁迅、司马迁和孔子，尽管左右两侧的人物排布毫无规律可言，却足以证明大殿曾被学校使用过。大殿的正面，除了檐柱之外，门窗和槛墙已被改造得面目全非（图 2.6.6.4）。

拉开门前的帘幕，殿门虽然紧锁着，却能透过玻璃看到室内的诡异陈设：正中的北窗前供奉着毛主席石膏像，石膏像前面的供桌上摆放着四尊小佛像；北窗两侧的墙上贴着四条龙、蛇图案，分别写着“供奉全体黑龙、花蛇、金龙、青蛇老人家神位”，阴气森森；室内墙壁已被重新粉刷过，柱子也全被包成方形，完全看不出木构痕迹（图 2.6.6.5）。

殿外，几个工人们正在铺砌路砖。当笔者向他们问起大殿的年代时，他们自豪地说：“北宋。”这大殿真的还称得上是北宋遗构吗？不由得为“北宋”二字心疼起来……（图 2.6.6.6）

图 2.6.6.6 大殿背面

7 镇河楼 ⑥①

Zhenhe Tower

名称与别名	镇河楼，四楼门
地　　址	祁县贾令镇贾令村
看　　点	木构 · 彩画
推荐级别	★★★
级　　别	全国重点文物保护单位
类　　型	市政建筑 · 木结构
年　　代	明
交　　通	乡村，自驾

镇河楼，霸气十足的名号，据说为镇昌源河水患而建，故名。门楼位于贾令镇中大街南段，中大街向南延伸 2 公里即为昌源河。昌源河算是祁县的母亲河，源头在祁县东南的来远山，向西北经由祁县大地注入汾河。

驾车驶入中大街，远远便望到镇河楼。此楼外观两层，因内有暗层，实则三层，呈四檐歇山顶样式，

图 2.6.7.1 镇河楼远景

恰似两栋重檐木构上下叠加；楼身设周围廊，呈面阔五间进深四间规格，颇为雄伟。底层外墙用青砖包砌，仅于正、背两面的明间设券门，券洞虽有通道之用，来往的车辆似乎更愿意绕楼而行（图 2.6.7.1）。

环楼而视，可以细读木构、彩画、匾额和碑碣。首层柱头用平板枋、大小额枋和垫板相组合的构造比上部各层更为繁复；在斗拱使用上，除最上层屋檐用五踩斗拱之外，其余各层均用三踩斗拱；底层檐下和二、三层山面檐下均不用平身科斗拱（图 2.6.7.2）。各层梁枋和垫拱板之上的彩画仍清晰可辨，各层垫拱板所绘图案均不相同，以底层所绘的三国故事最为生动（图 2.6.7.3）。正面底层和顶层檐下各悬匾额一枚，上檐以“永镇昌源”点明门楼的“镇河”之用，下檐以“川陕通衢”指明门楼的地理优势。首层檐下有 2002 年《镇河楼再修碑记》一通，对镇河楼的历史沿革进行了梳理（图 2.6.7.4）；拱门之内也横放着一块石碑，文字已漫漶不清。首层东侧檐廊内设有通向楼

图 2.6.7.2 镇河楼近景

图 2.6.7.3 彩画壁画

上的木梯，因入口封堵未能登临（图 2.6.7.5）。

据光绪《祁县志》卷四·祠庙记载，“镇河楼祀释迦佛，在贾令镇南门，明天顺间建，嘉靖间重修，闫绳芳记，乾隆三十六年复修”。又有卷十一·艺文中所录闫绳芳《重修镇河楼记》云：“贾令镇中街旧有楼，宣德间（1426—1435 年）镇人以斯有驿署而鼎建之壮，并峙之观也。殆嘉靖丙申（1536 年），驿署迁于县城中而斯楼颓敝弗振，镇人闫邦瀛、袁尚清乃倡众更修之。经始于丙辰（1556 年）夏六月，落成于戊午（1558 年）冬十月……”县志既然参照了闫绳芳的记文，为何会有始建于天顺年间之说？闫绳芳生活在明正德至嘉靖年间（1515—1565 年），又是嘉靖二十六年（1547 年）进士，其记载较为可信，镇河楼应是宣德年间在原有旧楼基础上改建而成的。

物转星移，如今，贾令镇上游的昌源河已被建设成国家湿地公园，原本位于贾令镇南门的镇河楼也因镇域的扩大变为镇中的一个过街楼，更不知楼上原祀的释迦佛身在何处了。

图 2.6.7.4 《镇河楼再修碑记》

图 2.6.7.5 登楼之梯

2.7 寿阳县

1 段王村罗汉寺(62)

Arhat Temple at Duanwang Village

名称与别名	段王村罗汉寺
地　　址	寿阳县平舒乡段王村
看　　点	木构
推荐级别	★
级　　别	山西省文物保护单位
类　　型	佛寺·木结构
年　　代	元—清
交　　通	乡村，自驾

罗汉寺位于段王村中部偏西的土台山，土台靠村路一侧用砖石包砌着，给岌岌可危的庙宇带来一丝稳固。高架的电线和光缆却从上空划过，蔑视着寺庙的存在感（图 2.7.1.1）。

图 2.7.1.1 罗汉寺远景

罗汉寺创建年代已无可考，寺庙规模不大，现存二进院落、五座建筑。中轴线上由南向北依次是山门、过殿和正殿。山门东侧钟楼尚存，西侧鼓楼已泯；前院东西配殿无存，后院仅余东配殿；建筑群西侧尚有一处台基遗址，建筑形制已不可知（图 2.7.1.2）。

山门面阔三间，硬山屋顶，为清代建筑（图 2.7.1.3）。过殿面阔三间，进深六椽，悬山屋顶，檐柱均用方形抹八角砂石柱（图 2.7.1.4）；前檐用单昂三踩斗拱，后檐不用斗拱（图 2.7.1.5）；殿内为七檩前后廊式构架，椽架举折明显，梁架上彩画依稀可见（图 2.7.1.6）。正殿下承低矮石基，上覆单檐悬山顶，面宽三间（图 2.7.1.7）；前檐用五铺作斗拱，大梁伸入柱头斗拱并砍作耍头，后檐不施斗拱（图 2.7.1.8）；殿内梁架为四架椽屋通檐用二柱形式，明间补间铺作后尾作挑斡上彻下平槫（图 2.7.1.9）。正殿檐下有清雍正

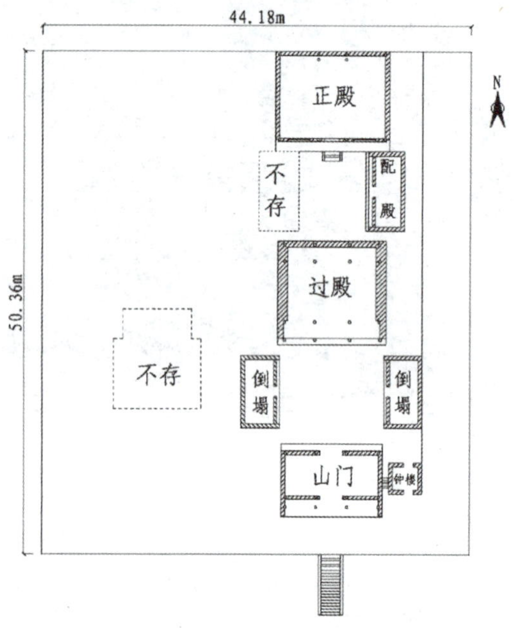

图 2.7.1.2 罗汉寺现状平面图

图 2.7.1.3 山门外观

图 2.7.1.4 过殿外观

图 2.7.1.5 过殿斗拱

图 2.7.1.6 过殿梁架

图 2.7.1.7 正殿外观

十一年(1733年)“重修罗汉寺碑”一通(图2.7.1.10)。

从大殿外墙上“共产党”和“毛主席”的字样、拱眼壁上书籍和笔筒的彩绘，可以推测出寺庙曾为新中国服务的历史。如今，不论它曾经用作庙宇、村委会、学校、仓库还是食堂，都应该得到更多的尊重和保护。

图 2.7.1.8 正殿斗拱

图 2.7.1.9 正殿梁架

图 2.7.1.10 重修罗汉寺碑

2 普光寺⑥③

Puguang Temple

名称与别名	普光寺
地　　址	寿阳县西洛镇白道村
看　　点	木构 · 壁画
推荐级别	★★★
级　　别	全国重点文物保护单位
类　　型	佛寺 · 木结构
年　　代	宋—清
交　　通	乡村，自驾

白道村是一个很偏僻的村庄。村庄东、南、西三面沟壑纵横，导航在这里常寻不到路，几经周折之后，爬过村东的土路，才来到原上的白道村。普光寺坐落在村子东南，寺庙坐南朝北、依坡就势，仅一进院落，山门和钟鼓楼已经不存，院内的古树苍翠繁茂，树冠遮住了半个院子(图2.7.2.1)。

步入东北侧的偏门，经由朵殿前的小院，便来到寺庙的正院。戏台、东西配殿、大殿均建于砖台之上，庭院略显低洼。正殿的台基分为两层，下层与配殿连为一体，上层尤为高峻(图2.7.2.2)。

正殿面阔三间，进深六椽，单檐硬山顶，前出檐廊。屋面铺以朴素的灰瓦，正吻造型与佛光寺大殿类似，是重修之物，与正殿的整体风貌并不契合。檐下

图 2.7.2.1 普光寺远景

用四铺作斗拱，外出华拱作昂形，令拱之上施替木以承撩檐槫；补间仅于柱头枋之上隐刻拱形、施散斗；檐柱卷杀明显，阑额窄高、普拍枋宽扁（图 2.7.2.3，图 2.7.2.4）。以上细部做法有明显的早期木构特征。

正殿内施两柱，整个屋架为“四椽栿对前后劄牵用四柱”形式。各槫之下均以斗拱和替木支撑，不用襻间；脊槫之下用蜀柱和叉手，上平槫之下用托脚。屋架构造亦具古风（图 2.7.2.5）。正殿后壁与东西山墙均有壁画，北壁绘三世佛及二观音坐像；东西两壁

图 2.7.2.4 大殿外檐内侧

图 2.7.2.2 普光寺庭院

图 2.7.2.5 大殿屋架

图 2.7.2.3 大殿外檐外侧

图 2.7.2.6 大殿北墙壁画

图 2.7.2.7 大殿山墙壁画

满绘儒、释、道神仙，人物众多、画工精细（图 2.7.2.6，图 2.7.2.7）。据考证，壁画共有三层，为历代叠绘，现今外露的为明代画层，底层绘于何时尚未知晓。

寺庙创建年代未考，专家认为正殿为北宋早期遗构，配殿为明代建筑。从普光寺返程时，笔者选择了村北的另一条小路。小路在黄土原上蜿蜒远去，一侧是大片的玉米田，一侧是陡峭的土崖。来去的道路都很艰险，或许，普光寺得以保存至今正要感谢这不便的交通和偏远的乡野。

3 平舒崇福寺㊹

Chongfu Temple at Pingshu Village

名称与别名	平舒崇福寺
地　　址	寿阳县平舒乡平舒村
看　　点	木构
推荐级别	★★★
级　　别	山西省文物保护单位
类　　型	佛寺 · 木结构
年　　代	元—清
交　　通	乡村，自驾

平舒村在段王村东偏南方向，约有10公里的车程。崇福寺在平舒村西北，与平舒乡初级中学比邻。寺院坐北朝南，原始格局已不清晰，现仅存一进院落中过殿和后殿两座殿宇（图 2.7.3.1）。

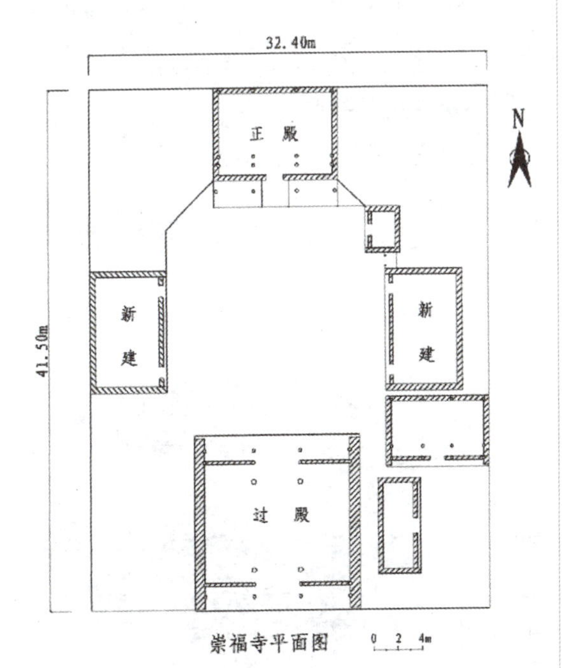

图 2.7.3.1 崇福寺平面图

过殿尺度颇大，面阔三间约 13.45 米，进深三间约 13.9 米，进深略大于面宽，平面近方形。虽然以上数据包括了墙体宽度在内，并非柱头尺寸，此殿仍算得上现存三开间殿宇中的形体高大者，颇为珍贵。过殿下承低矮石基，上覆单檐硬山顶，山墙疑为清代补砌，不排除原构为悬山之可能（图 2.7.3.2）。檐下用三下昂六铺作斗重拱计心造，均为假昂。斗拱尺度硕大，尤以补间铺作的 45 度斜拱最为华美，斗拱总高约为檐柱高度的 0.4 倍（图 2.7.3.3）。瓜子拱、慢拱、令拱两端均刻卷云装饰，极尽精美之能事。柱头铺作中，令拱之上承托替木、令拱、替木、橑风榑的双层令拱做法也极为少见。上昂昂嘴处的擎檐柱为后代添加，以防屋檐倾覆（图 2.7.3.4）。殿内梁架为“六架椽屋四椽栿对乳栿用四柱”形式，前后檐均为石柱，前檐明间石柱上浮雕盘龙，形态生动（图 2.7.3.5）。柱下用素覆盆式柱础，尺度颇大（图 2.7.3.6）。

图 2.7.3.2 过殿外观

图 2.7.3.3 过殿补间铺作

图 2.7.3.4 过殿柱头铺作

图 2.7.3.5 过殿梁架

图 2.7.3.6 过殿柱础

与过殿相比，后殿尺度逊色好多，木构也并无特色可言，斗拱纤弱僵直、形状怪异（图 2.7.3.7，图 2.7.3.8）；后殿背立面也被改造得面目全非（图 2.7.3.9）。

寺院创建年代不详，据《寿阳县志》记载：“（崇福寺）一在平舒村北，有唐神功元年石幢高丈余，八角三层，上层莲花顶已圮，中层镌陀罗尼经……”以唐代经幢推测，建寺或不迟于神功元年（697 年）。专家考证，石经幢在“文革”期间被埋于村中，具体地点明确，有待挖掘出土。

图 2.7.3.7 后殿外观

图 2.7.3.8 后殿斗拱

图 2.7.3.9 后殿背立面

4 孟家沟龙泉寺⑥⑤

Longquan Temple at Mengjiagou Village

名称与别名	孟家沟龙泉寺，龙池寺
地　　址	寿阳县南燕竹镇孟家沟村五峰山
看　　点	自然风光 · 布局 · 木构
推荐级别	★★★★
级　　别	全国重点文物保护单位
类　　型	佛寺 · 木结构、砖结构
年　　代	明—清
交　　通	乡村，自驾

如今对电子地图和导航设备依赖有加的旅行者已难想象营造学社的前辈们是如何依靠地方志记载和口头打听来调查古建筑了。电子设备固然方便，却难免偶有疏漏，笔者在探访龙泉寺的途中就曾误入歧途，或许，写古建筑地图的意义之一就是校正这些疏漏吧。

与大多数人口集中的村落不同，孟家沟村是由鱼滩沟、南雷公、魏家坡、孟家沟四个分散的小村落组成的。而孟家沟又细分成前孟家沟、里孟家沟、五峰山、灰岭、石板沟。龙泉寺就在五峰山靠近山巅之处，而在其东侧不远的山腰上还有一座破败的寺院，那便是电子地图所误指的寺址（图 2.7.4.1）。

要去龙泉寺约有两条路可走，一是进入山北的前孟家沟村，再向西南盘山而上；二是从东侧五峰山景区进入，途经山腰处的寺院，再向西盘山而上。

龙泉寺又名龙池寺，因其幽美的自然环境和依山就势建筑巧构而闻名，更有傅山先生在此出家之说，自然、人文、技艺相互交融（图 2.7.4.2）。寺院建筑群规模宏大，布局则化整为零，因势而有序，收放而有度，错落而有致。傅山所题之寺额行云流水（图 2.7.4.3），古戏楼轻盈飞动（图 2.7.4.4），天一龙池不干不溢（图 2.7.4.5），大雄宝殿叠筑凌空（图 2.7.4.6），凌泾塔端庄秀美（图 2.7.4.7）。

问寺创于何年，虽有唐宋之说却不可考；言明万历年间即有今之规模则颇为可信。据专家考证，现存建筑多为明清遗构。

图 2.7.4.1　山腰处破败的寺院

图 2.7.4.3　傅山所题寺额

图 2.7.4.2　龙泉寺全景

图 2.7.4.4　戏楼外观

图 2.7.4.5 天一龙池

图 2.7.4.6 大雄宝殿外观

图 2.7.4.7 凌泾塔

5 福田寺⑯

Futian Temple

名称与别名	福田寺
地　址	寿阳县平头镇黑水村
看　点	木结构 · 石柱
推荐级别	★★★
级　别	全国重点文物保护单位
类　型	佛寺 · 木石结构
年　代	元—明
交　通	乡村，自驾

福田寺位于黑水村的北侧，交通便利。夏日午后的村庄十分幽静，寺门紧锁、行人寥落，正苦于找不到管理人员之时，遇到一个老伯正带着孙女遛弯，便上前攀谈起来。自报家门之后，得知小女孩竟是清华附小的学生，适逢暑假在老家避暑，于是倍感亲切。老伯欣然为我们找来看庙人，并带着孙女与我们一同前往。

寺庙坐落在高约 2 米的砖台之上，正中是山门三间，左右设钟鼓楼，对比老照片可知钟鼓楼是在原来基址上重建的（图 2.7.5.1）。寺院并不从山门径直而入，而是折向西侧的一处侧门，经西侧偏院迂回而入（图 2.7.5.2）。正院仅有坐北朝南的一进院落，院内不见一草一木，十分干净；大殿居中而立，配殿左右而侍，颇为肃穆（图 2.7.5.3）。

大殿下承低矮台基，面阔三间、进深六椽，上覆单檐悬山顶。殿身前出檐廊，檐下用五铺作斗拱，华

图 2.7.5.1 福田寺外景

拱作昂形，各补间施斗拱两朵，略显繁密。大殿的最大特色在于大量使用石柱作为主体结构。除殿内后加的两个支柱外，殿身几乎全用石柱，而且形式多样，四角抹楞柱、八角柱、瓜棱柱，不一而足（图 2.7.5.4）。类似的石柱结构在晋中、晋北地区还见于五台的南禅寺、清徐的狐突庙、寿阳的松罗院等地。殿宇梁架为“五椽栿对前劄牵用三柱”形式，梁架用料并不规整，弯木因材致用，可见此地木料的匮乏，这或许也是使用石柱的一个原因。脊槫两侧用叉手，平梁之上另设倒三角式斜撑来稳固脊槫的做法也很有特色（图 2.7.5.5，图 2.7.5.6）。梁架之上的旋子彩画仍清晰可辨，梁心和槫心还绘有行龙图案。

福田院曾做过学校，在寺庙重修之前的照片中，山门的门楣上还有“黑水学校”的题记。在题记被剔除之后，外人已无从直接考量建筑的前世今生了，即便是黑水村的人，也会在几代之后将其遗忘。文物价值的判断以及在各种价值的博弈中留下什么、更改什么、剔除什么始终是复杂而困难的选择。

图 2.7.5.2 西侧偏院

图 2.7.5.3 福田寺内院

图 2.7.5.4 大殿外檐石柱

图 2.7.5.5 大殿梁架一

图 2.7.5.6 大殿梁架二

6 松罗院㊼

Songluo Temple

名称与别名	松罗院
地　　址	寿阳县平头镇董家庄村
看　　点	木构
推荐级别	★★
级　　别	山西省文物保护单位
类　　型	佛寺 · 木结构
年　　代	元—清
交　　通	乡村，自驾

董家庄村在黑水村北偏东方向，两村直线距离不足 3 公里，行程却被纵横的沟壑迂回至 9 公里。村落沿着西北—东南方向的地貌生长着，松罗院就位于村落东边的高台上。寺院坐北朝南，规模不大，仅存一进院落和院中的四座主要殿宇：戏楼、东西配殿、大殿。

戏楼是常见的内外台样式，两个建筑体量以勾连搭的屋顶形式相连（图 2.7.6.1）。外台空盈，四根檐柱支起卷棚歇山顶，阑额粗壮、斗拱纤弱生硬（图 2.7.6.2）；台内用抹角梁支撑檩架，转角和两侧心间斗拱后尾穿入垂柱，垂柱又与抹角梁相接并抵入老角梁，形成内外交圈的构造做法（图 2.7.6.3，图 2.7.6.4）。内台敦实，与外台形成强烈的虚实对比。

大殿面阔三间，单檐硬山顶，墙颓瓦坏，较为破败（图 2.7.6.5）。前檐木柱和阑额用材粗壮，普拍枋宽扁，单昂四铺作斗拱略显单薄，补间斗拱布置也不匀称（图 2.7.6.6）。后檐用八棱石柱，不用斗拱，显然是木料匮乏之举（图 2.7.6.7）。殿内梁架拮据重构的现象十分明显，脊槫与平槫之间另加一槫以承弯折之椽，梁架上彩画仍清晰可见，殿内所砌隔墙则是此殿曾改作其他功用的直接证据（图 2.7.6.8）。

寺院创建年代不详，寺内现存明清重修残碑数通，专家根据木构特征判定大殿为元代遗构。

图 2.7.6.1 戏台外观

图 2.7.6.2 戏台北立面

图 2.7.6.3 外台梁架

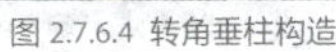
图 2.7.6.4 转角垂柱构造

图 2.7.6.6 大殿前檐

图 2.7.6.5 大殿外观

图 2.7.6.7 大殿后檐

图 2.7.6.8 大殿梁架

2.8 太谷县

1 安禅寺68

Anchan Temple

名称与别名	安禅寺
地　　址	太谷县旧城内西南隅安禅寺巷太师附小院内
看　　点	布局 · 木结构
推荐级别	★★★★
级　　别	全国重点文物保护单位
类　　型	佛寺 · 木结构
年　　代	宋—清
交　　通	县中心，公交、自驾

图 2.8.1.1 安禅寺远景

安禅寺位于太谷师范附小院内靠东，还未进院，远远便望到屋面平缓而舒展的大殿（图 2.8.1.1）。走进学校的西门，三栋殿宇由南向北依次排开，迎面而来的山墙上挂着各种展示板，墙面的青灰色涂料和木

图 2.8.1.2 安禅寺全貌

图 2.8.1.3 前殿外观

图 2.8.1.4 后殿外观

构上的黄色油漆则屏蔽了殿宇的古朴之气(图2.8.1.2)。

三座殿宇之中，以中间的藏经殿年代最为久远。据殿内题记，此殿建于宋咸平四年（1001年），而寺庙则始建于唐大中十一年（857年），这一年也是佛光寺东大殿的创建年代，正值唐武宗会昌灭佛十余年后佛教重兴之时。殿内还有大明嘉靖五年（1526年）重修的题记。除题记外，尚有民国《太谷县志》对安禅寺历史沿革的记载："安禅寺在县治西南，元延祐三年(1316年)建，清光绪季年(1877年)县民重修。"县志的记载与殿内题记并不契合，以题记确定创建年代似乎更加可靠些。纵观各殿风貌，藏经殿确有宋风，前殿和后殿均似元后之物，"元延祐三年"所建究竟为何物已不可知（图2.8.1.3，图2.8.1.4）。

藏经殿面阔三间，进深六椽，平面近方形，当心间面阔接近次间二倍（图2.8.1.5）。檐柱有明显的生起和侧脚，柱头卷杀明显，阑额不出头，普拍枋出头直切。外檐斗拱用四铺作出单杪，排布匀称；仅各面当心间施补间铺作一朵，其余各间不用。屋顶用单檐九脊顶形式，举折舒缓、翼角飞动；正吻并非宋代样式，柔弱纤小。殿内梁架因殿门紧锁、门窗玻璃磨砂而不得观（图2.8.1.6）。

图2.8.1.5 藏经殿全貌

图2.8.1.6 大殿檐部

2 曹家大院㊾

Family Cao's Compound

名称与别名	曹家大院，三多堂
地　　址	太谷县北洸村
看　　点	布局 · 装修 · 陈列
推荐级别	★★★★★
级　　别	全国重点文物保护单位
类　　型	民居 · 砖木结构
年　　代	明—清
交　　通	乡村，自驾

太谷曹家曾被誉为晋商首富。据统计，从明末到民国的300多年间，曹家曾开设大小商号640余座，生意遍及国内外，国内资产1200余万两白银，雇用伙计3.7万人。

与祁县渠家相似，在几百年的繁荣之下，曹家族系庞大，房产规模惊人。曾在北洸村建起诸多宅院，尤以"福""禄""寿""喜"字形为布局理念的四座大院最为奢华。如今仅有"寿"字形的"三多堂"幸存，"三多"则是福多、寿多、子多的美好寓意（图2.8.2.1）。

三多堂坐北朝南，占地约1万平方米，用地方整，布局和功能分区比渠、乔两家大院更为清晰（图2.8.2.2）。一条东西向的甬道将大院分成外区和内区。甬道东低西高，兼有高升寓意和排水功能；东端为"吉利门"（图2.8.2.3），西端为"神祖阁"

图2.8.2.1 三多堂外观

（图 2.8.2.4），与乔家“在中堂”的甬道设计十分相似，或许乔家当年扩建宅院时曾参考了曹家的格局。外区在甬道南侧，均为一进院落，自东向西布置着账房院、厨房院、正门院、客房院和戏台院（图 2.8.2.5）。内区在甬道北侧，均为两进院落，由东向西依次是多寿院、多福气院、多子院（图 2.8.2.6）；每个院子又由倒座式院门、厢房、厅堂、厢房、主楼组成，尤以主楼最为雄伟（图 2.8.2.7）。

甬道西侧的神祖阁高两层，下层设通道通向后花园，上层为祠堂。后花园西南侧建有餐厅，餐厅下部设置半地下厨房，凉爽而有利于食物保鲜（图 2.8.2.8）。花园北侧新建一座长条形临时建筑，内部展示着几百块匾额，颇为壮观（图 2.8.2.9）。

曾经作为宅院的三多堂如今已是三多堂博物馆和山西古典家具博物馆，除了文物建筑外，还藏有大量的明清家具、瓷器、珠宝、匾额、书画等珍贵文物，“晋商瑰宝”的美誉实至名归（图 2.8.2.10）。

图 2.8.2.3 吉利门

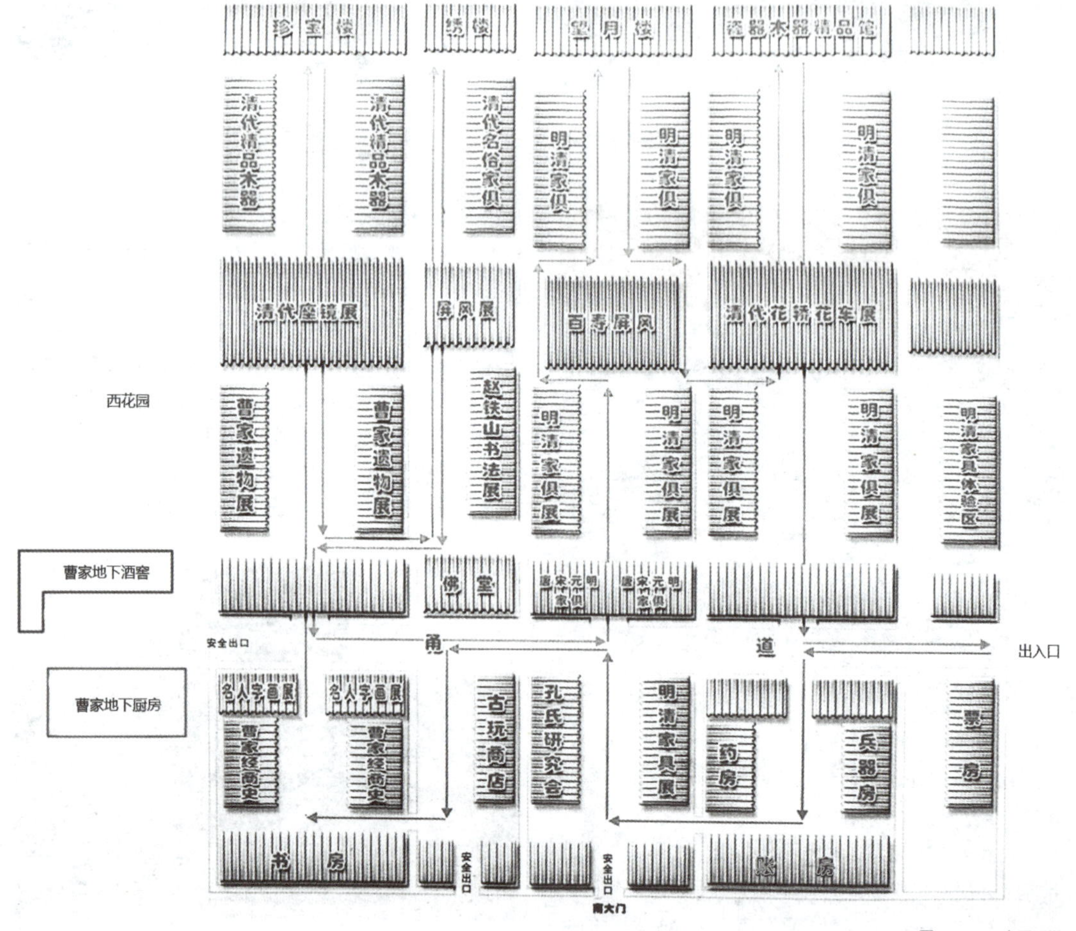

图 2.8.2.2 三多平面图

图 2.8.2.4 神祖阁

图 2.8.2.6 多子院

图 2.8.2.5 戏台院

图 2.8.2.7 主楼

图 2.8.2.8 餐厅和厨房

图 2.8.2.10 百寿屏

图 2.8.2.9 匾额展厅

3 法安寺⑦⓪

Fa'an Temple

名称与别名	法安寺
地　　址	太谷县水秀乡北郭村
看　　点	布局 · 木结构
推荐级别	★
级　　别	山西省文物保护单位
类　　型	寺庙 · 木结构
年　　代	明，清，民国
交　　通	乡村，自驾

法安寺作为一个第五批省保，它的门脸还算相当体面（图 2.8.3.1），虽然大门被刷成了廉价的白灰，蓝色的墙裙，有点机关大院的感觉。但是钟鼓楼依然存在，昭示着作为古建筑院落的身份。

进入院内，迎面是一座三开间歇山顶的正殿（图 2.8.3.2）。虽然墙体仍然是白灰蓝墙裙的配色，门窗也被改造得面目全非，然而斗拱却是古雅物件。尤有匠心之处在于当心间平身科的耍头雕成龙头（图 2.8.3.3）。

看管的师傅说，有钥匙的负责人不在，也联系不上，所以我们只好从破损的窗户中向内窥视，只见里面堆满了杂物，抬头望向屋架，梁栿的关系颇为混乱。

图 2.8.3.1　法安寺正门

图 2.8.3.2　法安寺正殿南立面

图 2.8.3.3　法安寺正殿平身科耍头

图 2.8.3.4　法安寺后院

六架梁用材粗大，切斫方式相对古老，笔者推测原始结构或为六架梁对单步梁用三柱。

没有钥匙，笔者只好通过左配殿进入后院（图 2.8.3.4）。后院比起正殿古朴一些，虽然后殿和左右厢房瓦顶残破，屋脊破损，窗户亦为近现代风格，好在几个殿都相对齐整，没有坍塌。

走进后殿，屋顶的天花板用白纸裱糊上了，然而透过破损的地方，可以看到留存相当完好的彩画（图 2.8.3.5），笔者有些欣喜，举起相机、调整焦距，努力拍到清晰的彩画照片。仰着头走着走着，腿似乎被什么东西绊倒了。低头看见了布满灰尘的塑料布，布下面有一段黑色花纹露出，看上去是佛像的基座。笔者心想，或许是修缮缘故，所以把佛像罩起来吧。

掀开来看，却是一具棺材，赫然映入眼帘。

心下一惊，转头看看周遭，地面上七零八落，停了好多棺材（图 2.8.3.6）。

感觉血液一瞬间凝固了，手脚发冷，腿有些不受控制地抖动。秉着作为写作者的专业精神，给棺材留了一张影（希望没有叨扰到魂灵），飞也似的逃出院子，穿过左配殿，跑回大殿南侧。

眼前一切都如此祥和，师兄正在凝神注视着正殿的斗拱，看到我回来，对我微笑。正午的阳光暖暖的，慢慢驱散了身上的寒意。好像什么也没有发生过。

又回到人间了，真好。

图 2.8.3.5 法安寺后殿彩画

图 2.8.3.6 法安寺后殿停放棺材

4 范村圆智寺⑺

Yuanzhi Temple at Fancun Village

名称与别名	范村圆智寺
地　　址	太谷县范村镇范村
看　　点	布局 · 木构 · 琉璃瓦饰 · 壁画
推荐级别	★★★
级　　别	全国重点文物保护单位
类　　型	佛寺 · 木结构
年　　代	明—清
交　　通	乡村，自驾

圆智寺坐落在太谷县范村镇范村中部。寺院坐北朝南，形制规整，用地为东西宽 33.5 米、南北长 73.8 米的长方形，面积约 2472 平方米。寺院创建年代无考，最早的修缮记录溯至金天会九年（1131 年），元代修建情况不详，现存建筑为明、清重建。

寺院的历史遗存是两进主院，两侧僧院是新近添建的。主院格局完整、殿宇完备，中轴线上的山门（天王殿）、过殿（千佛殿）、正殿（大觉殿）一气呵成，东西对称的掖门、钟鼓楼、配殿、琉璃影壁井然有序（图 2.8.4.1）。

与大多数古寺庙的清寂不同，圆智寺至今还是一座香火很盛的寺院。繁盛的香火曾一度让它避免了破败的命运，谁料“福兮祸之所伏”，2014 年 3 月 31 日的一场大火竟化福为祸，焚毁了千佛殿。惋惜之余，我们只能依靠前人拍摄的影像来了解这座未能谋面的殿宇了（图 2.8.4.2，图 2.8.4.3）。千佛殿面阔和进深各三间，平面近方形，殿内无柱，大木构思精巧，因殿内采用抹角梁支撑上部屋架而被俗称为无梁殿（图 2.8.4.4）。殿内空间高敞，又因四壁满绘佛像而概称千佛殿。

大雄宝殿端居轴线北端，面阔七间进深四间，是寺内最大的殿宇（图 2.8.4.5）。与千佛殿相比，大殿体量虽大，在大木设计上并无新意，殿内梁架也四平

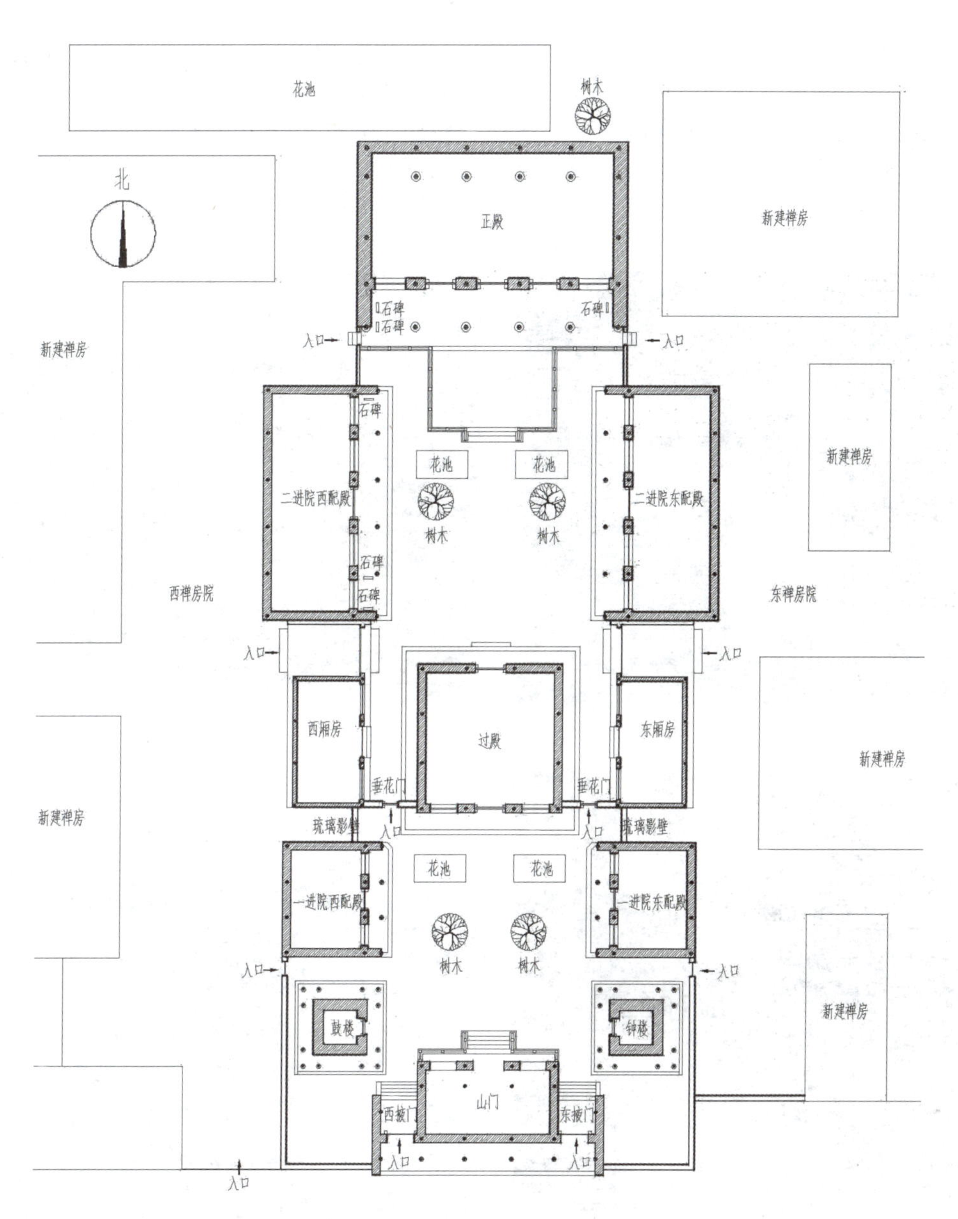

图 2.8.4.1 圆智寺平面图

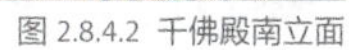

图 2.8.4.2 千佛殿南立面

图 2.8.4.3 千佛殿北立面

八稳（图 2.8.4.6）。

除木构之外，颇值得一提的是寺内精美的琉璃饰件，不论是琉璃影壁上的麒麟还是脊刹和鸱吻，抑或仙人走兽，无不体现出高超的工艺水准（图 2.8.4.7，图 2.8.4.8）。

让古建筑恢复往日生机固然是保护物质和非物质文化遗产的有效方式，然而，不论以多么有效的方式来保护文物建筑，管理和安全问题都是首当其冲的。如果说自然的剥蚀不可避免，人为的灾祸却可以管控和杜绝，圆智寺的警钟仍在耳边回响……

图 2.8.4.4 千佛殿梁架

图 2.8.4.5 大雄宝殿南立面

图 2.8.4.6 大雄宝殿梁架

图 2.8.4.7 影壁

图 2.8.4.8 正脊脊刹

5 光化寺⑦②

Guanghua Temple

名称与别名	光化寺
地　　址	太谷县北洸乡白城村
看　　点	木结构
推荐级别	★★★
级　　别	全国重点文物保护单位
类　　型	佛寺 · 木结构
年　　代	元—清
交　　通	乡村，自驾

天色将晚之时来到了光化寺，院墙铁门紧锁，好在国保文物碑背后的墙壁上留下了管理员的电话（图 2.8.5.1）。

寺庙仅余一进院落，山门、钟鼓楼均已不存，东西配殿也已颓废（图 2.8.5.2），唯有大殿孑然傲立。据说现存的院落只是寺庙的前院，大殿也只是过殿，以此看来，寺庙在未损时或许更为恢宏。

大殿坐落在高约 1 米的砖基之上，面阔五间，进深四间八椽，单檐九脊顶（图 2.8.5.3，图 2.8.5.4）。殿身前出檐廊，檐柱有生起和侧脚，部分柱头卷杀明显，阑额窄高，普拍枋宽扁并出头直切。屋面曲线柔和，出檐深远，檐下仅于柱头施单杪单昂五铺作斗拱，不用补间，转角斗拱之令拱作鸳鸯交手状；令拱之上用橑檐枋而非橑风槫，做法与《营造法式》相同（图 2.8.5.5，图 2.8.5.6）。

殿内彻上明造，构架形式为“四椽栿对前后乳栿

图 2.8.5.1 文保碑与电话号

图 2.8.5.2 配殿残垣

图 2.8.5.3 大殿正立面

用四柱”（图 2.8.5.7，图 2.8.5.8），梁柱用材经济，梁栿断面均作矩形，高宽比亦合材性。各槫以斗拱和替木支撑，脊槫两侧用叉手，上、下平槫用托脚；山面收山较小，仅转过一椽；山面中柱柱头铺作似用真昂，昂尾似作挑斡，因光线昏暗未能细观。当心间脊槫之下隐约可见“旹大元……”题记。

乾隆《太谷县志》记载：“光化寺在县西南十五里白城村，宋咸平二年（999 年）建”。据专家考证，光化寺始建于唐贞观十三年(639 年)，原名隆兴寺，北宋咸平二年（999 年）重修后改用今名；脊槫上有元泰定三年（1326 年）的重建题记，或许正是我们隐约所见的墨迹。纵观大殿木构特征，确有宋风，可以推测泰定三年的重建仍然因循着宋时风貌，或许还使用了大量的旧料也未可知。

图 2.8.5.4 大殿侧立面

图 2.8.5.5 大殿外檐外侧

图 2.8.5.6 大殿外檐内侧

图 2.8.5.7 大殿梁架一

图 2.8.5.8 大殿梁架二

6 净信寺㊲

Jingxin Temple

名称与别名	净信寺
地　址	太谷县阳邑乡阳邑村
看　点	布局 · 木结构 · 彩塑 · 彩画
推荐级别	★★★★
级　别	全国重点文物保护单位
类　型	佛寺 · 木结构
年　代	明—清
交　通	乡村，自驾

净信寺在阳邑村南，紧邻 S319 省道，交通便利。寺庙所在地块相对独立，与周边以环形车道相隔离。

寺庙坐北朝南，南侧正中是一座倒座式戏楼，戏楼两侧有掖门。戏楼南侧正对着一个砖砌影壁，影壁并不正对着庙门，似乎毫无风水上的功用（图 2.8.6.1）。管理员大爷常住寺内，只是午后的探访或许搅乱了老人家的午休，有些歉意。

从东侧掖门进入寺内，好开敞的一处院子（图 2.8.6.2）！远远退后的过殿居中而立，高低错落的配殿有着街巷建筑般丰富的表情，若没有入院之前的空间铺陈，或许并不会把这样的建筑界面与寺庙功能联系起来（图 2.8.6.3）。夹于配殿之间的钟鼓楼，虽布局较为罕见，却着实打破了配殿的平缓节奏。院落南端的戏楼则十分秀美，凸字形戏台的正中是面阔三间的卷棚顶抱厦，檐下道光年间的匾额上写着“神听和平”四个大字，斗拱、垫拱板、雀替等构件精雕细琢、繁复华美；屋身两侧斜出的悬山顶木构影壁，增添了戏楼的空间层次（图 2.8.6.4）。

穿过过殿一侧的掖门，第二进院落的尺度和环境变得怡人，三株古柏挺拔而立，殿宇低矮的台基营造出谦和的气场（图 2.8.6.5）。大殿和配殿颇似，均为五间面阔、悬山屋顶、前出檐廊的形制，仅以所在位置、殿宇的高度、斗拱的形式和出跳的多寡区分着身份等级（图 2.8.6.6，图 2.8.6.7）。配殿南侧的碑廊里存着三十余通古碑（图 2.8.6.8），其中一块不大的石碑因碑首的“唐碑”二字变得十分扎眼，可惜廊内光线昏暗、加之碑身残泐，碑文不可尽读。碑首“唐碑”二字为宋体，显然是后世补刻的，不知唐碑的断代是否缘于碑尾“我唐自古……”数字（图 2.8.6.9）。

据《太谷县志》记载：“净信寺在县东二十里阳邑村，唐开元元年（713 年）建。”另据专家考证，净信寺创建于唐开元元年，金大定年间（1161—1189 年）重建，此后历代屡有修建，现存建筑为明清遗构。

各殿之内还有众多彩塑和壁画，因未能入室而不得观。好在一些有幸探访的游客曾将部分照片发布于博文之中，尚可弥补未能亲见之憾。

图 2.8.6.1 净信寺山门

图 2.8.6.3 高低错落的殿宇界面

图 2.8.6.2 净信寺山门

图 2.8.6.4 戏台

图 2.8.6.5 第二进院落

图 2.8.6.8 碑廊

图 2.8.6.6 大殿

图 2.8.6.9 唐碑

图 2.8.6.7 东配殿

7 太谷鼓楼⑭

Drum Tower at Taigu County

名称与别名	太谷鼓楼，大观楼
地　　址	太谷县旧城十字街中心
看　　点	布局 · 木结构
推荐级别	★★
级　　别	山西省文物保护单位
类　　型	市政建筑 · 砖木结构
年　　代	明
交　　通	县城，公交 / 自驾

第一次去太谷的时候因未入老城而错过了鼓楼，第二次则是专程探访。虽然太谷老城的城墙和城门都不在了，以鼓楼为坐标还是隐约可以感知古城的尺度和肌理（图 2.8.7.1）。

鼓楼位于大十字街的中央，总高约 20 米，三檐歇山顶的木构阁楼高居于 8 米的砖台之上，这种建造方式接近城墙之上的门楼，而城内的鼓楼则多是通身木构。木阁楼高两层，面阔和进深各三间，因底层设有围廊而呈现外观五间的样式；阁楼二层仅设平座并无围廊，收分略显唐突，不若祁县镇河楼之端庄、柔和（图 2.8.7.2）。

将砖台辟为“观象”“仪凤”“眺汾”与“拱辰”

四个券门（图 2.8.7.3），内部则汇成了完美的十字券（图 2.8.7.4）。砖台西北角设有登台楼梯，因管理人员严防死守而未能登临（图 2.8.7.5）。冬日午前的阳光尚未触及东西大街的地面，逆光望去，炊烟袅袅的街巷悠远而古朴，好似回到了遥远的从前（图 2.8.7.6）。据考证，鼓楼建于明万历四十三年（1615 年），清康熙、乾隆年间均有修葺。

在以机动车交通为导向的城市更新中，很多古代楼阁的过街功能都被环岛式交通所取代，太谷鼓楼却依然延续着几百年前的交通功用，每当看到行人穿梭而过，心头总会涌起莫名的感动。

图 2.8.7.1 鼓楼南立面

图 2.8.7.3 鼓楼东立面

图 2.8.7.2 鼓楼西立面

图 2.8.7.4 鼓楼十字券

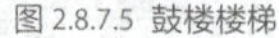

图 2.8.7.5 鼓楼楼梯

图 2.8.7.6 鼓楼东街

8 无边寺(75)

Wubian Temple

名称与别名	无边寺，普慈寺，白塔寺，南寺
地　　址	太谷县城内西南隅
看　　点	布局 · 白塔
推荐级别	★★★★
级　　别	全国重点文物保护单位
类　　型	佛寺 · 木结构、砖结构
年　　代	宋—清
交　　通	县城，公交 / 自驾

在太谷县城的很多地方都能望到高耸的白塔，白塔所在的寺庙就是无边寺，无边寺也因白塔而大为增色。寺前是一条不宽的街巷（图 2.8.8.1），身靠街南的砖墙才勉强能拍个山门的正面照（图 2.8.8.2）。山门并不开放，需从山门西侧的小门进入寺内（图 2.8.8.3）。

寺庙共有三进院落，白塔居于第二进院落偏北，是整个寺庙的视觉中心，也是寺内最古老的建筑遗存（图 2.8.8.4）。白塔总高约 43 米，矮于慈相寺麓台塔，平面八角形，外七层内九层。外观仿木结构，每层均设平座；塔身各面有券门、直棂窗、小佛龛等细部设计，这些设计多是虚实相间，真假并置，并无明显规律可寻，甚至还有直棂窗与券洞并置的错误。

塔内空心，除首层设置条石台阶之外，其余各层均设木楼梯和木楼板，可供登临（图 2.8.8.5）。每个楼层中央供奉佛像一尊，可惜均非古物（图 2.8.8.6）。塔内四壁均涂以白色，其中一处涂层被剔除之后露出底层壁画，似为红衣罗汉坐像，壁画层之下露出泥墙，壁画的绘制年代尚待进一步考证（图 2.8.8.7）。从塔身的券洞处，可见厚实的塔壁，而立面上的券洞与塔

图 2.8.8.1 无边寺街景

内空心之间，有的径直连通（图 2.8.8.8），有的曲折联系（图 2.8.8.9）。

在寺内闲游时还看到放置在墙角的四尊彩塑，真人大小、武将装束，可惜头、手均被砍去，令人心痛（图 2.8.8.10）。如果说没了头、手是“文革”时期无知、无畏的恶果，那么今天仍把它们放在室外，任凭风吹、雨淋、日晒，又如何解释呢？

至于寺庙的历史，如果“先有白塔村，后有太谷城”的民间说法真实可信，那么太谷白塔至迟创建于隋代以前，因为太谷县最早的建制始于隋代。清

图 2.8.8.2 无边寺山门

图 2.8.8.3 第一进院落

图 2.8.8.4 白塔

图 2.8.8.5 塔内之梯

图 2.8.8.6 塔内佛像

光绪《太谷县志》也对无边寺的沿革作了详细记载："普济寺在县治西南，旧名无边寺（俗名南寺），创于晋泰始八年（272 年），寺中建浮屠一座，高耸凌空，顶有尊胜幢相，其垩色愈久而白不减。宋治平间（1064—1067 年）重修，改题普慈寺；元祐五年（1090 年）继修，元明至清初屡屡修葺；光绪三十二年（1906 年）县民醵金改建，复颜曰无边寺……"寺庙"创于晋泰始八年"的说法或许源自乾隆版《太谷县志》中"相传凤凰元年（272 年）建"的记载，令人不解的是，身处西晋疆域的寺庙却为何要用东吴末帝的"凤凰"年号来记载呢？

图 2.8.8.7 塔内壁画

图 2.8.8.9 曲折连通的券洞

图 2.8.8.8 径直连通的券洞

图 2.8.8.10 置于室外的彩塑

9 新村妙觉寺⑯

Miaojue Temple at Xincun Village

名称与别名	新村妙觉寺
地　　址	太谷县阳邑乡新村村
看　　点	木结构 · 彩画
推荐级别	★★
级　　别	全国重点文物保护单位
类　　型	佛寺 · 木结构
年　　代	明一清
交　　通	乡村，自驾

新村妙觉寺在村委会院内，是一处保存状况堪忧的寺庙。寺庙有两个入口，一是从南侧穿越村委会的办公用房（图 2.8.9.1），二是走院外的北门（图 2.8.9.2），遗憾的是两个入口常常紧锁着，庙宇的破败或许正是它闭门谢客的原因。

寺庙仅余一进院落和七栋殿宇（图 2.8.9.3）。中轴线上仅剩过殿和大殿，东西两侧有配殿；过殿西侧是西院仅存的正殿，大殿两侧各有三开间耳殿。由现存殿宇推测，寺院原始格局或为两进主院加一处侧院。

过殿、大雄宝殿和东西配殿均为三开间悬山顶殿

图 2.8.9.1 村委会院内的文保碑

图 2.8.9.2 紧锁的北门

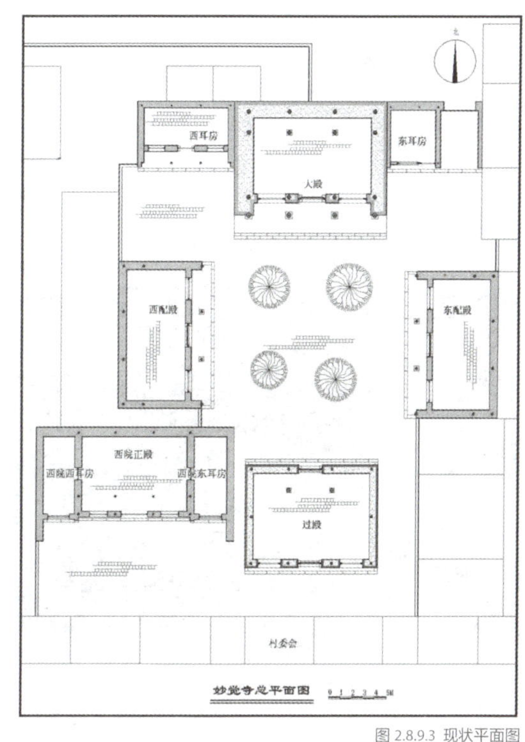

图 2.8.9.3 现状平面图

图 2.8.9.4 大雄宝殿脊刹题记

图 2.8.9.5 过殿壁画

宇，据考证皆为明代遗构。大雄宝殿正脊的一块琉璃构件上有“大明嘉靖二十七年（1548 年）四月吉日造，文水县马东都琉璃匠张穗”的题记（图 2.8.9.4）；明间檐下的匾额上还有“大清道光二十五年（1845 年）岁次乙巳桂月重修立”等款识。过殿殿内的东山墙绘有大面积的壁画，人物众多、描绘生动，可惜殿宇破败漏雨，画面污损严重（图 2.8.9.5）。各殿内檐彩画大都清晰可辨（图 2.8.9.6）。

2015 年初，央视《经济半小时》栏目曾对妙觉寺长期破败而得不到修缮的情况进行了报道。或许真是媒体的力量推动了保护工作的进展，当笔者 2016 年夏季探访时，寺庙正在修缮之中，过殿的屋架已经更换一新了（图 2.8.9.7）。

图 2.8.9.6 梁架彩画

图 2.8.9.7 修缮中的殿宇

10 真圣寺⑦

Zhensheng Temple

名称与别名	真圣寺
地　　址	太谷县范村镇蚍蜉村
看　　点	自然风光 · 布局 · 木结构
推荐级别	★★★
级　　别	全国重点文物保护单位
类　　型	佛寺 · 木结构
年　　代	金—清
交　　通	乡村，自驾

“蚍蜉撼树谈何易”让蚍蜉一词为大众所熟知，蚍蜉就是白蚂蚁，一个村以蚂蚁命名，显然足够低调和滑稽了。传说在真圣寺修建之前，一群蚂蚁把材料运到了现在的基址，村民为了感谢蚂蚁的功德，便将村名改成了“蚍蜉村”。奇怪的名字和动人的传说捆绑起来，给这座偏远的小村庄蒙上了一层神秘面纱。

寻找蚍蜉村并非易事。沿着曲折的山路一直往前开，没有看到任何哪怕最不显眼的标识，我们唯一的依据就是导航上给出的定位——太谷县 102 省道旁的小红点儿。当我们满怀期待地接近目的地时，却听到“蚍蜉村已过，重新规划路线”的语音。此时，前方蜿蜒曲折的道路、路旁摇曳的树木和远处起伏的山脉并让我们感到了迷失。蚍蜉村在哪？世外桃源？还是

图 2.8.10.1 溪流与断桥

图 2.8.10.2 远望真圣寺

根本没有存在过？它变得愈发神秘了。不想将遗憾写在半途之上，我们在附近的村子向老乡寻了路。老乡指着远处的山坡说村子就在那边，大约两里路程；他又指了指路边的小溪说："雨水把小桥冲断了，无法开车，只能走着去。"（图 2.8.10.1）

眼前溪流急湍，远处不见人烟，带着一丝疑虑，我们迈开了寻寺的脚步。在一路上坡、峰回路转之后，我们终于望见道路尽头的"蚍蜉村"大门，大门左侧的绿丛里露出古朴的灰瓦屋顶，没错，那便是真圣寺，心中一阵狂喜（图 2.8.10.2）。尽管紧锁的大门让我们有些失落，但经验告诉我们可以顺利地找到管理人员。不料，这次却是个例外，下地务农的村长久久未归。等待村长的过程中，我们只能在寺庙的周围游荡。

比起妙觉寺的殿宇飘零，真圣寺已是焕然一新，足见早先荣升国保单位的重要性（图 2.8.10.3）。寺院仅有一进院落，由山门、大殿和朵殿、左右配殿组成。山门是一座石头包砌的窑洞式建筑，与其余建筑的灰砖墙面并不和谐。大殿为金代遗构，面阔三间、进深六椽，上覆悬山屋顶，檐下用单杪单下昂五铺作斗拱，补间用真昂。左右配殿采用坡向院内的单坡屋顶形式。院内的古槐枝繁叶茂，高大的树冠罩起了大半个院子（图 2.8.10.4）。

天色渐晚，勤劳的村长还未归来，我们只好"打道回府"了。回来的途中，我们恰与村里的一位老者同行。老人家挑着扁担，箱子和袋子里装满了新摘的果蔬，用这古老的搬运方式给开车而来却同样被隔在溪岸的女儿送菜（图 2.8.10.5）。若不是桥断路阻，我们的车都会径直开到村里，如果那样，省下了脚力却失去了对质朴生活的体味。

图 2.8.10.3 修葺一新的殿宇

图 2.8.10.4 真圣寺外景

图 2.8.10.5 送菜的老者

2.9 昔阳县

1 福严寺⑱

Fuyan Temple

名称与别名	福严寺
地　　址	昔阳县赵壁乡黄岩村
看　　点	布局 · 木构
推荐级别	★★
级　　别	山西省文物保护单位
类　　型	佛寺 · 木结构
年　　代	元，清
交　　通	乡村，自驾

黄岩村东临赵壁河，西望蒙山，环境清幽。福严寺坐落于村庄中部偏西的位置上，寺前是一处宽阔的村民广场，广场南端建有一座现代风格的舞台，这种舞台在山西的乡村十分常见。

在广场上北望，完全感知不到福严寺的存在，形式怪异的大门让人感觉到建筑学用于表述风格的词汇竟是如此拮据，或许可以戏称之为"中国乡村哥特式"；从正中山花上的五角星和门洞两侧"斗私""批修""团结紧张""严肃活泼"的标语中仍能读出特定时期的精神风貌，门洞上方"黄岩中学"的匾额则点明了福严寺曾被用作学校的命运（图 2.9.1.1）。

门洞之内仅有一进院落，大殿、鼓楼、配殿虽是旧物，却因改作学校和村委会之用而面目全非（图 2.9.1.2）。细看之下，大殿的前檐斗拱颇为古朴，与平舒崇福寺元代过殿的斗拱形制和布局都十分相似，细节则略有不同：柱头铺作出三杪，不做昂形，

图 2.9.1.1 福严寺外景

图 2.9.1.2 福严寺全貌

图 2.9.1.3 大殿前檐柱头铺作

图 2.9.1.4 大殿前檐补间铺作

图 2.9.1.5 大殿梁架

不用双层令拱；瓜子拱、慢拱、令拱端头不做卷云雕刻；虽不及崇福寺过殿斗拱之华美，却多了几分简洁和质朴（图 2.9.1.3，图 2.9.1.4）。大殿内部梁架简洁，六架椽屋四椽栿对前后劄牵用四柱，四椽栿和平梁皆切成方料而不用圆木，做工讲究（图 2.9.1.5）。

据寺内《补修福严寺七圣庙虫王庙碑记》所载，福严寺创建于元至正五年（1345 年），明、清、民国年间均有修缮。以现状观之，大殿为元代遗构，鼓楼和配殿均为清代作品。钟鼓楼建于大殿两侧的形制较为奇特，或是寺院早期形制久已不存的佐证。

2 离相寺⑲

Lixiang Temple

名称与别名	离相寺
地　　址	昔阳县赵壁乡川口村
看　　点	木构
推荐级别	★★★
级　　别	山西省文物保护单位
类　　型	佛寺 · 木结构
年　　代	宋，清
交　　通	乡村，自驾

川口村在黄岩村西南 6 公里处，东眺凤凰山，西偎莲花山，南对福墒山，赵壁河与小松水河在此交汇，尽得山川之美。离相寺坐落于村庄中部，高挑的鼓楼远远便可望到（图 2.9.2.1）。

寺院创建年代不详，现存残幢之上隐约有“大定”二字，清康熙、嘉庆、道光年间均有重修碑记，民国年间将门窗包砌了砖墙。寺内现存天王殿和大殿两座遗构，尤以大殿最为珍贵，专家根据木构特征判断为宋代建筑。

大殿下承石基，上覆单檐九脊顶，面阔和进深各为三间，平面接近正方形。心间面阔稍大，砖墙上皮露出卷杀明显的柱头和宽扁的普拍枋，普拍枋出头直切，阑额并不出头，以上木构做法与榆次雨花宫大殿颇似（图 2.9.2.2）。大殿檐下用四铺作斗拱，各面仅明间施补间铺作一朵，斗拱用材壮硕，耍头多作劈竹状（图 2.9.2.3）。大殿屋檐深远，屋面平缓，覆以素瓦，

图 2.9.2.1 离相寺全景

图 2.9.2.3 大殿檐部

图 2.9.2.2 大殿正面

图 2.9.2.3 大殿檐部

不作琉璃装饰（图 2.9.2.4）。殿内彻上明造，梁架为“六椽栿通檐用二柱”形式，各层梁栿之间以驼峰和栌斗相接，脊槫用叉手，平槫用托脚，各缝以襻间相连，梁架构造具有早期特征（图 2.9.2.5，图 2.9.2.6）。

离相寺现由村委会负责日常管理，此前曾作为村委会粮库和库房使用。20 世纪 90 年代村民在原址上新建了钟楼，改建了东、西配殿。

图 2.9.2.4 大殿屋顶

图 2.9.2.5 殿内梁架一

图 2.9.2.6 殿内梁架二

3 昔阳崇教寺⑧⓪

Chongjiao Temple at Xiyang County

名称与别名	昔阳崇教寺
地　址	昔阳县城北隅，上城街北端胡同内
看　点	布局 · 形制 · 木结构
推荐级别	★★★
级　别	全国重点文物保护单位
类　型	佛寺 · 木结构
年　代	元
交　通	县城，公交，自驾

文物局网站给出的地址有些模糊，各种导航软件却共同指向北关学校西侧约 200 米的位置，遗憾的是崇教寺并不在那里。经过一番搜寻，锁定昔阳晋剧团附近，重新导航前往。从倒 V 字形的上城街东翼爬坡而上，坡端的拐角处有一个铸铁大门，大门东侧的壁画上毛主席正在挥手，时光仿佛一下子回溯到那个激情燃烧的年代（图 2.9.3.1）。进入铁门，小巷的尽头便是崇教寺（图 2.9.3.2）。

崇教寺正在修缮之中，建筑内外都搭满了脚手架，砖、瓦、泥墙均已揭去，阳光穿过彩钢板的间隙透进室内，古朴的木骨架显得十分壮观（图 2.9.3.3）。自然光线直接照射在裸露的木构件上显然不利于原材料的保护，不过，明亮的室内环境确实为我们提供了仔细阅读殿宇构造的条件。

整个院落由无缝连接的四座建筑围合而成，这种四合殿形制在我们的调研中还是第一次出现（图 2.9.3.4）。四合殿中，南为五开间前殿，东西为三开间配殿，北为五开间正殿。从修缮设计图中可以看到，四座殿宇虽然结构和外观相连，内部空间却各自独立（图 2.9.3.5）。大雄宝殿已完成修缮，所有木构梁架均用红漆刷饰，历史信息尽被覆盖（图 2.9.3.6，图 2.9.3.7）。其余三殿虽未完工，内院一侧的外檐斗拱也被罩上了漆面，不难推测它们与大殿的同样命运。回头细看由这些糟朽的柱根、歪闪的斗拱、朽蚀的椽子来支撑却依然稳健的殿宇，感动油然而生（图 2.9.3.8）。

寺庙的墙壁上挂着一块不大的黑板，工整的粉笔字低调地记录着崇教寺的国保级文物身份：“昔阳县崇教寺地处于旧县衙门 200 余米……它创建于北宋熙宁二年（1069 年），明洪武十四年（1381 年）与寿圣寺合并，称北寺。元、明、清各朝屡有修缮……”（图 2.9.3.9）

图 2.9.3.1 铸铁大门

图 2.9.3.3 修缮中的木构架

图 2.9.3.2 崇教寺远景

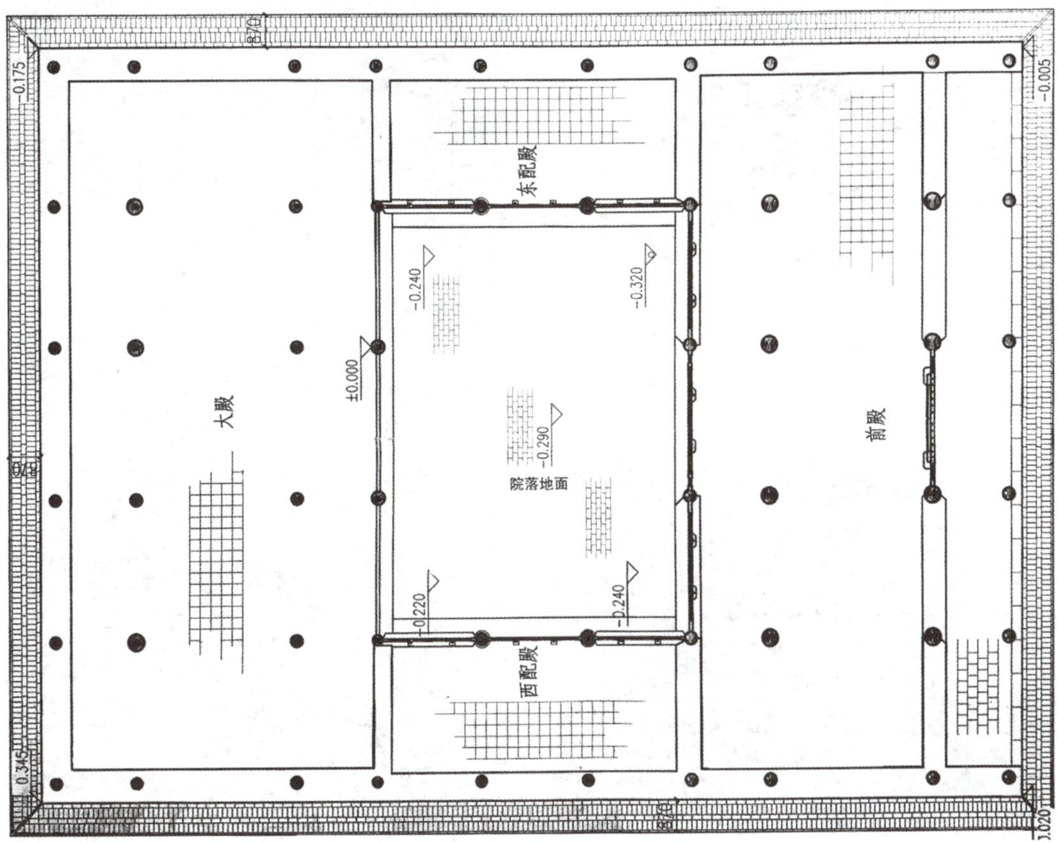

图 2.9.3.4 四合殿平面图

图 2.9.3.5 殿身交汇处

图 2.9.3.7 大雄宝殿檐部

图 2.9.3.6 大雄宝殿外观

图 2.9.3.8 糟朽的柱根

图 2.9.3.9 宣传板

2.10 榆社县

1 崇圣寺⑧¹

Chongsheng Temple

名称与别名	崇圣寺，崇严寺，禅山寺
地　　址	榆社县河峪乡上赤峪村禅隐山坳
看　　点	自然环境 · 布局 · 木构 · 砖塔
推荐级别	★★★
级　　别	全国重点文物保护单位
类　　型	佛寺 · 木结构
年　　代	元—清
交　　通	乡村，自驾

或许是“崇圣寺”的名字并不常用而未被收录在百度地图里，当换成“禅山寺”就有了准确的定位，可见“名称和别名”信息还真是不可缺少。这些都是笔者开始写这篇文稿时发现的，探访时却是一头雾水地找寻了半天。

到了上赤峪村，却因语言障碍而未能寻得准确信息，只打听到村北的大树下有一个庙。欣然前往后竟哭笑不得，这座小庙并不是我们心心念念的崇圣寺（图 2.10.1.1）。抱着试试看的态度，带着怀疑和忐忑，我们沿着出村的道路一直向北，直到路前路被一排木栅栏挡住。此处除了右侧的一组民居之外，并无任何古建筑的踪影。

停车之后，矫捷地翻入栅栏，前行数步便远远望到山坳的绿意中漂浮着一组灰瓦屋顶，俨然山水画的意境，美得让人窒息（图 2.10.1.2）。来时的疑虑和抱怨一扫而空，轻快的脚步伴着眼前的美景，不觉间，我们已来到了寺前（图 2.10.1.3）。

寺庙坐北朝南，规模并不大，仅有依山就势的两进院落。比起傲然的古柏，修葺后的庙宇着实新了些（图 2.10.1.4）。两个院落的高差足有 3 米，台前的石阶刚好与过殿两侧的掖门对应着，流线顺畅（图 2.10.1.5）。进入掖门，月台之上的大殿颇为古拙，虽然仅有三开间的面阔，舒缓的屋顶、深远的屋檐、疏朗的斗拱，都彰显着大气（图 2.10.1.6）。

寺庙西南有一座八边形实心砖塔。塔高约为 8 米，比例高峻，五层屋檐，首层屋檐之上还设有平座；各层屋檐均为仿木构造，斗拱、飞子、椽子细致逼真。据专家考证，此塔为明代遗物（图 2.10.1.7）。

这座古庙真是应了“禅隐山”之名。起伏的丘陵地貌拉长着到访的路线，道具似的木栅栏又制造出此路不通的错觉，浓郁的山色则是寺庙用以遮面的轻纱。虽说此行的最初目的是为后来者探路，而最终的期望却是去呵护这片“禅隐”的宁静。

图 2.10.1.1　村北小庙

图 2.10.1.2　崇圣寺远景

图 2.10.1.3　寺院近景

图 2.10.1.4　山门

图 2.10.1.5 前院

图 2.10.1.6 大殿外观

图 2.10.1.7 寺外砖塔

2 福祥寺⑧②

Fuxiang Temple

名称与别名	福祥寺
地　　址	榆社县河峪乡岩良村东
看　　点	自然环境，木构，壁画
推荐级别	★★★★
级　　别	全国重点文物保护单位
类　　型	佛寺 · 木结构
年　　代	金—清
交　　通	乡村，自驾

岩良村在云竹水库北岸，村庄三面环水北侧通陆，自然环境十分优美。福祥寺在村落东南，独自占据了一座小半岛。若不是从湖上乘船而来或是从空中俯瞰，第一次见到的定然是它的背影。而且，我们今天所见的也是它 2010 年重修之后的模样（图 2.10.2.1）。

绕到寺前，这里有一处宽阔的场地，或许曾是寺庙的前院，只是山门、钟鼓楼等建筑均已不存了，扑

图 2.10.2.1 福祥寺背影

图 2.10.2.2 山门和倒塌的围墙

面便是坐落在石砌台基之上的天王殿。此殿面阔三间，上覆单檐悬山顶，檐下用五铺作斗拱，正面当心间用45度斜拱一朵。虽然距离上次重修的时间并不长，殿宇西侧的围墙还是整片倾倒了，给了重修工程一记重重的耳光。围墙的毁坏对于探访者倒是好事，不然我们只能吃闭门羹了（图2.10.2.2）。

踩着围墙的瓦砾进入院内，只见五开间的大殿孑然独立于低矮的石阶之上，与它为伴的还有一株古柏，两通石碑，一处残垣（图2.10.2.3）。大殿虽经重修，仍具古朴之风，厚重的板门、宽阔的直棂窗、饱满的檐柱、窄高的阑额、宽扁的普拍枋、硕大的斗拱、直达下平槫的真昂、遒劲的鸱吻……都透露着醇和之美（图2.10.2.4，图2.10.2.5）。大殿采用了减柱造，屋架为彻上明造，脊槫用叉手，平槫用托脚，各缝梁架

图2.10.2.3 大殿远景

图2.10.2.6 大殿梁架

图2.10.2.5 大殿外檐

图2.10.2.4 大殿正立面

以襻间相连（图 2.10.2.6）。殿内山墙的壁画曾被白灰涂抹，虽然损坏严重却仍见设色之艳丽、画工之精良（图 2.10.2.7）。

寺庙创建年代不详，庙址曾出土过“大晋开运三

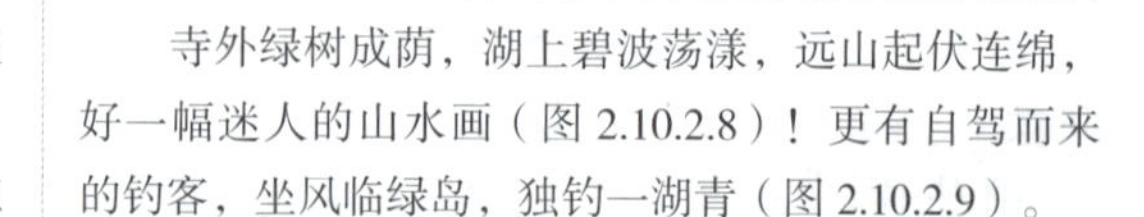

年（946 年）”的石刻，专家认为现存大殿为金代遗构。

寺外绿树成荫，湖上碧波荡漾，远山起伏连绵，好一幅迷人的山水画（图 2.10.2.8）！更有自驾而来的钓客，坐风临绿岛，独钓一湖青（图 2.10.2.9）。

图 2.10.2.7 大殿壁画

图 2.10.2.8 湖光山色

图 2.10.2.9 垂钓者

2.11 左权县

1 寺坪普照寺大殿⑧③

Main Hall of Puzhao Temple at Siping Town

名称与别名	寺坪普照寺大殿
地　　址	左权县拐儿镇寺坪村
看　　点	木构 · 彩画
推荐级别	★★★
级　　别	全国重点文物保护单位
类　　型	佛寺 · 木结构
年　　代	元?
交　　通	乡村，自驾

村以寺名并不少见，寺坪村就是一例。据村中耆老讲述，此地先有普照寺，后因香火旺盛，庙产渐丰，租种的民众渐多并定居下来，便慢慢形成了村落，命名为“寺坪村”——“寺”即普照寺，“坪”便是田地平阔的意思吧。

普照寺着实是一座古寺，据寺内明代碑记，创建于后晋天福三年（938 年），宋、金、元三朝的修葺情况未见文字记载，至明代则有成化、正德、崇祯年间的多次重修碑记，清顺治十八年（1661 年）再次重修。民国以来，寺院长期为学校所用，其原始格局一直保存至 20 世纪 70 年代，此后因改善教学条件的需要，山门、钟鼓楼、前殿等建筑均被拆除，十分可惜，如今仅有大殿幸存。

大殿建于石基之上，面阔七间进深六椽，单檐悬

山顶，规制宏大（图 2.11.1.1）。檐柱高峻略呈梭形，柱头用阑额和普拍枋，均出头。檐下斗拱用双下昂五铺作，均为假昂，各补间仅施一朵。斗拱尺度偏小，又以头跳慢拱承托橑檐枋，二跳跳头仅以翼形拱装饰，颇疑历史上某次重修减小了出檐长度（图 2.11.1.2）。屋顶鸱吻已失，屋面用琉璃瓦作剪边、方心和脊饰。殿内梁架做工粗犷，上下梁栿之间用驼峰和斗拱联系，各缝梁架之间则以串枋相连（图 2.11.1.3）。梁架上的彩画依稀可见，拱眼壁上彩绘的佛像保存完好（图 2.11.1.4）。

关于大殿的年代，专家多倾向于元构，部分构件沿用了早期旧料，如驼峰和宝装莲瓣柱础等均有宋金之风（图 2.11.5）。同时，我们仍不应忽略明清两朝多次重修中对大殿补葺的可能性，至少从现存遗构中仍可看出羁直之风和拮据重构之态，而更为准确的年代判断还需借助一定的科技手段。

图 2.11.1.1 大殿外观

图 2.11.1.2 大殿檐部

图 2.11.1.4 拱眼壁上的佛像

图 2.11.1.3 大殿梁架

图 2.11.1.5 宝装莲瓣柱础

2 苇则寿圣寺⑧④

Shousheng Temple at Weize Village

名称与别名	苇则寿圣寺
地　　址	左权县桐峪镇苇则村
看　　点	木构 · 石雕 · 琉璃构件
推荐级别	★★★
级　　别	全国重点文物保护单位
类　　型	佛寺 · 木结构
年　　代	元—清
交　　通	乡村，自驾

苇则村位于寺坪村西南的深石山区，两村之间约有 20 公里的车程，寿圣寺就在苇则村的中部。寺庙创建年代不详，又无地方志和修缮碑记可考，仅于门槛石墩上发现明万历三十七年（1609 年）重修的题记。

寺院坐北朝南，现存一进院落，中轴线上有南殿和正殿、东侧有钟楼和配楼（图 2.11.2.1）。

南殿面阔三间，进深四椽，硬山屋顶（图 2.11.2.2）。殿内梁架简洁，大梁之上的彩绘金龙清晰可见（图 2.11.2.3）。殿外石基上精美的石刻和屋脊上残存的琉璃瓦饰见证着殿宇曾经的瑰丽精美（图 2.11.2.4，图 2.11.2.5）。

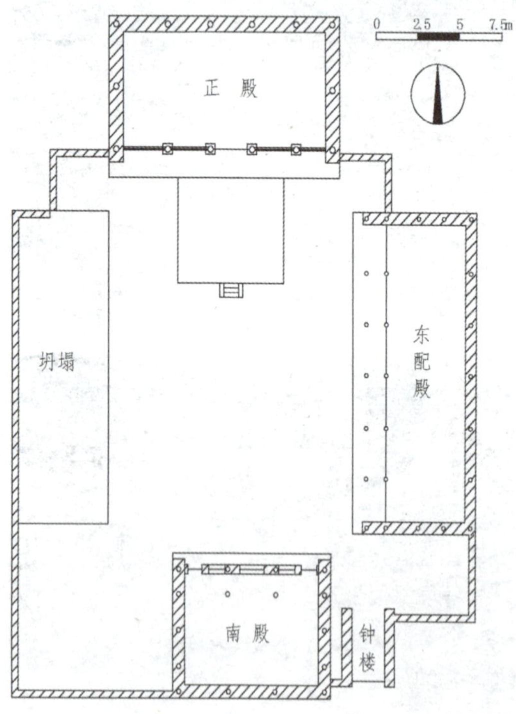

图 2.11.2.1 寿圣寺平面图

图 2.11.2.2 南殿外观

图 2.11.2.3 殿内梁架

图 2.11.2.4 南殿台基石刻

图 2.11.2.5 南殿琉璃瓦饰

正殿面阔五间，进深六椽，硬山屋顶(图 2.11.2.6)。檐柱有卷杀，柱头用阑额和普拍枋，出头形式与普照寺大殿相同；檐下用单假昂四铺作斗拱，各补间仅施一朵，令拱上置替木以承檩风槫（图 2.11.2.7）。殿内通檐六椽栿，不用内柱，梁栿用材粗壮，梁栿、槫、椽、缝间等构造做法与普照寺大殿颇似；山面正中用一柱，两侧梁栿对称穿入柱中，类似穿斗做法(图 2.11.2.8)。正殿月台上也有精美石刻，正脊的琉璃瓦饰极为精美（图 2.11.2.9，图 2.11.2.10）。

考虑到文化习俗、匠作流派、政治、经济等因素的相对稳定性，两个在时空上都很接近的庙宇具有相似的身世命运也就并不奇怪了。寿圣寺与普照寺就是这样。近似的建筑形制和构造做法或许受到了匠作基因的控制，而被用作学校、村委会或仓库的命运也可以归因于特定历史时期的政治、经济和文化环境吧。

图 2.11.2.6 正殿外观

图 2.11.2.7 正殿檐部

图 2.11.2.8 正殿梁架

图 2.11.2.9 正殿台基石刻

图 2.11.2.10 正殿琉璃瓦饰

3 文庙大成殿㉅

Hall of Great Attainments of Temple of Confucius

名称与别名	左权文庙大殿
地　　址	左权县城内辽阳街
看　　点	布局，木结构
推荐级别	★★★
级　　别	全国重点文物保护单位
类　　型	祠庙 · 木结构
年　　代	元
交　　通	县中心，公交

左权文庙位于辽阳街南侧，县文物局的办公地点就在文庙内。棂星门前是一处开阔的广场，棂星门却并不开放，要从广场西北角的小巷进入文庙（图 2.11.3.1）。

大成殿下承低矮的台基，殿前月台宽阔。面阔五开间外加副阶周匝的殿身尺度、重檐九脊顶并饰以绿色琉璃瓦剪边的形制，都凸显着大殿的尊贵身份（图 2.11.3.2）。大殿进深三间六椽，减去一排内柱，形成“四椽栿对后乳栿”的梁架体系。殿内彻上明造，梁架结构清晰，山面转过一椽，屋角用抹角栿，脊槫用叉手，平槫不用托脚（图 2.11.3.3，图 2.11.3.4）。殿内正中供奉孔子塑像，塑像周围满挂的锦旗和内柱上蓝地金字的楹联则完全破坏了大殿的气场（图 2.11.3.5）。

文庙的西墙内堆放着众多的石碑石刻，其中的几尊石狮、石羊、龙首算得上精美之作（图 2.11.3.6）。墙边还有一块罩着玻璃盒子的石碑，碑上刻着“新修十八盘并天井郊城堡图”。图中城池曲折、群山环抱，山路迂回地伸向远方，极似王澍先生所钟爱的“豸峰全图”（图 2.11.3.7）。

文庙始建年代不详，据专家考证，今天的大成殿是大德元年（1297 年）重建后的遗构。历经几百年的风雨剥蚀，文庙殿宇飘零；惨遭“文革”的浩劫，屋宇悉被破坏，而大成殿幸免于难则归功于它的粮仓功用。民以食为天，即便激进的人们推翻了所有不合时宜的“文化粮仓”，最终还是要为自己留一份活下去的口粮。

图 2.11.3.1 棂星门

图 2.11.3.2 大殿外观

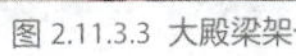

图 2.11.3.3 大殿梁架一

图 2.11.3.5 殿内装饰

图 2.11.3.4 大殿梁架二

图 2.11.3.6 文管所收藏的石刻

图 2.11.3.7 新修十八盘并天井郊城堡图

3
吕梁市
LVLIANG

吕梁古建筑分布图

Historical Architectural Map of Lvliang

1 安国寺
2 离石文庙
3 天贞观
4 鼓楼
5 于成龙故居
6 于成龙墓地
7 柏草坡龙天土地庙
8 堡城寺龙王庙
9 报恩寺
10 禅定寺
11 法云寺
12 关帝庙
13 后土圣母庙
14 汾阳铭义中学
15 齐圣广佑王庙
16 太符观
17 文峰塔
18 汾阳五岳庙
19 杏花村汾酒作坊
20 虞城五岳庙
21 峪口圣母庙
22 卦山天宁寺 · 卦山景区
23 卦山天宁寺 · 书院
24 卦山天宁寺 · 寺院
25 卦山天宁寺 · 石佛堂
26 玄中寺
27 永福寺
28 韩极石牌坊及韩极碑亭
29 碛口古建筑群
30 善庆寺
31 义居寺
32 观音庙
33 柳溪寺舍利塔
34 南山寺
35 双塔寺
36 香严寺
37 香严寺 · 大雄宝殿等
38 香严寺 · 东配殿、天王殿
39 香严寺 · 毗卢殿等
40 玉虚宫下院
41 后土圣母庙
42 仁泉寺
43 兴东垣东岳庙
44 开栅能仁寺
45 麻家堡关帝庙
46 上贤梵安寺塔
47 则天庙
48 慈胜寺
49 寂照寺
50 临黄塔
51 三皇庙
52 天齐庙
53 中阳楼
54 胡家沟砖塔

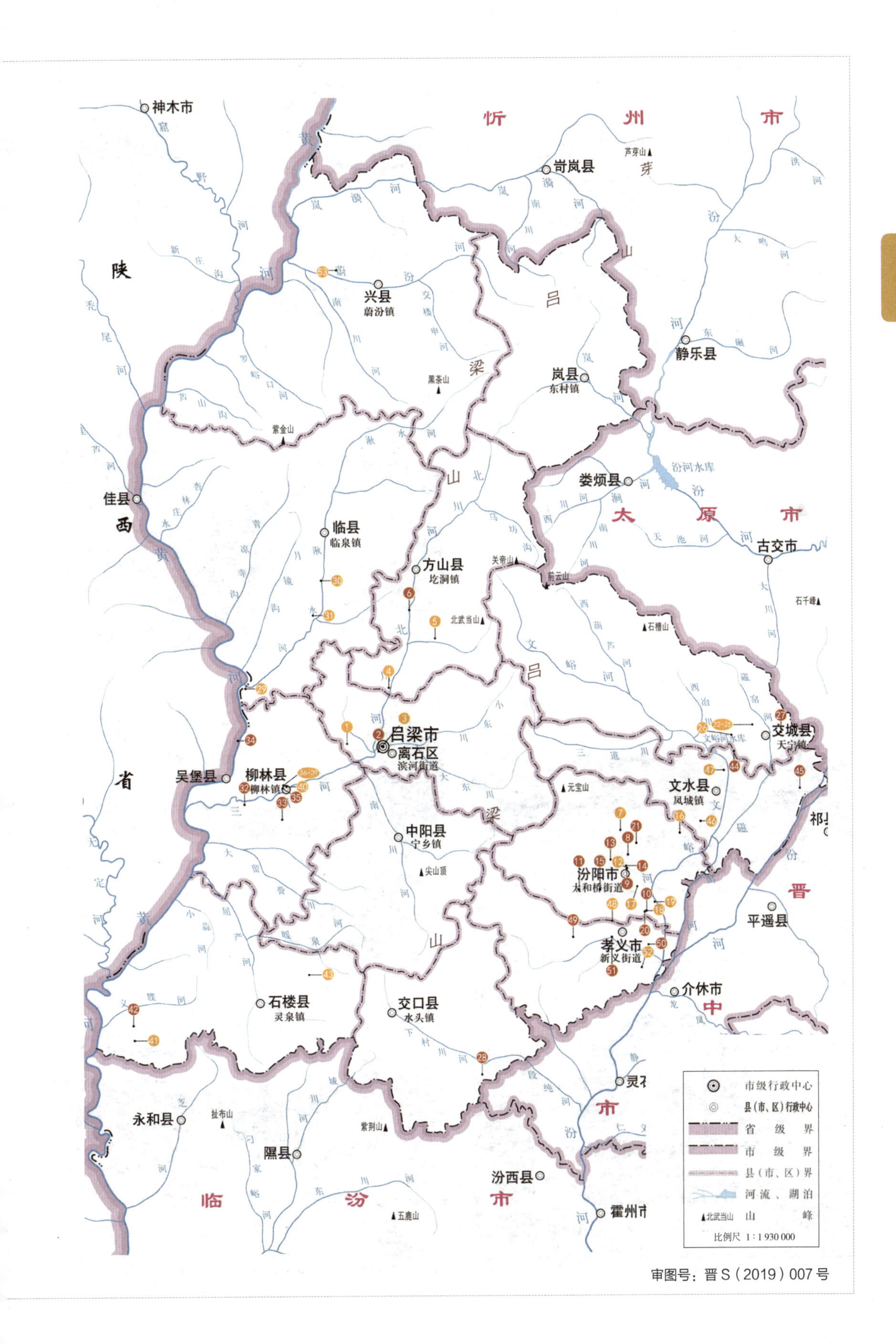

审图号：晋S（2019）007号

3.1 城区及近郊区

1 安国寺①

Anguo Temple

名称与别名	安国寺，安吉寺
地　　址	离石区西 10 公里的乌崖山麓的一个石洼之中
看　　点	自然风光 · 布局 · 木构 · 壁画 · 碑刻
推荐级别	★★★★
级　　别	全国重点文物保护单位
类　　型	佛寺 · 木结构
年　　代	明—清
交　　通	近郊区，自驾

2017 央视开年大戏《于成龙》着实火了一把。当喀尔齐跑马圈地之际，于成龙为了村民安全，让乡亲们去安国寺避难。其实，安国寺在来堡村西南 40 多公里的山林中，步行要走上一整天，拖老携幼的村民们大规模迁徙至此似乎并不现实，或许这只是电视剧的艺术化虚构而已。

不论安国寺作为反圈地事件的场景是否真实，于成龙在出仕前确曾“馆于是寺以读书”，而他的孙子于准也曾慷慨解囊重修安国寺。今天的安国寺外有

图 3.1.1.1　于中承公生祠

图 3.1.1.2　于成龙生平展示

图 3.1.1.3　安国寺远观

图 3.1.1.4　西崖山泉

图 3.1.1.5　安国寺前院

一座“于中承公生祠”，就是寺僧为纪念于准的功德而建造的（图 3.1.1.1）。祠内还存有于成龙之孙、于准堂弟于灏亲手“书丹”的石碑，详细记载了于家三代与安国寺的渊源。如今，于准生祠已成为山西省电影家和摄影家创作基地，还是于成龙生平的展示场所（图 3.1.1.2）。

安国寺居于山腰，依山就势，背靠石崖，前临幽谷，自然环境十分优美（图 3.1.1.3）。入寺的路径设在西侧崖前，这里嶙峋的山石出挑深远，石底晶莹的水珠如细雨般落下，汇成一泓天然净化的饮用水源（图 3.1.1.4）。寺庙建筑群呈曲尺形布局，设置两个不同标高平台，居中而立的大殿高居上层平台之上，殿身凸入院内，形成横向展开的凹字形院落空间（图 3.1.1.5）；横向院落的东端依附着一组南北向的纵院。纵院与钟鼓楼、阁楼居于下层平台之上，横院与纵院之间以石阶相连（图 3.1.1.6）。

大殿面阔五间，悬山屋顶，前出檐廊，檐下有历代碑碣十余通（图 3.1.1.7）；檐廊两端的山墙上绘有护法神将，设色素雅、画工细腻（图 3.1.1.8）。殿内设凹字形砖砌佛坛，佛坛正中供奉三世佛，两侧供奉罗汉（图 3.1.1.9）；东西山墙之上绘有佛祖故事连环画，似为清代作品（图 3.1.1.10）；殿内梁架简洁、用材粗壮，具有典型的明清木构特征。

图 3.1.1.6 横、纵院之间的石阶

纵院有南北两进院落，现为于成龙廉政事迹展馆，展室的内墙上铺展着于成龙故事长卷。画卷一气呵成，气韵生动，虽为故事集成却没有片段式的断裂感（图 3.1.1.11）。

寺内现存明隆庆五年（1571 年）《重建安国寺碑记》一通。碑记对清代以前的寺院沿革进行了梳理，大致可总结如下：寺始建于唐贞观十一年（637）年；宋嘉祐三年（1058 年）被王公佐立为安砦（寨），后

图 3.1.1.7 大殿檐廊

图 3.1.1.8 护法神将

图 3.1.1.9 殿内空间

又被印演和尚重修，并改为安国寺；元至正二十八年（1368 年）毁于兵火；明永乐二十二年（1424 年）重建正殿五间、塑画五彩；天顺四年（1460 年）再次重修；隆庆元年（1567 年）兵乱后，重修大殿、建圣境楼、钟鼓楼（图 3.1.1.12）。2006 年，安国寺以明代建筑的身份荣升为第六批国保单位。

图 3.1.1.10 大殿壁画

图 3.1.1.12 重建安国寺碑记

图 3.1.1.11 于成龙事迹展

2 离石文庙②

Temple of Confucius at Lishi District

名称与别名	离石文庙
地　　址	离石区旧城，贺昌中学院内
看　　点	木结构 · 民国修葺痕迹
推荐级别	★★
级　　别	山西省文物保护单位
类　　型	祠庙 · 木结构
年　　代	元—民国
交　　通	市中心，公交

离石文庙位于旧城区的贺昌中学院内，离天贞观并不远，我们探访时却阴差阳错地到了一座烈士楼（图 3.1.2.1）。此楼的前身是明代鼓楼，1949 年改为烈士楼，楼内有贺昌烈士画像和抗日连环画。从烈士楼向东望去，一座歇山顶大殿在破旧的楼宇间露出了半个立面，那才是真正的文庙（图 3.1.2.2）。

文庙在贺昌中学的运动场西侧，文庙周边用低矮的铁栏杆围着，可以轻易翻入院内（图 3.1.2.3）。文庙仅余一进院落，大殿和东西配殿各为五间。大殿居于 2 米高的砖台之上，单檐歇山顶，屋面通铺青色琉璃瓦，并以黄色琉璃瓦剪边。殿身外设围廊，檐柱高度大于间广，比例略显怪异，缺乏敦实感（图 3.1.2.4）。殿身以砖墙包砌，正面各间饰以壁柱，柱间设尖券式大门；山面和背面各有两个窗洞，背面窗洞周边以繁缛的线脚装饰。大殿总体呈现出一种中西融合的风貌。

据殿前 2010 年的重修碑记，文庙始建于元，明洪武年间重修，嘉靖乙酉（1525 年）不戒于火，隆庆丁卯（1567 年）毁于兵燹，此后又经明万历、清康熙、雍正、乾隆和同治历朝的多次修葺，清末民初又以欧式风格进行了加固（图 3.1.2.5）。今天修葺一新的大成殿恢复了民国时期的风貌，也成为东西方建筑风格相互融合的历史见证。

图 3.1.2.1 烈士楼远景

图 3.1.2.2 远眺文庙

图 3.1.2.3 大成殿侧影

图 3.1.2.4 大成殿正立面

图 3.1.2.5 记事碑

3 天贞观③

Tianzhen Taoist Temple

名称与别名	天贞观，凤山道院
地　　址	市区北侧的三阳云凤山上
看　　点	布局 · 木结构
推荐级别	★★
级　　别	全国重点文物保护单位
类　　型	宫观 · 木结构
年　　代	明—清
交　　通	市区，公交、自驾

天贞观位于离石区北侧的云凤山腰，又称凤山道院。道观坐北朝南，依山就势，入口藏在山脚住宅楼的小巷里，除了刻意放在巷口的省保碑之外，并无其他标识，因此并不好找（图 3.1.3.1）。

登上石砌台阶，沿着“之”字形的路径迂回而上，路径转折处常常设置平台和亭阁。山门坐西朝东，由东向西的参观路径串起坐南朝北的各个院落。观内的殿宇之间并没有严格的规划控制，更多地表现出因地制宜的倾向。东侧院落正中是两层高的玉皇楼（图 3.1.3.2），此楼的形制和布置与安国寺大殿南侧的楼阁颇为相似。

玉皇殿西北为陈抟殿。此殿面阔三间，前出檐廊，上覆悬山屋顶；檐下用七踩斗拱，明间平身科用 45

度斜拱；平板枋粗壮，不似宋元时期普拍枋的宽扁之形；阑额作月梁形，在北方木构中较为少见（图 3.1.3.3）。因殿门紧锁，殿内彩塑和壁画均未得观。

道观最西侧院内坐落着三清殿。大殿台基宽阔，砖台之上众人围坐，牌局正酣（图 3.1.3.4）。此殿形制与陈抟殿颇似，细部则略有不同，比如外檐用五踩斗拱，仅明间阑额作月梁形等。

见三清殿板门开敞，同伴便走入殿内，准备拍些梁架照片。不料，牌局中一男子以“迅雷不及掩耳盗铃之势”跃入殿内，揪住同伴衣领，大喊“不许拍照！”笔者赶忙上前救场，并出示文物局介绍信说明来意，不料这位大汉竟恼羞成怒，拒不理睬。

不知大汉为何如此盛怒？我们虽非文物专家，倒也有点文保知识；我们虽是不速之客，却也没有擅闯私宅。难道是我们无意间搅扰了牌迷的雅兴？还是他将牌局中的不快转嫁于我们？我们更希望的答案是他作为管理人员对文物安全的担忧和谨慎，即便如此，也不该这般粗暴吧。

图 3.1.3.1 天贞观入口标识

图 3.1.3.3 陈抟殿外观

图 3.1.3.2 玉皇阁外观

图 3.1.3.4 三清殿前的牌局

3.2 方山县

1 鼓楼④

Drum Tower

名称与别名	鼓楼，木楼，观音阁
地　　址	方山县大武镇，G209 国道与纬十三路交叉口西侧
看　　点	形制 · 木构 · 雕塑
推荐级别	★★★
级　　别	全国重点文物保护单位
类　　型	市政建筑 · 木结构
年　　代	明
交　　通	镇中心，自驾

从大武镇政府前的道路向西穿过 209 国道，远远望到土堆旁边的一座木阁楼，那便是方山鼓楼，当地人则亲切地称它“木楼”（图 3.2.1.1）。

鼓楼为两层三檐形制，通高 18.5 米，正方形平面。底层架空，面阔和进深均为三间，为满足过街楼之功用，明间十分宽阔；底层共有 16 根木柱，每 4 根一组，立在四个砖砌墩台之上；中央的 4 根内柱直达楼上，用材格外粗壮；墩台高约 1.5 米，是 20 世纪 80 年代重修时增建的。底层屋檐之上设有平座，平座上叠起重檐十字脊的三间方形小殿，因殿身设有围廊而呈现五开间样式（图 3.2.1.2）。

我们本想登楼却找不到楼梯，不知是原本未设楼梯还是被后世拆除了？原本未设似乎不合情理，若被拆除却又为何找不到蛛丝马迹？透过二层开启的门扇，隐约看见室内的佛像，以“观音阁”的别名推测，佛像或许正是观音大士。在楼阁中央仰头而视，内转斗拱叠起了复杂的藻井，十分精美（图 3.2.1.3）。

随着周边新建高层住宅的拔地而起，这座曾经高耸于明清县城之内、声闻四达的楼阁正渐渐失去它往日的威风（图 3.2.1.4）。然而，当我们身处阁楼之下，以身体来丈量和感知时，仍会惊叹于它的壮美和精巧、折服于匠人的技艺和智慧（图 3.2.1.5）。

图 3.2.1.1 鼓楼远景

图 3.2.1.2 鼓楼近景

图 3.2.1.3 鼓楼藻井

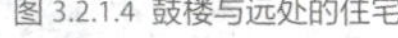

图 3.2.1.4 鼓楼与远处的住宅

图 3.2.1.5 楼下仰视

2 于成龙故居⑤

Former residence of Yu Chenglong

名称与别名	鼓楼，木楼，观音阁
地　　址	方山县北武当镇来堡村
看　　点	布局 · 砖木结构 · 于成龙生平 · 碑碣
推荐级别	★★★
级　　别	全国重点文物保护单位
类　　型	民居
年　　代	清
交　　通	乡村，自驾

来堡村位于方山县北武当镇，南北山脉在这里汇成狭长而平缓的谷地，村南的小溪缓缓西流，汇入北川河。一代廉吏于成龙便生长在这方山川秀美的土地上（图 3.2.2.1）。

于成龙故居位于于成龙廉政文化园内，文化园的建设也是来堡村建设旅游名村的重要之举（图 3.2.2.2）。文化园规模宏大，大致分为东、中、西三个区域。西区是廉政教育区，设置办公、培训等功能（图 3.2.2.3）；中区为廉政文化广场，广场正中矗立着于成龙塑像，广场北侧设置于成龙生平展馆（图 3.2.2.4）；东区为

图 3.2.2.1 远眺来堡村

图 3.2.2.2 廉政文化园正门

于成龙故居，南侧为景观园林，北侧为故居建筑群（图 3.2.2.5）。

故居建筑主要由三个独立的院落组成，分别是于成龙、其兄于化龙、其父于时煌的居所。各院落均为一进四合院，院门设在外墙的东南角（图 3.2.2.6）；院内建筑除个别为木结构外，大多是传统的窑洞式民居。或许是出于于成龙习武的传说，在于成龙自宅西北角的偏院内还有众人练武的塑像（图 3.2.2.7）。

东区故居门前和中区展馆檐下陈列着众多的碑刻文物，如皇帝诰封碑（图 3.2.2.8）、皇帝御笔赐字碑（图 3.2.2.9）、于氏墓碑等（图 3.2.2.10）。东区展馆内还展有牌匾、书画、石刻、生活和祭祀用品等文物（图 3.2.2.11）。

于成龙在 44 岁进入仕途之前虽然也曾外出求学，但来堡村的老家始终是他主要的生活场所。入仕之后，他长期为官在外，未携家眷。从罗城知县到合州知州、黄州知府、福建按察使、江南江西总督，宦海 20 余年间三举卓异，康熙皇帝赞其为“天下廉吏第一”。

图 3.2.2.3 新建的大楼

图 3.2.2.4 文化广场

图 3.2.2.5 故居建筑群

图 3.2.2.6 院门

图 3.2.2.7 院内景观

图 3.2.2.8 诰封碑

图 3.2.2.10 墓碑

图 3.2.2.9 赐字碑

图 3.2.2.11 展室内景

3 于成龙墓地⑥

Yu Chenglong's tomb

名称与别名	于成龙墓地
地　　址	方山县峪口镇横泉村
看　　点	布局 · 墓室砌筑方式
推荐级别	★★
级　　别	山西省文物保护单位
类　　型	陵墓
年　　代	清
交　　通	乡村，自驾

离开于成龙故居，我们便驱车赶往横泉村。村子在来堡村西北，两村之间约有 12 公里的车程。

在老乡的指引下，我们顺利地找到了墓园（图 3.2.3.1）。见大门紧锁，我们又打听到管理员李师傅的电话，通话后不久，我们便等到了李师傅，他曾参与过于成龙墓地的重修工程，并且对于成龙生平研究很有兴趣，讲起于成龙的事迹如数家珍。

于成龙在康熙二十三年（1684 年）卒于任上，去世时“惟笥中绨袍一袭、床头盐豉数器而已”，康熙皇帝爱其清廉，并亲撰祭文、题写匾额，“赐祭葬、谥清端”。于成龙墓地既然是皇帝御赐的，自然不同凡响。墓园坐东朝西，背山面水，案山如阙，朝

图 3.2.3.1 墓园大门

山高耸，风水极佳（图 3.2.3.2）。陵园因山就势，分成上下两个台地。下层甬道前端的牌楼和两侧的石像生虽是重修墓园时仿建的，却仍烘托出庄重肃穆的氛围（图 3.2.3.3）。上层台地正中是墓室的圆形封土（图 3.2.3.4）。

据李师傅介绍，墓室为长方形平面，用盛放着白灰和松香的瓷碗倒扣着砌筑而成。这种独特的墓室材料还有着美好的寓意：白灰象征“一世清白”，松香意为“万古流芳”，瓷碗则是“挽留”之意。在墓园的展室中，我们有幸见到了这种独特的砌筑材料（图 3.2.3.5）。

于成龙墓地曾遭遇过两次破坏，第一次是 1947 年村干部组织的村民群体性挖掘，竟美其名曰“为发展生产”；第二次在“文革”期间，借着“打倒一切牛鬼蛇神”的幌子，大量地面文物被毁坏、盗卖和挪用。曾经见证过墓园兴衰的两尊石狮静静地伫立在南侧围墙旁，一尊相对完好，另一尊则失去了头颅，而本该属于它们的位置却被复制品占据了（图 3.2.3.6）。

图 3.2.3.2 案山

图 3.2.3.3 牌坊与甬道

图 3.2.3.4 墓碑与封土

图 3.2.3.5 砌筑墓室的碗

图 3.2.3.6 石像生原物

3.3 汾阳市

1 柏草坡龙天土地庙⑦

Temple of God of Agriculture at Baicaopo Village

名称与别名	柏草坡龙天土地庙
地　　址	汾阳市峪道河镇柏草坡村中部
看　　点	石雕 · 木结构
推荐级别	★★★
级　　别	全国重点文物保护单位
类　　型	祠庙 · 木结构
年　　代	金—清
交　　通	县城，公交 / 自驾

柏草坡龙天土地庙（图 3.3.1.1）格局不大，一进院落，轴线上三座建筑，由南向北依次为戏台、献殿、龙王殿，院落东侧配殿三座，一眼望尽。也许在当年，隐藏在民居中也殊无二致。然而就在这座小庙宇中，坐落着一座金代遗构——龙王殿。好似一个名角盘活了一出戏，龙王殿使得整座庙宇变得不凡。

寺庙中最南侧为戏台（图 3.3.1.2），坐南朝北，三开间卷棚顶，为清代遗构。虽然今日内檐装修颇为凋敝，然而从内部精美的天花（图 3.3.1.3）不难遐想当年的富丽堂皇。

卷棚献殿紧邻龙王殿（图 3.3.1.4），亦为清代遗构，在空间序列上起到了起承转合的作用。站在献殿内（图 3.3.1.5），无法尽览龙王殿的全貌，然而龙王殿的前廊则有环抱之态，引人走入一查究竟。

龙天殿门枕石（图 3.3.1.6）上有元“延祐元年七月孟丙子日记”的题记，其上雕刻人物、花草、动物图案，亦有石匠名字留下。走进室内，神龛壸门内，砖雕花草、动物，雕工细腻，线条流畅。殿宇构造为三椽栿对前劄牵用三柱，用材多为自然弯材，梁栿间设襻间，梁架（图 3.3.1.7）上题记记载了金代修建时的雕刻匠及木匠姓氏等真实信息，脊槫下遗有“时大金承安五年岁次庚申四月壬巳朔十七日壬寅创建”题记，顺脊串下遗有“维大元国至正贰拾柒年岁次庚寅六月癸未朔十六日丁亥骑梁维□创建”，可知龙天殿金代建立、元代重建。屋面举折较为平缓舒展，金元时期遗风尚在。而前檐的阑额较为粗大，我们也可以从中读出明清后期修缮的痕迹。

图 3.3.1.1 柏草坡龙天土地庙全景

图 3.3.1.3 戏台内部天花结构

图 3.3.1.2 柏草坡龙天土地庙戏台正立面

图 3.3.1.4 献殿正立面

图 3.3.1.5 献殿内观龙王庙

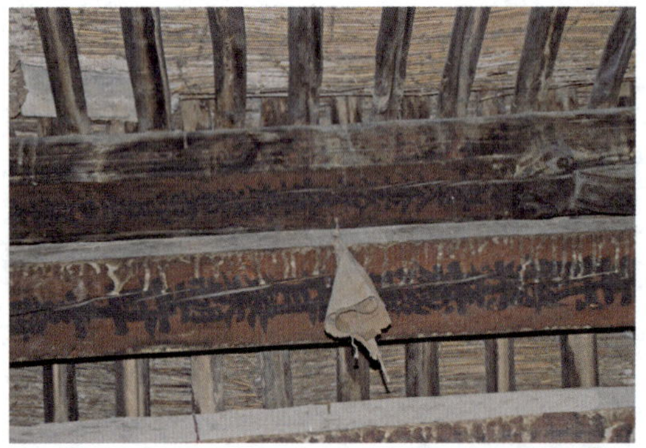
图 3.3.1.7 龙天殿梁架题记

图 3.3.1.6 龙天殿门枕石

2 堡城寺龙王庙⑧

Temple of Dragon King at Puchengsi Village

名称与别名	堡城寺龙王庙
地　　址	汾阳市峪道河镇堡城寺村
看　　点	布局 · 木结构
推荐级别	★★
级　　别	山西省文物保护单位
类　　型	祠庙 · 木结构
年　　代	元
交　　通	乡村，自驾

龙王庙在堡城寺村中部，大殿紧靠着村里的主干道，很容易找到（图 3.3.2.1）。见大殿东北角的小木门紧锁着，我们便到附近的小卖部和住户寻找管理人员，但并未找到。在大殿周边徘徊之际却发现大殿东侧还有一个铁门，并且只是虚掩着。

进入铁门，眼前是一个开阔的院落（图 3.3.2.2）。院落南侧是一座戏台，东西两侧则围着窑洞式建筑。大殿位于院落的西北角，大殿完好的屋面与朵殿杂草丛生的屋顶形成了鲜明的对比，可见大殿不久前刚被重修过（图 3.3.2.3）。

大殿下承低矮台基，上覆悬山屋顶，面阔三间、进深四椽，不高的规格与村级庙宇的身份倒是吻合（图 3.3.2.4）。殿身南侧四根檐柱卷杀明显，明间短小的檐柱支起额枋，角柱与额枋则以榫卯穿插，虽未用普拍枋，却像是将阑额与普拍枋合二为一了。檐下

图 3.3.2.1 龙王庙街景

用四铺作斗拱，各补间仅用一朵，明间补间用45度斜拱；补间铺作后尾作挑斡状，直达下平槫，然而并非真昂（图3.3.2.5）。殿内仅用南侧两根内柱，梁架形式为“前劄牵对三椽栿用三柱”。从内柱上方的壁板可以判定大殿曾有过檐廊，前檐砖墙是后来改砌的。殿内梁栿因材致用，足见木料的匮乏。平梁、蜀柱和叉手上绘有彩画，平梁和三椽栿下有题记（图3.3.2.6）。

殿内有康熙四十六年“重振水例碑记”一通，文风揉以《醉翁亭记》和《兰亭序》，颇显高雅，而所记之事是冯家庄“起意争水”引起诸村用水纠纷，最终由官府确认七村轮流使用灌溉水源（图3.3.2.7）。碑记虽然与龙王庙并无关联，放在庙内却别有趣味。如果龙王爷真的灵验，不妨多施些雨水，让百姓们不必因争水而大动干戈。

图 3.3.2.2 院落入口

图 3.3.2.4 大殿正立面

图 3.3.2.3 大殿远景

图 3.3.2.5 昂尾挑斡

图 3.3.2.6 殿内梁架

图 3.3.2.7 重振水例碑

3 报恩寺⑨

Bao'en Temple

名称与别名	报恩寺，姑姑寺
地　　址	汾阳市城内卫巷街
看　　点	布局 · 木结构
推荐级别	★★
级　　别	山西省文物保护单位
类　　型	佛寺 · 木结构
年　　代	元—明
交　　通	市中心，公交

报恩寺俗称姑姑寺，坐东北朝西南，庙前正对着豆腐巷（图 3.3.3.1）。庙宇周围的巷子都不宽，我们在拐角处找了个停车位，刚好挨着一辆卖豆腐的三轮车，心想豆腐巷的豆腐一定名不虚传（图 3.3.3.2）。

从院外看报恩寺，一片浑然的砖灰色，形体和立面却很丰富。寺院正门并不开放，要从东侧的偏门进入院内（图 3.3.3.3）。寺庙只有一进院落，由山门、钟鼓楼、大雄宝殿和东西配殿围合而成，形制较为完整。

山门、东西配殿和大殿均为三开间；山门设有前后檐廊，其余均不设；大殿用悬山屋顶，其余均为硬山屋顶；山门和大殿均用绿色琉璃瓦剪边，屋脊用绿色琉璃构件（图 3.3.3.4）。各殿外檐均施以彩画，沥

图 3.3.3.1 报恩寺山门

粉贴金，装饰颇为华丽。

大雄宝殿檐下现存历代碑碣三通，西侧为清嘉庆丙子（1816年）《重修报恩寺记》，碑载“邑之西北隅有报恩寺，佛地也，其源流备载旧碣……”(图3.3.3.5)再看东侧两通石碑，确为“旧碣”，只是旧得连碑文都残泐不清了，“源流备载”也就不详了。据说报恩寺曾是明代庆成王府的家书祠。或许是沾了皇家的光，今天的报恩寺仍然香火不断，完备的修缮和华丽的装修就是最好的说明。

图3.3.3.2 报恩寺外景

图3.3.3.3 报恩寺偏门

图3.3.3.5 重修报恩寺碑

图3.3.3.4 大殿外观

4 禅定寺⑩

Chanding Temple

名称与别名	禅定寺
地　　址	汾阳市阳城乡普会村
看　　点	布局 · 木结构
推荐级别	★★
级　　别	山西省文物保护单位
类　　型	佛寺 · 木结构
年　　代	元—清
交　　通	乡村，自驾

禅定寺位于普会村东南部，寺门紧锁着，且找不到其他的入寺门径（图 3.3.4.1）。村民告诉我们钥匙在施工队手里，平时有人常驻在庙里，今天看庙人外出办事了。既然无法入内，我们便在院墙外绕寺转了一圈，对寺庙的规模、布局和建筑也有了大致的了解。

寺庙坐北朝南，分为东西两路：东路为寺庙主体，西路有戏台和关帝庙。东路由南北两进院落构成，第一进院落仅有山门和过殿两座建筑，第二进院落由过殿、正殿和配殿围合而成。西路也是两进院落，第一进院落十分宏阔，院落南端坐落着戏台，第二进院落由东西并列的两个小院组成，院墙上各辟一个小门，关帝庙在靠东的院内（图 3.3.4.2）。

所有建筑之中，仅有佛寺正殿和关帝庙大殿为悬山式建筑，其余均为硬山式。正殿面阔五间进深四椽，关帝庙大殿面阔三间进深四椽，两殿均为灰墙灰瓦，朴素无华（图 3.3.4.3）。

寺庙创建年代不详，光绪《汾阳县志》未查到相关记载。据专家考证，正殿为元代遗构，关帝庙大殿为清代建筑。在我们探访时，寺庙的修缮工程已经接近尾声，大部分殿宇已修葺一新，或许不久便可以向公众开放了。

图 3.3.4.1 紧锁的寺门

图 3.3.4.2 殿宇远景

图 3.3.4.3 大殿背影

5 法云寺⑪

Fayun Temple

名称与别名	法云寺
地　　址	汾阳市三泉镇平陆村
看　　点	布局 · 木结构
推荐级别	★★★
级　　别	山西省文物保护单位
类　　型	佛寺 · 木结构
年　　代	元
交　　通	乡村，自驾

乡村中的庙宇大都找不到准确的 GPS 定位，我们通常是先到村里再打听庙宇的详细位置。到达平陆村口时，巧遇到刚散宴席的人群，一位衣着体面且气度不凡的长者刚好顺路回家，便欣然随我们一同前往。尽管庙门以惯常的方式紧锁着，长者却轻易地找到了管理员大爷，我们就这样顺利地探访到法云寺。

寺前是一处开阔的场地，庙宇坐落在高台之上，民国风的门墙和墙上“教育为无产阶级服务”的口号并不会让人觉得这是一座古庙（图 3.3.5.1）。进入山门，眼前是一个不大的院子，正殿和侧殿已经全用灰砖包砌过，院落内外的建筑风格颇为一致，却丝毫看不出古建筑的踪影，有些失落（图 3.3.5.2）。

当我们的脚步跨过正殿的门槛时，却是意想不到的兴奋。古朴的梁架、壮硕的斗拱、清晰的题记都佐证着大殿的年岁（图 3.3.5.3）。这是一座元代遗构，当心间脊槫清晰地写着“旹大元至大元年岁次戊申（1308 年）戊□月二十八日丙戌刱建佛堂所”（图 3.3.5.4）。由殿内木构现状可知：大殿为三椽栿对前劄牵用三柱形制，殿身南侧曾设置檐廊；檐下用四铺作斗拱，补间铺作用真昂；当心间补间用 45 度斜拱，栌斗作瓜棱状。

院子东南角现存残碑数通，其中乾隆三十二年

图 3.3.5.1 山门外景

图 3.3.5.3 外檐斗拱里转

图 3.3.5.2 正殿外景

（1767 年）重修碑记尚清晰可读："……平陆村旧有法云寺，建始之年不可考，于康熙庚子（1720 年）即纪重修，历年已久，圮敝破坏倾碎不避风雨……"（图 3.3.5.5）据老人回忆，古之法云寺规模宏大，现址西侧曾有大片殿宇。而今，在仅存的这处院落里竟连一栋完整的古建筑都找不到了，十分可惜。

图 3.3.5.4 殿内梁架

图 3.3.5.5 院内断碑

6 关帝庙⑫

Temple of Guan Yu

名称与别名	关帝庙，关王庙
地　　址	汾阳市鼓楼南街东侧，汾阳市文物管理所院西
看　　点	木结构 · 琉璃瓦饰 · 木雕 · 彩画 · 碑刻
推荐级别	★★★
级　　别	全国重点文物保护单位
类　　型	祠庙 · 木结构
年　　代	明
交　　通	市中心，公交、自驾

关帝庙在汾阳市文物管理所院西。据考证，此庙始建于唐贞观年间，明正德至嘉靖年间由朱元璋后裔庆成王与永和王重建，是皇家专祀的关帝庙。现存建筑为明代遗构，清代亦有重修。

庙宇坐北朝南，共有两进院落，中轴线上依次是山门、献殿、正殿、后殿，正殿两侧建有耳殿，院落东西建有廊庑。山门南侧左右各有"二人驭马"铁塑一尊，是万历十三年（1585 年）庆成王府的奉国将军捐铸的（图 3.3.6.1）。

进入山门，前院尺度宏阔，古树的树冠遮住了大半个院落（图 3.3.6.2）。献殿的卷棚顶和大殿的悬山顶连接成勾连搭形式，在大殿内部营造出深远昏暗的神秘气氛（图 3.3.6.3）。两殿的外檐装修十分华丽，屋面上精美的琉璃瓦饰、垫拱板上的龙凤彩塑、额枋上的苏式彩画，极繁缛之能事（图 3.3.6.4）。殿前左右各立琉璃狮一尊（图 3.3.6.5）。

图 3.3.6.1 关帝庙外景

图 3.3.6.2 关帝庙院内

后院要从文管所一侧进入，院落空间狭长，与宏阔的前院形成了鲜明对比（图 3.3.6.6）。后殿面阔三间、悬山屋顶，殿身以砖墙包砌；屋面瓦饰、外檐装饰与正殿相似（图 3.3.6.7）。

文管所院落西侧设有碑廊，廊内有万历九年（1581 年）《重修关王庙两廊卷棚碑楼门楼记》《关王庙增建献楼记》、乾隆四十二年（1777 年）《关圣祠主持僧源授修庙记》等碑碣数通。据说，源授修庙碑曾在关帝庙作为学校期间被当成滑梯而磨损，仅剩下碑名和款识两行字。如今，旧碑新用，靳永义先生书写的“武圣”二字被镌刻在旧碑之上（图 3.3.6.8）。

图 3.3.6.3 献殿内看大殿

图 3.3.6.4 屋面装饰

图 3.3.6.5 琉璃狮

图 3.3.6.6 关帝庙后院

图 3.3.6.7 后殿外檐

图 3.3.6.8 旧碑新用

7 后土圣母庙⑬

Temple of Goddess of the Earth

名称与别名	后土圣母庙
地　　址	汾阳市栗家庄乡田村
看　　点	木结构 · 壁画
推荐级别	★★★
级　　别	山西省文物保护单位
类　　型	祠庙 · 木结构
年　　代	明
交　　通	乡村，自驾

后土圣母庙位于田村的东村口附近，西邻学校，南对禹门河。庙门在大殿西侧，门旁的砖墙上张贴着圣母庙宣传画，图像下方留有管理人员电话。通话过后约 5 分钟，管理人员便来到了圣母庙（图 3.3.7.1）。

钻过狭小的门洞，眼前豁然开朗，一片空敞的院子（图 3.3.7.2）。院内只有三栋建筑，南边的建筑已经废弃了，北边的圣母庙大殿和马王殿保存完好（图 3.3.7.3）。

大殿下承低矮台基，上覆悬山屋顶；殿身面阔三间，前出檐廊，廊下有历代碑碣 5 通。檐柱不做卷杀，平板枋厚实；补间铺作用真昂，昂嘴作象鼻状；屋面用绿色琉璃瓦剪边，屋脊用琉璃瓦饰；正脊脊刹

图 3.3.7.1 圣母庙入口

图 3.3.7.2 院内南望

图 3.3.7.3 圣母殿与马王殿外观

图 3.3.7.4 圣母殿正立面

图 3.3.7.5 护法天王像

碎成凹字形豁口，部分瓦饰散落在屋面上。据管理人员介绍，脊刹上有明代题记，惜于 2016 年 12 月失窃（图 3.3.7.4）。

圣母庙以明代壁画闻名。檐廊两侧的护法天王虽已色彩暗淡，却仍见细腻的画工和飞扬的神采（图 3.3.7.5）。殿内满绘壁画，北为《宴乐图》（图 3.3.7.6），东为《迎驾图》（图 3.3.7.7），西为《巡幸图》（图 3.3.7.8）。画面人物众多，场景丰富，画工细致，色彩艳丽，一派雍容华贵之气。壁画保存状况良好，是研究明代社会、宫廷、民俗以及绘画艺术的重要资料。

据专家考证，圣母庙重建于明嘉靖二十八年（1549 年），清代屡有重修。殿内现存清顺治二年（1645 年），道光七年（1827 年）、八年（1828 年）、十年（1830 年）、二十八年（1848 年），光绪十三年（1887 年）重修碑记。由碑记可知，圣母庙原有大殿、马王殿、东西廊、钟鼓楼、乐楼、住持房屋等多栋建筑，庙宇规模虽不算大，形制却较为完整。

图 3.3.7.6《宴乐图》

图 3.3.7.7《迎驾图》

图 3.3.7.8《巡行图》

8 汾阳铭义中学⑭

Mingyi Middle School of Fenyang

名称与别名	汾阳铭义中学
地　　址	汾阳市英雄路 · 汾阳中学院内
看　　点	布局 · 木结构
推荐级别	★★★
级　　别	山西省文物保护单位
类　　型	学校 · 砖、木结构
年　　代	民国
交　　通	市中心，公交，自驾

汾阳铭义中学的历史可以追溯到1890年“美国基督教华北公理会派”在汾阳创立的教会学校，1914年以后设立初中部，并定名为铭义中学。虽然“铭义中学”的名号在1949年以后便被汾阳中学取代，铭义中学的老建筑却沿用至今。今天汾阳中学的校园内依然矗立着9栋民国时期的老建筑，它们见证了汾阳中学的百年沧桑，承载着汾阳中学深厚的人文底蕴。下面就让我们一起找找这9栋建筑吧。

汾阳中学的大门之内是一个宽阔的广场，广场两侧便是编号为①和②两栋老建筑。建筑为长条状，高两层，敦实砖墙上的长方形窗套和歇山式灰瓦屋顶折射出民国时期的中西合璧之风（图3.3.8.1）。②楼南侧是球场，球场东侧是一片园林，铭义中学的其他老建筑就散落其中（图3.3.8.2）。③楼在园林的北侧，现用作教学部，券门洞上方的“中西合璧”匾额恰是建筑风格的写照（图3.3.8.3）。③楼背后（东侧）是个院子，院子北侧临路，东、南两楼是图书馆（图3.3.8.4）。④楼在园林的南侧，建筑体量最为复杂，在铭义中学时期它是汾阳医院第一任院长的别墅（图3.3.8.5）。④楼之北，园林中间位置有东西两座长边相对的楼，称作东楼和西楼。东楼和西楼在铭义中学时期均为私人别墅，现今分别是外国专家楼（图3.3.8.6）和德育部（图3.3.8.7）。⑦楼在④楼东侧，最初为牧师的私人别墅，今为校史馆（图3.3.8.8）。

穿梭在园林之中，不觉竟忘了这里是学校，直到整齐的脚步和口号声打破了园子的幽静。循声望去，原来学生们正围绕着图书馆跑操。校服上衣的红色与老建筑二层的暗红色彼此相映，为冬末初春的园子增添了一抹艳丽的色彩（图3.3.8.9）。

图3.3.8.2 园林内景

图3.3.8.3 ③楼外观

图3.3.8.1 入口广场

图 3.3.8.4 图书馆

图 3.3.8.5 ④楼外观

图 3.3.8.6 东楼

图 3.3.8.7 西楼

图 3.3.8.8 校史馆

图 3.3.8.9 跑步的学生们

9 齐圣广佑王庙⑮

Temple of Prince Qisheng Guangyou

名称与别名	齐圣广佑王庙，相公庙
地　　址	汾阳市三泉镇义丰北村
看　　点	布局 · 木结构 · 壁画
推荐级别	★★★
级　　别	山西省文物保护单位
类　　型	祠庙 · 木结构
年　　代	元
交　　通	乡村，自驾

齐圣广佑王庙在义丰北村的中北部，隔着庙前的村民广场，远远便望到青色琉璃瓦剪边的悬山屋顶，从整洁的围墙和完好如新的屋瓦可以看出庙宇刚被修葺过（图 3.3.9.1）。广场南侧是一座戏楼，戏楼两边建有窑洞式耳房（图 3.3.9.2）。

庙宇坐北朝南，由东西两个院子组成，每个院子单独设门。东院仅剩一栋大殿，大殿东侧是朵殿的遗址。朵殿与大殿共用的山墙上新建了半间小屋，很是奇特，这个小屋是专为山墙上残存的一块壁画而建的。壁画或为《府君巡幸图》，画工洗练、线条流畅，应出于熟练的画工之手（图 3.3.9.3）。大殿面阔三间，前出檐廊，檐廊正面和两侧山墙上绘有墨线人物壁画；

檐下用四铺作斗拱，当心间补间用45度斜拱，栌斗偶作瓜棱状（图3.3.9.4）。殿内梁架为三椽栿对前劄牵用三柱形式，平梁上的旋子彩画清晰可见，山墙上绘有条屏式山水画，或为清代作品（图3.3.9.5）。殿内还存有明洪武十年“当里石匠发愿”石经幢残块，据管理人员介绍，此石发掘于院内（图3.3.9.6）。西院较为狭小，正殿和左右配殿均为窑洞式建筑（图3.3.9.7）。

比起一些耳熟能详的神祇名号，“齐圣广佑王”着实生僻了些。据学者考证，元世祖曾于至元十五年（1278年）“封磁州神崔府君为齐圣广佑王”。“崔府君”即崔珏，约生活在唐朝初年，做过官，唐以前未见正史记载，宋元两朝屡被官方加封，如宋之“护国显应公”、元之“齐圣广佑王”。民间则有“崔珏断虎”“泥马渡康王”的传说，《西游记》里也有崔判官助唐太宗返阳的描写。现存的崔珏祠庙多用“崔府君庙”之名，“齐圣广佑王庙”或许仅此一处。

图3.3.9.1 庙前广场

图3.3.9.2 戏楼与耳房

图3.3.9.4 大殿外观

图3.3.9.3 残存的壁画

图3.3.9.5 大殿梁架

图 3.3.9.6 经幢残件

图 3.3.9.7 西院外景

10 太符观⑯

Taifu Taoist Temple

名称与别名	太符观
地　　址	汾阳市区东北 13 公里上庙村
看　　点	布局 · 木结构 · 彩塑 · 壁画 · 碑刻
推荐级别	★★★★
级　　别	全国重点文物保护单位
类　　型	宫观 · 木结构
年　　代	金—清
交　　通	乡村，自驾

太符观位于杏花村镇上庙村，与杏花村汾酒相比，名气上显然要逊色一些。不过，就建筑史和艺术史研究而言，太符观却称得上是一座宝库。这里有金代的大殿 1 栋、明代的配殿 2 栋，金、明两代的彩塑 127 尊，明代的悬塑 200 余平方米，明、清的壁画 189 平方米，历代碑碣 15 通，石狮、铁狮共 6 尊。

太符观建于坡地之上，占地十分宏大，开阔的门前广场彰显出寺观的恢宏之气（图 3.3.10.1）。广场偏西矗立着大唐开元七年（719 年）石经幢一座，高大的经幢通身满刻着《金刚般若经》（图 3.3.10.2）。山门为三门式牌坊，墙上嵌有琉璃团龙，左右斜出八字形影壁（图 3.3.10.3）。

据考证，太符观原有三进院落，中轴线上由南向北依次坐落着牌楼、照壁、牌坊、马王殿、倒座戏台、玉皇上帝殿；牌楼与马王殿之间的西侧建有道士院，道士院以紫微阁为主体建筑。如今，马王殿、戏台和道士院均已不存，紫微阁已被重建，曾经屋宇层叠的

图 3.3.10.1 太符观前广场

图 3.3.10.2 唐代经幢

寺观变得疏朗而深远（图 3.3.10.4）。

玉皇上帝殿位于中轴线尽端，比例高峻（图 3.3.10.5）。大殿面阔三间，进深三间六椽，南侧当心间设板门，次间设直棂窗；屋顶为单檐九脊式，屋面用蓝色琉璃瓦剪边，屋脊用黄、绿色琉璃饰件；檐下用五铺作斗拱，出双杪，正面各间用仅施补间铺作一朵，侧面仅南次间施补间铺作；普拍枋宽扁且出头直切，阑额不出头。檐下有牌匾一副，上书“昊天玉皇上帝之殿”（图 3.3.10.6）。殿内设佛道帐，正中供奉玉帝坐像，两侧立侍女二，侍臣四（图 3.3.10.7）；山墙与后墙满绘壁画（图 3.3.10.8）。殿前左右各立铁狮一尊（图 3.3.10.9）。

东西配殿分别为后土圣母殿和五岳殿。两殿均面阔五间，前设檐廊；屋架为悬山式，屋面蓝色琉璃瓦剪边、黄绿琉璃脊饰；檐下用双下昂五踩斗拱，平身科用真昂（图 3.3.10.10）。东殿供奉后土圣母座像（图 3.3.10.11），南北山墙上有悬塑，表现圣母巡幸场景（图 3.3.10.12）；墙面绘有壁画，污损较为严重；殿内还藏有五座请神亭（图 3.3.10.13），类似的小木作还常见于晋北地区的龙王庙壁画中，故宫和天坛也存有多座请神亭实物。西殿供奉五岳大帝坐像（图 3.3.10.14），内柱上塑盘龙，南北山墙上有悬塑，表现五岳大帝巡幸场景（图 3.3.10.15），西壁满绘云纹（图 3.3.10.16）。

图 3.3.10.3 山门

图 3.3.10.4 宏阔的内院

图 3.3.10.5 玉皇殿外观

图 3.3.10.6 玉皇殿匾额

图 3.3.10.7 玉皇殿彩塑

观内现存的15通碑碣中，有6通与寺观的营建历史相关，其中最早一通为金承安五年（1200年）《太符观创建醮坛记》，现嵌于大殿外墙之上（图3.3.10.17）。其余9通为当地文管所的收藏，其中嘉祐七年宋仁宗御篆赐额的《旌忠元勋之碑》最为壮观，碑高约4.6米，碑文清晰可读，是研究名将狄青生平的重要资料，对古代御赐碑额制度和金石书法艺术的研究也有重要意义（图3.3.10.18）。值得一提的是，很多文物单位对碑碣类石刻文物的保护还不够重视，仍将它们置于露天环境之中，任凭岁月剥蚀。

另外，学界对太符观彩塑和壁画的创作年代尚有争议。对于彩塑，争议的焦点是除了明代作品之外是否仍有金代遗存；对于壁画则究竟是创作于明代还是清代，抑或明清之交。以上讨论多出于艺术史视角，或许未来还需借助更多的科技手段去揭示远比断代更为复杂的工艺、材料、历代补修等历史信息。

图3.3.10.8 玉皇殿壁画

图3.3.10.10 配殿外观

图3.3.10.9 铁狮

图3.3.10.11 圣母像

图 3.3.10.12 圣母殿悬塑

图 3.3.10.15 五岳殿悬塑

图 3.3.10.13 请神亭

图 3.3.10.16 五岳殿壁画

图 3.3.10.14 五岳大帝像

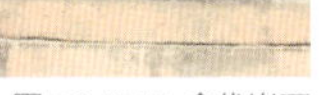

图 3.3.10.17 金代嵌石

图 3.3.10.18 旌忠元勋之碑

11 文峰塔⑰

Wenfeng Pagoda

名称与别名	文峰塔
地　　址	汾阳市建昌村
看　　点	砖石结构
推荐级别	★★
级　　别	全国重点文物保护单位
类　　型	塔・砖石结构
年　　代	明—清
交　　通	乡村，自驾

汾阳的城区建设扩展很快，城区东南角的建昌村已经不见了乡村的样貌，宽阔整洁的城市道路与周边的拔地而起的高楼宣告着城镇化的进程。尽管高楼日渐增多，可矗立于道路尽端的文峰塔，却远远就能吸引了目光，成为了别具特色的地标建筑（图 3.3.11.1）。

在远处就能一眼望到的塔，还能令人回想到临汾洪洞的广胜寺飞虹塔——立于山尖，雄伟挺拔的姿态，与文峰塔极其相似。然而文峰塔却不是一座佛教寺院的塔，它是因风水意义所修建的。塔身少了精美的琉

图 3.3.11.1 街道上远望文峰塔

图 3.3.11.2 文峰塔近景

璃雕饰，仅用砖雕仿木构的形式，出檐有限，塔的整体形态也没有雄浑的卷杀收分，直上直下，在艺术形象上与早期的砖塔产生了鲜明的对比。此外，文峰塔80多米的高度，在全国也是凤毛麟角（图3.3.11.2，图3.3.11.3）。

文峰塔对于当地风水的意义，对古人而言显然更加重要，据传在康熙年间建塔之后，村里人才辈出，仿佛这一座塔真的发挥了一些说不清道不明的功用。的确，风水就是这样一种几千年流传下来的说不清道不明的"学说"，到了今天，仍然产生着影响，也许只是更多地体现在文化的符号和心理的暗示吧。不管怎样，古人朴素的信仰为他们的子孙带来了福祉，同时也为我们留下了一座标志性的古塔。

图3.3.11.3 塔身细部

12 汾阳五岳庙⑱

Wuyue Taoist Temple at Fenyang

名称与别名	汾阳五岳庙
地　　址	汾阳市三泉镇北榆苑村
看　　点	布局，木结构
推荐级别	★★★
级　　别	全国重点文物保护单位
类　　型	祠庙·木结构
年　　代	元—清
交　　通	乡村，自驾

修葺一新的五岳庙如今只剩四座大殿并排坐落在院落尽端（图3.3.12.1）。柱边、檐下以及室内陈设依稀能见到曾经大殿前廊被封闭而另做他用的痕迹。院内的篮球场则表明了修缮之前的五岳庙的身份——学校——和大多古建筑的命运一样，除了学校便是仓库。

正殿是五岳殿，感谢修缮工程，将墙体向内推移，从而将木结构精美的檐下空间以前廊的形式呈现在我们面前。五岳殿前檐柱头直接承托大内额，扩大明间，额上放置斗拱，补间斗拱的耍头后尾挑斡至下平槫，这种结构形式通常被看作是元代建筑的典型特征之一（图3.3.12.2，图3.3.12.3）。内部梁架上的"大元大德拾年"（1306年）题记则证实了其重建年代。山墙上有壁画残存，依稀可见覆盖涂抹的痕迹（图3.3.12.4）。

然而这四座大殿并排排列的格局，却是非常耐人寻味。各殿高低不一，尺度相近，能从地面铺装以及瓦饰判断出五岳殿的正殿地位，而其东配殿水仙殿的建筑形式与格局配置又明显高于西配殿圣母殿，其梁

图3.3.12.1 五岳庙远景

图3.3.12.2 五岳殿前檐

上题记也证明圣母殿与五岳殿为同一时代建造。因此这种奇怪的布局应该是营建历史不断更新交替的结果吧。圣母殿重建在原有被毁的西配殿基址上，而后又在配殿两侧更新建了更加低矮的配殿，然而西侧配殿随着风雨而凋零，留给我们了如今这番奇特的布局。各殿内部，仍有不少精美的砖雕、彩画等，通过其不同的风格、工艺，也能判断出营建的始末吧（图 3.3.12.5，图 3.3.12.6）。

图 3.3.12.3 五岳殿补间铺作

图 3.3.12.4 殿内壁画

图 3.3.12.5 水仙殿室内

图 3.3.12.6 圣母殿室内

13 杏花村汾酒作坊⑲

Fenjiu Wine Distillery at Xinghuacun Town

名称与别名	杏花村汾酒作坊
地　　址	汾阳市杏花村镇东堡村
看　　点	建筑布局，酒文化
推荐级别	★★★
级　　别	全国重点文物保护单位
类　　型	民居・木结构
年　　代	清
交　　通	乡村，自驾

冬日的暖阳里，杏花村没有酒香，也没有牧童，店面紧闭，人烟渺茫，与想象中的场景差了不少，也无法进入古堡院墙中探访（图 3.3.13.1，图 3.3.13.2）。

建筑在这里只能成为酒文化的配景和容器，灰黄的土色背景衬托着辉煌的酿酒历史。清香汾酒的历史文化一言难尽，并且今天依然在蓬勃发展，杏花村的古汾酒作坊倒是沉淀了下来。作为老百姓饭桌上喜闻乐见的酒水，汾酒的故事恐怕会有不少人喜欢，愿意听，而杏花村的汾酒作坊，应该是最有资格也最乐意去讲故事的人了。目前这里已经全面修缮过，汾酒博物馆也相应建成了，我们还能看到古井，仿古代酒肆的街面，以及古镇的样貌，只可惜这里还并未如平遥古城一般人声鼎沸（图 3.3.13.3）。

难以评价这般清净对于宝贵的文化、建筑遗产究竟是好，还是不好。也许周边新建的酒厂基地会有答案吧。

图 3.3.13.1 杏花村汾酒作坊外观

图 3.3.13.2 门缝内的作坊景观

图 3.3.13.3 汾酒作坊街景

14 虞城五岳庙⑳

Wuyue Taoist Temple at Yucheng Village

名称与别名	虞城五岳庙
地　　址	汾阳市阳城乡虞城村
看　　点	斗拱
推荐级别	★★★
级　　别	山西省文物保护单位
类　　型	祠庙 · 木结构
年　　代	元
交　　通	乡村，自驾

虞城五岳庙是此程的一个惊喜，非常突然。

庙门开在古堡城墙式的围墙上，与倒座戏台的悬山顶一起构成了节奏有致的立面（图 3.3.14.1）。院落空旷，杂草丛生，大殿年久失修，屋面破损，由脚手架搭起的棚子来保护，配殿耳房均是破败的场景（图 3.3.14.2）。

当我们踏入被脚手架遮挡的大殿立面，着实感到了惊喜（图 3.3.14.3）。檐下七朵斗拱，闪烁着古朴的光芒。与晋东南地区相比，这样的斗拱在晋北的确比较少见，五铺作，单杪单下昂。下昂均为真昂，柱头斗拱下昂压于梁栿之下，补间斗拱下昂后尾直至下

图 3.3.14.1 五岳庙外观

平榑，从视觉来看，下昂斜度较陡，后尾未多做处理便与屋架相交（图 3.3.14.4）。建筑整体设计巧妙而简洁，构件纤细而加工精致，无不体现着早期工匠的技艺与审美水平。梁下的题记与戏台相似，应是后世维修所留，无奈大门紧闭，不能进门详细查看并欣赏一番（图 3.3.14.5）。

到此之前并未想过一座省保能有如此精美的木结构，其所处的保护状态也令人揪心。同样的，这一路也见到不少修缮一新的古建筑，却关门大吉，并不能重现往日的盛况。文化遗产的保护是一个重大的议题，而文化遗产的活化或重生，又是另一个更加重要而且紧迫的议题。

图 3.3.14.2 五岳殿远观

图 3.3.14.3 五岳殿外檐

图 3.3.14.4 五岳殿外檐补间铺作

图 3.3.14.5 门缝中所见的梁架

15 峪口圣母庙㉑

Temple of Holy Mother at Yukou Village

名称与别名	峪口圣母庙
地　　址	汾阳市峪道河镇峪口村
看　　点	布局 · 木构
推荐级别	★★
级　　别	山西省文物保护单位
类　　型	祠庙 · 木结构
年　　代	元
交　　通	乡村，自驾

来到了峪口圣母庙，庙门紧锁，且没有留下任何联系方式。好在庙前商店的老板答应帮忙找寻管理人员，但终究也没能找到。既然无法进入庙内，我们只能“悬丝诊脉”了，遗憾的是我们并没孙思邈那样妙手回春的医术，也没有孙悟空的火眼金睛，只能靠凹透镜后面的几双近视眼努力地张望（图 3.3.15.1）。

圣母庙的庭院异常宽阔，院中长满了杂草，庭院北侧有两组建筑。靠西的一组由献殿、大殿和耳殿、左右配殿组成，是圣母殿建筑群；靠东是一座不大的硬山顶三间小殿，隐约看到标牌上写着“关帝殿”三个字。从整洁、完好的外观看，这些建筑应在不久前被重修过（图 3.3.15.2）。

山门紧靠道路，虽可以近观却并无太多的看点。三间门房横着展开，不深的檐廊缓解着道路的压迫，明间二层的吕祖殿则显得有些局促。令我们不解的是山门与大殿之为何隔着如此大的距离，足有七八十米！是中轴线上曾有过其他殿宇吗？如果那样，这座乡间小庙的规模还真是让人意外。是山门被南移来整合村庄的沿街界面吗？果真如此，倒不妨减少点院内的荒地，为门前多留点缓冲空间吧。

图 3.3.15.1 圣母庙院落

图 3.3.15.2 圣母殿建筑群

3.4 交城县

1 卦山天宁寺 · 卦山景区㉒

Tianning Temple in Mount Gua Scenic Zone

名称与别名	卦山景区
地　　址	交城县卦山路交城卦山景区内
看　　点	布局 · 木结构
推荐级别	★★★
级　　别	全国重点文物保护单位
类　　型	宫观 · 木结构
年　　代	唐—清
交　　通	乡村，自驾

中国古代在寺宅陵寝的选址上，极重风水。“卦山”，山形卦象，就是这样一个风水极佳的宝地，也成了道家有名的天然道场。

卦山属吕梁山脉，其“八卦”之势：西北乾象，

图 3.4.1.1 卦山远望

三山耸立；正北坎象，山峰中间耸峙两侧低平；东北艮象，山峰状似覆碗（图 3.4.1.1）……各个方位，莫不与八卦相合。

唐代以前，卦山为道家道场，唐代之后道教式微，乡人便将卦山诸道院改为佛寺，便促成了卦山石佛堂、天宁寺的建造。

卦山自然风景的代表当属其中大量的参天古柏，卦山有柏树千亩，是全国最大的侧柏柏树林。这些柏树姿态各异、钻岩抱石、古劲苍翠。清人曾将“黄山之松，云栖之竹，卦山之柏”并列为华夏奇木三绝。

从南门进入卦山，一路群山环伺，清泉在右。不多时便走入了古柏林中，有树干孔洞暗合北斗七星的“七星柏”（图 3.4.1.2），有张果老升天之处、形似虎头的“虎头柏”（图 3.4.1.3），有传说曾为黑白二蛇之洞的“黑白二仙柏”（图 3.4.1.4），也有埋葬青牛之处长出的“牛头柏”（图 3.4.1.5）……这些柏树根据其姿态或是历史传说而得名，树龄在 1000 年到 1500 年不等，历经千年依然生机勃勃。

宋代书法家米芾来到卦山，为此处的山势、翠柏、寺宇所感，将其列为三山五岳之一，并题写“第一山”匾额（图 3.4.1.6），以示喜爱之情。

图 3.4.1.3 虎头柏

图 3.4.1.2 七星柏

图 3.4.1.4 黑白二仙柏

图 3.4.1.5 牛头柏

图 3.4.1.6 米芾“第一山”匾额

2 卦山天宁寺 · 书院㉓

Academy of Classical Learning in Tianning Temple in Mount Gua

名称与别名	卦山书院
地　　址	交城县卦山路交城卦山景区内
看　　点	布局 · 木结构
推荐级别	★★★
级　　别	全国重点文物保护单位
类　　型	书院 · 木结构
年　　代	清
交　　通	乡村，自驾

卦山书院位于卧龙岗上，为卦山建筑群最南侧，格局坐东北朝西南。

卦山书院始建于明代，兴起于清。清康熙初期，朱彝尊、傅山、顾炎武、王示禄、潘耒、阎尔梅等人曾游历卦山并受聘于书院，使得书院规制日增。清康熙四十七年（1708 年）重建，咸丰七年（1857 年）我国著名地理学家、爱国主义者徐继畬曾游卦山并宿于此。1938 年书院后部毁于日军战火，在 1989 年、2002 年得到修缮。

书院一共有三进院落，最南侧为嘉庆年间的牌楼（图 3.4.2.1），上刻“卦山书院”。牌楼东侧为碑亭（图 3.4.2.2），内部有康熙四十七年（1708 年）的《重修卦山书院碑记》碑碣一通。牌楼北侧即是书院二门，门上有华国锋题字“卦山书画院”（图 3.4.2.3）。穿过二门，来到二进院，正对着讲堂（图 3.4.2.4），上悬“圣协时中”匾额，为道光帝题写。正殿内部挂满了字画，有“道法自然”，亦有卦山山水画（图 3.4.2.5），当是今日之人在卦山上所作。后院则辟为了“周易研究会”（图 3.4.2.6），倒是很应卦山之景。

我们离开书院的时候，看到前院里有很多员工在练太极。不由感到卦山的非物质文化建设一样到位，又或许是这里的风水真的能感染人们，去顺应自然之理。

图 3.4.2.1 嘉庆牌楼

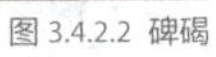
图 3.4.2.2 碑碣

图 3.4.2.3 “卦山书画院”匾额

图 3.4.2.4 讲堂正立面

图 3.4.2.5 卦山书画院字画陈列

图 3.4.2.6 周易研究会

3 卦山天宁寺 · 寺院㉔

Temple compound in Tianning Temple in Mount Gua

名称与别名	卦山天宁寺，天宁万寿禅寺
地　　址	交城县卦山路交城卦山景区内
看　　点	布局 · 木结构
推荐级别	★★★
级　　别	全国重点文物保护单位
类　　型	佛寺 · 木结构
年　　代	明—清
交　　通	乡村，自驾

天宁寺位于卦山太极峰下，寺院坐北朝南，共三进院落，依托山势层层升起，更增加了寺院宏伟的感觉。

天宁寺创建于唐贞元二年（786 年），明清时期均有修缮和加建。中轴线上依次为山门、千佛阁、大雄宝殿、毗卢阁，左右各有东西厢房、钟鼓楼、东西配殿、东西跨院。除大雄宝殿和千佛阁为明代遗构外，其余建筑均为清代遗构。

登上山门前的台阶，便看到米芾手书的“第一山”匾额（图 3.4.3.1）。山门北侧有《唐华严九会之碑》碑碣一通（图 3.4.3.2），此碑为唐贞元十二年（796 年）汾州众香寺沙弥克诚撰写，是唐昭义军节度使李

图 3.4.3.1 “第一山” 匾额

图 3.4.3.2《唐华严九会》碑碣

图 3.4.3.3 碑碣侧面题名

图 3.4.3.4 千佛阁正立面

抱真的功德碑，会昌年间李商隐曾赴卦山，读过此碑。碑侧有北宋交城知县高士由等的题名（图 3.4.3.3）。碑文用真书写成，笔画之间又多了行书的飘逸，隽秀潇洒。

山门北侧为千佛阁（图 3.4.3.4），二层楼阁，面阔五间，歇山屋顶，二层用斗拱承托平座。据说千佛阁内原有二层木阁，内置小佛，时至今日损毁严重。千佛阁南侧有明清碑碣七通，其中一通明代铁碑造型奇特（图 3.4.3.5），碑体分块铸成，在碑碣中十分罕见。

穿过千佛阁的门洞，映入眼帘的是大雄宝殿（图 3.4.3.6），五开间悬山顶，上悬一匾“佛教之宗”。大殿殿建于明正德三年。廊柱有四根为石质，其中明间两根内侧有明代隐刻题词——“五戒持成忘翠竹，三乘误入见丹霞”（图 3.4.3.7）。每根廊柱下都有雕刻精美的石柱础一个，造型为狮、象、朝天犼等（图 3.4.3.8）。据传为清嘉庆重修时所加。殿内供奉佛像三尊，泥塑胁侍两尊（图 3.4.3.9），均为明代作品。塑像骨肉匀停、雍容大气，当属佳作。建筑内部运用减柱造（图 3.4.3.10），仅施后金柱两根，可见匠人的大胆。

图 3.4.3.5　明代铁碑

图 3.4.3.7　大雄宝殿石柱题刻

图 3.4.3.6　大雄宝殿正立面

图 3.4.3.8　大雄宝殿前廊柱础

东跨院有圣母庙和瞭敌楼。瞭敌楼为明末清初交城农民起义之时，保护寺院和平之用。

大雄宝殿的北侧为毗卢阁（图 3.4.3.11），康熙四十七年重建。檐下匾额“卦岳爻峰”“万象森然”。毗卢阁为两层三檐歇山顶，最上一檐施五踩斗拱，典型清式风格。首层檐使用圆形的栌斗承托。据称金柱下覆盆形莲瓣柱础为唐代原物。

毗卢阁西侧有地藏殿、三教殿，东有魁星阁。形制规整，又莫不依山就势，楼台殿宇，各如其分。整组寺院因为卦山的烘托，更显出一些灵气自由。

图 3.4.3.9 大雄宝殿殿内塑像

图 3.4.3.10 大雄宝殿梁架

图 3.4.3.11 毗卢阁

4 卦山天宁寺 · 石佛堂㉕

Hall of Stone Buddha in Tianning Temple in Mount Gua

名称与别名	卦山天宁寺
地　　址	交城县卦山路交城卦山景区内
看　　点	布局 · 木结构
推荐级别	★★★
级　　别	全国重点文物保护单位
类　　型	佛寺 · 木结构
年　　代	唐—清
交　　通	乡村，自驾

从天宁寺北侧的山路拾级而上，便来到了卦山景区建筑群的制高点，也是卦山最早建筑——石佛堂。

石佛堂坐北朝南。院内生长着古柏一株（图 3.4.4.1），名蛇头柏，又称龙凤柏，有 1500 多年的树龄。树干上立有小木作观音龛一座（图 3.4.4.2），三开间歇山顶，匾额上书“大慈大悲”，观音龛的斗拱与檐柱的比例、昂尾的切斫上略有相似，应是明代时期接近的作品。

石佛堂创建于贞观元年，据传华严宗初祖法顺曾经来此讲华严经。正殿名“宝灯佛殿”（图 3.4.4.3），于明成化十二年重建。三开间悬山顶，前廊用石柱，与天宁寺大雄殿相类。建筑四椽栿通檐用两柱（图 3.4.4.4），脊枋上有大明成化十二年修建的题记，

图 3.4.4.1 古柏

图 3.4.4.2 小木作观音龛

图 3.4.4.3 石佛堂正殿

其下有 1985 年落架大修的题记（图 3.4.4.5）。

在正中的须弥座上供奉着唐代的石佛一座（图 3.4.4.6），经过后世刷漆鎏金，已经难见当初面目，尚能感到其姿态雍容、线条圆和。左右胁侍观音、文殊、普贤、地藏四菩萨（图 3.4.4.7）。墙壁上留有清晰壁画，根据风格判断，当是 1985 年重修时所绘。

正殿南侧有明清碑碣五通，记载了石佛堂的修缮经历。其中住持行昌立于道光五年的一通碑碣（上部有所残损）比较详尽地讲述了石佛堂和卦山天宁寺历代的修缮经过（图 3.4.4.8）。

图 3.4.4.4 正殿室内梁架

图 3.4.4.5 正殿梁架题记

图 3.4.4.6 殿内石佛

图 3.4.4.8 修缮碑碣

图 3.4.4.7 殿内胁侍及东山壁画

5 玄中寺㉖

Xuanzhong Temple

名称与别名	交城玄中寺，石壁玄中寺
地　　址	交城县洪相乡
看　　点	布局 · 砖、石塔 · 碑碣
推荐级别	★★★
级　　别	全国重点文物保护单位
类　　型	佛寺 · 木结构
年　　代	明—清
交　　通	乡村，自驾

交城玄中寺，又名石壁玄中寺，创立于北魏年间。在千余年的时间里，屡毁屡建，寺院的规模不断扩大，遂成今日融合殿堂建筑、摩崖石刻、墓塔牌坊的壮观景象（图 3.4.5.1）。

寺院坐北朝南，中轴线上自南向北依次为天王殿、大雄宝殿（图 3.4.5.2）、七佛殿、千佛阁，东西两侧设跨院布置僧寮等从属空间，背倚山崖，蔚为大观。现存建筑多为明清遗构，其中明万历三十三年（1605

图 3.4.5.1 交城玄中寺全貌

图 3.4.5.2 交城玄中寺大雄殿正立面

年）重建的天王殿（图 3.4.5.3）为最古老的遗构，也是寺庙仅存的明代遗构。来到玄中寺，是定然要与最南侧的天王殿打个照面的。这座三开间的歇山小殿貌不惊人，内部施两根中柱支承屋脊（图 3.4.5.4），结构颇为工稳。内外梁架、斗拱彩绘保存完好，脊刹（图 3.4.5.5）为明代遗物，颇为难得。

金泰和四年建造的秋容塔（图 3.4.5.6）位于寺东，是一座八角仿楼阁砖塔，十二米高，上下两层，中空，

图 3.4.5.3 交城玄中寺天王殿

图 3.4.5.4 天王殿内部梁架结构

图 3.4.5.5 天王殿脊刹

图 3.4.5.6 秋容塔

图 3.4.5.7 相公宗宿和尚塔

图 3.4.5.8 北魏造像碑

形式朴拙。塔院内现存灵塔若干，分砖塔、石塔两种，尺度约在 3 米至 5 米高，年代跨度自金至清。其中元代幢式石塔（图 3.4.5.7）最具特色，垒石而成，层层相叠，雕饰精美。全塔基本保留了石材的粗犷之感，唯塔身打磨成六角或八角，书写墓主事迹等。

在玄中寺内，留存碑碣众多，年代自北魏（图 3.4.5.8）始至清，非常珍贵。其中一通唐代碑碣《高氏碑》（图 3.4.5.9），是于唐开元二十九年（741 年）由女书法家高氏书写，尤其珍贵。当然这通碑碣也如同玄中寺一样运途多舛，宋元祐五年（1090 年）夏季一场大火使得玄中寺连同《高氏碑》俱被毁，寺主道珍依照留存拓片，重刻《高氏碑》。金大定二十六年（1186 年）春天，再次发生火灾，重刻的《高氏碑》遭到损毁，住持元钊法师依照旧存拓片，再次重刻《高氏碑》。今日《高氏碑》背后竟有这么多曲折故事，不由为之感动与庆幸。

虽然今日玄中寺建筑上的遗存不过明代之久，然而整座寺院的历史并没有因岁月流逝而消弭。这些灵塔和碑碣，就书写着寺庙中一段段记忆和见证。

图 3.4.5.9 高氏碑

6 永福寺㉗

Yongfu Temple

名称与别名	永福寺
地　　址	交城县城东阳渠村中心
看　　点	布局 · 木结构
推荐级别	★★
级　　别	山西省文物保护单位
类　　型	佛寺 · 木结构
年　　代	明—清
交　　通	乡村，自驾

永福寺位于阳渠村中心，南侧立有一座雄伟的戏台（图 3.4.6.1）。寺院经过近年的大修，格局完整，青砖灰瓦，庄重肃穆（图 3.4.6.2）。

根据阳渠村志记载，永福寺始建于隋开皇二年（582 年），在金、明、清历代均有修缮。天王殿檐下悬光绪年间“永福寺”匾额一块（图 3.4.6.3）。

图 3.4.6.1 永福寺戏台

图 3.4.6.2 寺庙全景

寺院共两进院落，中轴线上由南向北依次为天王殿、正殿（旧称大雄宝殿，现悬匾曰“三圣殿”）、后殿（旧称三教殿，现悬匾曰“大雄宝殿”）。两侧有钟鼓楼及禅房、耳殿等。

天王殿为三开间歇山顶，内部供奉四大天王。天王殿两侧各有掖门一座，两侧分峙钟鼓楼。

天王殿中间的正殿是寺院之中最古老的建筑（图 3.4.6.4）。其年代不详，根据相关研究推测，其建造年代应不晚于明洪武年间。建筑面阔三间，进深六椽。内部七架梁通檐用四柱（图 3.4.6.5），使用减柱造，共施金柱五根，前二后三，后柱支撑大额枋，承托七架梁的尾部，这种做法在晋中的金元寺庙中偶有出现。梁架之间尚有襻间斗拱（图 3.4.6.6），可见明显的早期建筑形态遗风。

图 3.4.6.3 “永福寺” 匾额

图 3.4.6.5 正殿内部梁架

图 3.4.6.4 正殿正立面

图 3.4.6.6 正殿歇山顶两山内部构造

3.5 交口县

1 韩极石牌坊及韩极碑亭㉘

Stone archway in commemoration of Han Ji and stele pavilion to Han Ji

名称与别名	韩极石牌坊及韩极碑亭
地　　址	交口县回龙乡韩家沟村
看　　点	石结构
推荐级别	★★
级　　别	山西省文物保护单位
类　　型	牌楼 · 石结构
年　　代	清
交　　通	乡村，自驾

牌坊，在我国古代，起着路标、纪念碑等诸多作用。在我们的传统中，对于祖先的功绩和德行，财力充裕的后人便会通过建立牌坊来纪念和宣扬。然而可惜的是，作为“四旧”的牌坊经历了历史和人为的破坏，今日保存下来的，更是凤毛麟角。雕工精美的韩极石牌坊（图 3.5.1.1）堪称其中佳品。

韩极碑亭与石牌坊是由韩极之子为韩极（1780—1854 年）建造。韩极，字天枢，在咸丰年间，诰封奉政大夫、国子监大学士，世袭“骑都尉”。去世于咸丰四年（1854 年），其子（袭四川通判）建韩极墓楼。次年，皇帝御赐天枢之坊建于河畔，即为今日的韩极石牌坊。

牌坊四柱三楼，仿木结构歇山顶牌楼。匾额、椽飞、斗拱，都忠实依照木牌楼的形态，其精妙，甚至让观

图 3.5.1.1 韩极石牌坊

者忘记了它是石材雕琢成的。牌楼的基座颇为简洁，四根石柱前后各出抱鼓石，石上立狮子（图 3.5.1.2），远望过去，似乎颇有点把狮子当赑屃用的感觉。据称石牌坊在 2012 年时，尚未得到妥善保护，下半截埋于土中，或许因此抱鼓石损毁较为严重，现在所见的都是新替换的构件。牌坊的上半部分修缮相对较少，横梁上的“诰封奉政大夫韩翁韩极字天枢之坊”（图 3.5.1.3）和“大清咸丰五年岁次乙卯夏六月中翰吉旦敬立”，连同柱上的楹联，清晰依旧。牌匾“龙德褒嘉”（图 3.5.1.4），也象征着家族的无上荣耀。

不过脑海中突然浮现出马可·奥勒留的话：“有多少人在享受赫赫威名之后被人遗忘了，又有多少人在称颂别人的威名之后亦与世长辞。”百余年的时光，当地人或许都忘却了韩极显赫的家族，但是这座牌坊，却像地标一样，在交口县城中留下了难以磨灭的烙印。

图 3.5.1.2 韩极石牌坊柱下石狮

图 3.5.1.3 韩极石牌坊横梁

图 3.5.1.4 韩极石牌坊牌匾

3.6 临县

1 碛口古建筑群㉙

Ancient Architectural Complex at Qikou Town

名称与别名	碛口古建筑群
地　　址	临县城南 50 公里碛口镇
看　　点	布局 · 环境
推荐级别	★★★
级　　别	全国重点文物保护单位
类　　型	民居 · 砖结构
年　　代	明—清
交　　通	乡村，自驾

《汉书》云：“激水为湍，积石为碛。”九曲黄河，险滩无数，“碛口”这个名字生动地道出了它身畔黄河的脾气——水流湍急、含砂带石。

碛口位于黄河和湫水河相交之处，古镇向河道凸出（图 3.6.1.1），成为旧时黄河中游重要的码头，在康乾年间尤甚，有“九曲黄河第一镇”的美称。作为码头，周转货品，自然商业发达。现在古镇之中留存的客栈、当铺、钱庄、票号便足以反映当时此地的繁荣。

碛口古镇的布局上和一般的中原城镇不同，并非方形城郭、中轴对称，而是沿黄河岸呈线性铺陈（图 3.6.1.2）。主街三段（西市街、东市街、中市街）南北向，绵延两公里余，平行于黄河，又从主街道向东西延伸出十三条小巷，小巷垂直于等高线，贯穿起逐层升高的院落。试想春花葳蕤之时，从坡上沿着曲折的小巷一路西行，石板路微微起伏，两侧绿意盎然，路尽见黄河，又豁然开朗，是多么赏心悦目的体验。

可惜我们是冬日抵达，所以建筑此时成为了古镇的主角。在小巷中总能不经意发现挂牌的古建筑，它们形态、功能各异。

西市街以粮油店为主。永顺店（图 3.6.1.3）建于乾隆年间，是碛口最早的店铺，在 1949 年后仍然开张，经营过肉类和面食。广生源（图 3.6.1.4）则是民国年间晋西首富陈氏三兄弟在碛口的商号，建筑为古镇罕见的三层，底层窑洞形制，用以经营铺面，气派辉煌。东市街多经营骡马骆驼店。福顺德骆驼店（现为福顺德客栈）（图 3.6.1.5），是碛口最大的一家骆驼店。三面两层窑洞，围合成巨大的院落。据称院内场地一半铺石板供客人往来，另一半裸露黄土供骆驼休息，并设食槽中市街多为票号和金融机构。其中李家山村“万益成”是李氏家族的祖宅（图 3.6.1.6），李氏家族在清代中叶曾经经营过数十家店铺，财运亨通，显赫一时。入口朝西，内部由窑洞围合成四合院，虽然

图 3.6.1.2 碛口古镇面貌

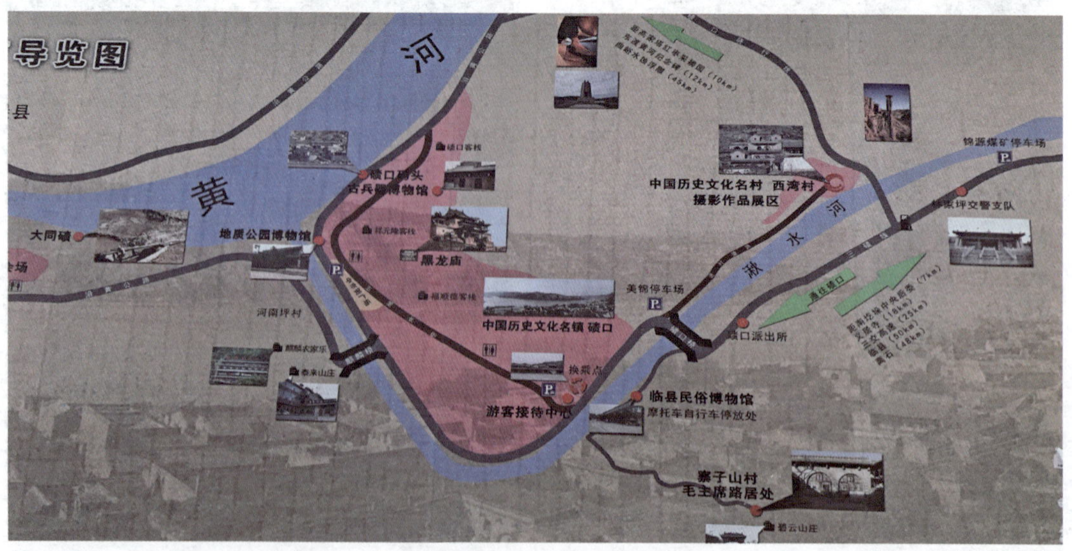

图 3.6.1.1 碛口古建筑群地图

图 3.6.1.3 “永顺店”入口

图 3.6.1.4 “广生源”主要建筑

图 3.6.1.5 福顺德客栈院落

今日已经由多家混住，然而从其装修雕饰上仍能体会到豪门大院的讲究雅致（图 3.6.1.7）。

位于碛口古镇制高点的，是其宗教活动中心黑龙庙（图 3.6.1.8）。黑龙庙位于碛口古镇东侧的山坡上，其宗教的感召意义不言而喻，而寺庙戏台也成为了旧时人们闲暇休闲的不二选择。时至今日，来黑龙庙的更多是四面八方的游客。然而，其山门上的对联——“物阜民熙小都会，河岳声色大文章”——仍然让我们梦回碛口过去物阜民丰、车水马龙的景象。

碛口古镇今日新建的民居仍然保留有过去的韵味，二层小楼、连续拱券、青砖平顶（图 3.6.1.9），和镇中的旧建筑和谐统一，街边的小摊贩也卖着手编筐和虎头枕（图 3.6.1.10）。左襟青山，右带黄河，倒映湛湛青天，悠悠白云，时间凝固于斯，刹那即万古。

图 3.6.1.6 “万益成”现状

图 3.6.1.7 李氏祖宅装修

图 3.6.1.8 黑龙庙全景

图 3.6.1.9 碛口古镇新建民居

图 3.6.1.10 古镇小贩

2 善庆寺㉚

Shanqing Temple

名称与别名	善庆寺
地　　址	临县大禹乡府底村
看　　点	布局 · 木结构
推荐级别	★★★
级　　别	全国重点文物保护单位
类　　型	佛寺 · 木结构
年　　代	元
交　　通	乡村，自驾

善庆寺，据县志记载，始建于隋代，名善训寺，唐代改称善庆寺，元朝扩建，今日寺中最古建筑亦是元代遗构。寺院（图 3.6.2.1）坐落在村庄中，午后时很多老人坐在寺前的台阶上打牌、聊天，一派安详。

寺院最南侧为山门，进入后被内部浮夸的装饰吓了一跳，定睛一看，梁下题记“……始建于隋毁于一九七六年是为记”（图 3.6.2.2），原来是现代重建，便默默离开了。

图 3.6.2.2 山门内部梁架

图 3.6.2.1 善庆寺入口

山门以北，东西两侧，厢房（图 3.6.2.3）各五间。悬山顶，三椽栿对前劄牵用三柱，梁架上尚有斑驳的彩画，梁下有“大明正统三年……”的题记（图 3.6.2.4），脊枋下有“乾隆十九年……”的题记，内部的屋架交接方式——脊檩两侧叉手、侏儒柱上施斗拱再承檩的做法都有早期木结构的遗风，建筑历经数次修缮，仍保持了旧时的样貌。

院落北侧的台基上坐落着寺院的主殿——大雄宝殿（图 3.6.2.5）。大雄宝殿面阔五间悬山顶，出前

图 3.6.2.3 东厢房正立面

图 3.6.2.4 东厢房内部梁架题记

图 3.6.2.5 善庆寺大雄宝殿

图 3.6.2.6 大雄宝殿前廊斗拱结构

图 3.6.2.7 大雄宝殿内部垂莲柱

廊。前檐斗拱补间铺作用真昂，后尾搭在下平槫下（图 3.6.2.6）。梁架结构为四椽栿对前劄牵用三柱，只施两根后金柱，通过大内额连接。次间四椽栿前后两端用了垂莲柱（图 3.6.2.7）。脊枋下有元至元六年（1269 年）的题记，成了为建筑断代的依据之一。梁栿的用材上切斫较为随意（图 3.6.2.8），很大程度地保留了木材的自然之态，这种“野趣”，或许在元代建筑中也最为多见吧！

图 3.6.2.8 大雄宝殿内部垂莲柱

3 义居寺㉛

Yiju Temple

名称与别名	义居寺
地　　址	临县三交镇枣圪挞村
看　　点	石窟 · 木结构 · 壁画
推荐级别	★★★★
级　　别	全国重点文物保护单位
类　　型	佛寺 · 木结构
年　　代	元—清
交　　通	乡村，自驾

义居寺位于临县湫水河西岸，从北侧驶来，经过一座现代石牌坊。远远望去，庙宇错落（图 3.6.3.1），山野蔚然。停车进入，有老僧带我们向东参观，庙堂灵塔都是现代建筑（图 3.6.3.2），颇为诧异，详细问起，才知北侧的建筑群是近年增建，古建筑是在南侧。

行至南侧，典型的山门与钟鼓楼让我们心绪稍安。走入山门，面前是天王殿（图 3.6.3.3），面阔五间，进深六椽，悬山顶，四椽栿对乳栿用四柱（图 3.6.3.4），结构工稳。最打动人的要数满墙的壁画。从东侧山墙剥落的痕迹来看，壁画经历了至少两次绘制。底层（图 3.6.3.5）为早一些的，线条较为暗淡纤细；上一层（图 3.6.3.6）为较后期的，风格为类似水陆画的人物

图 3.6.3.1 义居寺东侧全景

组群，上下共分三行排列整齐，线条稍显浓重。就艺术水平而言，下层的壁画线条更为圆和灵动。北墙整面墙风格与东墙下层的早期作品相类，人物成组绘制，但是构图上更为灵动，每组画幅的场景感也更强。墙壁右上角保存完好的部分，可以看到一组僧人讲经说法的场景（图 3.6.3.7）：高僧们身着红色袈裟，后有圆光，或垂足或盘腿而坐；普通僧侣们恭敬站立。在床榻左侧，有一名小和尚探头仰面，努力聆听，颇为可爱。西侧墙壁为早期作品与东墙的晚期作品类似（可见修缮时亦参考了原有风格与主题），构图方式同样为人物群组，布局比东墙更加疏朗、灵活。每一组人物都有标签注明身份（图 3.6.3.8）。如“冥府十王”“安济夫人”“风云雷雨诸龙神”“五岳圣众”“四海龙王”等，可见庙内供奉了各路神仙，可谓济济一堂，颇为壮观。

走出庙宇，其西北侧有小路抵达万佛洞（图 3.6.3.9）。万佛洞其实是一座石窟，内有石柱两根，内壁和柱上密集开洞，镶嵌佛像（图 3.6.3.10），因此称为“万佛洞”。天花（图 3.6.3.11）上雕刻各种动物、人物、花草，颇有早期雕刻的稚拙之气。

图 3.6.3.2 义居寺灵塔

图 3.6.3.3 义居寺天王殿南立面

图 3.6.3.4 天王殿内部梁架

图 3.6.3.5 天王殿壁画底层

图 3.6.3.6 天王殿壁画上层

图 3.6.3.7 天王殿南壁壁画，僧人讲经说法

图 3.6.3.8 西侧墙壁人物组群

图 3.6.3.10 万佛洞内景

图 3.6.3.9 万佛洞外景

图 3.6.3.11 万佛洞天花

3.7 柳林县

1 观音庙㉜

Temple of Avalokitesvara

名称与别名	观音庙，观音堂，白衣庵，清泉寺
地　　址	柳林县薛村镇薛村河南岸古神坡
看　　点	布局 · 木结构
推荐级别	★★
级　　别	山西省文物保护单位
类　　型	佛寺 · 木结构
年　　代	明—清
交　　通	乡村，自驾

古神坡因山腰有清泉，又名清泉山，观音庙因此又名清泉寺。从薛村镇向南过桥跨薛村河，东行千米，便会看见半山腰上的观音庙（图 3.7.1.1）。

观音庙位于山阴，寺庙大体方位坐东朝西，形成两进狭长的院落。观音庙山门前有碑廊，内有清代到民国年间的碑碣若干（图 3.7.1.2）。碑廊东侧，映入眼帘的是山门和鼓楼，鼓楼南侧悬挑出山体（图 3.7.1.3）。前院有钟鼓楼及僧舍三间，两进院中间通过照壁相隔。后院东为正殿观音殿，南北两侧为配殿，院落中间建韦陀楼。

观音庙始建年代不详，根据寺庙中碑碣记载，寺庙曾于明万历四十二年（1614 年）重修，清代康熙以降屡有修葺。

观音殿（图 3.7.1.4）为明代遗构，三开间硬山顶出前廊。廊内两稍间有壁画存留（图 3.7.1.5），主色调为红绿，人物形象完整，神韵生动。两配殿为清代所修，各三间窑洞，配木结构前廊，阑额上彩画精致鲜艳，雀替上雕刻有祥花瑞草（图 3.7.1.6），雕工精美。而院落之中的韦陀楼四角攒尖，黄色琉璃顶（图 3.7.1.7），在院落其他建筑的青瓦顶之中，俨然眉心痣一点，让院落的气氛活泼起来。

在这个格局不大的小寺院中，植有不少柏树，阳光洒入，满院阴翳。更增添了几分幽静气氛。正应和了山门上嘉庆八年的匾额“山明水秀”（图 3.7.1.8）。在清泉山阴，薛村河南，有此清凉胜地，确能洗去旅途的舟车劳顿。

图 3.7.1.1 观音庙外景

图 3.7.1.3 观音庙山门和鼓楼

图 3.7.1.2 观音庙碑廊

图 3.7.1.4 观音殿院落

图 3.7.1.5 观音殿廊内壁画

图 3.7.1.7 韦陀楼

图 3.7.1.6 配殿雀替雕饰

图 3.7.1.8 “山明水秀” 匾额

2 柳溪寺舍利塔㉝

Stupa in Liuxi Temple

名称与别名	柳溪寺舍利塔
地　　址	柳林县庄上镇辉大峁村
看　　点	砖结构
推荐级别	★★
级　　别	山西省文物保护单位
类　　型	塔 · 砖结构
年　　代	清
交　　通	乡村，自驾

柳溪寺舍利塔是我们柳林县最后一站，觅塔之路艰难。不断问询后，自辉大峁村沿着山路向东行约两三千米，与夕阳赛跑，终于在天黑前来到了古塔脚下。

柳溪寺现寺庙不存，唯余砖塔一座，立于山上，白色石阶通向塔底，别有巍峨庄严之感。

柳溪寺舍利塔是一座清代砖塔（图 3.7.2.1），楼阁式仿木结构，八层八角。除首层南面开门外，各面中间开砖券。其一至四层每面设平身科斗拱两朵，五层以上一朵。阑额、普拍枋、椽、飞一应俱全(图 3.7.2.2)，乍看之下比较中规中矩。而塔身的收分也很“清代”，灵动不足，较有工拙之气。

然而走进塔后，会发现塔的平面设计十分有趣。平面为正八边形，中间实心，周围布楼梯。其中正南、正北两方位为休息平台，可以走近券门，极目远眺（图 3.7.2.3）。其余方位则三边为一组，盘旋上升，直至上一层，以八边形中心为原点形成中心对称的布局。这样的布局下，除了正南北方向外，如果通过其他方位的窗洞观景，则需要跨过楼梯之上的沟堑（图 3.7.2.4），所以如果你跟我们一样在天色已暗之时登塔，请务必注意安全。

沿着长长的楼梯走下舍利塔，穿过新修的牌坊“真如门”（图 3.7.2.5），回望的一瞬间，但见宝塔和楼梯被灯光点亮，苍黄的砖色更显明媚，似乎让夜空的星辰也都有了归宿。

图 3.7.2.1 柳溪寺舍利塔全貌

图 3.7.2.2 舍利塔檐部雕刻细节

图 3.7.2.3 舍利塔远眺景象

图 3.7.2.4 舍利塔沟堑

图 3.7.2.5 新牌坊“真如门”

3 南山寺㉞

Nanshan Temple

名称与别名	南山寺，清泉寺
地　　址	柳林县孟门镇
看　　点	布局 · 木结构
推荐级别	★★
级　　别	山西省文物保护单位
类　　型	寺庙 · 木结构
年　　代	明一清
交　　通	乡村，自驾

南山寺，又名灵泉寺，因其寺门东有甘泉一道，称“灵泉吐玉”，因而得名。据州志记载，唐太宗于贞观十三年（公元639年）驾幸此地，见此地山势俊美，命尉迟敬德修建殿宇。其规模壮大，环境优雅，成为唐代永宁八大官寺之首。金大定年间，世宗钦赐“灵泉寺”匾额。寺内有“灵泉十景”（图3.7.3.1）：黄河晚渡、孟门烟雨、翠柏云屏、东流环碧、灵泉吐玉、钟绽神纹、森林玉带、秋鸟归山、柏报莲盆、端阳花信，一时无数文人骚客吟咏。惜于乾隆四十六年（1781年）寺院毁于火焚。寺院于嘉庆、道光年间重建、修葺，又于20世纪中叶被毁，庙宇中现存的木结构建筑均为改革开放以来修建。

寺院坐北朝南，现有院落两进，最主要的建筑为中央的大雄宝殿（图3.7.3.2）。大殿仿照唐式建筑，面阔五间，歇山顶，施双杪双下昂七铺作偷心造斗拱，补间施人字拱。内部有嘉庆、道光修缮碑碣四通。大殿东西为碑廊，内有清代文人遗诗数篇。其中康熙四十六年（1707年）永宁知州谢汝霖题诗（图3.7.3.3）：“翠柏森森野寺幽，隋唐遗业仅山丘。门前一点灵泉发，独对黄河万古流。”虽然知州的文采稍逊，不过毕竟时人有幸能见到“隋唐遗业”，不由让人羡慕不已。

大雄宝殿之前原有三层楼阁一座，为乾隆时期火灾之后重建，辉煌壮丽，现已不存，唯余砖基柱础，可窥当时繁荣。

院落最北侧为一排窑洞（图3.7.3.4），是明代所修，为南山寺建筑遗存之中最古的。因为其位无梁殿，砖结构，幸运地躲过了火灾的劫难。

院落东侧有八角亭一座（图3.7.3.5），即为“灵泉”之井所在。据管理寺院的师傅说，井内之水由于水位下降，难有“吐玉”之态，现在井内的水是用水泵泵上来的（图3.7.3.6）。

东侧山上有古佛殿一座（图3.7.3.7），从建筑形制推测应为清代遗存，是俯瞰南山寺院落的极好地点（图3.7.3.8）。西侧黄河滚滚，四围群山连绵，眼前建筑虽历经劫难，仍更迭不息，让人也不禁像前人一样，发思古之幽情。

图3.7.3.2 南山寺大雄宝殿正立面

图3.7.3.1“灵泉十景”碑碣

图3.7.3.3 谢汝霖碑碣

图 3.7.3.4 院落北侧窑洞

图 3.7.3.5 院外八角亭

图 3.7.3.6 八角亭水井

图 3.7.3.7 古佛殿全景

图 3.7.3.8 南山寺俯瞰

4 双塔寺㉟

Shuangta Temple

名称与别名	柳林双塔寺，观音院
地　　址	柳林县城贺昌村羊道口西侧
看　　点	布局 · 木结构
推荐级别	★★
级　　别	山西省文物保护单位
类　　型	佛寺 · 木结构
年　　代	明—清
交　　通	乡村，自驾

双塔寺在贺昌村算地标一样的存在，觅之不难。辗转街巷，映入眼帘的是山门和两侧耸峙的双塔。双塔形象不同，风格迥异。虽然都是八边形砖塔，西塔为典型的楼阁式塔（图 3.7.4.1），塔分五层，层层出檐，有的面中间开盲窗；东塔却颇有一些欧洲塔楼的感觉（图 3.7.4.2），立面朴素，塔顶较尖。两者的对比格外诙谐。

双塔寺始建年代不详，元至正元年（1341 年）重修，明成化十四年（1478 年）乡绅闫大纲独资重修。明弘治年间，闫大纲之子闫文实在寺内增建砖塔两座，寺庙由此易名。光绪年间寺院主持贾逢时募化修葺。道光年间，清代书法家、时任永宁州知州的王继贤题

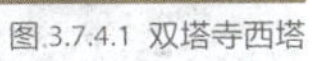
图 3.7.4.1 双塔寺西塔

图 3.7.4.2 双塔寺东塔

图 3.7.4.3 双塔寺山门及匾额

写寺门匾额（图 3.7.4.3）。

寺庙坐北朝南，两进院落。中轴线上由南向北依次为山门、戏台、正殿。两侧有双塔、钟鼓楼、配殿厢房等。

双塔北侧为钟鼓楼和戏台（图 3.7.4.4）。戏台坐南朝北，三开间歇山顶，背面为弥勒阁，彩画繁复、雕饰精美。

正殿立于台基之上(图 3.7.4.5)，为三开间悬山顶，和戏台在轴线上形成呼应。檐下有匾额曰“圆通殿”。外檐平身科斗拱的昂尾插入内檐平身科坐斗之内。铺作层上留存有较早的彩画。柱子、阑额上的彩画和壁画则为近年修缮所补。两侧配殿为双层窑洞形制，附木结构前廊。每孔窑洞供奉不同的神祇。在正殿门前我们发现残缺经幢一座（图 3.7.4.6），字迹漫漶不清，年代不详，可读之处讲述了供奉的菩萨和捐赠的功德。

图 3.7.4.4 双塔寺戏台北立面

图 3.7.4.5 双塔寺正殿正立面

图 3.7.4.6 正殿前残缺经幢

5 香严寺㊱

Xiangyan Temple

名称与别名	香严寺
地　　址	柳林县城东北隅山阜之处
看　　点	布局 · 木结构
推荐级别	★★★★
级　　别	全国重点文物保护单位
类　　型	佛寺 · 木结构
年　　代	金—清
交　　通	县城，公交 / 自驾

香严寺建于台地之上，坐北朝南，南侧依崖建起四层窑洞（图 3.7.5.1），连续的拱券颇有一点威尼斯总督府的气势。香严寺天王殿和钟鼓楼翼然其上，飘然有俯瞰众生之概。

店内形制规整，初看与其他寺庙大同小异，在山西这样的古建筑遗存大省不算突出，然其建筑群落的完整延续，其中“一宋、两金、五元、三明、两清”的遗构济济一堂，实在蔚为大观。

结合州志、府志和勘察判断，香严寺始建时间不晚于唐德宗贞元年间，金正隆、大定年间修缮。元明清时屡有修缮。

香严寺有中院、西跨院两组院落。中院中轴线上依次分布天王殿、大雄宝殿、毗卢殿，两侧分峙钟鼓楼与诸配殿。其中钟鼓楼为清代建筑（图 3.7.5.2），平面方形，四根永定柱支撑建筑的主体结构，廊柱与通柱通过抱头梁相联系。二层平座相当简洁，斗拱徒为装饰，都体现了清代建筑的特征。梁架上有彩画存留，额枋上除纹饰外还绘制有佛教故事（“双林入灭”）（图 3.7.5.3）。西侧由北到南坐落明代遗构三座——藏经阁、崇宁殿、七佛殿。在香严寺后原有千佛宝塔一座，为六边形实心塔，布满小龛，内置佛像。在抗战时期被日军拆毁做碉堡。

在香严寺之中，可以领略到不同时期建筑遗存的特征，大木小木、砖雕、琉璃、塑像，既有当世营造的格局，又有后世修缮的痕迹。值得一提的是，日军拆毁宝塔之时，也砍伐了满山的古柏，让人痛心。居住香严寺的和尚高殿功从 1946 年开始栽松植柏，这些树木今已亭亭如盖（图 3.7.5.4）。虽然由于 1956 年高殿功的圆寂，香严寺的法事停止，但是这古树和建筑背后所蕴藏的世代更迭背后生生不息的力量，实在令人感动。

图 3.7.5.1 南山寺南侧全景

图 3.7.5.2 钟鼓楼

图 3.7.5.3 钟鼓楼额枋彩画

图 3.7.5.4 香严寺松柏

6 香严寺·大雄宝殿等㊲

Main Hall of Xiangyan Temple

名称与别名	香严寺·大雄宝殿、伽蓝殿、地藏十王殿
地　　址	柳林县城东北隅山阜之处
看　　点	布局·木结构
推荐级别	★★★★
级　　别	全国重点文物保护单位
类　　型	佛寺·木结构
年　　代	金—清
交　　通	县城，公交/自驾

天王殿北侧为大雄宝殿，尺度相对更大，空间上形成递进关系。

大雄宝殿为金代建筑，面阔五间进深六椽（图 3.7.6.1），悬山顶出前廊，屋顶铺绿琉璃。殿内佛龛镶嵌元代砖雕（图 3.7.6.2），共计 108 块，雕有祥花瑞草等图案，工艺精美。明间结构为四椽栿对前后劄牵用四柱。稍间的后金柱干脆减掉，明间两根后金柱承托大额枋，上载梁栿及屋盖重量。这样的做法在山西金代建筑之中亦有他例。次间后檐柱斗拱后尾作月梁状（图 3.7.6.3），搭接在大额枋之上。为工稳的梁架结构增添了一丝活泼的气氛。梁栿上施叉手与托脚，叉手支撑于脊槫两侧，颇有早期风格。殿外存有修缮碑碣若干，较早的有元大德年间修缮碑碣两通（图 3.7.6.4），以及明天顺元年经幢一座。相对照可以管窥寺庙的修缮沿革。

伽蓝殿作为配殿（图 3.7.6.5），为元代建筑，位于大雄宝殿东侧，面阔五间进深四椽，悬山顶，出前廊，算是香严寺中配殿的典型形制——三椽栿对前劄牵通檐用三柱。屋顶为黑釉琉璃，脊筒浮雕精美。

地藏十王殿处于大雄宝殿西侧（图 3.7.6.6），为元代建筑，尺度和规制与伽蓝殿基本一致，据传内部塑像造型精美然而损毁严重。我们谒庙之时，十王殿的塑像正在维修，时已日暮，保护人员仍辛勤不辍。在心生敬意的同时，也对塑像的未来充满期待。

图 3.7.6.1 香严寺大雄殿正立面

图 3.7.6.2 大雄殿佛龛砖雕

图 3.7.6.3 大雄殿次间后檐柱斗拱后尾

图 3.7.6.4 元代修缮碑碣

图 3.7.6.5 香严寺伽蓝殿前廊

图 3.7.6.6 香严寺地藏十王殿

7 香严寺·东配殿、天王殿㊳

Eastern Side Hall/Hall of Heavenly Kings of Xiangyan Temple

名称与别名	香严寺·东配殿、天王殿
地　　址	柳林县城东北隅山阜之处
看　　点	布局·木结构
推荐级别	★★★★
级　　别	全国重点文物保护单位
类　　型	佛寺·木结构
年　　代	宋—元
交　　通	县城，公交/自驾

天王殿面阔三间悬山顶（图 3.7.7.1），进深四椽，元代建筑。补间铺作施真昂，昂尾作蚂蚱头，柱头铺作施假昂，这种做法也见于吕梁诸多其他的元代建筑之中。正脊的脊刹布列力士、凤凰、狮子（图 3.7.7.2），经勘查为明代所作。梁架结构为三椽栿对前劄牵通檐通檐用三柱（图 3.7.7.3）。天王殿“一殿多用”，北侧看来即为山门，上悬“香严寺”匾额，为宣统二年所书。

东配殿三间四椽悬山顶（图 3.7.7.4），坐东向西。面阔三间，进深四椽，尺度小巧。

东配殿乍看上去和其北侧的观音殿风格十分类似，梁架结构又和上述天王殿大同小异，然而测绘考证的结果却证明了它是寺庙中最老的建筑，也是唯一一座宋代遗构。

根据《柳林香严寺研究与修缮报告》实测，东配殿铺作单材高 19 厘米（宋代营造尺 6 寸），约为六等材；材厚 12.67 厘米，也与六等材厚基本吻合。类比《营造法式》六等材厅堂造的进深、举架的规定，二者相差无几。此外，在柱头的卷杀、叉手的角度、梁栿的垫墩、襻间斗拱的用材上都能看到宋代的痕迹。后檐柱无普拍枋，柱头直接承接斗拱（图 3.7.7.5），体现了早期建筑的特征。乳栿骑于栌斗之内，梁头缩小为单材宽，嵌于隔口包耳，向外出头（图 3.7.7.6）。这种构造看似和我们意识中的“宋式建筑”颇不相同，是因为见惯了殿堂式建筑明显的生起和屋顶和缓的曲线。东配殿这种小尺度的厅堂式建筑反而特征不甚明显，好在我们有幸能从凤毛麟角之间透漏出的宋式特征感受到它低调的韵味。

图 3.7.7.1 天王殿正立面

图 3.7.7.3 天王殿内部梁架

图 3.7.7.2 天王殿脊刹

图 3.7.7.4 香严寺东配殿

图 3.7.7.5 香严寺东配殿柱头与斗拱关系

图 3.7.7.6 东配殿内部梁架

8 香严寺 · 毗卢殿等㊴

Hall of Veirocana of Xiangyan Temple

名称与别名	香严寺 · 毗卢殿、观音殿、慈氏殿
地　　址	柳林县城东北隅山阜之处
看　　点	布局 · 木结构
推荐级别	★★★★
级　　别	全国重点文物保护单位
类　　型	佛寺 · 木结构
年　　代	金—明
交　　通	县城，公交 / 自驾

穿过大雄宝殿，便来到了香严寺最北侧，也是体量最大的殿宇——毗卢殿（图 3.7.8.1）。

毗卢殿为金代建筑，面阔五间，进深六椽，歇山顶，殿顶施绿色琉璃。毗卢殿的平面为“凹”字形，边间金柱置于山墙内（图 3.7.8.2），唯明间次间出前廊。这样的设计使得室内空间面积增大，立于其中的视觉感受也更加宽敞。梁架结构为四椽栿对前后劄牵

图 3.7.8.1 毗卢殿正立面

图 3.7.8.2 毗卢殿边间金柱

图 3.7.8.3 毗卢殿梁架结构

图 3.7.8.4 毗卢殿两山斗拱做法

用三柱（图 3.7.8.3），因为前廊的处理手法，在室内看来，只见一排后金柱。两山补间铺作后尾压在下平槫下（图 3.7.8.4），而柱头铺作则纯粹为装饰功能，与常规的歇山顶做法相异。构架上驼峰、托脚以及四椽栿两端斗口跳的做法，都保留了早期建筑的特征。毗卢殿的正脊两端一对绿色鸱吻（图 3.7.8.5）、脊刹均为金代遗物，鳞片清晰，造型生动，正脊上雕有龙凤、莲花等图案，精致生动。

观音殿位于毗卢殿东侧，规制与东配殿相类，为元代建筑。虽然其与观音殿同为面阔三间进深四椽（图 3.7.8.6），然而其后檐柱头上施普拍枋（图 3.7.8.7），也是可以判断其晚于东配殿的依据。

慈氏殿位于观音殿对称位置（图 3.7.8.8），元代建筑，形制几与观音殿完全相同。

图 3.7.8.5 毗卢殿鸱吻

图 3.7.8.7 观音殿后檐普拍枋

图 3.7.8.6 观音殿内部梁架

图 3.7.8.8 香严寺慈氏殿

9 玉虚宫下院㊵

Lower Compound of Yuxu Taoist Temple

名称与别名	玉虚宫下院
地　　址	柳林县城青龙城宝宁山
看　　点	布局 · 环境
推荐级别	★★
级　　别	全国重点文物保护单位
类　　型	佛寺 · 木结构
年　　代	明
交　　通	乡村，自驾

玉虚宫位于宝宁山上，坐南朝北，依山而建，从山脚下台阶直通山门，颇有“凌虚”之势。建筑的格局也与一般庙宇不同，建筑群分上下两组（图 3.7.9.1），上院居南侧，有山门、圣母殿、子孙乳母殿，主要为清代建筑；下院主要为明代建筑，分东西两院，东院中轴上有石砌台阶、山门、玄天殿，西院内设有偏门、观音殿、药王殿、弥陀殿。玄天殿、观音堂、药王殿、弥陀殿等四座建筑之间组团分布（图 3.7.9.2），少了几分正襟危坐的庄严，多了几分安闲从容的野趣。

北侧四座建筑中，玄天殿（图 3.7.9.3）是规格等级最高的建筑，立于台基上，面阔五间，进深四椽，出前廊，单檐悬山顶。“玄天殿”匾额为明代正德五

图 3.7.9.1 玉虚宫下院全景

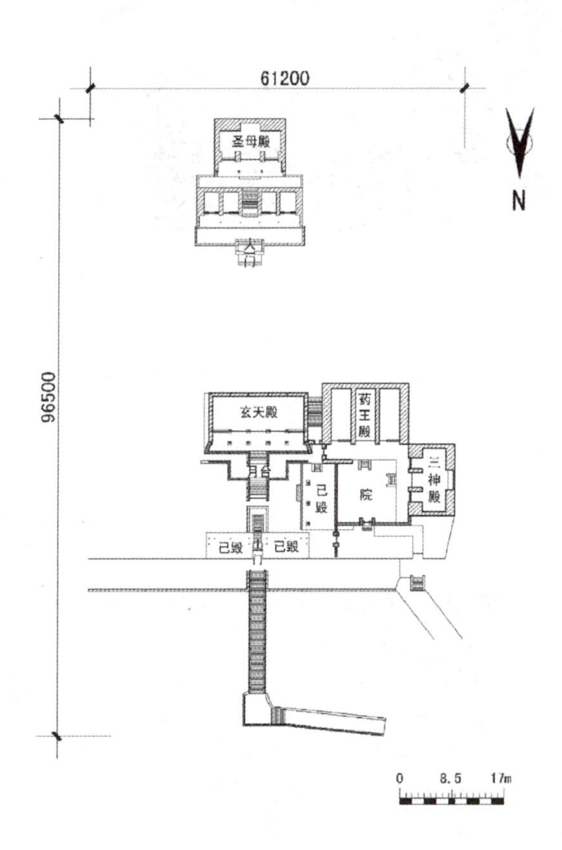

图 3.7.9.2 玉虚宫总平面图

图 3.7.9.3 玄天殿正立面

图 3.7.9.4 玄天殿梁架题记

年（1510 年）遗存。殿内脊檩（图 3.7.9.4）题记“明万历二十八年”重建，有小木作神龛一座（图 3.7.9.5），供奉真武像，神龛和塑像也俱为明代原物。前廊两侧有砖八字影壁（图 3.7.9.6），嵌二龙戏珠琉璃件，精致华美。在正脊脊刹（图 3.7.9.7）上书写万历二十九年（1601 年）信士张思瞵募化重建，琉璃脊饰的烧造时间略晚于大殿大木结构修缮完成的时间。这些确凿的年份也为我们提供了玄天殿重建的年代脉络。

玉虚宫下院在抗日战争时期曾被日军损毁，满山柏树被砍伐无存。1950 年以后，张在珠老人和青龙城农民，在玉虚宫周围植树一千余株。我们今日所见的郁郁葱葱，离不开前人们的努力耕耘。而把文物完好地传承给后人，也是今日我们无法推卸的责任。

图 3.7.9.5 明代神龛和真武像

图 3.7.9.7 玄天殿脊刹

图 3.7.9.6 玄天殿前八字影壁

3.8 石楼县

1 后土圣母庙㊶

Temple of Goddess of the Earth

名称与别名	后土圣母庙，殿山寺
地　　址	石楼县义牒镇后山村委殿山村
看　　点	塑像 · 木结构
推荐级别	★★★
级　　别	全国重点文物保护单位
类　　型	祠庙 · 木结构
年　　代	元—清
交　　通	乡村，自驾

“殿山村”，即是以后土圣母庙命名；圣母庙，又名殿山寺。二者在名字上就有一点血脉融合、相互依存的意味。今日的殿山村不复昔日盛况，居民迁出，村庄废弃，早已没有鸡犬相闻的田园景象，然而后土圣母庙仍然挽留住最后的香火，守护着这座村落和它的历史。

圣母庙的创建年代不详，寺内遗存的元代灯柱（图 3.8.1.1）上有“元至正七年（1347 年）……”字样，阐明了元代重修的时间，也说明寺庙的建制不晚于元代。

圣母庙（图 3.8.1.2）的格局颇为简单——山门、正殿、戏台和东西配殿组成一组四合院。

山门背后为戏台（图 3.8.1.3），歇山顶，坐南朝北，坐落在砖台基上。戏台小巧玲珑，面阔 5.25 米，进深 5.15 米，均为一间，每间各缀平身科斗拱两朵。从廖奔先生在《文物》1989 年第 7 期记载的戏台图片（图 3.8.1.4）上看，其正面原有八字影壁，左右次间各增立柱一根。脊檩（图 3.8.1.5）上有大清光绪年间上梁的题记。然而不论是斗拱的形态做法抑或是阑额普拍枋的比例，都不似清代晚期之作，光绪年间的上梁，只是修缮之举。据文物部门考证，台基墙裙旧砖的尺寸接近宋砖，而斗拱、梁架木构则被认定为元代遗物。元代留存的戏台，在晋西、晋北更是十分罕见。同时，它也成为了国内现存元代戏台中尺度最小的一座。

正殿（图 3.8.1.6）为无梁殿形制，面阔三间，前有木结构插廊，与两配殿连接。三间砖窑在内部是贯通的，每间供奉圣母像一尊（图 3.8.1.7），胁侍一对；背后则是悬塑亭台楼阁，内有百子嬉戏（图 3.8.1.8），神态各异，憨态可掬。这些塑像为明代遗物，据说时至今日也掌管着附近居民的求子事宜。

图 3.8.1.1 元代灯台

图 3.8.1.2 圣母庙全景

图 3.8.1.3 戏台正立面

图 3.8.1.4 戏台老照片

图 3.8.1.5 戏台题记

图 3.8.1.6 圣母庙正殿正立面

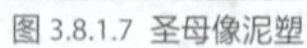
图 3.8.1.7 圣母像泥塑

图 3.8.1.8 百子彩塑细节

2 仁泉寺[42]

Renquan Temple

名称与别名	仁泉寺
地　　址	石楼县义牒镇下河村
看　　点	布局 · 木结构
推荐级别	★★
级　　别	山西省文物保护单位
类　　型	佛寺 · 木结构
年　　代	明—清
交　　通	乡村，自驾

行走在吕梁树木鲜少、黄土茫茫的山野上，见到仁泉寺这样规模宏大、形制完整的寺庙，也着实让人兴奋。

仁泉寺坐北朝南，山门（图 3.8.2.1）和戏台合而为一。砖拱券上即为倒座戏台——一座三开间悬山顶的建筑。戏台（图 3.8.2.2）被粉饰一新，乍看之下颇具迷惑性，不知其年岁几何。然而从文物局的资料来看，戏台，连同绘制封神演义故事的天花板(图 3.8.2.3)，都为明代原物。普拍枋上七朵斗拱基本均匀排列，而与檐柱的位置关系则缺乏考量。

穿过戏台，面前是一座方形献亭（图 3.8.2.4），立于白色台基上，进深面阔各三间，明间较大。在斗

图 3.8.2.1 仁泉寺山门正立面

拱的布置上也与之相仿，只在当心布置一朵，转角处以角科斗拱为中心，和与之相近的平身科相连而成为附角斗（图 3.8.2.5）。斗拱里转承托内层梁架，挑斡后尾插入中心垂柱（图 3.8.2.6）。建筑脊檩上写着“公元一九九五年新建”，不由得有些扫兴。这座寿命仅二十余年的建筑彩画斑驳、地仗剥落，颇显疲态，让人对于现代的工艺水平有些担忧。

经过了献殿的铺陈，便是整座寺院的视觉核心——正殿（图 3.8.2.7）。又称东龙殿，是一座三开间无梁殿。前出木结构插廊，内部供奉龙公龙母（图 3.8.2.8），悬塑、小木作精美怡人。

不由得感喟即使在荒凉如斯之处，匠作之风犹存，精神寄托不减。一座座庙宇，也像是扎根于此的农民，坚韧地生活、延续着。

图 3.8.2.6 献亭内部梁架

图 3.8.2.2 戏台正立面

图 3.8.2.4 献亭正立面

图 3.8.2.3 戏台天花

图 3.8.2.7 仁泉寺正殿

图 3.8.2.5 献亭转角斗拱细节

图 3.8.2.8 正殿内部小木作神龛及彩塑

3 兴东垣东岳庙㊸

Temple of Mount Tai at Xingdongyuan Village

名称与别名	兴东垣东岳庙
地　　址	石楼县龙交乡兴东垣村北
看　　点	布局 · 木结构
推荐级别	★★★
级　　别	全国重点文物保护单位
类　　型	祠庙 · 木结构
年　　代	金—清
交　　通	乡村，自驾

吕梁石楼是典型的黄土高原地貌，多山多沙，民居多为窑洞，然而在兴东垣村却保留了一组形制完备、年代久远的建筑群——东岳庙。

东岳庙坐北朝南，共有院落两进，中轴线上依次为砖影壁、山门、戏台、东岳殿，两侧有耳房、钟鼓楼、东西厢房等。庙宇建造年代不详，根据修缮碑记记载，东岳殿可根据梁架特征断代为金代，于元、明均有修缮。

东岳殿面阔三间、进深六椽，歇山屋顶，上铺绿色琉璃瓦（图 3.8.3.1）。建筑出前廊，廊进深两椽，廊内墙壁上有旧时壁画残留（图 3.8.3.2），人物形象漫漶不清，用色主要为青蓝色，人物的甲胄纹饰清晰细腻，可见绘制水平较高。殿宇运用减柱造，结构为四椽栿对前乳栿用四柱，两根后金柱上承大额枋，再上支承四椽栿的中部（图 3.8.3.3）。不过仔细观察，会发现：四椽栿用材硕大，后金柱的位置距檐墙仅一

图 3.8.3.2 东岳殿壁画

图 3.8.3.3 东岳殿内部梁架结构

图 3.8.3.1 兴东垣东岳庙东岳殿正立面

椽的距离；额枋的切斫不算讲究，和抹角梁的交接关系又十分冗杂(图3.8.3.4)；其余梁栿上都有彩画痕迹，后金柱额枋上却完全没有……笔者猜测，两根后金柱及大额枋，应为后期修缮之时，因四椽栿弯曲较严重所补加。外檐施双杪偷心造斗拱（图3.8.3.5），无补间铺作，确有宋金遗风。建筑内部亦有壁画(图3.8.3.6)，和前廊内容、构图接近，然而人物的水平则逊色很多，又观其手中字纸上文字为简体字，应为近世修缮所为。

除东岳殿外，其他附属建筑、小品则基本为砖结构。东岳殿东西耳房为无梁殿形制（图3.8.3.7），前檐用木柱支撑，斗拱细小，出昂有清式风格。东西厢房为窑洞（图3.8.3.8），青砖表面，朴实无华。走出寺庙，看到山门前影壁的绿色琉璃顶，和东岳殿屋顶似乎形成了首尾呼应。影壁北面雕刻麒麟走兽（图3.8.3.9），线条流畅，张力十足，在临别寺庙之际又增添了一些余味。

图3.8.3.4 额枋后尾与抹角梁的交接

图3.8.3.5 外檐斗拱细节

图3.8.3.6 东岳殿壁画

图3.8.3.7 东岳殿耳房

图3.8.3.8 东岳庙厢房

图 3.8.3.9 东岳庙影壁砖雕

3.9 文水县

1 开栅能仁寺㊹

Nengren Temple at Kaizha Town

名称与别名	开栅能仁寺，西寺
地　　址	文水县开栅镇开栅村
看　　点	布局 · 木结构
推荐级别	★
级　　别	山西省文物保护单位
类　　型	佛寺 · 木结构
年　　代	清
交　　通	乡村，自驾

开栅能仁寺位于开栅村西，现为开栅村敬老福利院（图 3.9.1.1）。

寺庙坐北朝南，现仅存戏台和大雄宝殿的一进院落。正门开在寺庙的西南角，以戏台的后墙作为围墙。门东侧有一歇山碑亭，存有碑碣（图 3.9.1.2）两通，其一为道光二年的水利碑记，另一为功德碑。

戏台坐南朝北（图 3.9.1.3），面阔三间，立于石基之上，根据斗拱形制猜测应为清代遗构。现在仍然有戏剧上演，供养老院和开栅村的老人们提供消闲娱乐。

戏台北侧是大殿和左右耳殿（图 3.9.1.4）。大殿面阔三间悬山顶，南侧出歇山顶抱厦一间。斗拱做法和戏台一致，亦应为清代遗构。根据大殿南侧《维修关帝庙碑记》记载，原来戏台和此殿均为关帝庙，能仁寺在其北侧。能仁寺关帝庙二者原并联一处。能仁寺建于北魏，现已毁损不存，改作敬老院（图 3.9.1.5）。关帝庙始建于元代，清代修缮。所见元代痕迹甚少。

院内有古槐五棵（图 3.9.1.6），枝干壮硕，生机盎然，为元代所植。据说是为了隐喻“五虎上将”，因此古槐亦有“五虎”之称。

梁思成、林徽因先生曾于 1934 年夏天游晋汾，参观开栅圣母庙。如今此庙不存，幸有能仁寺，让我们和先人踏在同一片土地上，继续探索、沉思。

图 3.9.1.1 开栅村敬老院及能仁寺正门

图 3.9.1.4 能仁寺大殿正立面

图 3.9.1.2 能仁寺碑碣

图 3.9.1.5 开栅村敬老院

图 3.9.1.3 能仁寺戏台正立面

图 3.9.1.6 能仁寺院内古槐

2 麻家堡关帝庙㊺

Temple of Guan Yu at Majiapu Village

名称与别名	麻家堡关帝庙
地　　址	文水县南庄镇麻家堡村
看　　点	布局 · 木结构
推荐级别	★
级　　别	山西省文物保护单位
类　　型	祠庙 · 木结构
年　　代	清
交　　通	乡村，自驾

僻远古寺，或冷清近门可罗雀，或失修有坍损之虞。然而似麻家堡关帝庙，毁弃已久，罹遭火焚，屡屡失窃，眼前之景，竟已面目全非。

图 3.9.2.1 麻家堡关帝庙山门钟鼓楼

麻家堡关帝庙首先映入眼帘的是焚毁的山门和钟鼓楼（图 3.9.2.1），山门三开间屋架尽毁，只有后墙、两山和台基健在，钟鼓楼年久失修，然而残损的十字歇山屋顶在形态上仍然展示出苍凉优雅的美感来。

关帝庙两进院落，通过一座歇山顶小门（图 3.9.2.2）相隔，不似庙宇，颇有几分民居的风味。走入小门，眼前便是第二进院落的收束——正殿（图 3.9.2.3）。

正殿为三开间歇山顶，当心间出歇山抱厦。柱头雕作麒麟，雀替木雕精美，角科斗拱的耍头和下昂也雕作异形，工不厌精的细腻做法，体现出了清代建筑对于精致装饰的极致追求。进入殿内（图 3.9.2.4），山墙上壁画依旧，四椽栿上彩画斑驳，依稀可以想见旧时的辉煌。后檐墙壁局部坍塌，天光泄下，映射着残砖旧土。若是文人来此怀古，定当不胜唏嘘。

关帝庙最让人心痛的，当属看到每一座建筑的柱脚之时。柱础被盗，取而代之的，是每根柱子下面垫的三四块砖头。让人恍然觉得它开始根基动摇。在古代，庙宇焚毁破落并非罕见，重建修缮便再次生辉，乡人生生不息的信念和祈愿也蕴藏其中。时至今日，损毁庙宇的不止天灾，亦有人祸，以及对于文物的无知失敬，令人心寒。

图 3.9.2.3 麻家堡关帝庙正殿正立面

图 3.9.2.2 关帝庙院内小门

图 3.9.2.4 关帝庙正殿内部

3 上贤梵安寺塔㊻

Pagoda in Fan'an Temple at Shangxian Village

名称与别名	上贤梵安寺塔，上贤塔
地　　址	文水县孝义镇上贤村内
看　　点	砖结构
推荐级别	★★★
级　　别	全国重点文物保护单位
类　　型	塔 · 砖结构
年　　代	宋
交　　通	乡村，自驾

关于上贤梵安寺塔的建造时间，县志记载梵安寺建于崇宁二年（1103 年），而据塔六层天宫木梁架上题记记载则为崇宁五年（1106 年）建造，这两个时间相互印证，阐明了上贤梵安寺塔的宋代血统。

梵安寺塔（图 3.9.3.1）是一座七层八角仿木结构楼阁式砖塔，坐北朝南，每层出檐均雕斗拱，东西南北四面每层开券为门。内部除一层有塔心室（图 3.9.3.2）外，其余各层均为中空（图 3.9.3.3），原有木梯可供登顶，现已不存。整座塔的风格质朴，除斗拱出檐之外，素面朝天，随层高向上逐层收分，塔刹部分损毁，站在塔内，可以接受到天光的照耀。梵安寺塔一层的塔门（图 3.9.3.4）有比较明显的由大改小的痕迹，此次修缮记载时值明隆庆五年（1571 年），也是梵安寺塔最近一次修缮。

在山西，宋塔或许并不算十分罕见，但是就尺度、高度、建造难度而言，上贤梵安寺塔都颇有其独到精妙之处。

梵安寺塔塔高 45 米，塔底直径 16.6 米，在现存宋塔之中算是“庞然大物”了，然而它直接建于黄土之上，没有塔基，却屹立千年不倒，称得上是个奇迹了。塔内原有天宫和地宫，天宫内原供奉铁佛一座，于 1930 年遭遇雷击损坏。地宫（图 3.9.3.5）位于塔心室下，也颇为颓败。

唏嘘过后，希望尚存。据报道，2017 年 7 月，梵安寺塔的修缮工程启动，后人来此，当更为震撼。

图 3.9.3.1 梵安寺塔正面

图 3.9.3.2 梵安寺塔一层塔心室

图 3.9.3.4 梵安寺塔塔门

图 3.9.3.3 梵安寺塔内部

图 3.9.3.5 梵安寺塔地宫

4 则天庙㊼

Zetian Temple

名称与别名	则天庙
地　　址	文水县南徐村北
看　　点	布局 · 木结构
推荐级别	★★★
级　　别	全国重点文物保护单位
类　　型	祠庙 · 木结构
年　　代	金
交　　通	乡村，自驾

则天庙位于南徐村，虽然为第四批国宝，然而由于相对僻远，游人稀少。适合择淡季的晴午，静静观瞻，品味古建筑之美。

庙宇坐北朝南，南侧开辟出一座广场，中间汉白玉基座上矗立一尊武则天塑像（图 3.9.4.1）。广场北侧为庙宇山门，檐下牌匾书“则天圣母庙”。

山门的墙壁上悬挂关于武则天及其父武士彟的生

图 3.9.4.1 武则天塑像

平行迹。文水县是武则天故里，称帝后，她改文水县为“武兴县”，在这座城市留下了深刻的烙印。

山门附近有一对石狮（图 3.9.4.2），和其他庙宇的石狮不同，它们高一人有余，虽有所风化，仍神韵生动。这对石狮是发掘于昊陵的遗存。昊陵亦在文水，是武则天为其病逝于荆州都督任上的父亲所修。

山门北部为乐楼（图 3.9.4.3），东西各有碑廊、厢房。碑廊内有当地出土从宋到清的经幢、碑碣、寿塔等。厢房被开辟成两个陈列室，展示了武则天生平及一批出土于则天庙的文物，其中有正殿则天像下肢残骸（金代原物）（图 3.9.4.4），鲜艳精致，还有则天圣母殿的唐瓦，硕大古朴，这些文物也让尘封的历史之门徐徐打开。

则天庙始建于唐代，金皇统五年（1145 年）重修，正殿即此时遗构；明清二朝均有修缮，乐楼即为清代遗存。据修缮碑记称，正殿仍保留不少唐代遗迹，如神龛基座保留有唐砖，屋顶存有唐代瓦，殿内留存唐代金柱等。

正殿面阔三间（图 3.9.4.5），进深六椽，歇山顶。梁架五椽栿对后劄牵用三柱（图 3.9.4.6），后金柱藏在小木作之后，大殿前部十分空敞。在斗拱的施用上，保留了较多早期建筑的形制做法，四椽栿和平梁交叉受力点通过斗拱出跳和交互斗承接，多出现于辽宋时期，金代少见。外檐斗拱五铺作单杪单下昂，五椽栿挑出至令拱，下面加装一假批竹昂头。正殿内有小木作神龛一座（图 3.9.4.7），内供奉武则天雕塑。小木作为金代遗物，檐部生起明显。神龛当心间有一条悬塑走龙，头小颈细，后足蹬地，回首顾盼，丝毫没有“龙”该有的腾空姿态，多少能影射当世对于武则天的看法。

“政启开元，治宏贞观；芳流剑阁，光被利州”，一代君王的成就本不应与其性别挂钩。奈何在男权社会中很难脱开性别枷锁，给“无字碑”一个客观的功过评说。

图 3.9.4.3 乐楼南立面

图 3.9.4.2 则天庙石狮

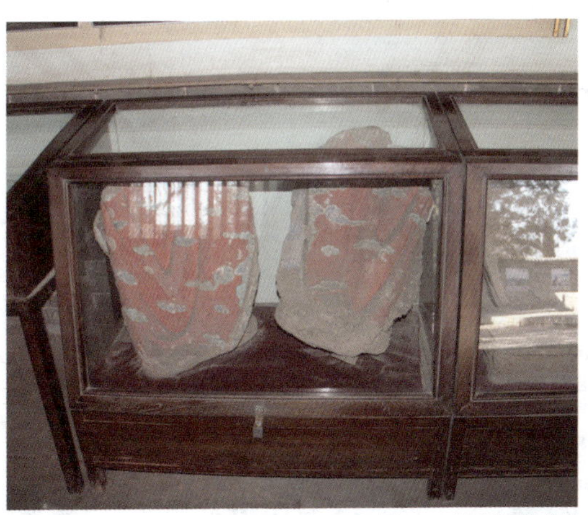
图 3.9.4.4 则天像下肢残骸

图 3.9.4.5 则天庙正殿正立面

图 3.9.4.6 正殿内部梁架

图 3.9.4.7 正殿内部小木作

3.10 孝义市

1 慈胜寺㊽

Cisheng Temple

名称与别名	慈胜寺
地　　址	高阳镇苏家庄村
看　　点	布局 · 彩塑
推荐级别	★★★
级　　别	全国重点文物保护单位
类　　型	寺庙 · 木结构
年　　代	明—清
交　　通	乡村，自驾

初见慈胜寺，感觉它冷峻的围墙颇有几分拒人于千里之外的威严，和典型的寺庙相比，更像一座堡垒，少了些烟火气，多了些神秘感。

有些酷似欧洲中世纪建筑“两塔夹山墙”的南立面(图 3.10.1.1)后，对应着慈胜寺的主要轴线——西院。在西院的东侧，有两组跨院——中院、东院。与中院、东院各有一座建筑遗存的景况相比，西院的轴线完整、建筑遗存完好，由山门、东西厢房、大雄宝殿围合成完整的院落(图 3.10.1.2)。四座建筑均为无梁殿形制，厚重的砖墙环合，更有庭院深深之感。

位于西院最北侧的大雄宝殿(图 3.10.1.3)是现存建筑中唯一一座明代遗存，也是慈胜寺的压轴之作。大雄宝殿面阔三间，硬山顶，前出木结构插廊。前廊的五踩斗拱已经不复金元时期的古朴，更接近清式的纤靡。在大殿之内供奉释迦牟尼三身塑像（图3.10.1.4），各有胁侍两尊。这些塑像为明代原物，面容端庄，神韵生动，匠人的高超技艺，可见一斑。佛像的木质背光亦为古时之作，以缠枝忍冬花为底，上饰盘龙，雕琢细腻却不失雅致。无梁殿虽不若木结构建筑轻盈通敞，却给予了这些塑像最好的保护。

图 3.10.1.1　孝义慈胜寺南立面

图 3.10.1.2　慈胜寺西院全景

图 3.10.1.4　大殿内明代塑像

图 3.10.1.3　大雄宝殿正立面

寺内保存碑碣若干，其中最为珍贵的当属金泰和七年《法性禅院记》碑碣（图 3.10.1.5）一通。碑文清晰，书法朴拙浑厚（图 3.10.1.6）。记载汾州孝义县李家庄（或为今日“苏家庄村”前身）有古佛堂，内有木雕佛像。见梁上题记为金天会九年 (1131 年) 创建，后几经修建，规模扩大。泰和五年（1205 年）里人进士李旭等请大乘法师紫川人普明主持寺院并教佛学。于泰和六年呈请礼部，四月“降敕牒号曰法性禅院，为国家焚香祝寿之所”。泰和七年李旭等因以立石，刊刻敕额，并记其始末。这通碑碣也揭示了慈胜寺的创建渊源，让古寺的血脉在悠长历史中得以延续。

图 3.10.1.5 法性禅院记碑碣

图 3.10.1.6 碑碣书法

2 寂照寺㊾

Jizhao Temple

名称与别名	寂照寺
地　　址	孝义市高阳镇三多村
看　　点	布局 · 砖结构
推荐级别	★★
级　　别	山西省文物保护单位
类　　型	佛寺 · 砖结构
年　　代	元—明—清
交　　通	乡村，自驾

中国古建筑，用木居多，像寂照寺这样的无梁殿和窑洞构成的寺庙比较罕见。走入这座不大的寺庙，就像进入了砖的海洋。

寺院大体坐北朝南，两进院落。山门为砖墙开券（图 3.10.2.1），券右有石匾曰“寂照禅林”（图 3.10.2.2），题于万历四十二年（1614 年），左侧则书建寺功德，为寂照寺住持题于万历四十五年。这些匾额碑记揭示了明万历年间重修盛况。

寂照寺建造年代不详，明清时期均有修缮。现存最古建筑为元代的无梁殿，以及明清木结构建筑若干。

山门北侧为天王殿和耳房（图 3.10.2.3），天王殿三开间木结构，清代建筑，修葺一新，局部保留原始构件。东西厢房为僧寮（图 3.10.2.4），是元代留存的窑洞。天王殿两个耳房均为新砌的窑洞，成为工

图 3.10.2.1 寂照寺山门

图 3.10.2.2 山门石匾

作人员的休息室。管理寺庙的师傅说，居住其中，冬暖夏凉：冬季无须生火，夏眠仍要盖被。师傅引我们来到后院，也是寂照寺精华所在。

大雄宝殿立于砖台基上（图 3.10.2.5），三开间硬山顶，出前廊，内部为无梁殿形制，三券供奉三佛。殿前台基上立有一对琉璃塔（图 3.10.2.6），为万历四十一年（1613 年）所设，原物现存孝义皮影博物馆，寺中所见为复制品。塔五层八角，塔身以绿琉璃为主，柱、斗拱用黄色。仿木结构，檐下和平座均施斗拱，二层以上每面雕佛龛，内塑小坐佛。

大殿两侧的厢房留存的窑洞是元代遗存，在 2000 年后得到修缮，装修一新。我们再次回到前院，看一看尚未修缮施工完毕的窑洞，残存的彩画和衰朽却精致的槅扇（图 3.10.2.7），在脑海努力记下这悠长岁月留下的痕迹。

图 3.10.2.5 寂照寺大雄殿正立面

图 3.10.2.3 从山门望天王殿

图 3.10.2.6 寂照寺琉璃塔

图 3.10.2.4 寂照寺东厢房

图 3.10.2.7 窑洞留存彩画

3 临黄塔㊿

Linhuang Pagoda

名称与别名	临黄塔，释迦牟尼文佛舍利塔
地　　址	孝义市大孝堡乡大孝堡村
看　　点	砖结构
推荐级别	★
级　　别	山西省文物保护单位
类　　型	塔 · 砖结构
年　　代	清
交　　通	乡村，自驾

临黄塔位于孝义大孝堡乡大孝堡村。当我们来到村落，以期寻找“鹤立鸡群”的临黄宝塔时，却难觅踪迹。一番问询后，我们来到了舍利寺院的山门前（图 3.10.3.1），寺院坐北朝南，山门、围墙和耳房均为新建。进入寺院，内部建筑无存，唯余临黄塔立在空旷的场地中间（图 3.10.3.2）。

临黄塔，又名释迦牟尼文佛舍利塔，前身为阿育王塔，隋仁寿三年（603 年）修建，宋、元、明、清均有修缮。清雍正十（1732 年）年重建，即为今日造型。

临黄塔为八层八角砖塔，塔高 18 米，比例纤细，略有收分（图 3.10.3.3）。全塔砖仿木结构，斗拱、椽、飞一应俱全，塔刹铺黄色琉璃。塔身南向首层雕刻券门，券门上雕有雍正十年“临黄塔”匾额（图 3.10.3.4），二层至六层在开窗的位置分别雕刻匾额，如“释迦牟尼如来舍利支提”“宝塔凌云”“直冲霄汉”等。每层上部阑额、普拍枋承斗拱。斗拱仅施角科，除最下两层为三铺作外，其余均为一斗三升。首层拱眼壁上八面分别雕有八卦图案（图 3.10.3.5），自二层始则每面各雕一字，自南侧顺时针阅读，便成一联“佛日增辉，法轮常转”“恩霑九有，福润四方”等（图 3.10.3.6）。

作为“释迦牟尼舍利塔”，据考古发掘，临黄塔地宫内存有舍利一枚，盛于金棺银椁，最外面是宋仁宗御赐石匣一函。此塔也因舍利一度成为晋中名塔，而传闻夜间偶有佛塔放光，亮如白昼，“舍利流光”一度成为当地一景。

在寺院芜废之时，所幸今日留有此塔，守护着一函珍贵的舍利，见证了这晋中古刹旧日的兴盛。

图 3.10.3.1 寺院山门

图 3.10.3.2 临黄塔正面

图 3.10.3.3 临黄塔近观

图 3.10.3.4 临黄塔匾额

图 3.10.3.5 临黄塔八卦图案

图 3.10.3.6 临黄塔文字雕刻

4 三皇庙[51]

Temple of Three Gods

名称与别名	三皇庙
地　　址	新义街道办事处贾家庄村
看　　点	布局 · 木结构
推荐级别	★★★
级　　别	山西省文物保护单位
类　　型	祠庙 · 木结构
年　　代	元—民国
交　　通	乡村，自驾

提到三皇，不难想到秦始皇创造“皇帝”之名的来由——“德过三皇，功高五帝”。三皇，原指天皇、地皇、人皇（又名泰皇），又指伏羲、神农、轩辕黄帝三位华夏始祖。祖先崇拜是我国自古的传统，三皇庙正是其浓缩与见证。

不同于大多数建在平地上的寺庙采取坐北朝南、中轴对称的格局，三皇庙（图 3.10.4.1）坐西朝东。山门、掖门（图 3.10.4.2）相对应，而掖门南侧的赛神戏楼（图 3.10.4.3）与三皇殿相对，使得轴线略有错动，这座仅两进院落的寺庙神韵生动了不少。

三皇殿（图 3.10.4.4）坐落在寺庙的最西侧，作为轴线的收束。同时，三皇殿也是全庙中唯一一座元代建筑遗存。三皇殿面阔三间，进深四椽，结构为三椽栿对前劄牵用三柱。前廊铺作出挑斡，伸到下平槫下。整座建筑的梁架多采用自然弯材，很有元代的粗犷与野性。从两扇板门后侧留有的清晰锈迹（图 3.10.4.5）推断，这扇门亦应为元代原物，精致的门钉（图 3.10.4.6）也似乎借此得知其渊源。三皇殿内留有壁画，题材为十大名医的故事。

三皇殿的前廊转角铺作出斜拱（图 3.10.4.7），

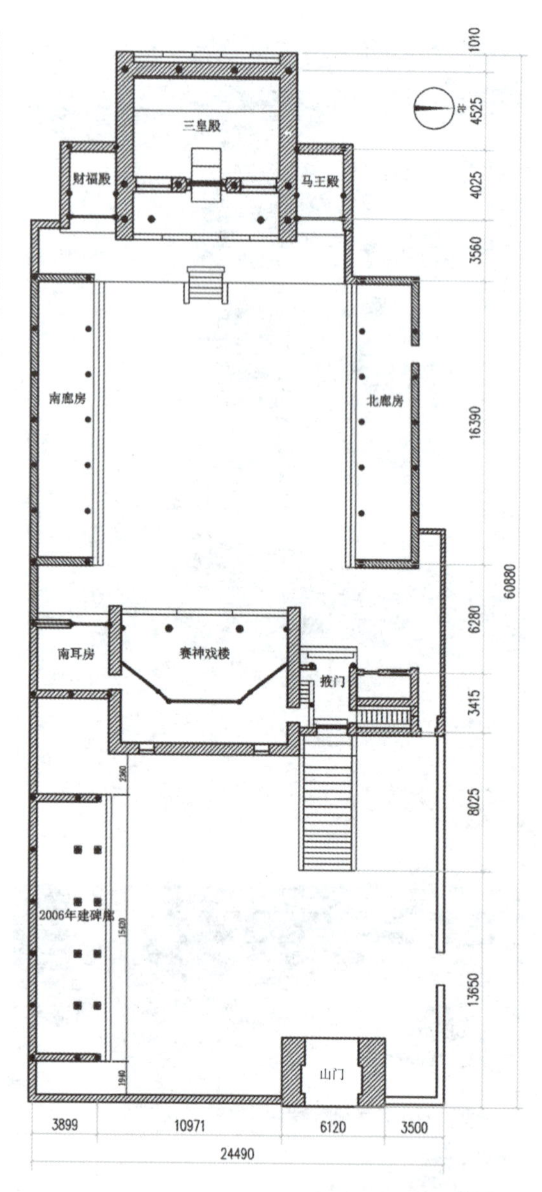

图 3.10.4.2 三皇庙总平面图

图 3.10.4.1 三皇庙全景

图 3.10.4.3 戏台北立面

图 3.10.4.4 三皇殿立面

图 3.10.4.5 三皇殿板门后锛迹

部分包于两山墙内，根据研究，此建筑建造伊始应为悬山顶，后世修葺时改为硬山式。可能就像三皇殿一样，关于三皇庙的前世，我们只能从它当今的面貌之中窥探到一鳞半爪，不过即使如此，这些建筑的巧思和神韵，也是颇令人感动的。

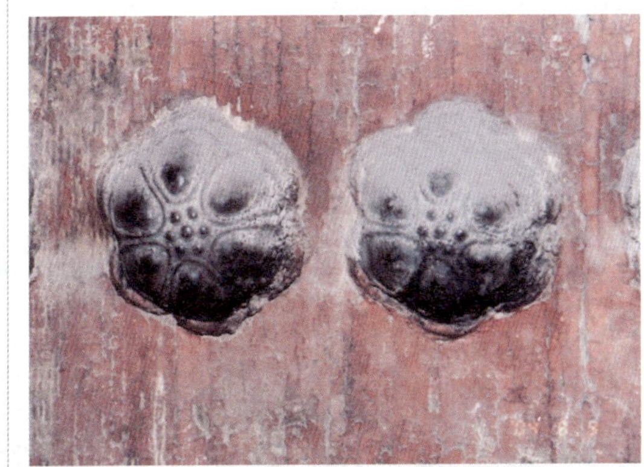
图 3.10.4.6 三皇殿门钉

图 3.10.4.7 三皇殿柱头及转角铺作里转结构

5 天齐庙㊿

Tianqi Temple

名称与别名	天齐庙
地　　址	孝义市梧桐镇王屯村
看　　点	布局 · 木结构
推荐级别	★★★
级　　别	全国重点文物保护单位
类　　型	祠庙 · 木结构
年　　代	元、清
交　　通	乡村，自驾

若论庙宇规模之大，殿堂形制之盛，天齐庙或许算得上其貌不扬。仅存建筑两座——戏台（图 3.10.5.1）与正殿，孑然相依。然而其正殿作为元代遗构，无论是造型上或是结构上都颇有其独特风味。

天齐庙正殿（图 3.10.5.2）面阔五间，进深六椽，明间次间为三椽栿对后乳栿前劄牵用四柱，两山为四椽栿对前后劄牵用四柱。微妙的错动让建筑的结构灵动了不少。当然，正像树木的美不只在于主干，也在于葳蕤的枝叶；建筑的魅力也不总在于大木梁架，结构之外的细节意趣，或许更为鲜活动人。殿内切斫随意的梁栿（图 3.10.5.3），可见树木当时生长的姿态；明间两根金柱锛作方形（图 3.10.5.4），甚至有石柱之感。

四根柱上各塑盘龙一条，神色凛然，栩栩如生。有说法“天齐庙”即是供奉龙神的庙宇，四条盘龙或许能为此说提供些许印证。

正殿前出廊，明间补间铺作昂尾延伸至下平槫下，与我们在晋北所见的很多元代建筑相似。脊部襻间（图 3.10.5.5）上有“时大清康熙叁拾玖年（公元 1700 年）四月辛巳上吉日丁卯午时重建”的题记，对比留存的大量元代特征，可知“重建”乃是夸大功德之辞。不过正殿屋顶精美华丽的琉璃脊饰和鸱吻（图 3.10.5.6），却都是仗此次修缮之举。建筑如人，在历史中的运数或穷或达，天齐庙幸而得到陪伴搀扶，留存至今，让人心存感激。

图 3.10.5.1 天齐庙戏台正立面

图 3.10.5.2 天齐庙正殿正立面

图 3.10.5.3 正殿梁架

图 3.10.5.4 正殿明间内柱

图 3.10.5.5 正殿题记

图 3.10.5.6 正殿屋顶琉璃鸱吻

6 中阳楼㊸

Zhongyang Tower

名称与别名	中阳楼
地　　址	孝义市中心东南 1.5 公里古城镇古城大街
看　　点	木结构
推荐级别	★★★
级　　别	全国重点文物保护单位
类　　型	市政建筑 · 木结构
年　　代	清
交　　通	乡村，自驾

在屋檐低小的孝义古县城，中阳楼俨然地标一样的存在。中阳楼曾作为过街楼，立于十字街中央（图 3.10.6.1）。现被栅栏围合保护，不可登临。

根据中阳楼内存碑碣记载，此楼相传始建于汉魏，元大德七年（1303 年）毁于地震，复建后清代又毁于雷火，现存建筑为清宣统元年（1909 年）重建，1957 年、1983 年修葺两次。

中阳楼四层四檐，十字歇山顶，上铺琉璃瓦，顶部设 2 米高的大鸱吻（图 3.10.6.2）。楼体中心结构由四根粗壮的永定柱支撑，外围檐柱层层收分，内外通过抱头梁联系（图 3.10.6.3），下层抱头梁承上层檐柱，构造清晰稳固。二、三层在永定柱之间安装隔扇门，第四层则无檐柱，永定柱伸出，形成外围轮廓。在斗拱的施用上，首层、二层施三踩斗拱，三层施五踩斗拱，四层施七踩斗拱。愈上则愈华丽，增加了仰视的震撼。首层永定柱之间设斗八藻井（图 3.10.6.4），东南部有木梯登楼（图 3.10.6.5）。

建筑南侧悬挂匾额“中和位育”“行孝仗义”，北侧悬“光被四表”“纵览四宇”（图 3.10.6.6），两侧顶层各悬一匾“中阳楼”。这些匾额为历代名人书法，“文革”时期损毁严重，1983 年得到修复。

中国古代木建筑易朽，楼台存世，尤其少见。虽然中阳楼不算历史悠久，但是也许恰因它距我们不远，所以我们能更轻易地猜想到它营建之初的盛况。其优美的比例、合理的结构、得体的装饰，兀然于村落，也在古代楼宇建筑中熠熠生辉。

图 3.10.6.1 孝义中阳楼远眺

图 3.10.6.3 中阳楼内外柱结构关系

图 3.10.6.2 中阳楼鸱吻

图 3.10.6.4 中阳楼首层藻井

图 3.10.6.5 中阳楼木梯

图 3.10.6.6 中阳楼北侧匾额

3.11 兴县

1 胡家沟砖塔㉔

Brick pagoda at Hujiagou Village

名称与别名	胡家沟砖塔
地　　址	兴县蔡家崖乡胡家沟村
看　　点	石结构
推荐级别	★★
级　　别	全国重点文物保护单位
类　　型	塔·石结构
年　　代	明
交　　通	乡村，自驾

远远看去，惊觉此塔雕工了得，竟能把砖雕出挺括之感。临近后仔细观瞻，发现——胡家沟砖塔，其实是石塔。

“胡家沟”，地名耳；“砖塔”，谬矣。这个无名石塔，有点“先生不知何许人也，亦不详其姓字”的神秘感觉。石塔立于胡家沟一片荒地之上（图 3.11.1），黄土裸露，和石塔赭黄的色泽十分相称。

图 3.11.1.1 胡家沟砖塔远眺

石塔为五层八角楼阁式塔，仿木结构，三踩斗拱（图 3.11.1.2），塔身收分比较明显，翼角微翘，整体造型端庄而不滞重。至于石雕技术，则更是精美绝伦。砖塔除顶层每面雕两扇板门，其余各层每面四扇。这些板门的雕花各不相同（图 3.11.1.3），纹样种类繁多。平座栏板上也饰有不同种的花草。底层须弥座为易坏之处，可见很多石材为近年新换。须弥座每面中间有祥瑞神兽(图 3.11.1.4)，尺寸巴掌大，矫首回眸，憨态可掬。每个转角有一力士，肩抗宝塔(图 3.11.1.5)，原雕刻漫漶不清，不知为何新补的石雕中力士为元人发型，或许得于古希腊把战败者雕作人像柱的灵感？在须弥座的上层，每面雕刻有人像故事，虽历经侵蚀，仍能看出图中垂足拄杖的长者等人物形象，生动而富有生活气息。

此景旷逸，此塔精美，而时人不识，笔者为之不平，并赋诗：

东君不肯卷春闱，却下蟾宫摹翠微。一支石破天青月，道是仙人舞袖回。

图 3.11.1.2 砖塔斗拱雕刻细节

图 3.11.1.4 砖塔须弥座雕刻图案

图 3.11.1.3 砖塔板门雕花

图 3.11.1.5 砖塔转角力士

4 朔州市 SHUOZHOU

朔州古建筑分布图

Historical Architectural Map of Shuozhou

1. 城墙
2. 崇福寺
3. 崇福寺 · 山门、金刚殿、钟鼓楼
4. 崇福寺 · 千佛阁
5. 崇福寺 · 文殊堂、地藏堂
6. 崇福寺 · 大雄宝殿
7. 崇福寺 · 弥陀殿
8. 崇福寺 · 观音殿
9. 华严寺塔
10. 广武城
11. 宝宁寺
12. 花寨关帝庙
13. 净土寺
14. 应县木塔

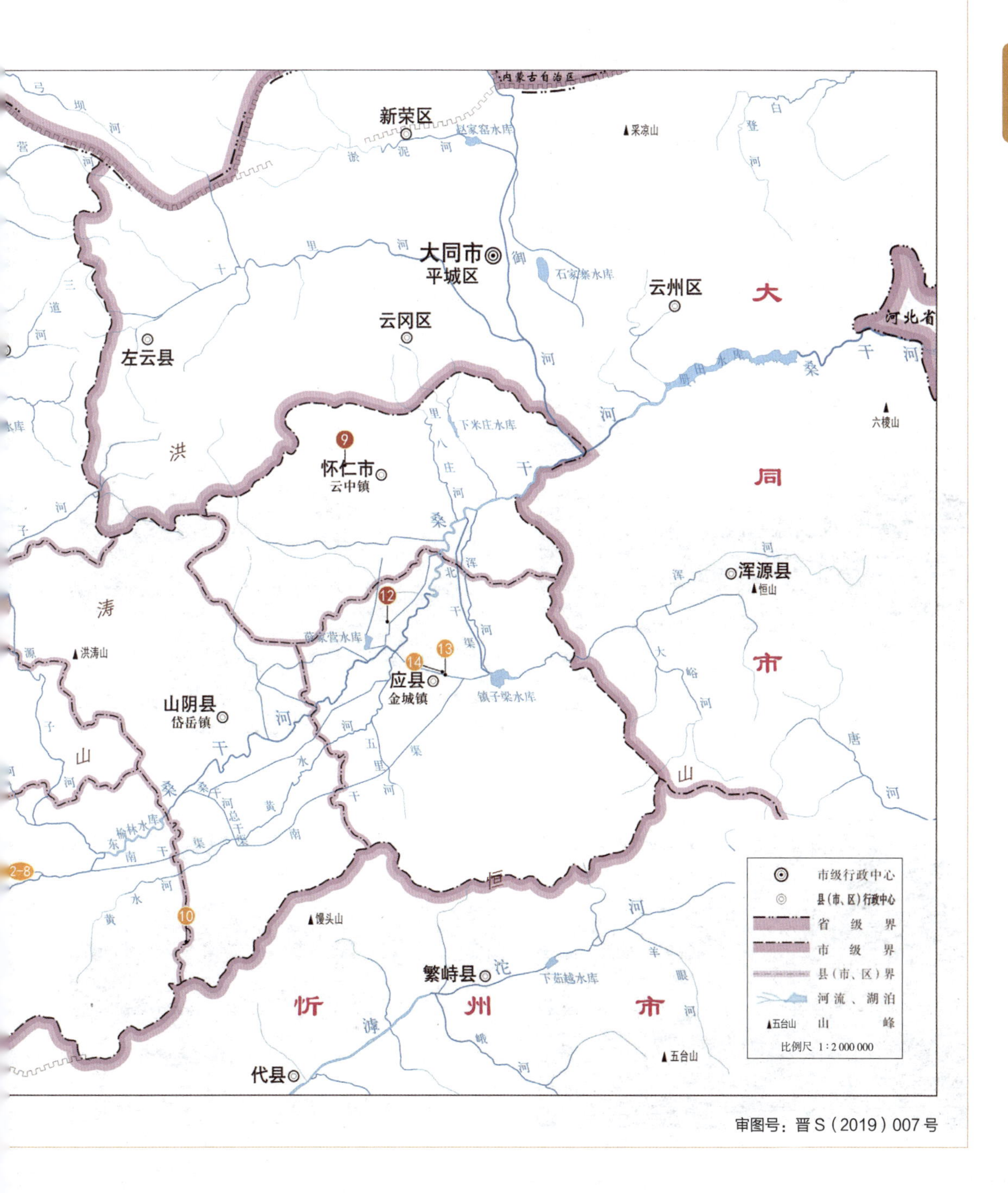

审图号：晋S（2019）007号

4.1 城区及近郊区

1 城墙①

City wall

名称与别名	朔州城墙，北齐古城墙
地　　址	朔城区古北大街南侧
看　　点	夯土结构
推荐级别	★★
级　　别	山西省文物保护单位
类　　型	防御设施·夯土结构
年　　代	北齐
交　　通	市中心，公交

朔州地处内长城与外长城的交界处，具有优越的战略位置，因此自古以来就是兵家必争之地。汉代抗击匈奴的“马邑之战”，就发生在朔州的治所。秦代蒙恬北筑长城而守藩篱，在马邑牧马练兵。

朔州城墙自秦汉以来就有雏形。北齐天保八年（557 年），在原有基址之上修建而成。整个城墙保存相当完好，残基高 6 米左右，绵延不断。我们可以看出其格局为边长约 2 千米的方正城池。夯土经过风化，上缘已经蔓草萦生（图 4.1.1.1）。从城墙裸露的夯土结构中，我们仍然能够隐约看出细小的夯坑（图 4.1.1.2）。城墙外侧原存的旧砖脱落，为了保护文物，在夯土墙外砌筑新砖（图 4.1.1.3），而且复原了局部的马面和排水沟，约略能够体会到明代城墙的规模。据说在夯层之中，存有很多汉代的陶片和瓦片，尚待进一步的考古挖掘。

朔州的建州之始，就是在北齐天保年间。北齐迁朔州治所于马邑。所以说，朔州城墙见证了朔州城千余年的历史，也并不为过。如今的朔州城墙，在城门的北侧修建了大广场（图 4.1.1.4），市民可以来此散步休憩，周围也有很多小商铺招徕客人。不由得想象古时候，商贾们穿过城墙，买卖交易的情形。

虽然时过境迁，然而来到城墙脚下，就会感受到中国人特有的怀古情节。北齐是短命的，然而却为我们留下了朔州城墙和城池这宝贵的财富，千年不衰。

图 4.1.1.1 朔州城墙远眺

图 4.1.1.3 城墙外包砖

图 4.1.1.2 城墙夯土及夯坑

图 4.1.1.4 朔州城门北侧广场

2 崇福寺②

Chongfu Temple

名称与别名	朔州崇福寺，大寺庙
地　　址	朔州古城内东街北侧
看　　点	布局 · 木结构
推荐级别	★★★★★
级　　别	全国重点文物保护单位
类　　型	佛寺 · 木结构
年　　代	金—明
交　　通	市中心，公交

朔州古城不大，但是在古代，却是重要的边塞重镇“燕云十六州”之一，从名字的“朔”字也能领略到和北方莽原之间千丝万缕的联系。朔州在雁门关之外，骏马秋风塞北之中伫立千年，留下了不少古建筑瑰宝。而崇福寺则是这其中很有代表性的一组建筑组群，也是现今留存的规模最大的辽金时期三大佛寺之一。

崇福寺始建于唐麟德二年（665 年），由唐鄂国公尉迟敬德奉敕建造。尉迟敬德即为朔州辖内生人，在自己的家乡营建庙宇，颇有衣锦还乡的荣耀。历经战火和岁月，寺院建筑逐渐衰落不存。到辽时，曾作为林太师衙署，辽统和年间改名林衙寺。金天德二年（1150 年），金海陵王完颜亮题额“崇福禅伟”，改为寺庙，寺庙始称崇福寺，名字沿用至今。

崇福寺历经元明清的修缮，最大的一次修缮在明成化五年（1469 年），改大雄殿为三宝殿，改藏经阁为千佛阁。现存建筑十座（图 4.1.2.1），其中中轴线上自南向北依次分布着山门、金刚殿（天王殿）、千佛阁（藏经阁）、大雄宝殿（三宝殿）、弥陀殿和观音殿，前后共五进院落。在千佛阁前，东西分布着鼓楼和钟楼（图 4.1.2.2）。三宝殿前，东西分别罗列文殊堂和地藏堂。另在建筑组群最后，有碑廊一座。明代在观音殿之后有走道通往毗卢阁，周围环绕廊庑，形制规整。现在毗卢阁和廊庑已经不存。

其中除弥陀殿和观音殿为金代原作之外，其他建筑大多为明代重建。崇福寺建筑群主次分明，又不拘泥于寺院格局的严整法度。行进次第建筑多样、变化丰富，是佛教寺院难得一见的精品。早在崇祯年间，“林衙古刹”就被誉为“朔县八景”之首。时至今日，崇福寺虽然位于朔州中心的车水马龙之中，但是走入寺院的苍松翠柏之间，就能感受到暂别尘嚣的清净，聆听不同时代哲匠的智慧。

图 4.1.2.2 朔州崇福寺钟鼓楼

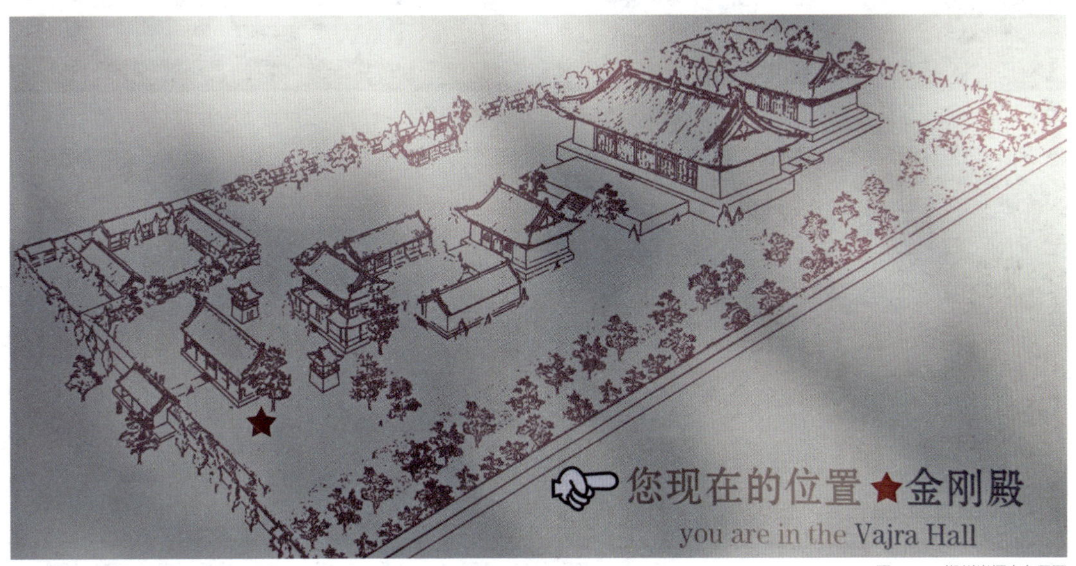

图 4.1.2.1 朔州崇福寺布局图

3 崇福寺·山门、金刚殿、钟鼓楼③

Main Entrance/Hall of Warrior Attendants/Bell Tower/Drum Tower of Chongfu Temple

名称与别名	崇福寺·山门、金刚殿、钟鼓楼
地　　址	朔州古城内东街北侧
看　　点	布局·木结构
推荐级别	★★★★★
级　　别	全国重点文物保护单位
类　　型	佛寺·木结构
年　　代	明
交　　通	市中心，公交

驱车赶到崇福寺，映入眼帘的是它的山门，门前是城市道路，但车马稀少，别有一番清净滋味。山门（图 4.1.3.1）前有两座石狮，左右峙立钟鼓楼。山门檐下悬乾隆年间匾额“崇福寺”一方，气势恢宏。

钟鼓楼为明代洪武年间的遗构（图 4.1.3.2）。钟鼓楼为方形两层楼阁，歇山顶，檐下斗拱五踩双下昂。建筑体量较小，面阔 4.1 米，但是用材较大，斗口约合清代七等材的尺寸，很有明代早期的风格。用抹角梁承托屋顶，上铺灰色筒瓦，作为附属建筑较为低调，没有喧宾夺主。然而仍然体现了精致的匠作工艺，举架平缓、比例适宜、庄严优美。

山门从造型看来，为清代遗物，据称原来的山门为五开间，现在的山门系乾隆七年在明代基址之上重建而得。面阔三间，硬山顶，进深四椽，当心设中柱。在用材上，山门的斗口约合清代八等材，比钟鼓楼要小，可以对比看出建筑发展之中用材缩小的趋势。现在山门已经改为售票处。

跨进山门，正中是金刚殿（图 4.1.3.3）。该建筑风格与山门相类似，可能出于同一匠作流派。为乾隆年间重建。面阔五间，单檐歇山顶。门廊上有匾额“金刚殿”，得名的由来是殿内东西供奉着四大金刚。正中则供奉着三大士。虽为清代建筑，然而三架梁上置叉手。金刚殿建筑后身台基下面，有一对抱鼓石，系明代时期遗物。原来此处应当有建筑的正门存在，在改造之时调整了建筑的尺度和位置，而未弃原来的抱鼓石（图 4.1.3.4）。或许当时的匠人也觉得上面的狮子雕工精美，神韵生动，而留下了这个珍贵的艺术品吧。

图 4.1.3.1 朔州崇福寺山门

图 4.1.3.3 朔州崇福寺金刚殿

图 4.1.3.2 朔州崇福寺钟鼓楼

图 4.1.3.4 朔州崇福寺金刚殿后身抱鼓石

4 崇福寺 · 千佛阁④

One-thousand-Buddha Tower of Chongfu Temple

名称与别名	崇福寺 · 千佛阁
地　　址	朔州古城内东街北侧
看　　点	布局 · 木结构
推荐级别	★★★★★
级　　别	全国重点文物保护单位
类　　型	佛寺 · 木结构
年　　代	明
交　　通	市中心，公交

走过金刚殿，面前即是千佛阁（图 4.1.4.1）。千佛阁明代以前原名藏经阁，是收藏佛经的所在，在寺庙形制中，一般位于正殿之后，崇福寺寺庙格局中，藏经阁位居殿前，形制非常罕见。

千佛阁是当年寺内储藏大藏经的地方，始建于唐高宗麟德二年（665 年），现存建筑为明洪武年间（1383—1387 年）遗物。维修之时，由于阁内大藏经遗失，又有很多铜制小佛像，因此更名为“千佛阁”。

千佛阁面阔五间，进深三间，首层周围廊。二层设勾栏平座，平座由首层的檐柱金柱穿插枋上的短柱支撑。屋顶为双层重檐歇山式，南北各出抱厦一座，抱厦仅在竖向上有所抬高，平面上和周围廊保持一致，结构简约（图 4.1.4.2）。柱头上施额枋和平板枋，断面为“T”字形，略有宋元样态。阁身比例适度，屋顶举折平缓，造型端庄秀丽，设计精妙，构造典雅。

明代重修之后的千佛阁内周设千尊佛像。如今阁内千佛在抗日战争期间遗失殆尽，现内置弥勒铜像一尊、小木作阁楼模型一座（图 4.1.4.3），阁楼按照比例制作而成，是从明代遗存下来的原物，据传是仿照唐代大藏经阁式样的作品。阁楼二层三檐（图 4.1.4.4），坐南朝北，正面抱厦伸出，前后檐明间巨大，柱子瘦高。首层高度远高于二层，比例奇特。建筑内部东边陈列着 7 尊石砂岩造像，是从朔州南榆林乡旧庙遗址中出土的文物。西边陈列着 7 尊为贴金檀木造像，为一佛四菩萨两罗汉，是朔州西山名刹神应寺的遗物。千佛阁之前有碑碣两通（图 4.1.4.5），讲述了道光年间对于崇福寺重修的经过。

图 4.1.4.1 崇福寺千佛阁南立面图

图 4.1.4.2 千佛阁北侧

图 4.1.4.3 千佛阁内侧铜像及小木作楼阁

图 4.1.4.4 千佛阁小木作楼阁

图 4.1.4.5 千佛阁前碑碣

5 崇福寺 · 文殊堂、地藏堂⑤

Hall of Manjushri/Hall of Ksitigarbha of Chongfu Temple

名称与别名	崇福寺 · 文殊堂、地藏堂
地　　址	朔州古城内东街北侧
看　　点	布局 · 木结构
推荐级别	★★★★★
级　　别	全国重点文物保护单位
类　　型	佛寺 · 木结构
年　　代	金—明
交　　通	市中心，公交

地藏堂和文殊堂为两座相对的建筑，形制相似，造型相同，建造年代一致。在建筑群组之中，低调而优雅。

地藏堂（图 4.1.5.1）因堂内有地藏菩萨而得名，明洪武十六年（1383 年）重建，面阔五间、进深五椽，单檐悬山顶，布列疏朗，比例适度。现堂内塑有地藏菩萨和十殿阎君。内部构架简洁，塑像生动丰富，色彩鲜明。

图 4.1.5.1 崇福寺地藏堂

图 4.1.5.2 崇福寺文殊堂

文殊堂（图 4.1.5.2），顾名思义，堂内供奉有文殊菩萨，同样为明洪武十六年（1383 年）重建，面阔五间、进深五椽，单檐悬山顶，内塑有文殊菩萨和十八罗汉。

二堂明间到稍间宽度明显递减，都有前廊，前檐作三踩斗拱，单步梁外伸，出麻叶形耍头。前檐局部的榫卯脱开，有待修复（图 4.1.5.3）。斗拱用材较大，颇有早期建筑的风格。屋内无柱，老檐柱和后檐柱之间用五架梁，上面驼峰承三架梁（图 4.1.5.4），三架梁上施角背和脊瓜柱承脊枋和脊桁。不用叉手。和清代营造但有叉手的金刚殿相较，实属怪异。

堂内原始塑像已经不存，曾被用作文物陈列，展示了一些有价值的石器、陶器和艺术作品。根据文殊殿前的重修碑记，二堂于 2008 年得到修缮，翻新殿顶（图 4.1.5.5），重塑佛像，今人来此，也约略能体验到往日的生机。

图 4.1.5.3 文殊堂前檐榫卯

图 4.1.5.4 文殊堂内部梁架结构

图 4.1.5.5 文殊堂正立面

6 崇福寺 · 大雄宝殿⑥

Main Hall of Chongfu Temple

名称与别名	大雄宝殿，三宝殿
地址	朔州古城内东街北侧
看点	布局 · 木结构
推荐级别	★★★★★
级别	全国重点文物保护单位
类型	佛寺 · 木结构
年代	金—明
交通	市中心，公交

大雄宝殿又名三宝殿，明成化五年（1469 年）在唐代基址上重建，清乾隆年间重修。殿身面阔五间，进深八椽（图 4.1.6.1）。屋顶为歇山式。建筑立面的处理上，边间砌砖墙，次两间半截砖墙加木窗，明间开木门。奇特的是，大雄宝殿的柱高超过了明间间广，开间从扁宽变为瘦高的比例，确为我国古代建筑所罕见。

建筑内部的柱网布列比较特殊，并未采用传统的规则做法，明间两缝和次间外缝的金柱位置并不一致（图 4.1.6.2）。一共用 14 根金柱，颇为保守。梁上虽然被尘土覆盖，仍然可以看到没有剥落的彩画，颜色明亮，纹饰丰富。收山内墙上拱眼壁的彩画也十分清晰（图 4.1.6.3），可以想见当年建筑内部的盛况。

其中，两山中柱耍头和撑头木后尾并没有直接压在梁架之下，而是通过一根短柱支撑于承椽枋下。补间铺作的结构关系也是类似的。这样的建筑结构也保证了内外平衡，虽无不可，但是或许会对稳定性造成一定的影响，屋面层和平座层（斗拱层）之间的联系会减弱。

殿内佛坛上塑有三世佛贴金彩塑坐像（图4.1.6.4），皆为明塑，佛像之后皆有背光，风格简素，或为后世所添。倒座处有木质神龛一座，内塑韦驮菩萨贴金像一尊。殿内四壁满塑壁画（图4.1.6.5）。东西两壁各绘小佛十列，每列五十身，姿态各异，共计千尊。这些佛像都坐在莲花上，服饰相同，面容近似。然而仔细观察，可以发现他们的姿态、手势各不相同。梢间墙壁上绘制有三国时期的武将关羽、马超等（图4.1.6.6），作为释迦牟尼的侍卫。根据碑文记载，大雄宝殿的壁画绘制于清代同治十一年修缮寺庙之时，画风比较平庸。据称千佛阁上层山墙上亦有三国题材的壁画，很可能为同一次修缮之作。

图4.1.6.1 崇福寺大雄殿正立面

图4.1.6.2 大雄殿内部梁架结构

图4.1.6.3 大雄殿拱眼壁彩画

图4.1.6.4 大雄殿内佛像及背光

图 4.1.6.5 大雄殿内壁彩画

图 4.1.6.6 大雄殿北壁稍间彩画

7 崇福寺 · 弥陀殿⑦

Hall of Amitabha Buddha of Chongfu Temple

名称与别名	朔州崇福寺 · 弥陀殿
地　　址	朔州古城内东街北侧
看　　点	布局 · 木结构
推荐级别	★★★★★
级　　别	全国重点文物保护单位
类　　型	佛寺 · 木结构
年　　代	金—明
交　　通	市中心，公交

图 4.1.7.1 崇福寺弥陀殿正立面图

弥陀殿是崇福寺主殿（图 4.1.7.1），是寺内最大的殿堂，创建于金熙宗皇统三年（1143 年）。弥陀殿高大宽敞，殿顶绿色琉璃剪边，琉璃脊饰在修缮时发现金皇统年间的题记，亦是金代原物。殿内前檐隔扇、窗棂花典雅、精美，是中国现存的一处保存完整的金

图 4.1.7.2 弥陀殿匾额

代作品。

弥陀殿面阔七间，进深四间，单檐歇山顶。殿身坐落在高大的台基之上。建筑的屋檐之下的匾额“弥陀殿”是金大定二十四年（1184 年）造（图 4.1.7.2）。书法遒劲有力。大匾总高 4.3 米，然而配合着金代硕大的斗拱，完全不显得过于庞大和突兀。柱头铺作用双杪双下昂，补间铺作不用下昂。斜拱的使用使得转角斗拱纵横交织（图 4.1.7.3），十分华丽，好似一棵枝叶繁盛的大树。

图 4.1.7.3 弥陀殿转角斗拱

而走入巨大的殿内，更像是进入了一片森林。内部转角处梁架结构复杂，柱头铺作和转角铺作各伸出两条后尾，都插入到前金柱之中（图 4.1.7.4）。它们彼此之间，又有着更细的梁袱联系。这样的构造看似有些粗糙，但是从建筑西北角内侧的小木作推断（图 4.1.7.5），原来的建筑中，肯定有更多这样的小木作，它们和大木结构互为表里，使得建筑室内更加辉煌绚烂。梁上有着皇统三年敕建的题记，又有着大明洪武年间修缮的记载。

图 4.1.7.4 弥陀殿柱头铺作与金柱关系

佛坛上主尊，有“西方三圣”贴金坐像三尊，主像两侧，有胁侍菩萨 4 躯，护法金刚两尊（图 4.1.7.6）。这些塑像皆为金代原作，塑法古朴、精美。殿壁的壁画面积达 340 多平方米。壁画描绘了讲经说法的场面。虽然壁画之内人物众多，但是听者低眉敛目，佛像沉静威严，更衬托了殿内肃穆的气氛。

建筑内部运用了“减柱造”，当心的五根中柱全部减去。前槽 4 根金柱，仅留两根，移到次间中线的位置（图 4.1.7.7）。通过减柱移柱的手法，使得建筑空间更加灵活，增强了礼佛的庄严肃穆之感。站在弥陀殿中，感受到巨大尺度的空间带来的震撼，人之渺小，仰视着佛的巨大，似乎也能感受到高天宝座的神

图 4.1.7.5 建筑内部西北转角处小木作

图 4.1.7.6 弥陀殿内佛像及胁侍

灵，俯瞰着芸芸众生。

走出弥陀殿，发现它的门扇也是金代遗物（图 4.1.7.8）。刘敦桢在《中国古代建筑史》中说，“门窗的棂格花纹除见于《营造法式》的外，山西朔县崇福寺金代建造的弥陀殿有构图富丽的三角纹、古钱纹、球纹等窗棂雕饰”。阳光透过雕饰精美的窗棂，在地上投下斑驳的阴影。身处巨构的森林之中，感受到了静谧和安宁。

弥陀殿堪称金代建筑的宝藏，崇福寺弥陀殿不仅大木梁架、斗拱是金代原物，板门、槅扇、牌匾、地面、琉璃吻兽等瓦作也都是金代原作，在现今保存的金代遗构之中十分稀有。它们历经沧桑，仍然光彩夺目。在 1987 年至 1991 年之间的落架大修之后，焕发出新的生机。

此外，关于弥陀殿，还有一件让人稍感唏嘘的故事。崇福寺的弥陀殿内，原珍藏着一座反映我国北朝佛教艺术成就的珍贵文物——千佛石塔。千佛石塔是北魏奉佛的圣物，是朔州崇福寺的镇寺之宝。此塔呈方形，高 2.5 米，共九层，塔身上有浮雕佛像 1400 多尊。现在殿内仅存没有塔身的塔刹。塔身在日军在朔期间曾被掠取，于抗战胜利后归还，后来被带到了台北，现存台北历史博物馆。自此塔身塔刹两岸相隔。据说崇福寺文管所已着手联系台湾，复制塔身塔刹，让千佛石塔重新团圆。

图 4.1.7.7 弥陀殿内梁架结构

图 4.1.7.8 弥陀殿门扇

8 崇福寺 · 观音殿⑧

Hall of Avalokitesvara of Chongfu Temple

名称与别名	朔州崇福寺
地　　址	朔州古城内东街北侧
看　　点	布局 · 木结构
推荐级别	★★★★★
级　　别	全国重点文物保护单位
类　　型	佛寺 · 木结构
年　　代	金—明
交　　通	市中心，公交

走出华丽巨大的弥陀殿，来到了整组建筑群的收束——观音殿（图 4.1.8.1）。虽然没有明确的县志和碑记记载观音殿所建年份，然而和弥陀殿的构造相类，应也是金代的建筑。观音殿隐藏在巨大的弥陀殿后，比较小巧，面阔五间，进深三间，雅致轻巧地结束，让人余味无穷。

殿内有塑像三尊，中间为观音菩萨，左为文殊菩萨，右为普贤菩萨，塑像为明代作品（图 4.1.8.2）。观音殿的看点是富有独创性梁架结构。“四椽栿对乳栿用三柱”（图 4.1.8.3），为了礼佛空间需求，殿内前槽金柱全部减去。后槽金柱置在佛坛两侧，使殿内前部更加宽广通畅。因省去前槽金柱，四椽栿跨度加

图 4.1.8.1 崇福寺观音殿

图 4.1.8.2 观音殿内部塑像

图 4.1.8.3 观音殿梁架结构

图 4.1.8.4 观音殿前檐斗拱

大到10米，为减轻其负荷，在梁上和平梁前端施较大的人字叉手，把殿前槽上的载荷传递到前檐和后檐柱上，使得整个结构更加稳定。梁架的用材经济，断面仅合《营造法式》的一半，这种大胆的设计，并非偶然为之的独出心裁，定是建立在大量的经验积累之上的。想必在金代，匠人们已经可以通过平面空间的柱网分布，游刃有余地设计屋架的构造。观音殿这种传递上平梁承重的方式，在结构上十分合理，也是减柱造之中结构相当清晰科学的案例。

外檐柱采用五铺作单杪单下昂的形式，昂下有华头子（图4.1.8.4）。柱头铺作后尾出三跳承托于四椽栿下。殿内金柱之上仅有阑额，无普拍枋，柱头大斗上承平梁，做法颇有唐风。在斗拱用材模数上，相当接近《营造法式》中四等材的尺寸，用材相当规整。或为熟悉《营造法式》的匠师所为。

4.2 怀仁县

1 华严寺塔⑨

Pagoda in Huayan Temple

名称与别名	华严寺塔，清凉寺塔
地　　址	怀仁县何家堡乡悟道村西2.5公里的清凉山顶
看　　点	环境·砖结构
推荐级别	★★
级　　别	山西省文物保护单位
类　　型	塔·砖结构
年　　代	辽
交　　通	乡村，自驾

华严寺，当地人称清凉寺，位于清凉山山顶上。驾车只能到山脚下，抬头望见绵延的山峰、无尽的台阶，以及沿途的几座亭台，华严寺塔在山顶的云雾中若隐若现（图4.2.1.1）。

经历了一个钟头的爬山终于抵达，对我们的体力是不小的考验。不过沿途一览众山小的美好风景和站在云端的舒爽惬意，使得疲劳顿消。我们终于得见华严寺塔的真容。

华严寺塔是一座八边形辽代砖塔（图4.2.1.2）。砖塔通高10.8米，塔身承托着上面七层密檐，密檐层层收分，最上面是金属塔刹。首层檐下刻斗拱，其他六层檐下无斗拱。其中转角处平行于邻边出斜拱，补间各加斗拱一朵（图4.2.1.3），斗拱只出一跳，简洁疏朗。塔身在正南面辟佛龛一座，正东、正西、正北三个方向各雕板门两扇，其他四面则雕刻有直棂窗（图4.2.1.4）。

塔基上雕饰有不同的人物，八边的每一角落雕有力士（图4.2.1.5），状似承托起塔的全部重量。罗汉赤身袒腹，挽起袖子，身材伟岸，面目宁静，双手放在膝上，虽背负重物，然而气定神闲。而塔基每边的中心则雕塑女子轻歌曼舞的形象（图4.2.1.6）。飞天佩戴头巾，挥舞长袖，笑靥如花。

我们观塔之时，塔的南面正在兴建华严寺。寺院

图4.2.1.1 华严寺塔远眺

图 4.2.1.2 华严寺塔仰视

图 4.2.1.5 塔基转角砖雕力士

图 4.2.1.3 华严寺塔砖雕斗拱

图 4.2.1.4 塔身板门直棂窗雕刻

图 4.2.1.6 塔基中心女子浮雕

依山势而建，采用清式风格。塔的东南方也有一尊巨大观音像立起。或许是觉得有塔无寺太过孤单，又或者是希望日后的来者能更身临其境感受当年华严寺的大观吧。

站在华严寺塔旁，俯瞰群山，真有一种“白云回望合，青霭入看无”的韵味。不由觉得“清凉寺”这个名字或许更适合它，在自然之中感受清风徐来与内心的清凉，体验生命的大喜悦。

4.3 山阴县

1 广武城⑩

Guangwu Fortress

名称与别名	广武城、旧广武城
地　　址	山阴县张家庄乡南
看　　点	布局 · 城墙
推荐级别	★★★★
级　　别	全国重点文物保护单位
类　　型	城池 · 木结构
年　　代	明—清
交　　通	乡村，自驾

地图上的“广武城”有两座，一旧一新。我们先到了旧广武城，中央街道上不少当地村民在闲聊（图4.3.1.1），看到我们，兴奋地讲起广武城的历史掌故，说我们来对了地方，“旧广武城”是老城池，但是近年很多居民都迁到附近的新广武城居住。旧广武城萧条不少。

广武城是一座比较规矩的方形城池，四面开门，村民说北门处原有寺庙，毁于“文革”，所以今日只余三门。城中也有寺庙一座，建于高台之上（图4.3.1.2），也在当时被毁。我们根据这些讲述，果然在北门和城南北轴线附近找到了两处夯土台基的痕迹，应该就是两处寺庙的所在。

惜庙宇不存，于是城墙和民居便成了广武城的主角。城墙夯土结构，外有包砖（图 4.3.1.3）。踏着石级，登临墙上，俯瞰全城（图 4.3.1.4）。广武城东西向有一条主要道路，南北向有若干稍窄的次要道路与之相交，各家的门基本都对着这些“次要道路”开。而在次要道路之间，又通过一些不算齐整的东西向的小胡同联系。这样的布局既方便了交通，也保证了隐私。大多数人家的建筑都是近年修缮，红瓦砖墙，围墙则多是石块夯土（图 4.3.1.5），没有常见的白瓷砖，

图 4.3.1.1 广武城中央街道

图 4.3.1.2 广武城内寺庙遗址夯土台基

让人欣慰。

随着几个当地的孩童一起走在城墙上，一路眺望。城西是广袤的农田，东南两面远山青黛（图 4.3.1.6）。

图 4.3.1.3 广武城墙构造细节

城里宅院虬枝斜逸，巷道骡马信行。也似乎在一瞬间理解了古逸士们归隐田园的心情。

图 4.3.1.4 广武城内俯瞰

图 4.3.1.5 广武城内建筑

图 4.3.1.6 广武城内外全景

4.4 右玉县

1 宝宁寺⑪

Baoning Temple

名称与别名	右玉宝宁寺，大寺
地址	右玉县右卫镇右玉中学
看点	水陆画 · 木结构
推荐级别	★★★
级别	全国重点文物保护单位
类型	佛寺 · 木结构
年代	明
交通	乡村，自驾

右玉县位于大同西侧，古时地处边塞。而右卫镇位于右卫县城北，秦汉时为雁门郡郡治，自古便为军事重镇。城内鼓楼东大街上的宝宁寺，为右玉的一大禅林。时至今日，明代的遗存仅有过殿和大雄宝殿，格局不复，但是两座殿宇的形制壮观、规模宏大，不难想见宝宁寺从前的宏伟盛况及其在当地的重要地位。

图 4.4.1.1 宝宁寺过殿

图 4.4.1.2 宝宁寺过殿斗拱

过殿（图 4.4.1.1）面阔五间，进深六椽，悬山顶，明间次间面阔略大于稍间。梁架结构工稳，每间均匀布置平身科斗拱两朵，斗拱（图 4.4.1.2）的昂均为假昂，用材上确有从豪壮走向纤靡的特征。

大雄宝殿（图 4.4.1.3）又名华严殿，作为宝宁寺的正殿，在规模上更胜过殿一筹。面阔七间，歇山顶。每间施平身科一朵（图 4.4.1.4），明间次间的平身科出斜昂，角科（图 4.4.1.5）更是与其临近的平身科斗拱（附角斗）在结构上合而为一，视觉效果十分惊艳。

说到宝宁寺，其内涵远远超乎我们眼见的建筑，

图 4.4.1.3 宝宁寺大雄宝殿

图 4.4.1.4 大雄宝殿斗拱

图 4.4.1.5 大雄宝殿角科斗拱

它的瑰宝——水陆画（图 4.4.1.6），现藏于山西省博物院。水陆画为天顺年间敕赐于水陆寺以消弭兵燹的“敕赐镇边水陆神祯”。水陆画每年农历四月初八日(浴佛日)至初十日悬挂三天，做水陆道场。道场完毕之后，水陆画便被收藏起来。抗战时期经过悉心的保护，得以保存至今。这些画作出自宫廷画师之手，人物的线条雄健、设色鲜艳、构图讲究，是难得的珍品。我们从画作中，不仅可以看到诸天鬼神众(图 4.4.1.7)，也能体察到市井民情的图景（图 4.4.1.8），为我们观察明代的社会生活打开了一扇窗。

图 4.4.1.6 宝宁寺水陆画

图 4.4.1.7 宝宁寺水陆画

图 4.4.1.8 宝宁寺水陆画

4.5 应县

1 花寨关帝庙⑫

Temple of Guan Yu at Huazhai Village

名称与别名	花寨关帝庙
地　　址	朔州市应县臧寨乡花寨村
看　　点	布局 · 木结构
推荐级别	★
级　　别	山西省文物保护单位
类　　型	佛寺 · 木结构
年　　代	明—清
交　　通	乡村，自驾

在冬日下午，初见花寨关帝庙，卷棚顶的戏台整齐的背影（图 4.5.1.1），让人惊喜于它保存的完好。从侧门进入，戏台（图 4.5.1.2）的正面便映入眼帘。戏台三开间，两侧有八字影壁，后金柱的位置隔扇尚在，分隔开表演空间和准备空间。隔扇的棂条

图 4.5.1.1 花寨关帝庙戏台南侧

图 4.5.1.2 花寨关帝庙戏台北侧

图 4.5.1.3 花寨关帝庙外檐装修细节

图 4.5.1.4 花寨关帝庙正殿

（图 4.5.1.3）榫卯精致，严丝合缝，老匠人的工艺令人感动。站在这样完好的戏台前，似乎遥遥有锣鼓之声传来，甚或会有戏子从门后徐徐走出。虽然和晋南一些元代戏台比起来，从规模和年岁上都甘拜下风，仍然弥足珍贵。

院落北侧最重要的遗存当属正殿（图 4.5.1.4）。建筑五开间悬山顶出前廊。殿内的梁栿（图 4.5.1.5）为檩三件相叠，交接关系简练，呈明后期之后的特征。东西墙壁上有小幅的关公壁画，技法颇为平庸。北侧墙壁上为少年、青年、老年三幅关公像，亦是惯例做法，不过却被挡在了前面一排炫目的佛像（图 4.5.1.6）身后了。看来关帝经营不了寺庙的香火，只好让贤了。这群鸠占鹊巢的佛像坐姿颇不规整，胁侍们的姿态尤其随意，盘踞在台基上，颇有占山为王的霸气。

东西厢房保持着农村平房的状态，只有东侧门上白漆书写的“韦驮殿”（图 4.5.1.7）昭示着它的血统。

站在院内，不由心生感喟，随着时代发展与无神论的广泛传播，祠庙赖以生存的文化环境不复存在，备受冷落的关帝，出路何在呢？

图 4.5.1.6 正殿佛像及壁画

图 4.5.1.5 花寨关帝庙正殿梁架结构

图 4.5.1.7 花寨关帝庙东厢房

2 净土寺⑬

Jingtu Temple

名称与别名	应县净土寺，北寺
地　　址	应县城内东北隅 210 省道附近
看　　点	小木作 · 木结构
推荐级别	★★★★
级　　别	全国重点文物保护单位
类　　型	佛寺 · 木结构
年　　代	金
交　　通	乡村，自驾

相比于驰名天下的应县木塔，这座木塔脚下的净土寺（图 4.5.2.1）显得颇为冷清。围墙大门紧锁，从围墙外面向内眺望，只有一座三开间正殿与两座单坡配殿（图 4.5.2.2）。这座简单的小庙让我们心底不由得打了退堂鼓。幸而同行的学姐在村里找到了掌管钥匙的大爷为我们开门，让我们得以一览胜景。否则，也许真的会后悔不已吧。

1933 年梁思成先生一行人来到应县考察木塔时，在距木塔几百米之处发现了一组宏伟的建筑群，即是

图 4.5.2.1 净土寺门前眺望木塔

净土寺，其大殿的天宫楼阁之精美，让梁先生赞不绝口。可惜经历了“文革”的浩劫，除大殿外其余的配殿、舍利塔均已不存。在这点上，我们就不如梁先生幸运了。暂怀一颗虔敬的心，走进仅存的一座金代遗存——大雄宝殿（图 4.5.2.3）。

大殿的平面布局颇为工稳，面阔进深各三间，施后金柱两根，俱后移半间，五椽栿对后劄牵用三柱。建筑四壁和扇面墙上均有壁画（图 4.5.2.4），为清代遗存。梁栿隐藏在天花藻井之上，抬首望见的便是辉煌炫目的天空楼阁（图 4.5.2.5）。在如此小规模的庙宇中，竟然全部三间都施天花，满堂金玉。而仔细观

图 4.5.2.2 净土寺格局

图 4.5.2.4 净土寺壁画

图 4.5.2.3 净土寺大雄殿

图 4.5.2.5 净土寺天宫楼阁

图 4.5.2.6 天花藻井

察，会发现匠人在三间的藻井布置上，是有分明的主次关系的。当心间的中心位置（即塑像前上方）的斗八藻井（图 4.5.2.6）层次更加复杂，藻井下四围出平座，四面各有一悬山出檐建筑，环以围廊。在规制上明显比其他的藻井更为华丽，也和其下供奉的佛像交相辉映。

大殿的部分斗拱也隐藏在天宫楼阁之下（图 4.5.2.7），此景让笔者想到了崇福寺弥陀殿内留存的小木作局部。二者在时间空间的距离上相去不远，形式也殊为接近。或许弥陀殿当年的内檐装修小木作也如净土寺一样富丽？不由得让人多了几分遐想。

图 4.5.2.7 转角处的天花布置

3 应县木塔⑭

Wooden Pagoda in Yingxian County

名称与别名	佛宫寺释迦塔，应县木塔，应州宝宫寺木塔
地　　址	山西省朔州市应县县城
看　　点	木结构 · 彩画 · 佛造像 · 壁画 · 匾联
推荐级别	★★★★★
级　　别	全国重点文物保护单位
类　　型	塔 · 砖结构
年　　代	辽
交　　通	县城，公交 / 自驾

所有的人，甚至所有盘旋在应县木塔周围的飞鸟，都应当感谢苍天的恩惠，感谢她将应县木塔给我们留到了今天（图 4.5.3.1）。那是怎样的恩惠呢！1056 年建塔之后，1267 年应州大水成灾；1305 年大同路地震有声如雷，坏庐舍五千八百，压死者一千四百余人；1333 年至 1366 年间地震七日，塔旁房舍全部倒塌；1501 年，应州黑风大作；1502 年地震有声如雷；1513 年应州地震有声；1581 年，蔚县地震逾六级，其后地震频发；1926 年战争期间，遭受炮击，中弹二百余枚；1948 年解放应县，木塔中弹；1966 年至 1989 年间，邢台、应县、和林格尔、唐山、古丰、阳高地震，木塔屡屡风铎振响，而结构无损。苍天的恩惠其实是古

图 4.5.3.1 应县木塔外景

图 4.5.3.2 应县木塔 1930 年代外景

人的智慧、恒心和力行。智慧、恒心、力行一起，成就了古人的杰作；智慧、恒心、力行一起，也写下了梁思成一辈学者的敬畏（图 4.5.3.2）。

千年之后，掂量 5433 吨木料，任何关于榫卯技术的今日诠释都难以触动我们的真正关切（图 4.5.3.3）；历数 54 种斗拱形式（图 4.5.3.4），任何重复技术术语的描述都将显得苍白；端详五层 26 尊木骨泥塑造像（图 4.5.3.5），任何世俗的议论都不可能揭示当年营造者的用心；辨认 52 块匾额和 6 副楹联（图 4.5.3.6），任何关于某个时代的追忆都无法匹配岁月的积淀。

从今天的角度看，木塔是木结构建筑的博物馆，木塔是辽代佛教的艺术宫。

如此的巨构，当年也定然是不寻常的大事。就

图 4.5.3.3 应县木塔剖面图

好比沈括在《梦溪笔谈》说到的梵天寺塔——国家领导人亲自登临检查，主持人亲自接待答疑；再往前追溯，隋代木塔建造兴盛，主持营建大兴城的宇文恺也曾经奏于长安城西部昆明池畔的禅定寺“建木浮图，高三百卅尺，周匝百廿步”。在此类显赫建筑中，无论尺度、比例，还是形式、构造、工艺，必定诸多讲求，恐怕不是今天已经解读清楚了的。

对于塔内五层中各个功能空间的像设，今人已难说清。宿白先生认为，释迦塔“系拟大日坛场”，也如《中国密教史》所说，塔的“第五层，内设八大菩萨曼荼罗坛，坛中央为智拳印大日如来，周围布列八大菩萨”（图 4.5.3.7）。那么整座塔的大结构又是什么呢？当年的大德是怎样擘画的呢？

抛开所有学究式的疑问，胸中荡漾的仍然是无限感慨。无怪乎明成祖朱棣写下“峻极神工”，无怪乎明武宗朱厚照以为“天下奇观”，无怪乎万历年间修《应州志》的田蕙毫不怀疑地评价：“天下浮图不可胜记，而应州佛宫寺木塔为第一。”（图 4.5.3.8）

图 4.5.3.5 应县木塔一层内景

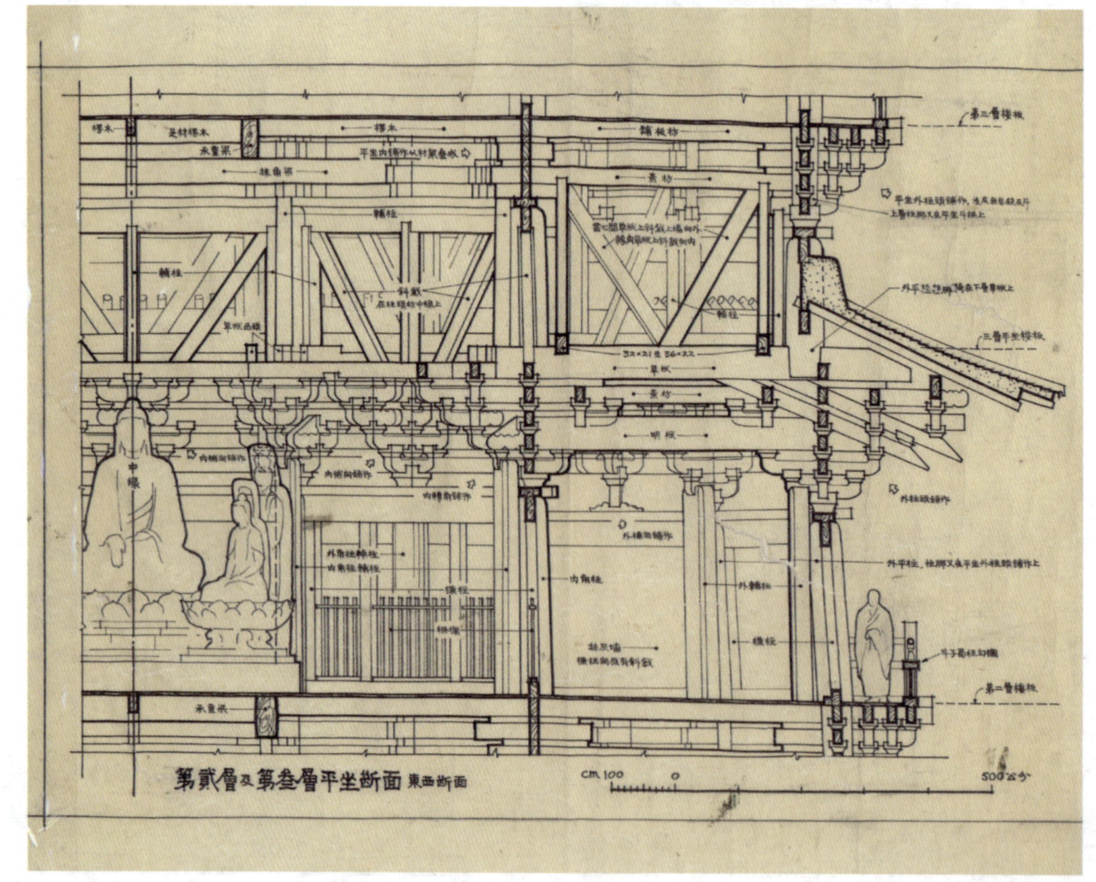

图 4.5.3.4 应县木塔局部结构详图

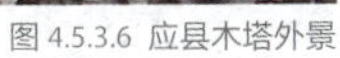

图 4.5.3.6 应县木塔外景

图 4.5.3.7 应县木塔五层内景

图 4.5.3.8 应县木塔局部外景

5
太原市
TAIYUAN

太原古建筑分布图

Historical Architectural Map of Taiyuan

1. 唱经楼
2. 崇善寺大悲殿
3. 纯阳宫
4. 大关帝庙
5. 窦大夫祠
6. 督军府旧址
7. 多福寺
8. 东街秦氏民宅
9. 晋祠
10. 晋祠 · 圣母殿
11. 晋祠 · 献殿
12. 晋源阿育王塔
13. 晋源文庙
14. 净因寺
15. 开化寺旧址与连理塔
16. 明秀寺
17. 清真寺
18. 太山龙泉寺
19. 文庙
20. 延圣寺
21. 永祚寺
22. 古交千佛寺
23. 宝梵寺
24. 狐突庙
25. 清泉寺
26. 清徐尧庙
27. 清源文庙
28. 文殊塔
29. 香岩寺
30. 徐沟城隍庙、文庙
31. 严香寺
32. 不二寺
33. 大王庙大殿
34. 明泰大师塔
35. 前斧柯悬泉寺
36. 帖木儿塔
37. 辛庄开化寺
38. 轩辕庙

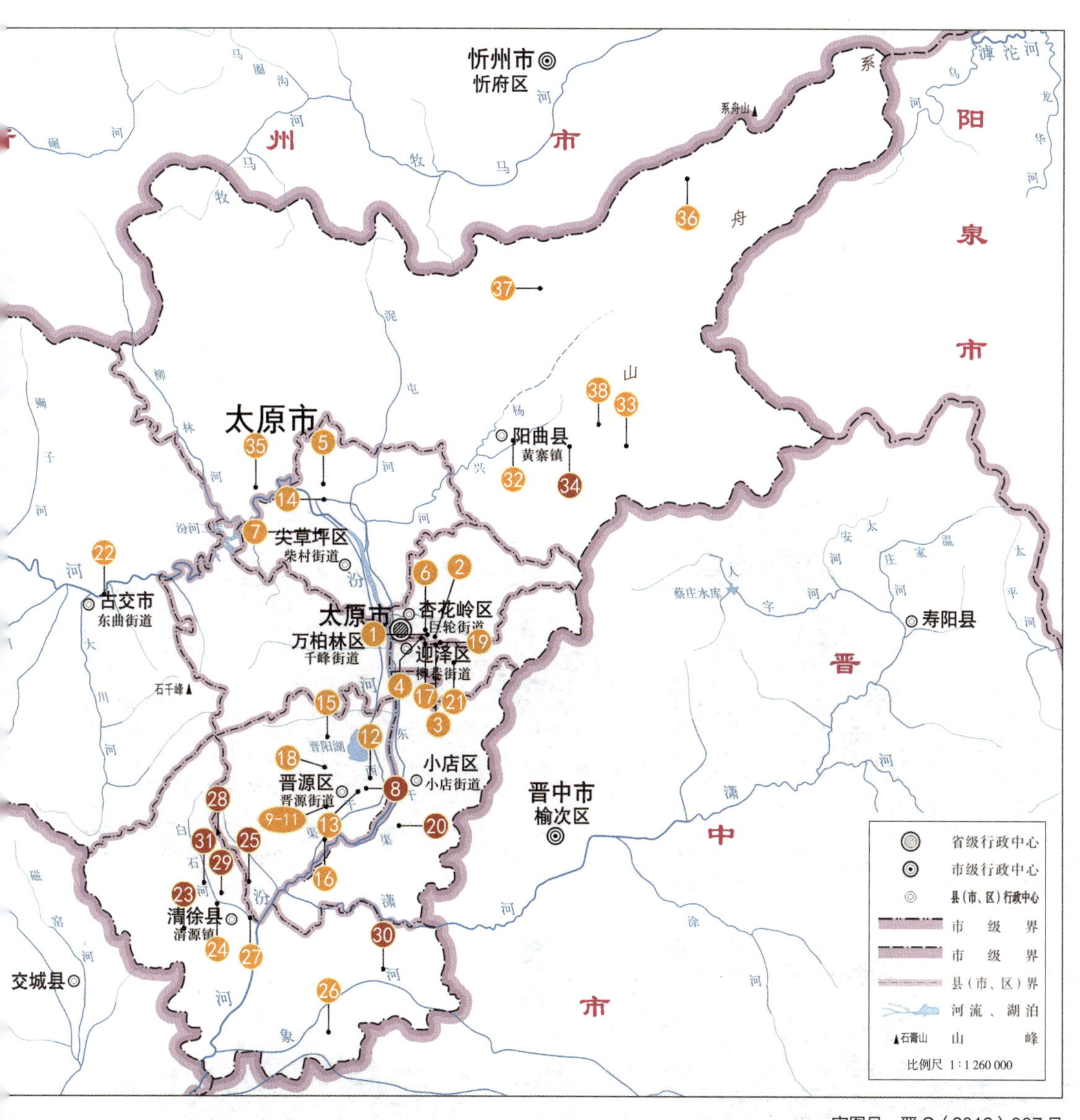

审图号：晋 S（2019）007 号

太原市

5.1 城区及近郊区

1 唱经楼①

Result-publishing Tower

名称与别名	唱经楼
地　　址	太原市杏花岭区鼓楼街 33 号
看　　点	建筑形制 · 科举文化
推荐级别	★★★
级　　别	全国重点文物保护单位
类　　型	市政建筑 · 木构
年　　代	明一清
交　　通	市中心，公交

如果对古代的科举文化不甚了解，就很难按字面意思弄清楚“唱经楼”究竟为何物，甚至会误以为它是某种宗教建筑或戏楼。实际上，“唱经”指的是在科举考试发榜时，书吏高唱“五经魁首”的姓名，唱经楼就是乡试发榜、唱名的地方。

唱经楼坐落在太原市中心的鼓楼街（图 5.1.1.1）。楼宇所在地块为半圆形，周边四层高的弧形建筑群隔着道路将地块包围起来，而唱经楼的方形墙院与地块形状并无形式上的关联。据考证，唱经楼建于明初，重修于明正德年间（1506—1521 年）；明万历年间（1573—1620 年）扩建；清康熙三十五年（1696 年）增建春秋楼；清道光八年（1828 年）重修。

现存建筑群由唱经楼、连廊、正殿、春秋楼四部分组成。唱经楼、连廊与正殿串联，形成工字形平面；春秋楼与正殿紧邻，位于东侧，楼前有一小院（图 5.1.1.2）。唱经楼平面为方形，高两层，底层面阔三间，二层面阔一间并设有环廊，屋顶为十字歇山脊，屋面上的孔雀蓝琉璃瓦饰十分精美（图 5.1.1.3）。唱经楼首层、连廊、正殿的屋檐同高，使屋面连接方式变得简洁。正殿为歇山顶三间小殿，未用斗拱。春秋楼面阔三间，高两层，底层为窑洞，上层为悬山式阁楼。

就木构技艺而言，唱经楼建筑群并无鲜明特色。然而，这组曾经见证过无数读书人悲欢和荣辱的建筑无疑是古代科举活动的重要载体之一，具有深厚的文化意义。

图 5.1.1.1 街景

图 5.1.1.2 院内

图 5.1.1.3 唱经楼屋顶

2 崇善寺大悲殿②

Great Compassion Hall of Chongshan Temple

名称与别名	崇善寺大悲殿
地　　址	太原市迎泽区狄梁公街
看　　点	木构 · 明塑
推荐级别	★★★★
级　　别	全国重点文物保护单位
类　　型	佛寺 · 木构
年　　代	明
交　　通	市中心，公交

清同治三年（1864 年）的一场大火焚毁了崇善寺，仅留下一座大悲殿让我们有可能畅想这座古寺旧时的恢宏。火前的崇善寺是由朱元璋三子——晋恭王朱棡为纪念其母孝慈高皇后马氏扩建而成的，在此之前，这座相传始建于隋唐时期的寺院还用过其他名字：白马寺、延寿寺、宗善寺。

光绪时，张之洞在崇善寺的南侧废墟上重建了文庙，北侧幸存的大悲殿则独立成新的崇善寺，一条东西方向的小巷将文庙和寺院截然分开，此布局延续至今。今天的崇善寺在东西方向上并列着三个院落，大悲殿所在的主院居中，文殊院和法堂院分居东西两侧，三个院落内部相通，又有各自独立的山门通向南侧小巷（图 5.1.2.1）。

据明代崇善寺平面图可知，大悲殿是中轴线上六座殿宇中的第五座，也是除九间重檐正殿（大雄宝殿）之外的第二大殿宇（图 5.1.2.2）。大悲殿尺度宏大，色泽朴雅，颇具古风，是明代早期建筑的重要实例之一。大殿面阔七间，进深五间，正面明间和次间辟隔扇门，稍间、尽间设窗；殿下台基低矮，月台宽大；殿上覆重檐歇山屋顶，出檐深远，屋面用绿色琉璃瓦剪边，精致典雅；上檐柱头科与平身科用单翘双昂七踩斗拱，下檐用五踩重昂斗拱，檐下彩画仍清晰可见；两檐正中悬挂大匾一方，上书正楷“大悲殿”三字，用笔苍劲，浑厚有力（图 5.1.2.3）。殿前月台之上，香炉居中，方形悬山式鼓亭和钟亭分列东西两侧，具有较强的仪式感。殿内空间高敞，平棊精美，佛坛之上供奉观音、普贤、文殊三尊菩萨金身立像(图5.1.2.4)。三尊造像均为明塑精品，高 8 米余，体型丰腴，衣着华丽，姿态优美，表情微异，圆形背光巨大而精致，有效地拓展了造像的体积感和空间张力。殿内还藏有宋、元、明代佛经古籍善本以及明代壁画摹本等珍贵

图 5.1.2.1 山门

文物，殊为难得。

崇善寺至今仍有僧侣修行，据说每逢法事，灯火辉煌、鼓隆钟鸣，僧侣、信徒、游客络绎不绝。笔者离寺之时天色近晚，正值寺僧于大殿上香，寺内香烟缥缈、渐入幽境，亦别是一道风景、一番感悟。

图 5.1.2.2 明代崇善寺平面图

图 5.1.2.3 大悲殿外观

图 5.1.2.4 大悲阁殿殿内

3 纯阳宫③

Chunyang Taoist Temple

名称与别名	太原纯阳宫，吕祖庙
地　　址	太原市五一广场西北角
看　　点	布局 · 木构 · 雕塑 · 碑刻 · 青铜器 · 瓷器
推荐级别	★★★★
级　　别	全国重点文物保护单位
类　　型	宫观 · 木结构
年　　代	明—清
交　　通	市中心，公交

纯阳宫位于太原市五一广场西北角，现为山西省艺术博物馆。博物馆每周一闭馆，未能如愿探访的我们在一个晴朗的周日午后再次来到纯阳宫。

山门是一个砖砌的券门洞，一对扭头相视的铜狮分立两侧。院内巍然而立的假山和山上的方亭打破了山门乏味的对称格局（图 5.1.3.1）。

山门之内由南向北共五进院落。第一进院落正中是一座三门牌坊（图 5.1.3.2）；牌坊东侧的假山可以攀游并俯瞰寺观布局；牌楼西侧紧贴外墙建有 L 形长廊，廊内收集了山西省内魏晋至明清历代的造像、碑额、经幢等石雕石刻作品（图 5.1.3.3），这些作品集书法和雕塑艺术于一体，颇为珍贵，尤以唐武周天授二年（691 年）的释迦“涅槃变相碑”最为精美

图 5.1.3.1 沿街立面

图 5.1.3.2 牌坊

图 5.1.3.3 碑廊

（图 5.1.3.4）；牌坊北侧为三间砖砌券门，中为“衜息之门”（衜息，同道德），东为“龙飞”门，西为“虎伏”门（图 5.1.3.5）。

三间券门之内为第二进院落。院落中央植古树四株，虬曲苍劲。院落正北是一座三开间的“仪门”式建筑，明间有铜铸弥勒佛坐像一尊，东、西次间有铜狮和铜象各一（图 5.1.3.6）。

图 5.1.3.4 涅槃变相碑

图 5.1.3.5 券门

穿过仪门，第三进院落的正殿雄居砖台之上。正殿平面近方形，面阔三间，上覆歇山顶，出檐深远却不用斗拱，木构简洁率真；殿前月台宽阔并设有围栏，踏道两侧的石狮虽有所风化，仍威风不减（图 5.1.3.7）。殿内砖坛之上供奉吕祖及胁侍弟子铜像三尊，均为明塑；扇面墙上的“壁画”并非真迹，而是用画布贴饰而成；两侧东西山墙处还陈列着小型泥塑和木雕造像数尊（图 5.1.3.8）。

大殿之后的两进院落均为底层砖构、上层木构的双层建筑。建筑群布局巧妙，建筑造型丰富，且二层由回廊连通，丰富了空间体验。第四进院落正中是一座造型别致的观音阁，此阁底层为方形平面，二层为八角形平面；入口台阶两侧各立万历年间的铜狮一尊，只是形状如狗，并不威武（图 5.1.3.9）。第五进院落门前又有两只墨绿色的琉璃狮子，远比铜狮霸气（图 5.1.3.10）。

作为艺术博物馆的纯阳宫真称得上是一座艺术宝库。这里集建筑、园林、碑刻、造像、铸造、琉璃等艺术和工艺于一身，加之道教文化的浸染，是一处值得推荐的休闲之地。

图 5.1.3.6 仪门

图 5.1.3.8 正殿室内

图 5.1.3.7 正殿外观

图 5.1.3.9 观音阁

图 5.1.3.10 琉璃狮

4 大关帝庙④

Greater Temple of Guan Yu

名称与别名	大关帝庙
地　　址	太原市迎泽区庙前街 36 号
看　　点	布局 · 木构
推荐级别	
级　　别	全国重点文物保护单位
类　　型	祠庙 · 木构
年　　代	明—清
交　　通	市中心，公交

大关帝庙位于庙前街北端，庙前街因关帝庙得名。据《阳曲县志》记载，在明代太原府城的二十七座关帝庙中，此庙规模最大，故称大关帝庙。大关帝庙创建年代不详，专家认为现存庙宇为明清建筑。

庙坐北朝南，二进院落布局，形制较为完整。山门与庙前街并非正对而是略微偏西，山门东西两侧设置钟鼓楼，东侧钟楼与庙前街正对（图 5.1.4.1）。进入山门，第一进院较为深远，由崇宁殿（正殿）和东西配殿围合而成（图 5.1.4.2）。崇宁殿面阔和进深皆

图 5.1.4.1 山门

图 5.1.4.2 崇宁殿

为三间，下承低矮台基，上覆单檐歇山顶，檐下未用斗拱，殿身明间向院内出一间歇山顶抱厦，整个建筑外观十分精巧；殿内彻上明造，屋架用材较大，东、西、北三面内墙绘有壁画（图 5.1.4.3）。东西配殿各有五间廊和五间殿，用作宣传和展示功能。

崇宁殿之北为第二进院落，此院狭小紧凑，由春秋楼和侧殿围合而成，面积约为前院的四分之一强（图 5.1.4.4）。春秋楼面阔三间，进深两间，高两层，上覆单檐歇山顶，檐下不用斗拱，屋面用绿琉璃瓦剪边；殿身一层设檐廊，廊上为二层平座；一层殿内塑关帝戎装像一尊，二层三壁书《春秋》全文，两层之间于东墙处设置陡峭木梯。东西侧殿均高两层，面阔三间进深两间，上覆单层悬山顶。

在太原旧城中，大关帝庙与文庙形成左文右武的空间布局，体现了封建礼制对城市和建筑布局的影响。

图 5.1.4.4 第二进院落

图 5.1.4.3 崇宁殿内

5 窦大夫祠⑤

Shrine to Dou Chou

名称与别名	窦大夫祠、英济祠、烈石神祠
地　　址	太原市尖草坪区上兰村
看　　点	自然风貌 · 木构
推荐级别	★★★★
级　　别	全国重点文物保护单位
类　　型	祠庙 · 木结构
年　　代	元—清
交　　通	近郊区，公交、自驾

从中北大学南门外向西北方向前行，不宽的双车道上偶有车辆通过，城市的喧嚣正渐渐远去，山水之清幽缓缓呈现。前行约 300 米，豁然开朗，便来到窦大夫祠前的小广场（图 5.1.5.1）。

窦大夫祠是纪念春秋时期晋国大夫窦犨的祠庙。祠庙创建时间年代不详，唐代李频的《游烈石诗》中曾有“驻马看窦犨像”的记载，可知此祠在唐代已存。又有碑载，北宋元丰八年（1085 年）六月，祠庙原址为汾水所淹，后迁建于此。据考，现存主要建筑为元至正三年（1343 年）重建时的原构，宋、金风韵犹存。祠庙坐北朝南，北依二龙山，南邻汾水，山水灵秀汇集于此。祠庙现存殿堂 30 余间，沿中轴线从南向北依次是乐楼、南殿、献殿、后殿。

乐楼为清代遗构，南侧面阔五间上覆硬山顶，北侧出三间抱厦上覆卷棚歇山顶，造型特别（图 5.1.5.2）。乐楼和南殿之间是祠前广场，南殿本是进入祠庙的门殿，现今已不开放，只能从东侧的宝宁寺入口绕进祠

图 5.1.5.1 祠前广场

内。南殿正面五楹，背面三楹，上覆六椽硬山顶；殿内仅设一道偏南的隔墙将祠庙内外空间分开，形成了檐廊狭窄，殿内宽阔的空间效果；隔墙仅在明间辟门，作为祠庙的出入口，次间和稍间各嵌琉璃团龙一条，简练而不失精美；檐下仅当心间施 45 度斜拱一朵，起到了强化入口的装饰作用，其余柱头和补间皆用五铺作斗拱（图 5.1.5.3）。南殿两侧是倒座式窑洞，上面建有钟鼓楼。

南殿之北是祠庙的主院，院落呈东西宽南北窄的长方形，院内五株古柏列于轴线两侧，献殿凸入院落之中，成为院落的视觉焦点（图 5.1.5.4）。献殿平面近似方形，台基低矮，仅用四根角柱，原木色的柱和枋用材雄大却不失柔美；斗拱为五铺作双下昂形，每面补间用斗拱三朵；屋架为歇山顶，翼角翘起如飞；屋面用灰色筒板瓦加蓝色琉璃瓦剪边，色泽典雅；整个献殿比例优雅，有“醇和柔美”之风（图 5.1.5.5）。献殿的藻井最令人惊叹，藻井层层内收，由方形过渡到八角形，最后以圆形收口，极尽繁复精巧之能事，唯有掌握了准确几何计算和精湛木工技艺的匠师才能创作出如此精美的作品（图 5.1.5.6）。

后殿面阔三间，悬山屋顶，设有檐廊，廊下有历代碑刻十余通。后殿明间与献殿共用二柱，基座、屋面也同献殿相连，两座建筑亦分亦合，独具特色（图 5.1.5.7）。后殿左右各有朵殿三间，献殿、后殿、朵殿在立面上形成了三层叠退的艺术效果。后殿内仅供奉窦大夫塑像一尊，略显空旷。

祠庙院外向东，依次并列着宝宁寺、观音阁、赵戴文祠，几处院落现已连通，每个院落也各有特点，不妨一游。

图 5.1.5.2 乐楼

图 5.1.5.3 南殿

图 5.1.5.4 主院

图 5.1.5.5 献殿外观

图 5.1.5.6 献殿藻井

图 5.1.5.7 后殿与献殿之间

6 督军府旧址⑥

Former site of the provincial military governor's mansion

名称与别名	督军府旧址
地　　址	太原市杏花岭区府东街 101 号
看　　点	布局 · 木结构
推荐级别	★★
级　　别	全国重点文物保护单位
类　　型	衙署 · 木结构
年　　代	民国
交　　通	市中心，公交

督军府旧址，位于太原市杏花岭区府东街 101 号，现在主体建筑坐落省政府院内（图 5.1.6.1）。建筑群始建于北宋初期，据称曾为潘美帅府所在。在金元以降，战略地位逐渐提高。在元代成为行中书省，作为地方最高行政部门，统帅山西。明清时期，督军府延续了其地方最高行政部门的职能，自明永乐十九年 (1421 年) 成为山西的巡抚衙门后，各时期山西治所都设于此。1911 年辛亥革命后为阎锡山占据，成立山西省政府、太原绥靖公署，对旧有督军府大门进行改造，1916 年正式命名为“督军府”。抗日战争初为第二战区长官司令部。1937 年太原沦陷，督军府成为日伪山西省行政公署，大门柱子上也被日军刻上了炫耀战功之字。日寇投降后，再度为阎锡山府署。1949 年太原解放，同年 9 月山西省人民政府正式成立，把办公点设于督军府直至今日。

院落坐北朝南，建筑基本建于民国时期，中轴线上自南到北依次为牌坊、门楼、前院、渊谊堂、会议厅及梅山等。牌坊位于建筑群南侧的马路对面，四柱三楼歇山顶（图 5.1.6.2），北侧匾额有“抚绥全晋”（图 5.1.6.3），南侧有“文武为宪”（图 5.1.6.4），并镌于右任联。彰显出督军府的显赫地位。门楼是现在省政府的南入口，在清代山西巡抚大门的基础上改建的。大堂称渊谊堂（图 5.1.6.5），位于大门北侧，民国时在清代遗存的基础上改为二层，1986 年经维修改为接见厅。会议厅建于民国八年 (1919 年)，又名小自省堂，为中国古典风格，四角加建亭式角楼。梅山

图 5.1.6.2 督军府对面牌坊

图 5.1.6.1 督军府旧址即省政府正门

位于最北侧，为高20米左右的土山（图5.1.6.6），山上爬满地锦，为严肃的总督府平添生气。山上有乾隆碑碣三通。山顶有西式四层钟楼一座，瘦峻尖顶，成为督军府的制高点。督军府东侧，原为巡抚的内花园，在军阀时期由阎锡山改为私人花园，称东花园。

孙怀中在《过太原督军府》一诗中咏道：“独镇龙城千百秋，双狮仍戍旧时楼；未知夜半梅山月，可送清辉到帝州。”现在牌坊的南边已经开起了热闹的商业街，人声鼎沸，一派繁荣。久无战事，岁月清明。据称，山西省政府将于2017年3月底迁出督军府旧址。（2017年9月已正式迁出。—编者注）利用旧址开设晋商博物馆，向公众开放。期待那时能够进入督军府，仔细逛一逛里面的亭台楼阁。它们见证了这片热土经受的历史和悸动，也浓缩了中原大地经历的坎坷和悲喜，历史不容忘却。

图5.1.6.3 牌坊北侧

图5.1.6.5 从大门内望渊谊堂

图5.1.6.6 梅山及山顶塔楼

图5.1.6.4 “文武为宪”匾额

7 多福寺⑦

Duofu Temple

名称与别名	多福寺，崛围教寺
地　　址	太原尖草坪区马头乡庄头村
看　　点	选址，布局，壁画
推荐级别	★★★★
级　　别	全国重点文物保护单位
类　　型	佛寺 · 木结构
年　　代	明—清
交　　通	近郊，自驾

多福寺位于太原市西北的崛围山之巅，选址极为精妙。寺院始建于唐贞元二年（786 年），原名崛围教寺，宋末毁于战火，明洪武年间重建，是晋王宗室的重要礼佛之所。弘治年间（1488—1505 年）改名多福寺，后又多次重修，明末清初太原著名学者傅山曾隐居于此。

驱车沿山路盘旋而上，曲折险峻，沿途薄雾细雨、奇树怪石，宛然仙境，令人回味悠长。待长路弯弯漫漫无尽头之时，峰回路转，豁然开朗，山门竟扑面而来（图 5.1.7.1）。

寺庙仿佛生长于绿树青山中的一点朱砂，因山就势，坐北朝南，缓缓中三进院落层层展开。山门、钟鼓楼、大雄宝殿、壁龛组成了尺度近人的第一组院落。山门与天王殿合一，内塑哼哈二将和四大天王像；大雄宝殿面阔七间，进深五间，设周围廊，上覆单檐歇山顶，屋面用青绿琉璃瓦剪边（图 5.1.7.2）。殿内供奉三佛四菩萨，墙壁绘 84 幅释迦牟尼生平连环画，流畅逼真，属明代壁画之精品。

二进院落的主体建筑是一座五开间的上阁下窑样式藏经楼（图 5.1.7.3）。下层窑洞名乘息洞，上层木阁曰文殊阁，上下两层均设有檐廊，将建筑立面和谐统一起来。窑洞石柱上有傅山先生墨迹，颇为珍贵。院内青石板地面上薄薄的水面映出西侧壁龛的倩影，构成一幅禅静的画面（图 5.1.7.4）。

第三进院落较为规整，尺度紧凑，显得十分清净。千佛殿雄踞 3 米多高的台基之上，屋檐舒展、气势宏大（图 5.1.7.5）。殿内供三世佛和四大菩萨，三面墙壁共有 870 多尊佛像。殿前牡丹池内原有 500 多年前的牡丹，现已不存。

清晨入古寺，细雨涤尘心。离寺之时，法事尚未结束，我们在空蒙山色和渺渺梵音中静静体味着时间与空间的流淌，感悟着生命轮回。

图 5.1.7.1 山门全景

图 5.1.7.3 藏经楼

图 5.1.7.2 大雄宝殿全景

图 5.1.7.4 壁龛

图 5.1.7.5 千佛殿

8 东街秦氏民宅⑧

Family Qin's residence at Dongjie Village

名称与别名	东街秦氏民宅
地　　址	晋源区晋源街道办事处东街村
看　　点	布局，木结构
推荐级别	★★
级　　别	山西省文物保护单位
类　　型	民居 · 砖木结构
年　　代	清
交　　通	乡村，自驾

从晋源古城东门西行约150米，再折向北，南北向的街巷正对着太山寺，秦氏民宅就在这条街的中部，晋阳古城考古工作站就暂时驻扎在民宅里（图 5.1.8.1）。

民宅坐西朝东，东侧沿街，沿街界面是封闭的砖墙，除了四个院门之外，并无其他开口。民宅东侧隔着道路是一处开敞的场地，据管理人员介绍，这里也曾是秦氏民宅的一部分，后来被拆毁了。

图 5.1.8.1 街景

四个院门中有三个砌筑了门斗（图 5.1.8.2），仅剩下“晋阳古城考古工作站”是朴素的拱形门洞，或许这里原本也是有门斗的（图 5.1.8.3）。院落内部，南侧两个院子是连通的（图 5.1.8.4），每个院子都是三进院落（图 5.1.8.5），建筑骨架均为木结构，外墙

图 5.1.8.2 入口门斗

图 5.1.8.3 工作站入口

图 5.1.8.4 连通的院落

则包砌了厚实的砖墙，正房入口处还设置了卷棚式门斗，强化了正房的地位。据介绍，北侧的两个院子为私人购置，且院门紧锁，未能入内参观。

据说太原县城在明清时期一直是商号店铺林立、豪门富户大院重叠。从今天秦氏民宅的布局和规模看，虽不如乔家大院般奢华，也绝非普通民宅般朴素，当属大户望族无疑。

图 5.1.8.5 内院

9 晋祠⑨

Jinci Temple

名称与别名	晋祠
地　　址	晋源区晋祠镇悬瓮山麓
看　　点	自然风光 · 园林 · 木构 · 彩塑
推荐级别	★★★★★
级　　别	全国重点文物保护单位
类　　型	祠庙 · 木结构
年　　代	宋—清
交　　通	近郊，公交、自驾

1934 年夏天，梁思成、林徽因与他们的外国朋友乘暑假之便，作晋汾之旅。出于躲避“名胜”的习惯，虽然行程始自太原，梁、林一行却并未作探访晋祠的打算，直到他们在赴汾的公共汽车上抓住车窗外圣母殿“一角侧影”的时刻——“魁伟的殿顶，雄大的斗拱，深远的出檐”——才觉得“爱不忍释”。于是，他们便下定决心在回程探访（图 5.1.9.1）。

回程时，已是一个月之后，他们途中下车，带上整个旅程中积累下来的累累赘赘的“粗重细软”，甚至不顾露宿的可能，只为去看一眼那心心念念的“一角殿宇”；面对这一切的不便也只能埋怨：“晋祠太像样——如果花花簇簇的来个乾隆重建，我们这些麻烦不全省了么？”

晋祠确实太像样了，从大门之内“美丽辉映的大花园”到“又像庙观院落，又像华美的宫苑”的布置（图 5.1.9.2）；从“枝干奇伟，虬曲横卧”的唐槐周柏到“池水清碧、游鱼闲逸”的沼池（图 5.1.9.3，图 5.1.9.4）；从雄壮、巍然的圣母殿到横跨鱼沼之上的飞梁（图 5.1.9.5）；从梁架轻巧、如翚斯飞的

图 5.1.9.1 一角侧影

献殿到铁人护卫的金人台（图 5.1.9.6，图 5.1.9.7）；从唐太宗御制的《晋祠铭》到各朝增补的其他殿宇（图 5.1.9.8，图 5.1.9.9）；真是“俯仰堂皇，左右秀媚，无所不适”。

80 多年后的今天，晋祠的容颜一如先生们描写的那样俊朗、秀美，而我们的行程已不再依赖那“挤到水泄不通”的公共汽车了。从北京西站到太原南站，只需不足 3 小时的高铁；开上租好的轿车，不过半个小时的车程便可到达晋祠景区。便捷的交通让旅途变得舒适而高效，却也常使我们来不及或没耐心细看途中的风景，或许就在不经意间错过了“正太路途中的雨花宫”和“小山坡一侧不远处的正殿侧影”吧。

图 5.1.9.2 晋祠前广场

图 5.1.9.3 唐槐周柏

图 5.1.9.5 圣母殿与飞梁鱼藻

图 5.1.9.4 沼池

图 5.1.9.6 献殿

图 5.1.9.7 金人台

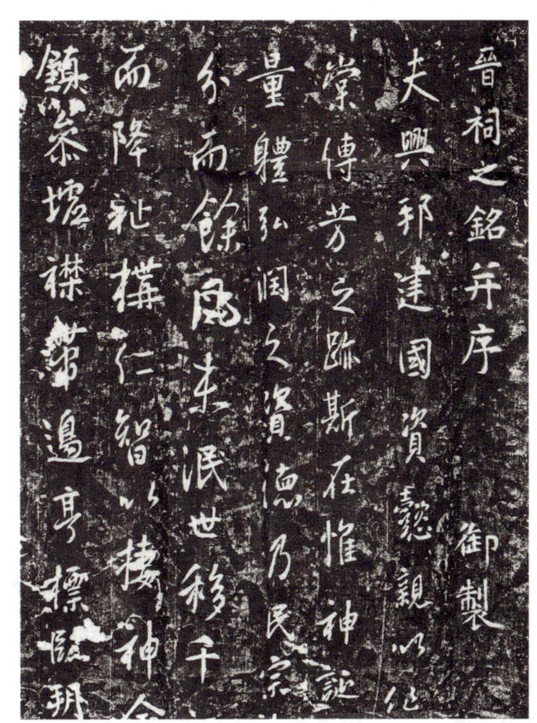

图 5.1.9.8 晋祠铭拓片

图 5.1.9.9 水镜台

10 晋祠 · 圣母殿⑩

Hall of Holy Mother of Jinci Temple

名称与别名	晋祠圣母殿
地　　址	晋源区晋祠镇悬瓮山麓
看　　点	木构 · 彩塑 · 彩画 · 壁画
推荐级别	★★★★★
级　　别	全国重点文物保护单位
类　　型	祠庙 · 木结构
年　　代	北宋
交　　通	近郊，公交、自驾

晋祠原是祭祀唐叔虞的祠庙，学者根据郦道元《水经注》和北宋赵昌《新修晋祠碑铭并序》等文献推测，叔虞祠大殿原本就在今天的圣母殿位置。宋以后才改祀昭济圣母。

梁、林二位先生的晋汾之旅并未对圣母殿年代作详尽的考证，只提到“由结构法及外形姿势看来，较《营造法式》所订的做法的确更古拙豪放，天圣之说当属可靠”。对于圣母殿的创建年代，至今尚有争议，主要有北宋太平兴国九年（984 年）以前、天圣年间（1023—1032 年）、崇宁元年（1102 年）三种说法，依据则分别有太平兴国九年《新修晋祠碑铭并序》、至元四年（1267 年）《重修汾东王庙记》、大殿脊槫之下“大宋崇宁元年九月十八日奉敕重建”。笔者更倾向于郭黛姮先生的考证，认为圣母殿的基本形制定于太平兴国九年之前的重修（此时或仍祭祀叔虞），此后由于地震等原因又有重修，至崇宁元年再次奉敕重修，原构风貌保存至今。至于《重修汾东王庙记》中“适天圣（1023—1032 年）后改封汾东王，又复建女郎祠于水源之西”的记载可能是移出叔虞神位，独祀女郎（圣母）的开始，所谓“复建”可能只是一次重修。

图 5.1.10.1 圣母殿外观

晋汾之旅也并不算营造学社正式的田野考察工作，倒是与本书的旅行和工作方式有些相似，然而，二位先生对大殿木构设计的解读已较为深入，并为营造学社 1936 年 11 月的测绘工作奠定了基础。

“晋祠圣母殿大殿，重檐歇山顶，面阔七间进深六间，平面几成方形，在布置上，至为奇特。殿身五间，副阶周匝。但前廊之深为两间，内槽深三间，故前廊异常空敞，在我们尚属初见。”（图 5.1.10.1，图 5.1.10.2）大殿宽敞的前廊给二位先生留下了深刻的印象，在进一步对斗拱的分析中，他们又指出大殿斗拱的两个特点：

一、“下昂的形式及用法上，这里又是一种曾未得见的奇例。柱头铺作上极长大的昂嘴两层，与地面完全平行，与柱成正角……并未将昂嘴向下斜斫或斜插，亦不求其与补间铺作的真下昂平行，完全率真的坦然放在那里，诚然是大胆诚实的做法。”（图 5.1.10.3）如今，我们又在晋中普光寺大殿看到了同样的假昂做法，而高平崇明寺大殿的补间铺作却好似昂嘴被斫去了一般。

二、“在补间铺作上，第一层昂昂尾向上挑起，第二层则将与令拱相交的耍头加长斫成昂嘴形，并不与真昂平行的向外伸出。这种做法与正定隆兴寺摩尼殿斗拱极相似，至于其豪放生动，似较之尤胜。”（图 5.1.10.4，图 5.1.10.5）耍头作昂形且与真昂斜度不同的做法在此时还未积累更多的案例，直到 1937 年，营造学社又发现了雨花宫大殿。而今，晋东南地区多座宋构都有相似的做法，晋城青莲上寺释迦殿、高平开化寺大殿和高平资圣寺毗卢殿的柱头铺作皆是

图 5.1.10.3 圣母殿下檐柱头铺作

图 5.1.10.4 补间铺作外观

图 5.1.10.5 补间铺作挑斡

图 5.1.10.2 大殿前廊

图 5.1.10.6 圣母像

图 5.1.10.7 侍女像

图 5.1.10.8 盘龙柱

如此。

殿内圣母像、侍女像和侍臣像均为宋代作品。1952 年，文物部门曾于圣母像所坐的大木椅下发现宋代题记（图 5.1.10.6，图 5.1.10.7），殿前的八根木雕盘龙柱也同时被确认是宋代作品（图 5.1.10.8）。前廊内侍立着两尊高大威武的力士，阑额、乳栿之上则挂满了匾额，门窗上方的白墙上壁画依稀，梁架上的彩画也清晰可见，整座大殿恢宏壮观（图 5.1.10.9，图 5.1.10.10，图 5.1.10.11）。

图 5.1.10.9 力士

图 5.1.10.10 壁画

图 5.1.10.11 前廊西望

11 晋祠 · 献殿⑪

Hall of Dedication of Jinci Temple

名称与别名	晋祠献殿
地　　址	晋源区晋祠镇悬瓮山麓
看　　点	环境 · 砖结构
推荐级别	★★★★★
级　　别	全国重点文物保护单位
类　　型	祠庙 · 木结构
年　　代	金
交　　通	近郊，公交、自驾

图 5.1.11.1 献殿外观

“献殿在正殿之前，中隔放生池。殿三间，歇山顶。与正殿结构法手法完全是同一时代同一规制之下的。……两殿斗拱外面不同之点，唯在令拱之上，正殿用通长的挑檐枋，而献殿则用替木。”（图 5.1.11.1，图 5.1.11.2，图 5.1.11.3）先生们认为献殿与大殿同一时代的判断虽与后期发现于梁架上“金大定八年（1168年）岁次戊子良月创建”的题记不符，比之圣母殿最

图 5.1.11.2 献殿斗拱

近一次重修的1102年，却仅隔66年。对于徐变的匠作体系而言，几十年的差异或许远小于人眼的分辨率，就像善化寺普贤阁看似辽构实为金代，天台庵大殿看似唐构实为五代，况且我们还不能排除匠人仿古的可能性。

“献殿的梁架，只是简单的四椽栿上放一层平梁，梁身简单轻巧，不弱不费，故能经久不坏。”先生们对于殿内梁架的叙述虽然简洁却读得出一种结构理性的思索（图5.1.11.4）。

与老照片对比，献殿还是原来的模样，始信襻间上“一九五五年用原料照原式翻修”的题记并不虚妄。稍遗憾的是，殿前的一对宋代铁狮已不见了踪影，好在还有先生们拍下的照片，让我们得以看到那“极精美，筋肉真实，灵动如生”的模样（图5.1.11.5）。

图5.1.11.4 献殿梁架

图5.1.11.3 斗拱内转

图5.1.11.5 宋代铁狮

12 晋源阿育王塔⑫

Asoka Pagoda at Jinyuan District

名称与别名	晋源阿育王塔
地　　址	太原市晋源区晋源街道办事处古城村
看　　点	喇嘛塔
推荐级别	★★★
级　　别	全国重点文物保护单位
类　　型	塔·砖结构
年　　代	明
交　　通	乡村，自驾

据记载，北宋之前的晋阳古城中有一座著名的惠明寺，寺中建有一座舍利塔。北宋与后汉的战火摧毁了晋阳城，明慧寺和舍利塔也不幸遇难。战后，宋代君主下诏重修了九层的舍利塔。元末，塔又被摧毁，

图5.1.12.1 重修之前的阿育王塔

明代统治者就重新建造了一座喇嘛塔，这座塔便是现在的晋源阿育王塔（图 5.1.12.1）。

阿育王塔是单层砖砌喇嘛塔，塔高约 25 米，由台基、塔身、相轮、华盖和塔刹组成。台基分三部分，最下面是高 1.65 米、长 13.8 米的方形底座，中部的素面基身支撑起六层叠涩内收的基顶，整体构图十分稳健。台基之上是覆钵形塔身，或许是重修时扩大了塔基的缘故，与塔基相比，塔身稍显纤细。塔身之上是十三层相轮，相轮之上的华盖下挂了八只风铃，华盖之上是琉璃塔刹（图 5.1.12.2）。

惠明寺早已不存，只留下这座阿育王塔孤独地矗立在古城营小学的操场中央。操场围墙之外，隔着一条窄路便是民宅。或许，晋阳古城的遗址还在脚下的土层之中，但我们真的很难想象惠明寺当年的模样了。

图 5.1.12.2 阿育王塔现状

13 晋源文庙⑬

Temple of Confucius at Jinyuan District

名称与别名	晋源文庙
地　　址	太原市晋源区晋源街道办事处东街村东大街
看　　点	布局，木结构
推荐级别	★★★
级　　别	全国重点文物保护单位
类　　型	祠庙 · 木构
年　　代	明
交　　通	乡村，自驾

明朝立国之后不仅扩建了太原府，还在今天的晋源区新建了一座太原县，晋源文庙正是这个县城里的文庙。探访晋源文庙并不是一段愉快的记忆，在经历了汽车刮底、绕城找路、穿街走巷的艰难行程之后，总算到达了目的地。然而，虔诚之心和热切之言终究没能帮我们敲开文庙紧闭的大门，一位闻声不见人的工作人员将我们拒之门外（图 5.1.13.1）。虽有遗憾，我们还是体味了文庙的街区氛围，并且透过门棂看到了院内的建筑形制和格局，又结合相关图文资料，形成了较为完整的文庙印象。

文庙位于旧城东部，坐北朝南，符合左文右武的礼制规范，庙前的晋源大街是旧城的主街，通向东西

图 5.1.13.1 街景

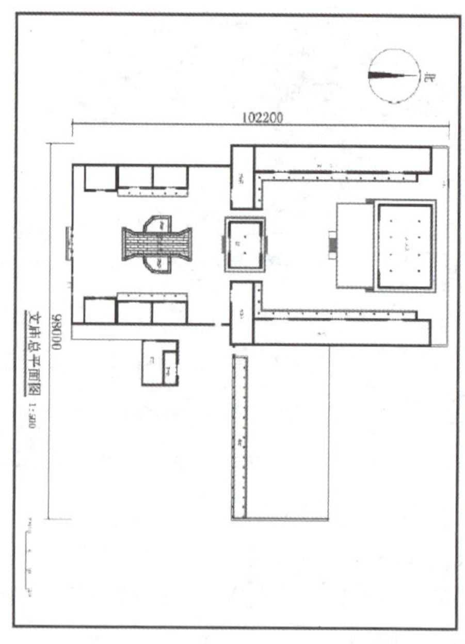

图 5.1.13.2 平面图

城门。文庙有两进院落，中轴线上依次建有棂星门、泮池、献殿、大成殿，两侧为各院东西配殿（图5.1.13.2）。棂星门退后主街，形成不大的入口广场，由于无处停车而沦为停车场。泮池位于第一进院落中央，跨过平直的泮桥，迎面是面阔三间的檐歇顶献殿（图5.1.13.3）。第二进院落较为开敞，大成殿建于不高的台基之上，殿前有宽阔的月台。大殿面阔五间，进深四间，上覆单檐歇山顶，屋面用青色琉璃瓦剪边，檐下用七踩单翘双昂斗拱，补间斗拱较为繁密（图5.1.13.4）。或许是出于县级建筑的身份，文庙在建筑规模和建筑形制上都较为克制，因此也显得低调而亲近。

离开文庙，又经历了几次迂回，最终在村民的指引之下顺利出城。这段不愉快的经历或许与太原县城的复兴工程不无关联。这项颇有争议的旧城复兴工程从2012年6月至今已进行了4年多时间，支持者宣称是保护历史文化名城，拉动经济，反对者则认为是造假古董，劳民伤财。而今，一边是崭新的城墙，另一边却是糟糕的交通；一边是雄伟的城楼，另一边却是大片的棚户区；一边是持续的建设，另一方边却是不停的质疑和争论。

图5.1.13.3 文庙前院

图5.1.13.4 后院与大成殿

14 净因寺⑭

Jingyin Temple

名称与别名	净因寺，大佛寺
地　　址	太原尖草坪区上兰街道土堂村
看　　点	选址 · 布局 · 彩塑
推荐级别	★★★★
级　　别	全国重点文物保护单位
类　　型	佛寺 · 木结构
年　　代	金—清
交　　通	近郊区，公交、自驾

净因寺又名大佛寺，坐落在窦大夫祠正南2.2公里的土堂村土崖下，汾水自西北向东南流淌，将净因寺和窦大夫祠分隔两岸。碑载，汉代此地土山崩裂，现佛形土丘，所谓“山崩佛现，净土因缘”，乃于此建寺，取“净因”二字为名。据考，寺始建于北齐，重建于金泰和五年（1205年），明代以后多次重修。现存佛寺西侧紧邻土崖，坐北朝南三进院落，由南向北依次是半围合的入口院落、大佛堂所在的中院、大雄宝殿所在的后院。

入口院落由倒座式天王殿和东配殿围合而成，经过天王殿左右的月亮门，进入中院。中院在南北轴线上仅有一间倒座式悬山小殿，小殿两侧设月亮门通向后院；中院西侧为依崖而建的大佛堂，呈前阁后窟样式（图5.1.14.1）。阁建于明嘉靖二十年，坐落在一米多高的台基之上，高两层，面阔三间，重檐歇山顶。窟与阁相接，洞窟深邃，供奉一佛二菩萨。大佛高9

图5.1.14.1 大佛堂外观

米余，盘膝端坐，仪态安详，二菩萨恭立左右。三尊塑像造型优美，塑工精良，堪称佳作。洞窟内壁满绘云纹，为空间氛围做了良好的铺陈（图 5.1.14.2）。

穿过中院的月亮门，进入后院。后院正中为大雄宝殿，殿前有两株虬枝高拔的古柏，东西两侧分别是观音殿和地藏殿。大雄宝殿坐落在低矮台基之上，面阔三间，进深六椽，悬山屋顶，设有前后檐廊。前檐柱头做龙头装饰，柱头和补间皆用四铺作斗拱，后檐不用斗拱（图 5.1.14.3）。殿内，坛上供奉三世佛和二胁侍菩萨，坛下立二护法金刚。东、西配殿均为面阔三间进深四椽的硬山小殿。东配殿正中供奉观音菩萨，十八罗汉分列两侧，罗汉神态各异，栩栩如生（图 5.1.14.4）。西配殿供奉地藏菩萨和十殿阎君，塑像保存较为完好（图 5.1.14.5）。大殿与配殿之间亦设月亮门，过东侧月亮门可以绕至大殿侧后方，过西侧月亮门可以拾级登上土崖。

明末清初大学者傅山曾寄居土堂村，在此游学两载，习字、作画、读书。或许，傅山先生的画作《土堂怪柏》即取景于此。现今，虽然寺内古柏已枯，却仍可想象彼时的自然风物和山川之美（图 5.1.14.6）。

图 5.1.14.2 大佛堂内部

图 5.1.14.3 大雄宝殿外观

图 5.1.14.4 十八罗汉彩塑

图 5.1.14.5 西配殿泥塑

图 5.1.14.6 傅山《土堂怪柏图》

15 开化寺旧址与连理塔⑮

Former site of Kaihua Temple and Linked Pagodas

名称与别名	开化寺旧址与连理塔
地　　址	太原市晋源区寺底村
看　　点	自然风光 · 大佛 · 连理塔
推荐级别	★★★
级　　别	全国重点文物保护单位
类　　型	佛寺 · 石佛 · 砖塔
年　　代	北齐—宋
交　　通	乡村，自驾

开化寺旧址位于距太原市西南的蒙山景区之内，景区山环水绕，自然风光十分优美。开化寺分为上、下两寺，上寺创建较早，因寺后有巨大的岩壁而得名大岩寺。据记载，岩壁于北齐天保二年（551 年）凿为佛像，即现存的蒙山大佛。下寺在上寺之南约一公里处，创建较晚，尚存建于宋淳化元年（990 年）的两个砖塔。因双塔比肩而立，形制相似，故又称连理塔。

驱车至蒙山景区停车场，购门票后，需先乘摆渡车到达下寺所在的山脚下，然后才开启徒步访寺之旅。这里有两条不同的路径供游客选择，一是直接登山探访下寺（图 5.1.15.1），二是沿山坳中的蜿蜒小路奔向大佛的怀抱。

下寺坐西朝东，由并列的三部分组成。北侧为下寺的主院（图 5.1.15.2），主院南侧为铁佛殿（图 5.1.15.3），铁佛殿东南为连理塔（图 5.1.15.4），建筑周围遍植桃树，恍如世外桃源。不巧的是，修缮之中的连理塔已关门谢客，为一睹芳容，笔者只能另辟蹊径，跨篱穿林，绕至塔前。双塔并立于近一米高的台基之上，间距约 1.7 米，总高约 11 米，塔身平面为正方形，边长约 3 米余。双塔均为单层亭阁式砖塔，形制相近，比例相似，细部微异，和而不同。塔体从

图 5.1.15.1 开化寺入口

图 5.1.15.2 开化寺主院

下到上由塔基、塔身、塔檐、勾栏、塔顶、塔刹组成。勾栏以下各部分均为正方形平面，塔身正面辟券门，门内设佛龛，门上做火焰纹装饰，西塔其余各面辟半开式假门，东塔则辟直棂窗；塔檐由13层青砖叠涩而成，出挑约0.5米，轻盈而舒展。勾栏之上为八边形平面，4层花瓣叠涩之塔顶层层内收，每层有8个花瓣，每个花瓣又饰以爱奥尼式涡卷；顶层花瓣之上又立八角小亭一座，仿木结构，隐刻阑额、普拍枋、斗拱等构件，十分精巧；小亭子之上为塔刹，宝珠由仰莲高高托起。简约古拙的塔身与繁丽精巧的塔顶赋予了连理塔迷人的唐宋之风（图5.1.15.5）。

下寺拥有远眺大佛的极佳视野，不知当年的选址是否与此相关（图5.1.15.6）。大佛背山面谷，盘膝端坐，神态安详。历经了1400余年风霜雨雪的大佛已风化严重，不仅形体消瘦，就连整个佛首都是重新修复的。据2015年中科院的考古新发现，上寺曾为大佛建造过面阔十一间、进深五间的巨大佛阁，从佛像的巨大体量就可以想象佛阁的恢宏。

这座在隋唐早期曾盛极一时的寺庙，在唐武宗灭佛中惨遭废毁，此后虽有历代重修，却难以再现昔日的辉煌。如果人们用信仰的力量创造了奇迹，却不能用持续的信仰来呵护她，那么，她也终将泯然于时光的长河之中。

图 5.1.15.3 铁佛殿

图 5.1.15.4 连理塔远景

图 5.1.15.5 连理塔近景

图 5.1.15.6 远眺大佛

16 明秀寺⑯

Mingxiu Temple

名称与别名	明秀寺、琉璃寺
地　　址	太原市晋源区晋祠镇王郭村
看　　点	布局 · 木构 · 明代彩塑 · 彩画
推荐级别	★★★★
级　　别	全国重点文物保护单位
类　　型	佛寺 · 木构
年　　代	明—清
交　　通	近郊区，自驾

明秀寺位于晋祠西南方向约3.6公里的王郭村。村中，一条东西向的车行路将民宅区和农田区截然隔开，道路南侧的农宅整齐得让人心疑，唯有北侧的绿野尚能将田园风光唤起。坐西朝东的寺院与道路相邻又退后了数米距离，在远山的背景下，它显得孤独静寂。下午时分，山门和钟鼓楼的光影洒落在寺前，村民们正闲坐在山门的石阶上细数着家常（图5.1.16.1）。

山门和钟鼓楼是按遗址复原的新物。穿过山门，走进过殿所在的第一进院落。过殿是清代遗构，坐落在低矮的台基上，面阔五间进深六椽，上覆悬山顶（图5.1.16.2）；殿内梁架简洁，坛上供奉弥勒佛坐像和侍童站像共三尊，塑像保存较为完好，人物表情非常生动（图5.1.16.3）。过殿檐廊之下有明嘉靖三十八年、清顺治五年和乾隆四十八年（1783年）石碑各一通。据乾隆碑载“明秀寺始于汉，历载有重修”，始建年代之说是否属实，已不可考。又有嘉靖碑载，寺于嘉靖二十一年（1542年）毁于战火，嘉靖三十八年（1559年）由一庵和尚“自拾钱帛独力复修”。由各碑记载可推测，现今的寺院格局是在嘉靖三十八年重建时奠定的，后世虽有重修，格局应无大的变化。

从过殿侧面进入第二进院落，此院由大殿及其两翼的侧殿围合而成，院内尚有三株高大的古柏。大殿建于嘉靖三十八年，面阔五间进深三间六椽，单檐歇山顶；檐下用五踩翘昂斗拱，斗拱舒朗，出檐深远；大殿整体造型端庄、比例优美、颇具古风（图5.1.16.4）。明间檐下悬挂着乾隆四十八年（1783年）的巨大匾额，上书“便是西天”四个大字，笔法遒劲、结字活泼，实乃书法精品（图5.1.16.5）。殿内供奉的金装三世佛、四尊胁侍菩萨、二力士均为明塑精品；殿前、后壁和两侧山墙原有壁画80余平方米，蔚为大观，而今，北山墙壁画已不幸被毁，殊为可惜。院落北侧的配殿是清代建筑（图5.1.16.6），南侧配殿为原址复建的新建筑。

值得一提的是，明秀寺是鲜活的、开放的，有僧侣修行，有游客探访，还有信徒参拜。笔者游访之时，适逢僧众于大殿诵经，夕阳古寺、渺渺梵音，恍惚中，似有穿越和轮回之感。

图5.1.16.2 过殿外观

图5.1.16.1 山门

图 5.1.16.3 过殿室内

图 5.1.16.4 大殿外观

图 5.1.16.5 大殿匾额

图 5.1.16.6 北配殿外观

17 清真寺⑰

Mosque

名称与别名	太原清真寺
地　　址	太原市大南门街（今解放路东侧）
看　　点	布局 · 建筑形制 · 伊斯兰文化
推荐级别	★★★
级　　别	全国重点文物保护单位
类　　型	清真寺 · 木结构
年　　代	明—清
交　　通	市中心，公交

清真寺在解放路东侧，回民小学校之北，寺门正对着解放路辅路（图 5.1.17.1）。见门卫师傅表情严肃，我们便主动拿出文物局的介绍信。见信之后，师傅并没有说话，好似“地下工作者”会面一般迅速将我们揽了进来。此时另一位工作人员刚好迎面而来，询问之后便安排了一位阿訇引我们参观。

清真寺主体建筑坐西朝东，正门原在东侧的牛肉巷，如今已不开放（图 5.1.17.2）。主体建筑南侧依附着一个狭长的院子，院门朝西，就是现今的主入口。阿訇带我们穿过院墙上的小门，径直来到大殿前。大殿是一座三卷的勾连搭式建筑，室内弥漫着幽远的神秘气息，连续的木券洞和雕工精美的伊斯兰纹饰营造出完全不同于汉文化的空间氛围（图 5.1.17.3）。大殿檐下还装饰了连续的火焰纹饰，纤细的擎檐柱直抵挑檐檩，檐椽端头也装饰着伊斯兰文字；火焰纹内侧檐下悬挂着五方金字牌匾，气势恢宏（图 5.1.17.4）。殿前的狭长院落有些压抑（图 5.1.17.5），穿过院门便来到清真寺的前院。

前院较为开敞。院子正中坐落着两层高的省心楼

图 5.1.17.1　清真寺正门

（图 5.1.17.6），省心楼两侧立有碑亭，亭中各立石碑一方（图 5.1.17.7）。院落周边围以廊庑，廊庑檐下也悬挂着很多金字牌匾；东廊居中位置是寺院的正门（图 5.1.17.8）。

碑刻之中有落款为黄庭坚的“夫回回之学……”

图 5.1.17.2　清真寺东门

图 5.1.17.3　大殿室内

数语，略有山谷笔意（图 5.1.17.9）；匾额之中有落款为“中华民国二十九年九月 毛泽东”的“清真寺”横匾（图 5.1.17.10），尽管笔迹吻合，但我们却难以证实在延安指挥抗日战争的毛主席为此寺题字的可能性。此刻，我们又想起大同清真大寺乾隆年间《敕建清真寺碑记》中对建寺年代伪载之事，不必推测此类事件的缘由和动机，只希望它们不会像迷雾般模糊历史的真实。

图 5.1.17.4 大殿外檐

图 5.1.17.5 大殿院落

图 5.1.17.6 省心楼

图 5.1.17.7 南碑亭

图 5.1.17.8 正门

图 5.1.17.9 碑

图 5.1.17.10 匾额

18 太山龙泉寺⑱

Longquan Temple at Tai Mountain

名称与别名	太山龙泉寺
地　　址	太原市晋源区晋源街办西侧风峪沟内
看　　点	自然风光，寺院布局，佛教文物
推荐级别	★★★★
级　　别	全国重点文物保护单位
类　　型	佛寺 · 木构
年　　代	唐—清
交　　通	近郊区，自驾

太山龙泉寺位于晋源区风峪沟内的太山之阳，太谷路是到达寺庙的必经之路，然而在并不宽阔的路面上，卡车、驾校训练车、私家车并行，所以路途并不顺畅。景区停车场紧邻太谷路，与景区隔河相望，一座微微拱起的桥将游客引入，远远便可望桥头的入口牌坊，却难窥寺院全貌，唯见几片灰色屋面漂浮于绿树之间（图 5.1.18.1）。

寺院坐北朝南，依山就势，建筑随着登山路径次第呈现，增添了神秘感和游览的趣味性。穿过入口牌楼，四十余级宽阔石阶迎面而来，拾级而上，转入一条平缓幽长的绿荫小径，缓缓行进中，小径尽头的石阶和隐约的屋面渐渐清晰，走到阶前才见山门的全貌

图 5.1.18.1 龙泉寺外景

图 5.1.18.2 山门

（图 5.1.18.2）。它是一座朴雅的三间悬山小殿，明间开圆形拱门，左右次间各镶团龙一枚，檐下绘青绿彩画。透过山门唯见门后绿林中的乱石台阶，穿过山门却豁然开朗，一个精致的水院展现在眼前：浅瀑积水成池，池上曲桥平跃，池岸乱石叠砌，池边绿树掩映、亭台点缀，周围山势环抱，山外碧空如洗（图 5.1.18.3）。

经过水院继续前行，渐增山林野趣，爬坡登山，却不见寺庙踪影。登阶数百级，行约一里余，峰回路转，眼前又现数十阶直梯，并依稀看见台上的建筑。拾级而上，绕过休息平台之上居中而立的大树，便看到寺院的中门（图 5.1.18.4）。中门依崖而建，高两层，下窑上阁式，用建筑处理了地形高差。爬上中门内的台阶，便来到阁后宽阔的平台。转头回望，此阁名曰“新乐台”，比例优美，翼角翘起如飞（图 5.1.18.5）。平台北侧另有一围院，正中开一间小门，此院便是大雄宝殿所在的寺庙主院（图 5.1.18.6）。院内四方各植古树一株，大雄宝殿居于北侧高台之上，平顶窑洞式侧殿分居庭院两侧，钟鼓楼位于侧殿南端。大雄宝殿高两层，下窑上殿式，下层面阔五间、上层面阔三间，单檐硬山顶，殿前有唐至明清时期碑碣数通，月台上斜立虬曲古树一株，形态优美（图 5.1.18.7）。

中轴线上，距大雄殿主院之北约三十米，另有观音阁和莲花洞（图 5.1.18.8）。观音阁平面八角形，

图 5.1.18.3 水院

图 5.1.18.4 中门

图 5.1.18.5 新乐台

图 5.1.18.6 主院

图 5.1.18.7 大雄宝殿

上覆八角攒尖顶，殿内正中供奉观音菩萨，两侧为十八罗汉，殿内四壁分布悬塑，有俏丽俊秀之风。莲花洞位于观音阁身后的又一台基之上，三间石构建筑，中间辟券门，两侧开方窗。

除现存建筑外，在龙泉寺还发现了唐代塔基遗址和地宫，出土了舍利棺椁等重要的佛教文物。景区入口处还有一座唐代将军的古墓。

图 5.1.18.8 图

这座人文积淀深厚的古寺深藏于山谷之中，将建筑、自然和人文有机融合。而就在它的东侧，一组唐式仿古建筑正从山脊上突兀而起（图 5.1.18.9），我不由地想起美国建筑师赖特的一句名言："我们从不建造一座位于山上的建筑，而要建造属于那座山的建筑。"

图 5.1.18.9 远处的新建筑

19 文庙⑲

Temple of Confucius

名称与别名	太原文庙
地　　址	太原市迎泽区文庙巷西 40 号
看　　点	布局 · 木构 · 琉璃物件
推荐级别	★★★★
级　　别	全国重点文物保护单位
类　　型	祠庙 · 木构
年　　代	明—清
交　　通	市中心，公交

太原文庙始建于北宋，金、明、清均有重修。文庙原址位于城西，被汾水所淹没后，根据"左文右武"的礼制习惯，于光绪年间迁建到崇善寺焚毁的废墟之上。庙内现存的主体建筑为清代重建，古柏、铜狮、铁钟为明代崇善寺旧物。

文庙所在的历史街区，道路较为狭窄，街块西侧是一个狭长的小广场，两侧停满了小汽车，广场北端立着具有标识性文庙牌坊，但牌坊后面并不是文庙的真正入口。文庙如今已用做民俗博物馆，穿过广场东侧的博物馆大门，便进入文庙的前广场。

前广场北侧正中为棂星门，门间夹墙的正面全用琉璃装饰，每片墙的中心都嵌有琉璃团龙一条，十分精美；墙前有的铁、铜狮共四尊，造型威武（图 5.1.19.1）。广场南侧，正对着棂星门设置了一道琉璃照壁，照壁中央嵌有双龙戏珠的黄绿琉璃团龙（图 5.1.19.2）。团龙色彩雅致、造型精美，体现了高超的工艺水平。广场东西两侧各建单檐六角亭一座。

图 5.1.19.1 前广场北侧

图 5.1.19.2 前广场南侧

棂星门之内由南向北，分别以大成门、大成殿、崇善祠为核心建筑形成三进院落。前两进院落尺度宏大，院内古树苍劲、绿植阴郁、石刻丰硕，空间幽静深远。大成殿下承青石台基，前出宽阔月台，栏杆、螭首刻工精良；大殿面阔七间进深五间，上覆单檐歇山顶，檐下用五踩双昂斗拱（图 5.1.19. 3）；大殿内部空间高敞，现已用作儒家文化的展览功能。院落两侧的厢房，也被用作民俗文化的展陈空间。大成殿北侧设围墙一道，在围墙与大殿之间的狭长空间里，陈设着清代民居的各式大门和牌楼（图 5.1.19.4）；围墙正中辟门，通向崇善祠所在的最后一进院落。此院落规模较小，尺度近人。正殿为近年重修，明间和次间设有檐廊，稍间不设，辟成小房间用来展示原初的建筑构件，整个建筑的形式稍显特别（图 5.1.19.5）。

对于文物建筑的再利用是当前较为常见的现象，太原文庙就是一例子。在建筑原有功能已经丧失的前提下，新旧功能的置换往往不可避免，那么，如何实现文物建筑原始文化意涵的有效传递便成为文物保护工作绕不开的问题，值得我们深入思考。

图 5.1.19.3 大殿外观

图 5.1.19.5 崇善祠大殿

图 5.1.19.4 民居大门收藏

20 延圣寺⑳

Yansheng Temple

名称与别名	延圣寺
地　　址	小店区小店街办事处孙家寨村
看　　点	布局 · 木结构
推荐级别	★★
级　　别	山西省文物保护单位
类　　型	佛寺 · 木结构
年　　代	清
交　　通	乡村，自驾

午后我们来到位于孙家寨村村北的延圣寺。寺庙坐北朝南，寺前被道路切出一块三角形的广场，广场西侧有一株虬曲的老树，南侧的影壁后面露出一碑一塔（图 5.1.20.1）。山门、耳门、钟鼓楼、倒座在广场北侧一字排开，颇有气势（图 5.1.20.2）。

寺门似乎并没有锁，上前推却打不开，原来是从里面锁着的，可见寺内定然有人。敲门却没人回应，狗叫声倒是越来越近，最后我们和狗之间只隔了一扇的门的距离，敲门声和狗叫声此起彼伏，此时若画张剖面图会多么有趣啊！不论叫声多大，院内始终无人回应。

未能在庙宇的三维空间中穿越显然是件遗憾的事

情，而对建筑立面——尤其是第五立面——的阅读，倒有种“旁观者清”的轻松感，在此要感谢谷歌地图了。寺庙平面方正，由东西两路和南北两进构成“田”字形建筑格局；山门在西路建筑群的南端，东路建筑群的南端或是一座戏台；四个院落之中只有山门后的院子绿树成荫，其余三院稍显空敞。建筑群的西立面暗示着院内建筑形态的多样性，灰墙黛瓦、层叠的屋檐在砖墙上留下了具有透气感的阴影，为立面增添了丰富的表情（图 5.1.20.3）。

延圣寺是在2016年荣升为省级文物保护单位的，建筑年代被文物部门定为清代。

图 5.1.20.1　庙前广场

图 5.1.20.2 山门外观

图 5.1.20.3 寺庙西立面

21 永祚寺㉑

Yongzuo Temple

名称与别名	永祚寺、双塔寺
地　　址	太原市迎泽区郝庄乡郝庄村
看　　点	无梁殿，双塔
推荐级别	★★★★
级　　别	全国重点文物保护单位
类　　型	佛寺 · 砖结构
年　　代	明—清
交　　通	近郊区，公交、自驾

永祚寺位于郝庄村南岗北侧，顺地势坐南朝北，寺内双塔耸立，极具标识性。寺前有一空旷的广场，广场北侧新建戏台一座，与山门遥遥相对。山门与寺前广场有 5 米多的高差，可沿直跑石阶拾级而上（图 5.1.21.1）。

寺庙始建于明万历二十五年 (1597 年)，现存主要建筑为明代建筑。现状寺庙分为下院（寺院）、碑廊、上院（塔院）三部分，地势由低到高。下院由三进院落组成，由北向南依次是新建的山门及东西厢、牡丹园、明代建造的正殿院。上院位于下院东南，两院轴线约成 45 度夹角。新建的碑廊曲折爬升，消化了场地内的高差，将寺院和塔院连接起来（图 5.1.21.2）。

下院中的正殿建于明万历三十六年至四十年

图 5.1.21.1 寺庙外观

图 5.1.21.2 总平面图

（1608—1612 年）间。正殿全为砖砌、砖雕，无木构梁柱，因而又称“无梁殿”。殿高两层，呈下殿上阁样式（图 5.1.21.3）。下层的大雄宝殿面阔五间，广 19.35 米，深 11.3 米，采用十字交叉拱的结构设计来

图 5.1.21.4 三圣阁室内藻井

实现立面的开间韵律和内部贯通的空间效果。立面各间以仿木的圆形砖柱来划分，各间宽度较窄，比例与欧式建筑相近。柱与墙、柱与枋、枋与斗拱、斗拱与屋檐等构造极力模仿木构逻辑，达到非常逼真的程度。殿内供奉三世佛，佛像由铜、铁铸造。上层的三圣阁（原为观音阁）面阔三间，广 16.75 米，深 9.70 米，结构设计与大雄宝殿相似。阁与殿的立面砖柱并未进行对位设计，阁的各间宽度较大，比例适中。阁内藻井采用帆拱式结构，细部做法仍追求木构逻辑，层层内收，由方形过渡到八角形再到圆形，砖雕精美，独具匠心。阁内原有造像已不存，现供奉的观音、文殊、普陀三尊塑像均由紫竹林寺迁来（图 5.1.21.4）。

上院地坪比下院高约 5 米，沿轴线由西北向东南依次是宣文塔（西塔）、过殿、文峰塔（东塔）、后殿，塔为明构，殿为清代添建。东塔建于明万历

图 5.1.21.3 无梁殿外观

二十五年至二十七年（1597—1599年）（图5.1.21.5），西塔建于明万历三十六年至四十年（1608—1612年）（图5.1.21.6）。双塔高度相近，约55米；形制相似，均为八角形十三层楼阁式仿木构砖塔，立面每层辟拱形洞口；西塔塔身较东塔收分明显，塔刹形制亦有所不同。双塔均采用了内外双筒的空心结构，双筒之间盘旋登塔楼梯，每层于塔心处叠涩出楼面，楼梯与楼面增加了结构的整体稳定性。目前，仅西塔可以登临参观。塔内昏暗，楼梯狭窄、陡峭，每爬四分之一周长可登塔一层（图5.1.21.7），每层设置过塔心的十字券洞，并与外立面券洞贯通，游客可于券洞处眺望或俯瞰周边景观（图5.1.21.8）。

图5.1.21.5 东塔外观

图5.1.21.7 西塔内部

图5.1.21.6 西塔外观

图5.1.21.8 登上西塔远眺

砖塔在唐宋时期已较为常见，但砖石殿宇实为罕见。明代以后，砖作为重要的建筑材料得到了大量的使用和发展，数量可观的无梁殿宇就是很好的例证。其中原因也值得我们多方面思考：材料生产力的提高？地域建筑特色的延续和发展？西方建筑文化的渗透？抑或传统建筑观念的变革……

5.2 古交市

1 古交千佛寺㉒

One-thousand-Buddha Temple

名称与别名	古交千佛寺
地　　址	古交市金牛东大街杨家坡
看　　点	木构 · 千佛石刻
推荐级别	★★★
级　　别	全国重点文物保护单位
类　　型	佛寺 · 木结构
年　　代	明
交　　通	乡村，自驾

图 5.2.1.1 千佛寺山门

图 5.2.1.2 大雄宝殿远景

千佛寺算是一座命运坎坷的寺庙，老家本在古交镇的西梵寺沟，据说于明弘治年间迁至古交镇西南，20 世纪 90 年代再次搬家到今址。虽说便于搬迁是中国古建筑的优点之一，数次迁建恐怕也并不多见。不论寺院是否创建于唐代，明代那次迁建都有将其返老还童的可能，而那明代的容颜也约略保存到了今天。

今天的千佛寺规模不大，仅一进院落，除迁建而来的大雄宝殿外，其他均为新建之物（图 5.2.1.1）。大雄宝殿虽是古物，艳红的柱子和群青色的匾额却十分扎眼，看来“修旧如旧”的工作还是欠着几分火候（图 5.2.1.2）。

大雄宝殿面阔三间，单檐悬山屋顶，屋面鸱吻尾部外展，较为奇特。大殿檐下用七踩三昂斗拱，各间仅用平身科一攒，布局疏朗（图 5.2.1.3）。殿内彻上明造，梁架简洁，大佛像均为新塑（图 5.2.1.4）。大

图 5.2.1.3 大雄宝殿前檐柱头斗拱

殿后壁嵌有石雕佛像 79 块，总计一千余尊，据考证为唐代作品（图 5.2.1.5）。

寺内尚存有宋、明、清碑碣数通，山门一侧还有真能和尚灵塔一座。

图 5.2.1.4 殿内梁架

图 5.2.1.5 石雕小佛像

5.3 清徐县

1 宝梵寺㉓

Baofan Temple

名称与别名	宝梵寺，宝林禅院，保安寺
地　　址	清徐县东于村
看　　点	木雕 · 砖雕 · 彩塑 · 壁画
推荐级别	★★★
级　　别	山西省文物保护单位
类　　型	佛寺 · 木结构
年　　代	清
交　　通	乡村，自驾

宝梵寺在东于村庄中部偏东，坐北朝南，西侧围墙上新修的庙门与东于奶奶庙隔路向望（图 5.3.1.1，图 5.3.1.2）。

步入庙门便是寺庙的前院（图 5.3.1.3）。院子十分开阔，零星的绿植和重设的路径打破了原本的南北轴线，位于轴线南端的戏台像是被遗弃一般孤然而立。然而，这样一座造型舒展、雕琢精致的戏台却无法轻

图 5.3.1.1 在奶奶庙台阶上望宝梵寺

图 5.3.1.2 奶奶庙

易地逃离游客的眼睛（图 5.3.1.4）。看着雀替上繁缛的木雕、影壁墙上栩栩如生的砖藤、石柱上的秀美的书法，“云外宫商飘帝阙，阁中歌舞献仙音”的余音已然萦绕于耳（图 5.3.1.5）。

寺庙的主体建筑在第二进院落。山门、钟鼓楼、东西配殿、大殿和耳殿围成院子，弥勒小殿端坐其中（图 5.3.1.6）。除小殿外，各殿皆设檐廊，丰富了建筑空间和立面光影。大殿居中而立，面阔三间，各间檐下悬横匾一枚，凸显高贵之气；雀替木雕、檐柱石刻一如戏台般精美（图 5.3.1.7，图 5.3.1.8）。殿内佛坛靠北壁而设，供奉佛像三尊；北壁绘明王像，东西两壁绘释迦牟尼成佛故事，画工颇精，为清代民间壁画上品；大梁上彩绘金龙，梁下修缮题记清晰可辨。东西耳殿命名真率，东曰“东佛殿”、西为“西佛殿”，

图 5.3.1.3 从前院看寺庙主体建筑

图 5.3.1.4 戏台外观

图 5.3.1.5 影壁上的砖雕藤蔓

图 5.3.1.6 第二进院落

图 5.3.1.7 大殿外观

图 5.3.1.8 外檐细部

外檐装修虽也繁缛却略不及大殿华丽（图 5.3.1.9）。

院落中央现存宋代经幢残石一块，或可追溯寺庙的历史（图 5.3.1.10）。据专家考证，宝梵寺在宋代就已香火鼎盛，后世屡有重修，现存建筑为清代遗构。

图 5.3.1.9 东佛殿外观

图 5.3.1.10 北宋经幢残石

2 狐突庙㉔

Temple to Hu Tu

名称与别名	狐突庙
地　　址	清徐县西马峪村
看　　点	布局 · 木构 · 石柱 · 碑刻
推荐级别	★★★★
级　　别	全国重点文物保护单位
类　　型	祠庙 · 木结构
年　　代	宋—清
交　　通	乡村，自驾

比起利应侯庙这样的名号，狐突庙虽有些直呼其名的不敬之嫌，却更直观明了些，两个庙供奉的都是晋文公的外祖父狐突。在利应侯庙的文字中我们已经对狐突生平做了简要介绍，这里不再赘述。

狐突庙位于西马峪村之北，背后隔着京昆高速便是绵延的山峦（图 5.3.2.1）。寺庙坐北朝南，山门已毁，仅余台基和断墙；钟鼓楼尚存，但已然是重修之后的模样（图 5.3.2.2）。鼓楼旁的铁门紧锁着，要从东侧的偏门进入院内（图 5.3.2.3）。

图 5.3.2.1 从南侧铁门望庙

图 5.3.2.2 山门与钟楼

图 5.3.2.3 东侧向西远望

图 5.3.2.4 过殿

图 5.3.2.5 过殿室内

图 5.3.2.7 柱头题记

图 5.3.2.6 过殿壁画

图 5.3.2.8 古树

步入院内，迎面便是一座五开间的硬山顶过殿（图 5.3.2.4）。过殿十分低矮，明间面阔约为柱高 2 倍，次间和稍间面阔也在柱高的 1.5 倍以上，这种宽扁的比例在现存木构殿宇中并不多见。明间和次间通开隔扇门，隔扇门之间又附以框柱来应对大柱跨带来的额枋弯折问题，明间之内还用了两根八棱石柱。檐下的四铺作斗拱十分疏朗，令拱作翼形，斗拱之间不用垫拱板。殿内现存三排内柱，中间一排分心柱为原构，粗壮的柱子直达脊檩，梁架兼具穿斗和抬梁特征；前后两排小柱为后加的支撑（图 5.3.2.5）。殿内现存历代碑碣八通，山墙绘有壁画，或为清代作品(图5.3.2.6)。过殿后檐的六根八棱石柱与梁栿、内柱之间并无对位关系，东侧第一根石柱的柱头上留有明正德年间题记（图 5.3.2.7）。过殿后檐完全开敞，使不大的后院并

图 5.3.2.9 大殿正面

图 5.3.2.11 碑廊

图 5.3.2.10 大殿侧面

图 5.3.2.12 夕阳下的狐突庙

不显得过于局促。

后院与过殿之间仅有几步台阶的高差，院内虬曲粗壮的古树印证着祠庙的年岁（图 5.3.2.8）。大殿为勾连搭样式，前出卷棚、后接歇山，而在院内只能看到前半个殿身和后半身的侧影（图 5.3.2.9）。后檐简洁有力的四铺作斗拱和宽扁的普拍枋散发着古朴的气息，与前檐精雕细琢的昂嘴和耍头形成了鲜明对比（图 5.3.2.10）。大殿两侧建有朵殿，院落两侧建有碑廊（图 5.3.2.11）。

离寺之时已近黄昏，我们站在庙外的土堆上，眼前一幅悠远的图画：枯藤老树昏鸦，古寺远山人家，夕阳西下，奔波之人在天涯（图 5.3.2.12）。

3 清泉寺㉕

Qingquan Temple

名称与别名	清泉寺
地　　址	清徐县清源镇平泉村
看　　点	自然风光 · 布局
推荐级别	★★
级　　别	山西省文物保护单位
类　　型	庙宇 · 木结构
年　　代	元—清
交　　通	乡村，自驾

清泉寺在平泉村北的山坳里，我们从 G20 高速下方穿过，又前行了约 1 里路程，便来到寺前。

寺院依山面水，清泉蜿蜒而过，清泉寺便因这昼夜长流的清泉得名。山门是一座两层的阁楼，乍看还有点独乐寺观音阁的神韵（图 5.3.3.1）。平直的小桥连着马路，八只守卫山门的石狮之中，却只有那两只最小的、几近面目全非的萌兽才是古物（图 5.3.3.2）。

庙内地势陡峻，分成三个台地。大雄宝殿高居下层台地之上，配殿首层与台基高度一致，这种巧妙的高程设计保证了大雄宝殿与配殿之间的顺畅流线（图 5.3.3.3）。大雄宝殿的殿身嵌于第二层台地之中，

图 5.3.3.2 门前石狮

图 5.3.3.1 山门

图 5.3.3.3 大雄宝殿与配殿

背面仅露出屋顶（图 5.3.3.4），正面却是完整的立面形象。第三层台地凸起于二层台地之上，生硬板滞，远不及前两处精思细构（图 5.3.3.5）。

站在第三层台地向西北望去，柏油路在山谷间蜿蜒远去，几近干涸的山泉残留在混凝土截洪沟里，而截洪沟也只是将道路边线等距离偏移的形状，丑陋又扎眼的现代构筑物散布在山间……真不知这些之于自然的人工之力究竟是对还是错（图 5.3.3.6）。

图 5.3.3.4 大雄宝殿屋顶

图 5.3.3.5 后殿与台地

图 5.3.3.6 清泉寺北望

4 清徐尧庙㉖

Temple of Emperor Yao at Qingxu County

名称与别名	清徐尧庙
地　　址	清徐县孟封镇尧城村
看　　点	木构，殿内藻井
推荐级别	★★★
级　　别	全国重点文物保护单位
类　　型	祠庙 · 木构
年　　代	明
交　　通	乡村，自驾

古人素有祖先崇拜的传统，作为道德楷模的上古圣贤，其言行和事迹多以民间传说或文献记载的方式代代相传。人们相信这些圣贤拥有佑民祈福的神力，便为其建庙塑身来纪念和供养，尧庙便是其中一例。

据史料记载，尧为避水患，带领部族从河北唐县迁徙至晋阳，并在清徐尧城初建都城，后来又迁都平阳（临汾）。今天，在帝尧定居过的不同地方多有尧文化遗存，如尧城、尧庙、尧陵等。据说，清徐尧城至清末仍是一座规模完整的城堡集镇，尧庙就位于尧城北城门西侧。而今，尧城原始格局已不存，尧庙东北部尚有一段残垣，不知是否当年的旧城墙遗址。

尧庙坐北朝南，庙门前有一个宽阔的广场（图 5.3.4.1）。进入牌楼式庙门，迎面便是峻挺的帝尧殿（图 5.3.4.2）。大殿为明代建筑，下承低矮台基，上覆重檐歇山顶；面阔和进深各为五间，平面接近正方形，呈副阶周匝式；正面明间较为宽阔，次间和稍间狭高；山面明间和次间宽度相近，稍间较窄；下檐用单翘单昂五踩斗拱，上檐用重翘五踩斗拱；山面斗拱均匀布置，明间柱头斗拱错位，或为后世修葺不慎所致，亦足以说明斗拱机能之退化

图 5.3.4.1 尧庙外景

图 5.3.4.2 帝尧殿

图 5.3.4.3 山面柱头科错位

图 5.3.4.4 屋面瓦饰

（图 5.3.4.3）；屋面用绿色琉璃瓦剪边，屋脊瓦件繁缛艳丽，吻兽形态生动、塑工精美（图 5.3.4.4）。大殿内部无柱，身内层层出挑的斗拱形成了极具装饰效果的藻井（图 5.3.4.5）。藻井由三个斗拱群构成，下部斗拱群共出跳六层，以方形收口；中间斗拱群出跳五层，以方形收口后再斜抹四角，形成八边形；上部斗拱群出跳六层，以八边形收口，口内恰好绘八卦图案。在殿内，总会产生藻井结构就是屋架的错觉，其实是藻井遮住了屋架的真实结构，藻井的最高处刚接近上层檐口的高度，因此，这座大殿并非真正的“无梁殿”。即便如此，要建造如此复杂的藻井仍离不开匠人的一番巧算。

除大殿外，院内还有狐仙楼、娘娘庙、圣母殿、戏台等清代遗构（图 5.3.4.6）。有些建筑虽与尧庙应有的人文氛围不太契合，却也是古人世俗生活和信仰的真实写照。相信这些秉持“正德、利用、厚生、惟和”观念的上古圣贤们并不会因此怪罪芸芸众生吧。

图 5.3.4.5 殿内空间

图 5.3.4.6 戏台

5 清源文庙㉗

Temple of Confucius at Qingyuan Town

名称与别名	清源文庙
地　　址	清徐县县城赵家街西北隅
看　　点	布局 · 木构
推荐级别	★★★★
级　　别	全国重点文物保护单位
类　　型	祠庙 · 木结构
年　　代	金—清
交　　通	乡村，自驾

清徐县有两座文庙，一座在清源，另一座在徐沟。为何一个县会有两座文庙呢？原因就在清徐的建县沿革里。清徐从隋代开始设置清源县，金代又在清源之东设置了徐沟县。乾隆二十九年（1764 年），清源改县为乡之后并入徐沟，此时的清源“添巡检，留训导学额仍旧”，文庙得以保留。新中国成立后，取清源、徐沟各一字，合称为清徐县。

据光绪《清徐乡志》记载，文庙在城西南，金泰和三年（1203 年）由知县张德元创建，元、明、清各朝屡有修葺。《清徐乡志》学宫图准确地描绘了清末的文庙格局和建筑形制：中轴线上的棂星门、泮池、戟门、大成殿、明伦堂与东西廊庑、魁星楼等建筑形成南北四进院落（图 5.3.5.1）。以文庙现状与学宫图相比较，棂星门、明伦堂、魁星楼等建筑均已不存，幸存至今的泮池、戟门和大成殿仍可度量文庙当年的尺度和规制（图 5.3.5.2）。

大成殿是文庙中最古老的建筑，虽经历代修葺，仍不失宋金之风。大殿面阔三间进深六椽，下承低矮台基，上覆单檐九脊顶，用材壮硕、体形高峻、出

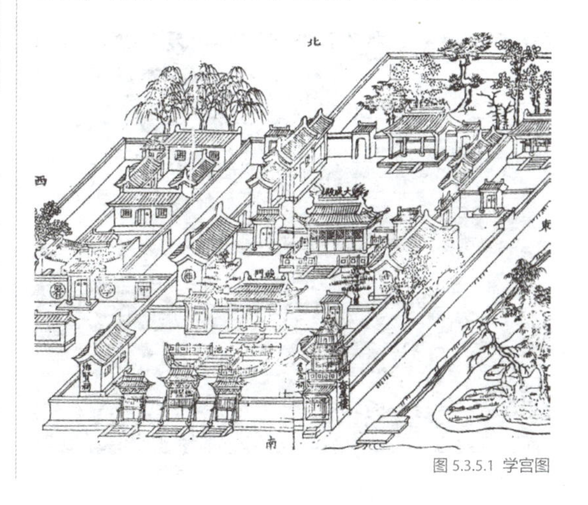

图 5.3.5.1 学宫图

檐深远，鸱吻、槅扇门等细部与学宫图所绘十分相似（图 5.3.5.3）。殿内彻上明造，原结构为“乳栿对四椽栿用三柱”形式，后部两根内柱为后世所添；屋架用叉手、托脚、襻间、驼峰等构造做法；屋角用抹角栿，山面转过一椽（图 5.3.5.4）。殿内正中供奉孔子像，未见彩画和壁画（图 5.3.5.5）。

就像很多庙宇都有着被用作学校的命运一样，清源文庙虽不例外却似乎更合乎情理。据大成殿内碑刻记载，从光绪三十二年（1906 年）至 1991 年，文庙曾长期作为清源第一高等学堂使用，培养了大量人才，被称为清源人才的摇篮（图 5.3.5.6）。

图 5.3.5.2 泮池和戟门

图 5.3.5.3 大成殿外部

图 5.3.5.4 大成殿内部

图 5.3.5.5 孔子像

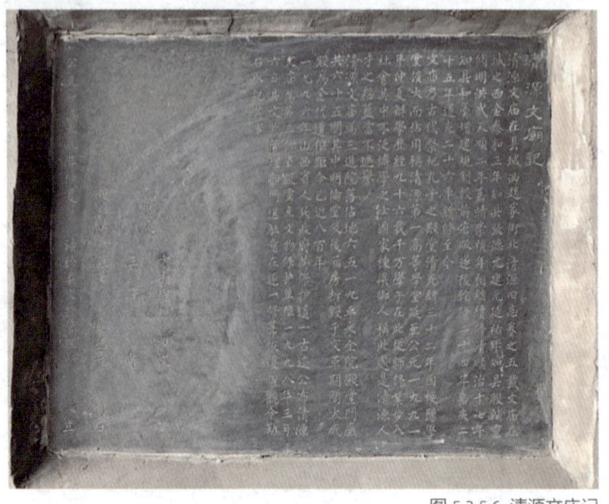

图 5.3.5.6 清源文庙记

6 文殊塔㉘

Manjushri Pagoda

名称与别名	文殊塔
地　　址	清徐县马峪乡西石窑村
看　　点	自然风光 · 形制 · 石结构
推荐级别	★★
级　　别	山西省文物保护单位
类　　型	塔 · 石结构
年　　代	唐
交　　通	乡村，自驾

文殊塔在清徐龙林山风景区内，导航到景区之后，很容易找到山坳里的寺庙，文殊塔就屹立在寺庙北侧的山脊上（图 5.3.6.1）。

以上都是游历之后的总结，我们初次寻访时却只晓得“文殊塔”和“西石窑村”两个关键词，剩下的就是奔波于山林之中了。在崇山峻岭间寻找一座小尺度的石塔或许并不是一件愉快的事情，除非以游山玩水为目的而把寻塔当作意外的收获。好在曲折的山路还算平坦，一路驾车而行也省去了徒步跋涉的辛劳（图 5.3.6.2）。

图 5.3.6.1 山坳里的寺庙

图 5.3.6.2 山路与塔

文殊塔坐落在半山腰，登山的台阶尚未修好，彩色丝带引我们来到塔前（图 5.3.6.3）。石塔坐北面南，通身石构、用材硕大，造型方整舒展、简洁古朴。石塔属四边形亭阁式，两层高，按构造层次由下至上可以细分为台基、首层塔身、塔檐、仰莲平座、二层塔身、塔檐、仰莲、宝瓶（图 5.3.6.4）。塔基由条石砌筑而成，分为两层。底层敦实宽大，在山坡上筑起平整的台面；二层收分成梯形，宽深约为塔身两倍，前设石阶。两层塔身均于正面设置券洞，首层供奉文殊菩萨像（图 5.3.6.5）。塔檐平直，檐下做线脚、剔弧线；檐部与塔身之间仅以石材叠涩出挑，不仿斗拱造型；屋面用石材切成斜坡，手法简洁洗练（图 5.3.6.6）。

据专家考证，文殊塔是梵宇寺唯一幸存的建筑。发掘于 1994 年的北汉天会七年（963 年）《梵宇寺重修碑记》中记载，唐开元二十三年（735 年）重兴寺宇，贞元十三年（797 年）造文殊石塔。

图 5.3.6.3 登山之径

图 5.3.6.4 石塔正面

图 5.3.6.5 文殊像

图 5.3.6.6 石塔屋面

7 香岩寺㉙

Xiangyan Temple

名称与别名	清徐香岩寺，无梁殿
地　　址	清徐县马峪乡东马峪村
看　　点	布局 · 石结构 · 石刻
推荐级别	★★★
级　　别	山西省重点文物保护单位
类　　型	佛寺 · 石结构
年　　代	金
交　　通	乡村，自驾

中国古建筑虽然不乏石窟、石塔、石墓等类型，但纯以石材来砌筑殿宇还是非常少见的。不管“香岩寺”的“岩”字除了岩壁的含义之外是否还有以石为材的暗示，香岩寺都是一个独特的石构佛殿案例。

寺在东马峪村北的山坳处，左右山峦拱卫，环境优美（图 5.3.7.1）。寺前立着一块名曰“香岩寺修复檄文”的公告牌，尽管“檄文”二字的使用有待商榷，我们仍能从正文中获取些关于香岩寺的历史知识：“香岩寺俗称无梁殿……创建于金明昌元年（1190 年），

图 5.3.7.1 寺前景观

图 5.3.7.2 公告牌

明清时期屡有修葺。寺依山而建，主体建筑为石结构无梁殿三座，由东到西依次排列，分别为地藏殿、释迦殿和观音殿……”（图 5.3.7.2）

沿着石阶径直而上（图 5.3.7.3），便来到石殿前。石殿被脚手架和绿色纱网包裹着，很难看到完整

图 5.3.7.3 登山石阶

图 5.3.7.5 中殿“金刚力士”

图 5.3.7.4 左殿“丹凤朝阳”

图 5.3.7.6 右殿“伽蓝菩萨”

的外立面，更没有进入室内空间的可能了。不过，身经百战的我们还是从缝隙里观察到了精美的石刻（图 5.3.7.4，图 5.3.7.5，图 5.3.7.6），注意到屋檐的仿木构造；拍摄到局部的室内空间（图 5.3.7.7），窥视到石条叠涩的屋角。

图 5.3.7.7 观音殿室内

香岩寺建筑群沿着石崖呈带状分布，依山就势、错落有致。金代的三大石殿居于西侧，明清陆续扩建的殿宇向东南延展。站在最南端的吕祖殿回望，整个寺院尽收眼底，不知古人观赏八景之一的“西岭香岩”是否也在这里（图 5.3.7.8）。

图 5.3.7.8 吕祖殿回望

8 徐沟城隍庙、文庙㉚

Town God's Temple/Temple of Confucius at Xugou County

名称与别名	徐沟城隍庙、文庙
地　　址	清徐县徐沟镇
看　　点	布局 · 木构
推荐级别	★★
级　　别	山西省文物保护单位
类　　型	祠庙 · 木结构
年　　代	明—清
交　　通	乡村，自驾

之前的文字也曾提到过古代城池左文右武、左城隍右官署的基本格局。既然文庙与城隍庙都位于城左（城东），那么，它们左右毗邻或前后相随则皆有可能。现存的案例中，平遥古城的文庙和城隍庙墙后相随，只隔一街；本案则是左右紧邻，仅隔一墙。

不论二者的空间关系究竟如何，把两座不同功用的庙宇置入同一个文保单位的名头之下却并不常见。或许是因为两组建筑的距离实在太近了，也可能是每组建筑的保存状况都太差了，两组加在一起才有足够分量吧（图 5.3.8.1，图 5.3.8.2）。

两组建筑群除了基本的格局和形制还在，建筑单体已在风雨剥蚀和人为改造之后变得面目全非了。包砌的砖墙、另辟后又被封堵的门窗洞口、室内增砌的隔墙……虽然我们常以传统木构体系之于建筑功能的灵活性为傲，在文物保护的视野里却只能惭愧地低头（图 5.3.8.3，图 5.3.8.4）。当然，在历史的进程中有些弯路是无法避免的。

梳理一下文庙和城隍庙的历史沿革，会发现两组建筑几乎共享了同样的命运：创建于金代，明清多次重修，至新中国成立前建筑整体仍保存完好；新中国成立后将外部立面进行改造，内部墙面刷成白色，地面用水泥抹面。

值得庆幸的是，城隍庙和文庙的重修工程已经展开，城隍庙即将完工的栖霞楼已经再现了它的英姿和华彩，而两庙昔日的恢宏壮丽也将随着工程的进展逐渐呈现出来（图 5.3.8.5）。

图 5.3.8.1 城隍庙内景

图 5.3.8.2 文庙内景

图 5.3.8.4 室内增砌的隔墙

图 5.3.8.3 包砌的砖墙和封堵的洞口

图 5.3.8.5 修缮中的栖霞楼

9 严香寺㉛

Yanxiang Temple

名称与别名	严香寺，慈云禅寺，都沟石窟
地　　址	清徐县西马峪乡都沟村
看　　点	布局·石窟·石刻
推荐级别	★★
级　　别	山西省文物保护单位
类　　型	佛寺·木结构
年　　代	宋
交　　通	乡村，自驾

严香寺和香岩寺不仅名字容易混淆，寺庙选址与环境氛围也有相似之处（图 5.3.9.1）。寺前的石阶笔直地通向山门，驾车而来的游客还可以从寺前的土路绕至东侧，直达寺院的南门。

寺院坐东朝西，依山就势，布局灵活，规模宏大（图 5.3.9.2）。据说严香寺原名慈云寺，建于北宋，清末更为今名。寺内现存的嘉靖二十一年 (1542 年)《重修慈云禅寺碑记》或可作为寺名沿革的佐证（图 5.3.9.3）。值得注意的是，光绪《清源乡志》却是将两个寺名分别记载的：“慈云寺在屠沟村，宋绍圣间（1094—1098 年）建……严香寺在屠沟村山上元建。”细读慈云禅寺碑记，“……嘉靖三年有僧驻锡于斯，惜其□深寺废、殿宇倾颓，唯存古洞神像俨然”，碑记中“古洞神像”与现存石窟颇为吻合，可以确定此寺在明代仍叫慈云禅寺，乡志所载的慈云寺或许正是这里。而乡志中“严香寺在屠沟村山上，元建”的记载似乎也将严香寺指向同一座庙宇。是乡志将同一座庙宇误抄为两处，还是两座庙宇是上下寺关系？抑或乡志所载的慈云寺与碑记中的慈云禅寺并不是同一处庙宇？

寺院东侧最高处的崖壁上凿有三个石窟（图 5.3.9.4），中间洞窟的右上方刻有“元祐三年（1088 年）十月十五日开洞，元祐四年七□六日毕功”的题记（图 5.3.9.5）；三个石窟的门楣上还刻有莲花、佛像等花饰（图 5.3.9.6）。除东壁外，北壁也凿有洞窟，其中以千佛洞最为精彩，可惜洞窟防盗门紧锁而不得观（图 5.3.9.7）。

严香寺是石窟与木构殿宇相结合的佛教禅院，先凿石窟后建殿宇，作为临济宗禅寺，它曾鼎盛一时。如今除石窟为古物外，木构建筑均为重建之物，如此恢宏的建筑规模想必也是香火日盛的写照吧。

图 5.3.9.1 山下望寺

图 5.3.9.2 严香寺俯瞰

图 5.3.9.3 嘉靖石碑

图 5.3.9.4 东壁石窟

图 5.3.9.5 北宋题记

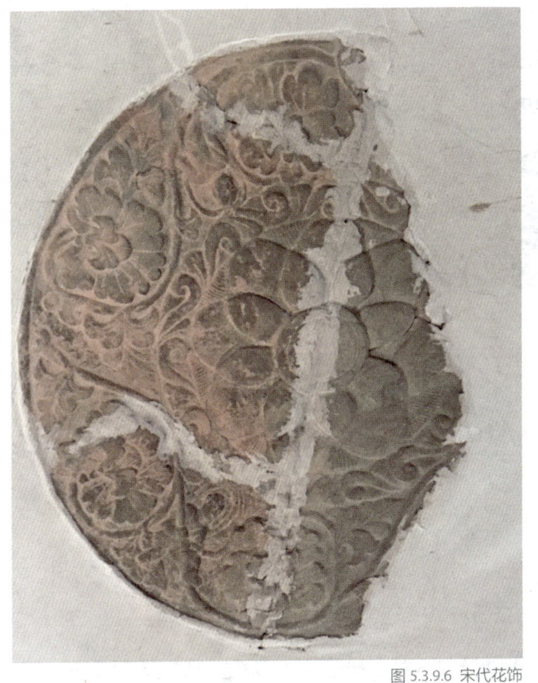
图 5.3.9.6 宋代花饰

图 5.3.9.7 弥勒洞

5.4 阳曲县

1 不二寺㉜

Bu'er Temple

名称与别名	不二寺、不二禅院
地　　址	阳曲县大运路东侧
看　　点	木构 · 壁画
推荐级别	★★★★
级　　别	全国重点文物保护单位
类　　型	佛寺 · 木结构
年　　代	金
交　　通	县城，公交、自驾

驾车驶出 G55 二广高速阳曲县出口，沿新阳西街和京昆线行驶约 1.6 公里，就到了不二寺的新址。称之为新址是因为不二寺是 20 世纪 90 年代从小直峪村的破败“老家”乔迁过来的。新寺规模较大，坐北朝南，与城市道路之间隔着一个开放的休闲公园(图 5.4.1.1)。寺庙临公园一侧设有侧门，但平时并不开放，要绕到南侧进入寺院。

寺内有两进院落。第一进院落很大，新建的大殿尚未开放（图 5.4.1.2）；第二进院落相对狭长，坐落着从旧址迁来的唯一幸存的正殿。专家根据正殿脊槫上“大汉乾祐玖年”“咸平六年”“明昌六年”的题记，结合遗构特征，判断此殿创建于五代北汉乾祐九年（956 年），现状为金明昌六年（1195 年）维修后的面貌（图 5.4.1.3）。

正殿下承低矮台基，面阔和进深皆为三间，平面接近正方形，殿前设檐廊，廊下有石碑数通。檐柱有明显的侧脚和升起，柱头用阑额和普拍枋，形制和比例颇具宋金之风；柱头与补间均用五铺作单杪单下昂造，柱头铺作用假昂，补间铺作用真昂（图 5.4.1.4）。屋顶为举高平缓的悬山形式，出檐深远；正脊较为平直，原鸱吻已不存，重修的鸱吻造型板滞，弱小无力，已失遒劲之风。殿前左右各立经幢一座，其中右侧经幢为金代遗物，上有“明昌六年十月”题记（图 5.4.1.5）。

另据相关资料介绍，殿内现存泥塑造像 9 尊，壁画 80 余平方米，皆十分精美。此次探访正值寺庙扩建，未能入殿瞻赏而深感遗憾。

图 5.4.1.1 公园

图 5.4.1.2 新建的大殿

图 5.4.1.3 金代正殿

图 5.4.1.4 外檐斗拱

图 5.4.1.5 经幢

2 大王庙大殿㉝

Main hall of Temple to Zhao Wu

名称与别名	阳曲大王庙
地　　址	阳曲县东黄水镇范庄村西
看　　点	木构 · 壁画
推荐级别	★★★
级　　别	全国重点文物保护单位
类　　型	祠庙 · 木结构
年　　代	明
交　　通	乡村，自驾

虽然史料记载、民间传说、文学创作和影视作品已将赵氏孤儿的故事广泛传播，但是主人公赵武在百年之后位列仙班，并被山西民间广泛信仰的民俗却少有人知。传说赵武死后被玉帝封为山神，掌管风雨，民间每遇旱情，求雨必应。明清时期，山西旱灾频仍，民间对藏山大王赵武的信仰也达到了顶峰。

据《阳曲县志》记载，大王庙始建于明成化三年（1467 年），现存大殿为明代遗构（图 5.4.2.1）。大殿下承石砌台基，方形平面，面阔和进深各三间，上覆单檐歇山顶，檐下用五踩单翘单昂斗拱。大殿明间设槅扇门，次间置直棂窗。殿内无柱，彻上明造，四角设角梁支承上部梁架，不用通进深的柱头梁架，创造了高敞的室内空间（图 5.4.2.2）；屋架用叉手和托脚，增强了结构稳定性（图 5.4.2.3）。两山墙及后墙绘有大王出行、回宫、尚膳、尚服等壁画 65 平方米（图 5.4.2.4）。殿内还存有明崇祯九年（1636 年）石幢和清康熙二十六年（1687 年）碑记各一通，其他断碑、石幢等数件。

相传，程婴在盂县藏山隐居并抚养赵武十五年，因而藏山祠被认为是藏山神赵武的正宫，阳曲大王庙是众多行宫之一，这种类比帝王宫殿的做法机智地实现了不同地域的供奉自由。

图 5.4.2.1 大殿外观

图 5.4.2.3 室内梁架二

图 5.4.2.2 室内梁架一

图 5.4.2.4 壁画

3 明泰大师塔㉞

Pagoda of Master Mingtai

名称与别名	明泰大师塔、飞来塔
地　　址	阳曲县东黄水镇西盘威村
看　　点	仿木构砖塔
推荐级别	★★
级　　别	山西省文物保护单位
类　　型	塔·砖结构
年　　代	元
交　　通	乡村，自驾

据说，明泰大师塔所在的寺庙叫宝岩院，而今寺院已毁，仅留下数道残垣来勾画古寺的轮廓。或许是因为砖石比土木更耐时光浊蚀，抑或空心殿宇比实心砖塔更具使用价值，总之历史为我们留下了这样一座保存尚好的墓塔（图 5.4.3.1）。

墓塔为五层实心砖塔，八边形平面，通高约 8 米，塔基已不存，收分明显的塔身稳健而挺拔。塔身每层于转角处隐刻柱头，其间施阑额，柱头上置斗拱，斗拱之上叠涩出檐，檐上再砌平座，如此层层叠加，可惜塔刹已毁。除此之外，另有几处值得注意：一层用五铺作斗拱，其余各层用四铺作；二层塔身正中嵌有塔碣一方，上镌“赐锦衣讲经律论宗主，通理大师明泰寿塔，至元三十一年廿旬日 记”，道出墓塔的创建年代及其主人身份；三层塔身正中辟有壁龛，并成为全塔的视觉中心（图 5.4.3.2）。

在明泰大师塔建成 50 多年后，其东北方向约 40 公里的史家庄正在建造帖木儿塔。除了层数不同，两处砖塔在形制和细部造型上都十分相似，如此邻近的时空跨度足以让我们猜想同一匠作流派的可能运动轨迹，至少可以说，后辈匠人曾谦虚地向他们的前辈学习过。

图 5.4.3.1 明泰大师塔远景

图 5.4.3.2 塔铭

4 前斧柯悬泉寺㉟

Xuanquan Temple at Qianfuke Village

名称与别名	前斧柯悬泉寺
地　　址	阳曲县西凌井乡前斧柯村柳林河畔
看　　点	自然风光·布局
推荐级别	★★★
级　　别	全国重点文物保护单位
类　　型	佛寺·木结构
年　　代	明—清
交　　通	乡村，自驾

“前斧柯悬泉寺”读起来有些拗口，听起来有些奇怪。“前斧柯”是寺庙所在的村名，“悬泉”是寺名。“斧柯”有斧柄之意，以此为村名不知是源于形状上的隐喻还是故事传说，而“悬泉寺”却是顾名思义——悬在水上的寺庙。

寺庙背山面水建于崖壁之上，高出崖前汾水足有 30 米。崖壁陡峻，站在崖壁之下仅能瞥见参差的屋檐，如屏的石壁则露出斧劈皴的质感。坐北朝南的单体建筑沿着崖壁东西方向一字排开，与清徐香岩寺格局颇似，险峻则有过之（图 5.4.4.1）。

寺院山门居西，尺度虽然不大却在前导空间的延展下铺陈了气势（图 5.4.4.2）。山门之内，按路径先后和地势高差分成上下两寺，主要包括伽蓝殿、大雄宝殿、地藏殿、三圣殿、观音殿、七佛洞、龙王殿等单体建筑，木栈道则作为险峻地势的交通路径凸显着悬泉寺的“悬”与“险”（图 5.4.4.3，图 5.4.4.4）。

比起自然风光和颇具匠心的规划设计，单体建筑的形式、木构并无大的特色，然而，当年在这处偏远的岩壁上凿石破岩、平整基址、鸠工庀材，建设难度是可以想见的。

如今，在历史层级的尘封下，寺院的早期历史已不可考，虽有南朝梁时已有建制的传说，却无可信的物证，现存建筑则大多是明清重建的。据考证，此处山林曾是明代藩王府的柴炭之地，庶人难入。明成化三年（1467 年），晋王府对寺庙展开了新的建设，使得寺院颇具规模；入清之后，又经雍正年间续建，形成了留存至今的上下两院格局。

图 5.4.4.1 悬泉寺全景

图 5.4.4.3 寺院内景

图 5.4.4.2 山门

图 5.4.4.4 向西回望

5 帖木儿塔㊱

Pagoda of Timur

名称与别名	帖木儿塔
地　　址	阳曲县杨兴乡史家庄村
看　　点	布局 · 砖塔 · 石塔
推荐级别	★★★★
级　　别	全国重点文物保护单位
类　　型	塔 · 砖石结构
年　　代	元
交　　通	乡村，自驾

在元代，名字叫“也先帖木儿”的人很多，上至忽必烈之孙，中至一般官员，下至普通百姓。这座帖木儿塔的主人身份是“武德将军云南腾冲路、达鲁花赤”，其职位相当于今天的地级市市委书记。他还有一个汉名叫史彦昌，家乡就在阳曲县史家庄，因此也有人对他的蒙古人身份表示怀疑。

帖木儿塔共由三座墓塔组成，中为石塔，东西为砖塔，平面布局呈三角形（图 5.4.5.1）。东西塔相距 14 米，中塔距东西塔约 9 米。中塔建于元大德九年 (1305 年)，是也先帖木儿为纪念其父史仲显所建，塔高 3 米，八边形塔身每面镌刻先祖姓名及《佛顶尊胜陀罗尼经》（图 5.4.5.2）。东塔为也先帖木儿墓塔，建于元至正十年（1350 年）；西塔为其弟拜延帖木儿墓塔，建于元至正十三年（1353 年）。东西二塔形制相同，高约 6.5 米，为八边形仿木构的三层砖塔，阑额、斗拱、塔檐、平座等仿木构件比例优雅、形式逼真，塔身嵌建塔石碣，上载墓主人身份及建塔题记（图 5.4.5.3，图 5.4.5.4）。

蒙古族有多种丧葬习俗，比如天葬、火葬和土葬等，土葬或许在民族杂居中受到了汉族的广泛影响。即便如此，以塔为墓的土葬方式在汉人中也只是僧侣们的专利，因此帖木儿家族的墓塔显得十分独特。另外，墓塔所呈现的父上子下、兄左弟右的布局方式，以及汉传佛塔的建筑形式或许也受到了汉文化的巨大影响。

图 5.4.5.2 史仲显塔

图 5.4.5.1 塔群全景

图 5.4.5.3 拜延帖木儿墓铭

图 5.4.5.4 也先帖木儿墓铭

6 辛庄开化寺㊲

Kaihua Temple at Xinzhuang Village

名称与别名	辛庄开化寺、开花古寺
地　　址	阳曲县高村乡辛庄村
看　　点	泥塑
推荐级别	★★★★
级　　别	全国重点文物保护单位
类　　型	佛寺 · 木结构
年　　代	明—清
交　　通	乡村，自驾

辛庄村位于大盂盆地东北部，北依卧虎山，南对平野，东眺小五台，西望老爷山，北高南低，地势平缓。开化寺始建年代已不可考，金皇统年间（1141—1149 年）的移建记载是见于碑文的最早记录，另有数通碑铭记载了明清两朝的屡次重修（图 5.4.6.1）。

寺庙现状为三进院落，中轴线上由南向北依次是山门、天王殿、大雄殿、千佛殿，唯有天王殿、大雄殿和左右配殿围合而成的院落是历史遗存，其余均为新建。天王殿和大雄殿均面阔三间，尺度较小，等级不高，建筑形式和木构技术并无称奇之处，天王殿采用歇山顶而大雄殿仅用悬山顶的形制亦略显奇特（图 5.4.6.2）。

图 5.4.6.1 开化寺全景

图 5.4.6.2 天王殿

图 5.4.6.3 佛像

图 5.4.6.4 胁侍菩萨像

相对建筑而言，大雄殿内之泥塑堪称精彩。殿内共有彩塑 11 尊，金装三世佛端坐莲台之上，背光华美（图 5.4.6.3）；四尊胁侍菩萨居中而立，体态丰腴（图 5.4.6.4）；阿难和迦叶双手合十，分列两侧（图 5.4.6.5）；韦驮、韦琨二将护卫佛坛，威严魁梧（图 5.4.6.6）。整个塑像群尺度权衡得当，人物秩序井然，专家认为是明清泥塑精品。

图 5.4.6.5 迦叶像

图 5.4.6.6 韦驮像

7 轩辕庙㊳

Temple of Emperor Xuanyuan

名称与别名	轩辕庙
地　　址	阳曲县东黄水镇西殿村
看　　点	木构
推荐级别	★★★
级　　别	全国重点文物保护单位
类　　型	佛寺 · 木结构
年　　代	明—清
交　　通	乡村，自驾

轩辕黄帝被奉为中华民族的始祖，自古以来便有神圣的地位，《史记 · 五帝本纪》就将其描绘成“生而神灵，弱而能言，幼而徇齐，长而敦敏，成而聪明”的圣人。为黄帝建庙而祀，以求庇佑的传统使得众多轩辕庙留存至今。

西殿村轩辕庙位于村东的高台之上，高台南侧用红砖包砌，正中立山门一座（图5.4.7.1），山门下辟拱门，拱门前一对转头相视的石狮显得十分萌宠（图5.4.7.2）。

图 5.4.7.1 山门

攀上墩台内部的台阶，便来到献殿前，回望山门，它还是一座戏台（图 5.4.7.3）。献殿为三间硬山小殿，门窗虽已不存，屋面也已破败，建筑形制和木构骨架尚保存完好（图 5.4.7.4）。献殿之后为三间悬山正殿，前出檐廊，月台宽阔。殿前古木并植，断碑残幢对称布置，仍不失庄严感（图 5.4.7.5）。正殿内部用二柱，梁架用叉手，结构设计较为谨慎（图 5.4.7.6），东西两壁各绘有六位人物坐像，面朝神坛，画工虽凡，却有较强的仪式感（图 5.4.7.7）。

庙内现存明清时期完整石碑七通，另有残碑数块。碑中未详庙宇始创年代，最早的一通断碑上镌有“大明龙集弘治十一年（1498 年）”题记（图 5.4.7.8）。

图 5.4.7.2 石狮

图 5.4.7.4 献殿

图 5.4.7.5 正殿外观

图 5.4.7.3 戏台

图 5.4.7.6 正殿室内梁架

图 5.4.7.7 正殿东壁画

图 5.4.7.8 明代断碑

6
忻州市
XINZHOU

忻州古建筑分布图

Historical Architectural Map of Xinzhou

1. 北城门楼
2. 金洞寺
3. 秀容书院
4. 阿育王塔
5. 边靖楼
6. 长城雁门关段
7. 洪济寺砖塔
8. 洪福寺砖塔
9. 文庙
10. 杨忠武祠
11. 永和堡等三十九堡军事防御遗址
12. 赵杲观
13. 钟楼
14. 白佛堂
15. 关王庙
16. 洪福寺
17. 留晖洪福寺
18. 公主寺
19. 秘密寺
20. 三圣寺
21. 狮子窝琉璃塔
22. 岩山寺
23. 正觉寺大雄宝殿
24. 作头天齐庙
25. 北元护城楼
26. 岱岳庙
27. 海潮庵
28. 文庙
29. 北寺塔
30. 万佛寺
31. 护宁寺
32. 隆岗寺
33. 金阁寺
34. 龙泉寺
35. 罗睺寺
36. 南山寺
37. 殊像寺
38. 五台山建筑群 · 碧山寺
39. 五台山建筑群 · 菩萨顶
40. 五台山建筑群 · 塔院寺

41 五台山建筑群 · 显通寺
42 圆照寺
43 佛光寺
44 佛光寺 · 东大殿
45 佛光寺 · 文殊殿
46 广济寺大雄宝殿
47 南禅寺
48 延庆寺
49 尊胜寺
50 佛堂寺
51 崞阳文庙
52 惠济寺
53 普济桥
54 土圣寺
55 朱氏牌楼
忻州市地图
大同市
朔州市
阳泉市
太原市
河北省
平鲁区
山阴县
应县
朔州市
朔城区
神池县
龙泉镇
宁武县
凤凰镇
代县
上馆镇
繁峙县
繁城镇
原平市
北城街道
五台县
台城镇
定襄县
晋昌镇
忻州市
忻府区
秀容街道
五台山
黑坨旦尖
金洞梁
紫荆山
馒头山
洪涛山
人马山
黑驼山
莲花山
金山梁
管涔山
云中山
黄花塔
系舟山
南坨
镇子梁水库
岗南水库
滹沱河
桑干河
恢河
阳武河
云中河
牧马河
清水河
审图号：晋 S（2019）007 号

6.1 城区及近郊区

1 北城门楼①

Northern city tower gate

名称与别名	北城门楼
地　　址	忻府区光明东街与五台山南路交叉口
看　　点	木结构
推荐级别	★★★
级　　别	山西省文物保护单位
类　　型	防御设施 · 木结构
年　　代	明
交　　通	市中心，公交

忻州城楼位于忻州市旧城北门，忻府区中心。我们在一个细雨蒙蒙的早晨赶到，城楼栖息于忻府区两条大街的十字路口中央的广场上，已然成为忻府区的标志（图 6.1.1.1）。雨天的城楼游人罕至，显得有些孤独，不过据说天气适宜的早晨和傍晚，会有不少当地人在此跳广场舞。旧时的军事要塞，今日的歌舞升平，形成了一种微妙的古今联系。

北城门楼矗立在红色的砖砌台基之上，不可登临，城楼高三层、17 米，面阔七间，进深四间，三滴水、歇山顶。檐下高悬“晋北锁钥”门匾（图 6.1.1.2）。楼内无柱，梁架结构简洁，连接严实，充分体现了古代劳动人民的聪明智慧。整个城楼，红柱蓝瓦，画栋雕梁，富丽堂皇。

往南走即可抵达南瓮城。南瓮城现留城墙一段，上面也有一座城楼，据说是当代新建（图 6.1.1.3），从残损部分可以看出城墙是夯土包砖的结构（图 6.1.1.4）。城门上还有同治九年的石雕告示一则，上书“内城壕不准 上城闲游 牧放牲畜 埋葬死孩 挖土脱坯”（图 6.1.1.5）。可见这些“不准”的事情，在当时也是时常得见的。想象古人在城墙上闲逛、聊天、牧羊的场景，梁思成先生对于北京城墙的设想，在古代已经被悄悄实现了，不由觉得趣味盎然。也惊叹于古人苦中作乐之余表现出的强大的生命力。

忻州城古称秀容，位于太原至五台山途中，为忻州行署、地委驻地。忻州城有一个带有象形意义和传奇色彩的俗称，叫“卧牛城”。因城池地形西高东低，顺坡而建，远望色黄而广袤，状如一头硕牛面东而卧：一侧挺凸如弓弧，酷似卧牛之背；城墙顶上排列有序的雉堞又像牛的脊梁，“卧牛城”便由此而得。

由于历史的风风雨雨，自然的剥蚀消磨，尤其是“十年浩劫”的严重摧残，仅有北城楼幸存。北城楼连同瓮城部分的黄土与雉堞一起，成为“卧牛”意象的最后一抹印记。

图 6.1.1.1 北城门楼南立面

图 6.1.1.2 “晋北锁钥”匾额

图 6.1.1.3 新建城楼

图 6.1.1.4 城墙结构

图 6.1.1.5 同治石雕告示

2 金洞寺②

Jindong Temple

名称与别名	金洞寺
地　　址	忻州市忻府区合索镇西呼延村
看　　点	小木作・木结构
推荐级别	★★★
级　　别	全国重点文物保护单位
类　　型	佛寺・木结构
年　　代	宋—明—清
交　　通	乡村，自驾

金洞寺坐落在忻府区合索镇西呼延村西一千米的龙门山山脚下。到达金洞寺之前，首先映入眼帘的是院墙东侧的一座石塔（图 6.1.2.1），这座石塔应为某位僧人的墓塔。木塔背后是院落的红色围墙，隐隐透出屋顶曲线的剪影，便知已经到达目的地。

整座院落坐北朝南，山门在最南侧（图 6.1.2.2）。整座寺庙的格局形制相对完善，但是对位关系和轴线相对混乱，宋代明代清代的遗构交相辉映。中轴线坐落着山门、过殿、文殊殿，东面从南向北为普贤殿、三教殿。其中修建于明代的文殊殿（图 6.1.2.3）是整体院落中最大的建筑。文殊殿的结构体现了典型的明代特征，四椽栿前后用乳栿，脊檩上有明代嘉靖七年的题记（图 6.1.2.4）。

在这组建筑群落中其中最宝贵的转角殿（图6.1.2.5）被论证是宋代的建筑，造型古朴优美，保存完好。据考证，修建于元祐八年之前，是忻府区现存的最早木结构建筑。

转角殿位于整组建筑群落的西南角，体量比较小，面阔和进深都只有三间，外墙拱眼壁彩画痕迹尚存（图6.1.2.6），依稀反映出当时的辉煌。建筑单檐歇山顶，屋顶举折较为平缓，出檐深远，台明宽大，殿身檐柱柱高较矮（2.73米），檐口斗拱硕大（斗拱总高度1.4米，占檐柱高度一半有余）（图6.1.2.7）。人站在建筑下，便觉斗拱就在眼前。斗拱布局疏朗，柱头安放斗拱，补间采取隐刻。殿内屋架上，有元代重修的题记。并且题记上也出现了“西呼延村”的字样（图6.1.2.8），可见村落历史同样悠久。结构上并没有采用法式的典型做法，围绕着小木作升起四根金柱，梁架采用乳栿、丁栿。殿内有小木作神龛一座（图6.1.2.9），是按比例建造的二层楼式建筑模型，底层木雕须弥座，上面有阁楼五间，构件齐全，直达屋脊梁架。采用青绿彩

图6.1.2.1 金洞寺门外石塔

图6.1.2.2 金洞寺山门

图6.1.2.3 金洞寺文殊殿南立面

图6.1.2.4 文殊殿脊檩题记

图6.1.2.5 金洞寺转角殿东山

图 6.1.2.6 转角殿拱眼壁彩画

画雕饰，色彩明丽，造型轻盈，和大殿内部古拙的彻上露明的构架形成对比，让人耳目一新。

转角殿旁松青柏翠，有枣树若干，据寺庙的管理人员说，这些枣树，也和这座寺庙一样，有着几百年的历史。金秋十月正是枣子成熟的季节，我们品尝几颗香甜的枣子，似乎也变得和这一座古寺庙一样，安宁淡泊，经历了九百多个春秋。

图 6.1.2.8 转角殿梁架题记

图 6.1.2.7 转角殿斗拱与柱高比例

图 6.1.2.9 殿内小木作神龛

3 秀容书院③

Xiurong Academy of Classical Learning

名称与别名	秀容书院
地址	忻府区旧城内西南（近北城门楼）
看点	院落布局·建筑环境
推荐级别	★★
级别	山西省文物保护单位
类型	书院·木结构
年代	清
交通	乡村，自驾

忻州又称“卧牛城”。如果说，来到古城墙下，是近距离观瞻卧牛的皮肤，那么秀容书院，绝对称得上是远眺“卧牛”姿态的最好地点。

秀容书院位于南瓮城西侧的山坡上，二者遥相呼应(图6.1.3.1)。秀容书院始建于清代乾隆四十年(1775年)，取代了当地的儒学，成为忻州最高学府。光绪二十八年，又改为“新兴学堂”，也是山西省书院改学堂的先例。现在秀容书院西侧似乎变成了忻府区教育监督的机构（图6.1.3.2）。从历史脉络看来，秀容书院也一直承担起它教化一方的责任。

秀容书院依山而建，建筑形态错落有致。分为上中下三进院落，上院基址高出中院三米，中院高出下院九米，层层跌落。下院有白鹤观旧址，中院包含书院大部分主体建筑，这两部分主要是学生起居住宿的场所，屋顶为卷棚或硬山。上院则包括亭台、文昌祠（光绪年间尚未属于书院，后随书院扩建并入其中）等，是书院的教学区域。三院之内建筑有30座之多，种类多样，有戏台、牌楼、楼阁，在西坡上还建有三座形态各异的风景亭，以供远眺怡情。可见书院之内并不仅仅有书香陶冶情操，也营造丰富的自然环境，创造悠闲的娱乐生活，来让学子们游目骋怀。

秀容书院风景亭之中有一座八角亭（图6.1.3.3），它的高度略低于制高点廖天阁（六角亭）。传说八角亭的建立是由于知州邱鸣泰的孝子之心，公务之余希望能够登高远望，以解思念母亲之情。因此当地人又称八角亭为“望萱亭”，在古代萱堂指母亲的居室，时人以此来表彰知州的一片孝心。无独有偶，对于卧牛城的城墙形态而言，西面九龙岗地势蜿蜒升高，与西面城墙相连，秀容书院便成为了牛头，而廖天阁、望萱亭又成为了牛头上的两只角。卧牛城的形态至此得以完全。

图6.1.3.1 秀容书院东望城墙

图6.1.3.3 书院山坡风景亭

图6.1.3.2 秀容书院正门

图6.1.3.4 忻州旧城形态

秀容书院不愧为卧牛城的“牛头”，站在九龙岗上，忻州旧城的形态尽收眼底（图 6.1.3.4）——大多数是几十年前营建的坡屋顶平房，个别住户为了防止漏雨搭建了蓝色的彩钢板，远处有一座西洋式的塔楼，也有几座二层或三层的平顶房屋，大多数都保持着它们过去的样子，再远才会隐约看到中高层的住宅。时间在忻州旧城似乎静止了下来，秀容书院的院墙也并没有粉饰一新，有些地方坍圮的围墙里，很多植物发荣生长。一切都像是钱伯斯所谓“如画”式的园林，又更加真实地诉说着时代的过眼云烟。

6.2 代县

1 阿育王塔④

Asoka Pagoda

名称与别名	代县阿育王塔
地　　址	代县县政府院内
看　　点	藏式塔 · 砖结构
推荐级别	★★★★
级　　别	全国重点文物保护单位
类　　型	塔 · 砖结构
年　　代	元
交　　通	县城，公交 / 自驾

山西代县阿育王塔，坐落于现在代县东大街的县政府后院内，它和边靖楼遥相呼应，诉说出代县这个边陲重镇的历史和沧桑。

阿育王塔现在的基址为圆果寺，此塔的前身为隋代的龙兴寺塔，始建于隋仁寿元年（601 年），原为木结构，元代改为砖石结构。

代县县政府建于代州衙署旧址之上，呈院落布局，房屋朴素，尚存古意。穿过县政府办公区向北，踏入后院，映入眼帘的即是浑厚有力的阿育王塔。这座砖结构藏式塔直通云霄，造型朴拙。据介绍，阿育王塔下有地宫，储存有佛舍利、佛像、佛经等物，地宫上建汉白玉长方形台基之上。塔位于台基中央。塔座圆形，周长 60 米，通高 40 米，作仰覆莲瓣及重涩混肚与方涩的须弥座式，四周刻有花饰、莲瓣和陀罗尼经（图 6.2.1.1）。塔身为上肩略宽的圆形覆钵式，塔身为砖作相轮 13 层。塔顶为宝盖，中连极顶宝珠。清康熙二十年（1681 年）地震毁坏塔刹九尺余，三十三年（1694 年）补修。2005 年，由县文物局对塔进行了修缮，更换了华盖，扶正了塔刹宝珠，2008 年竣工。2014 年，又将塔周围的围墙拆除，修建基座平台，使之成为一个公共建筑，让这古塔重新辉煌。基座过于崭新素雅，塔身上东西南北四个方位分别雕刻小龛，

图 6.2.1.1　阿育王塔远眺

图 6.2.1.2　塔身镶嵌观音像

里面放置着蓝色背景的观音照片，有一点调皮的不和谐音的味道（图 6.2.1.2）。

在中国现存元代喇嘛塔实例中，此塔的造型、比例和建造艺术有其独特之处，宝瓶较小，十三天相轮较大，曲线圆浑柔美。1937 年 7 月，梁思成、林徽因、莫宗江等在考察佛光寺后，来到代县考察。梁思成在其《图像中国建筑史》中，对阿育王塔记载如下："这座塔的须弥座呈圆形，与塔身的比例比通常大得多，造型简洁有力。上层须弥座的束腰收缩较多。它的塔肚轮廓柔和，十三天的底部又有一圈须弥座。塔形通观稳重雅致，可以说是中国现存瓶状塔中比例最好的一座。"当地人称呼该塔为白塔，但现塔通身未覆白色石灰，仍保持砖本色，局部可见早年的白色石灰（图 6.2.1.3）。塔身偏黄的色调在蓝天的背景之下十分醒目。塔的基座是圆形，而不是一般的"亚"字形方座。这种圆形基座是国内类似喇嘛塔的孤例（图 6.2.1.4）。

图 6.2.1.3 塔身质地颜色

阿育王塔与五台山明代大白塔代表了两个历史时期的建筑风格，是研究喇嘛塔承袭关系的代表性实物。从 1907 年法国汉学家沙畹拍摄的老照片中，我们可以看出当时圆果寺建筑尚在，百年历经战火和岁月催折，寺已不存，唯余此塔，见证着代县从元朝至今的风云变幻。

图 6.2.1.4 阿育王塔塔基

2 边靖楼⑤

Bianjing Tower

名称与别名	边靖楼
地　　址	代县县城中央
看　　点	布局 · 木构
推荐级别	★★★★
级　　别	全国重点文物保护单位
类　　型	庙宇 · 木结构
年　　代	明
交　　通	县中心，公交

出县政府大门西行约 500 米便是边靖楼。边靖楼又称鼓楼、谯楼，有更鼓和料敌之用，它始建于明洪武七年（1374 年），明成化、清康熙、雍正、嘉庆、道光、光绪年间均有重修。

边靖楼坐北朝南，总高约 40 米，下部城台高约 13 米，城台中央设 9 米高券洞。楼体外观呈四檐歇山式，屋檐层层收分，三层外廊呈平座样式，拉开了二层和三层屋檐的距离，使得立面形式丰富、比例优美、雄伟壮丽，不难想象它在旧时县城平整天际线里的飒爽英姿（图 6.2.2.1）。边靖楼南立面正对南大街，北立面正对鼓楼后街，南北立面各挂一块巨幅匾额，南曰"声闻四达"，北曰"威震三关"，书体苍劲、文简意明。北侧院内现为停车场，院之东翼设有售票厅，购票后可从东北侧小门经漫道登上城楼（图 6.2.2.2）。

城上，楼有三层，每层面阔五间，外设围廊。首层南廊之下有历代碑碣数通，站在二层和三层的外廊上凭栏远眺，目极千里，五台群峰尽收眼底，朔北绵岭一览无余；加之楼高风大，声响藉风而远。凭此“千里眼”和“顺风耳”之优势，军事重镇的地位自是当仁不让（图 6.2.2.3）。

楼内梁架简洁，梁柱受力关系明确，室内北侧减少一排金柱，空间更为开敞（图 6.2.2.4）。陡而窄的木梯有效地联系了上下层空间，虽不符合今天的设计规范，却也经济实用（图 6.2.2.5）。每层的大鼓都会被游客敲响，在古时，或许人们不能也不愿随意地敲响它吧（图 6.2.2.6）。

不知何时楼下传来唢呐和爆竹声，一时恍惚，竟像是穿越回古时的代州。回神一看，原来是从西街走来一队戴孝送殡的人群，顿生时光流逝、古今兴亡之叹。历史之轮虽滚滚前行，却也留下了这些物质的和非物质的印记，使我们的文化、习俗和记忆得以延续。

图 6.2.2.1 边靖楼外观

图 6.2.2.3 凭栏远眺

图 6.2.2.2 登楼之漫道

图 6.2.2.4 楼内梁架

图 6.2.2.5 陡峭的楼梯

图 6.2.2.6 敲鼓的游客

3 长城雁门关段⑥

Yanmen Pass section of the Great Wall

名称与别名	长城雁门关段
地　　址	朔州山阴和忻州代县边界处
看　　点	建筑环境·边塞文化
推荐级别	★★★★
级　　别	全国重点文物保护单位
类　　型	防御设施·砖结构
年　　代	明
交　　通	乡村，自驾

雁门关位于山阴和代县边界，代县县城以北约 20 公里的雁门山，是内长城上的重要关隘，从战国到明代，发挥了重要的边防作用，以“险”著称，古名“西陉关”，被称为“中华第一关”，又和“宁武关”“偏关”合称“外三关”。

雁门关“雁门”的由来，根据《永乐大典·太原志》记载，是由于雁门山高险峻，鸟难飞越，中间有一缺口，形状似门，每当春秋之际，鸿雁蹁跹，纷纷往来，因此称之为“雁门”。今天的雁门关从山势走向上看来，的确能约略看出当年的形态（图 6.2.3.1）。连绵的山脉环抱，长城沿着山脊起伏，边塞秋风飒飒，秋意渐凉。

今日的雁门关得到了充分的旅游开发，成为了一个全国 4A 级景区，长城也得到了修缮，沿着山坡走势，能够形成环路（图 6.2.3.2），游客流线或者当地人徒步锻炼，都十分方便。雁门关内侧的聚落，清称“明月村”（图 6.2.3.3），民国时称“雁门关村”，得到了复原。穿过雁门寨，便来到了雁门关。

经过瓮城残段，见到傅山“三观冲要无双地，九塞尊崇第一关”（图 6.2.3.4），便来到了雁门关的入

图 6.2.3.1 雁门关山势形态

口——地利门，沿着长城遗址向北行走，经过雁塔—碑林，南达天险门，再经西城门—点将台，回到地利门，就完成了我们雁门关长城的观光。这些城门都是近年修缮，以及威远楼、宁边楼等明代瞭望楼，也都是复建之作。

究其原因，由于清代之时，雁门关内外一统，因此雁门关逐渐荒废。再加上抗日时期的战火，明代以前的建筑遗迹不复留存。现存的明代及以前的遗物只有石旗杆、石狮子、碑碣等。但是这些建筑经过近年来的复原，也能带我们大体领略雁门关盛世的景象。

图 6.2.3.2 雁门关长城环线

图 6.2.3.3“明月村”今景

图 6.2.3.4 雁门关入口傅山题字

图 6.2.3.5 瞭敌楼

图 6.2.3.6 雁塔

长城雁门关段，兴建于明万历三十三年（1605年），巡抚都御史李景元在古长城基址之上复建形成。西起白草口，东至新广武，全长5033米，每隔大约120米，便建敌楼和烽火台（图6.2.3.5）各一座，根据地势，在险要之处还建造了堡垒、壕堑等，现存比较完好的敌楼有“针扃”“控陇”“壮橹”“天山”等。

随着旅游开发，越来越多的景点被“再现”，有的是基于原貌，如李牧祠，有的是凭空营造，如雁塔（图6.2.3.6）。工艺上和古代相比略显粗糙，但是站在长城上，感受山峦起伏的姿态，就会不由地回想起“角声满天秋色里”的氛围。

“此古战场也，常覆三军”，岁月悠悠，山河依旧，生命的脆弱和绚烂，像一幅惊世的画卷，在雁门关长城上一幕幕展开。

4 洪济寺砖塔⑦

Brick pagoda in Hongji Temple

名称与别名	潞安府城隍庙，长治城隍庙
地　　址	代县上磨坊乡东若院村
看　　点	砖结构
推荐级别	★★
级　　别	山西省文物保护单位
类　　型	塔·砖结构
年　　代	宋
交　　通	乡村，自驾

图 6.2.4.1　砖塔附近信号塔

洪济寺砖塔并不高大，寺又不存，寻觅起来颇费工夫。从东若院村外一路向北，来到一片遍植松树的林场之内，信号塔西北侧（图6.2.4.1），忽见青砖围墙，围墙南侧门外有文保标识——“洪济寺砖塔”（图6.2.4.2）。

洪济寺砖塔始建于隋仁寿初年（601年），宋乾德五年（967年）大修，金、元、明均有修缮。是代县城内最古老的亭塔遗存。

砖塔六角（图6.2.4.3），高4米，塔基、塔身、塔刹三者高度约略相等。塔基三层，微有收分。磨砖对缝，雕饰精美。基座上为塔身，南面隐刻板门四扇，其他面则隐刻窗一扇。塔身每面非为平面，而是水平向中心微微内凹的曲面（图6.2.4.4），使得塔身的厚重敦实的感觉被削弱，多了不少隽秀的美感。塔身之上仰莲承托出檐，檐口为砖叠涩，也作内凹的曲线，其上则为周围廊承托仰莲塔顶。

虽然砖塔有很多仿木结构的元素，然而仰覆莲的使用使得砖塔工稳外多了些张扬恣意的表现力。

洪济寺砖塔与太原开化寺连理塔的比例与尺度十分近似，二者均为北宋时期砖塔，在出檐的处理和塔刹的设计上尤其近似。类比来看二塔，确能感受到当时佛塔设计上的风格和范式。

图 6.2.4.2　洪济寺砖塔入口

图 6.2.4.3 洪济寺砖塔形态

图 6.2.4.4 洪济寺砖塔雕刻细节

5 洪福寺砖塔⑧

Brick pagoda in Hongfu Temple

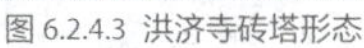

名称与别名	洪福寺砖塔
地址	代县峪口镇峪口村镇政府院内
看点	砖结构
推荐级别	★
级别	山西省文物保护单位
类型	塔 · 砖结构
年代	明
交通	乡村，自驾

洪福寺砖塔坐落于峪口镇峪口村，位于镇政府院内（图 6.2.5.1）。根据塔侧 2016 年的修缮碑碣记载，洪福寺始建于金元，寺庙毁于战火，只有此塔留存。砖塔历经明清数次修缮，方有今日面貌。

砖塔塔基四角（图 6.2.5.2），高度接近塔总高的一半，蔚为壮观。塔基又分为三层，最下层每面嵌两块砖雕武士像（图 6.2.5.3），缨带飘然，或着甲胄，或着常服，不见孔武有力生猛之态，但有憨态可掬之感。中间层四面满布佛龛（图 6.2.5.4），每座佛龛雕作仿小木作建筑立面一间，柱、阑额、普拍枋、斗拱、椽飞均有体现，十分精致。每龛中坐佛像一座，尺寸相类，姿态各异。上层为平座，每块纹样各不相同。

图 6.2.5.1 洪福寺砖塔全貌

图 6.2.5.2 洪福寺砖塔塔基塔身比例

塔基南侧开有券洞，可供登塔。在券上有“弥陀海会，嘉靖四十五年三月吉旦立”的石匾（图 6.2.5.5），为当时工部侍郎谢兰重修砖塔时所立，给这座塔添了一个“皇家身份证”。

塔基上承八角塔身（图 6.2.5.6）。塔身有五层，层高逐层递减，仿木楼阁式，东西南北四面开券。转角铺作出斜拱，每面一朵补间铺作。斗拱有早期建筑风格，尺度较大，颇为雄壮。各层每面都开一到两个方形小洞，应为通风之用。

砖塔从塔身下仰视颇为壮观，然而远观时稍嫌线条刚直，且塔刹过小，是为美中不足之处。

图 6.2.5.5 嘉靖石匾

图 6.2.5.3 洪福寺砖塔塔基砖雕

图 6.2.5.6 砖塔塔身

图 6.2.5.4 砖塔佛龛砖雕

6 文庙⑨

Temple of Confucius

名称与别名	代县文庙、代州文庙
地　　址	代县大南街与教场后巷交叉口西南 150 米
看　　点	布局 · 木结构
推荐级别	★★★★
级　　别	全国重点文物保护单位
类　　型	祠庙 · 木结构
年　　代	明
交　　通	市中心，公交

文庙，堪称是当地学子梦想的寄托，从古到今，他们踏上泮池的桥，在大成殿至圣先师的塑像前面久久伫立，怀揣着对于人生和未来的希冀……久而久之，这些足迹和往事都成为这个地方骨血里面挥之不去的记忆。

我们来到文庙，没有赶上中高考的“旺季”，这座华北地区最大的古文庙，显得有些门庭冷落。但是仍然有几个家长模样的游客在里面徘徊。

这座始建于唐代的代州文庙，到元朝时因战争而被毁，元末明初重建，明、清两代不断增修，清朝同治年间再次大修，历时二年，形成现在的规模。主体建筑坐北向南，庙分前中后三院，前为万仞坊和棂星门（图 6.2.6.1），万仞坊四柱三楼，棂星门六柱五楼，形制为典型的清式牌楼，作鸳鸯交颈拱。昂尾做成蚂蚱头。复杂的斗拱看着格外热闹。牌楼之前各立一对石狮（图 6.2.6.2）。

穿过棂星门，来到前院，院内植唐槐两株，相传，两棵唐槐只要春天槐花开得稠密，州中举子及第者必多，至今灵应不减。文庙的形制比较典型，院中筑半圆形泮池，上架御带桥；泮池东为名宦祠，供奉官宦牌位 50 位，西为乡贤祠，供奉历代贤人 50 位。前院正北为戟门——大成门（图 6.2.6.3），面阔五间，进深三间，两侧分别设孔孟立像木雕一座。在大成门的山墙和中院正北为大成殿（图 6.2.6.4），大成殿矗立在汉白玉基座上，单檐歇山顶，面阔七间，进深五间。用七踩斗拱，华拱作昂形，梁架彩画鲜艳，明间、次间隔扇雕刻精致。殿内藻井繁复，相传上面藏有逼尘珠，颜色鲜艳不落尘埃。大殿正中曾设孔子像及先贤 12 人牌位。大殿梁上有 1994 年重修的记载。殿前筑露台雕栏，甬道为五爪团龙石雕，为旧时原物，雕工精美，想必造价不菲，可见当年文庙在当地的盛况。另有碑碣两通，内容已经漫漶不清。殿后建敬一亭，面阔三间，进深三间，周围廊（图 6.2.6.5）。中院东西各建廊房，现为代县历史文物展览馆。东有忠义祠、文昌阁，西有明伦堂、节孝祠，忠义祠左右设学正、

图 6.2.6.1 文庙万仞坊南侧

训导二署，构成一组形制规范、规模宏大的儒学建筑群。

在古迹之外，我们的目光被大成门墙上代县二中、代县中学的升学红榜吸引过去了。里面记录着这里走出的天之骄子，他们也是许许多多来到这座文庙的家长和学子向往的榜样。虽然沧海桑田，他们很可能也将会像古时候绝大多数的状元一样，湮没于历史的洪流之中。不过在这一个个陌生的面孔背后，凝聚着多少真实的盼望，就像唐槐枝上捆绑的许愿红绳，虽然陈旧，但是依然鲜活。

图 6.2.6.2 万仞坊前石狮

图 6.2.6.3 大成门正立面

图 6.2.6.4 大成殿正立面

图 6.2.6.5 文庙敬亭

7 杨忠武祠⑩

Shrine to Generals of Family Yang

名称与别名	杨忠武祠，杨令公祠
地　　址	代县枣林镇鹿蹄涧村东
看　　点	宗祠文化 · 建筑布局
推荐级别	★★
级　　别	山西省文物保护单位
类　　型	祠庙 · 木结构
年　　代	明—清
交　　通	乡村，自驾

杨忠武祠又称“杨令公祠”，根据碑记，始建于元天历二年（1329 年），明清均有修缮，是北宋杨家将后人，杨业第十六世孙杨怀玉奉旨兴建。为纪念杨业战死陈家峪的战功，追谥太尉，谥号“忠武”，这也是祠堂名称的由来。

未见祠堂，先见到题着“忠武坊”的牌楼（图 6.2.7.1），我们便知道已到达目的地。牌坊之后，西边便是祠堂的入口，入口前对着一座颂德楼（图 6.2.7.2），为杨氏后人祭祀祖先的场所。两侧各有一座牌坊，西曰“正谊”“明道”（图 6.2.7.3），东曰“四知”“廉垂”，彰显杨家清正的家风。南面为忠武祠正门（图 6.2.7.4），祠门三间，每间前檐各悬匾额，中书“奕世将略”，右曰“一堂忠义”，左曰“三晋良将”。祠门内悬挂有木匾一块，抄录了北宋时杨家的诰敕十篇，明万历年间设，清代两度重修时重新书写。

杨忠武祠坐北朝南。祠内有两进院落。前院北有殿三间，上悬匾额“气作山河”（图 6.2.7.5），殿内有杨家历史的展览。

后院之中有一块奇石（图 6.2.7.6），揭示了村名“鹿蹄涧村”的由来。元初，杨家十四世孙杨友、杨山兄弟公事之暇外出打猎，遇一鹿。杨友箭中鹿蹄，鹿带箭奔突，友、山二人追至联庄附近，入地无寻，兄弟奇之。掘地现一怪石，鹿蹄迹斑驳，以为仙域，遂定居于此，村名改称鹿蹄箭，后嫌其不雅，再改名“鹿蹄涧”，沿称至今。

图 6.2.7.3 西侧牌坊

图 6.2.7.1 “忠武坊”牌楼

图 6.2.7.4 忠武祠正门

图 6.2.7.2 颂德楼

后院有正殿三间，硬山顶，出前廊，是院落中唯一一座明代遗构（图 6.2.7.7）。正殿上悬“敕建”匾额，内塑杨业和佘太君像，周围有杨令公八子以及杨氏后人功臣像 20 座。通过这些塑像，传承着一个家族对于保家卫国的坚守，对于子孙后代的要求。院内有古今碑碣若干、杨家祖茔金代石狮一座。

正殿的背后是二层楼阁凌烟阁（图 6.2.7.8），是一座新建的楼阁，展示了杨家精神的传播和近代杨家后人的风采。

杨忠武祠虽然在建筑层面不算历史悠久，但是它的文化价值确实不可低估的。为先人修建祠堂，是中国古代独特的风俗，而杨家，随着“杨家将”故事的广泛流传，更是中国古代杰出家族的代表。所以可以想到，元代作为一个少数民族的朝代，仍然敕建杨家忠祠，用最汉族化的方式，来传递“忠孝”的思想。这不仅仅是维护统治，稳定国家的手段。也能反映出中国古代“礼制社会”乡耆长老和家庙宗祠对于地方子弟的榜样和约束的力量。

图 6.2.7.6 院内奇石

图 6.2.7.5 “气作山河”匾额

图 6.2.7.7 忠武祠后殿

图 6.2.7.8 忠武祠凌烟阁

8 永和堡等三十九堡军事防御遗址⑪

Thirty-nine Military Fortresses such as Yonghepu Fortress

名称与别名	永和堡等三十九堡军事防御遗址
地　　址	代县勾注山雁门关下
看　　点	布局 · 木结构
推荐级别	★★
级　　别	山西省文物保护单位
类　　型	民居 · 木结构、砖结构
年　　代	汉—明
交　　通	乡村，自驾

代县地处雁北地区，雁门关是古战场，因此前线地区也成为重要的屯兵驻守的军事重地，勾注山雁门关下的永和堡等三十九堡军事防御设施，成为内长城边塞的第二道防线。作为军事重镇，在汉、宋、明这些以雁门关为疆界的朝代兴盛，而在元、清两朝雁门内外一统的时期，军事作用衰退，村落的结构发生转型。明代为了抵御蒙古人的进攻，保障其安定，在明建国之初，朱元璋就命冯胜、傅友德分行山西籍民为军，屯田于此，开垦荒地。雁北地区的堡垒分为“军堡”和“民堡”，永和堡等三十九堡反映了当时代州军堡屯兵驻守的情况。

三十九堡之中规模最大的十二堡，被称为“十二连城”，分别为阳明堡、马站、七里铺、东关、西关、北关、平城、十里铺、二十里铺、磨坊堡、段村堡、永和堡。堡周围环以堡墙，呈东西长（约 300~600 米）南北短（约 100~200 米）的方形聚落。

阳明堡是十二连城之中军事地位最重要的堡垒，从春秋时建制始，历代为兵家必争之地，宋治平二年有“阳明堡”之称。在抗日战争之中也有着“奇袭阳明堡”的重要战役。东西两侧设堡门，通过主街道串联（图 6.2.8.1）。在战事消弭后，阳明堡逐渐发展成商业重镇。

永和堡的规模更小一些，从其内部的建筑、肌理看来，与一般的村落别无二致（图 6.2.8.2）。唯有堡门上的“永和堡”昭示着它作为军事重镇的辉煌历史（图 6.2.8.3）。堡墙上建起了药王殿（图 6.2.8.4），虽然干戈不复，但是祈求祛病除灾却是亘古不变的夙愿。永和堡内有一株千年古槐（图 6.2.8.5），也被供上了神位。此外再无岁月痕迹遗留。

到了和平之世，这些堡垒也该休养生息了。

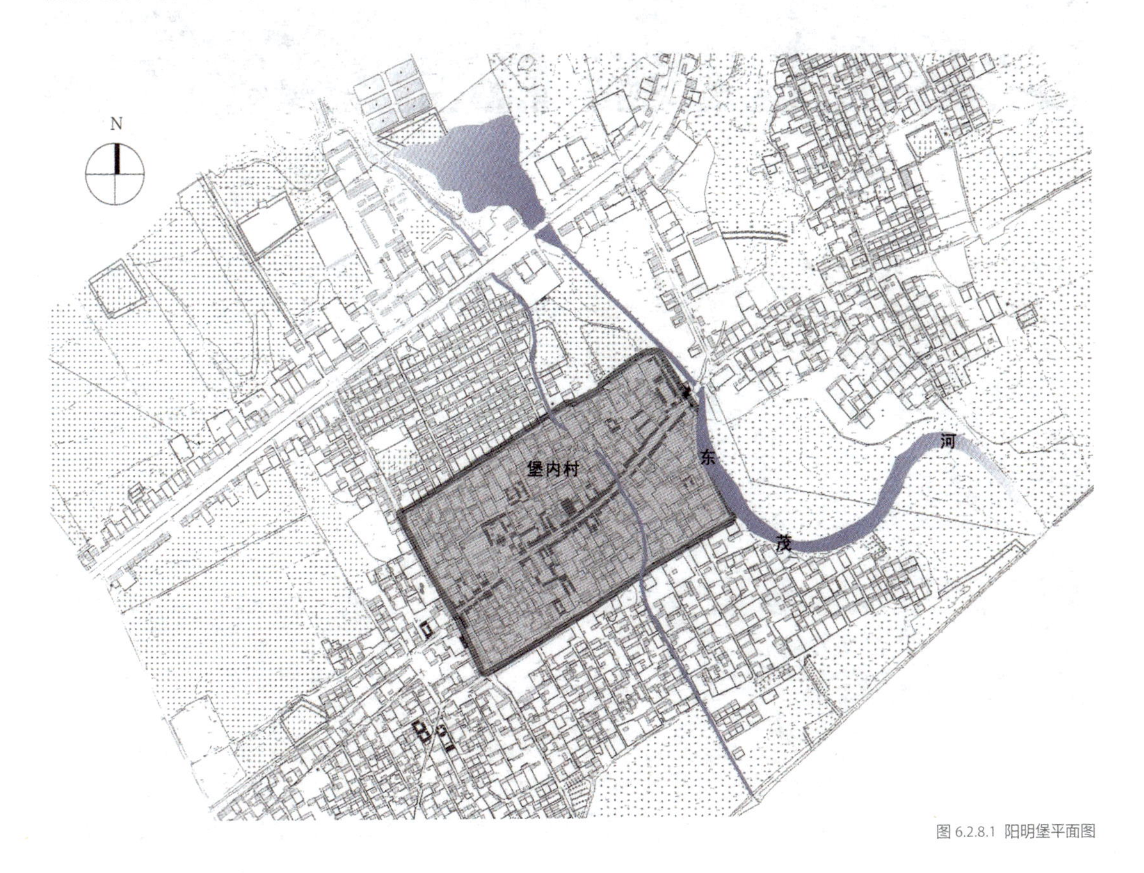

图 6.2.8.1 阳明堡平面图

图 6.2.8.2 永和堡街巷

图 6.2.8.3 “永和堡”匾额

图 6.2.8.4 堡墙上药王殿

图 6.2.8.5 堡内古槐

9 赵杲观⑫

Temple to Zhao Gao

名称与别名	赵杲观，天台寺
地　　址	代县新高乡红寺村天台山下
看　　点	环境 · 木结构
推荐级别	★★
级　　别	山西省文物保护单位
类　　型	祠庙 · 木结构
年　　代	明—清
交　　通	乡村，自驾

赵杲观，顾名思义，是为了纪念赵杲所立之观。赵杲何许人也？相传是春秋末期代王的丞相，赵襄子北伐灭代，代王夫人自尽于夏屋山，其余姬妾在赵杲的掩护下外逃，途经天台山，隐居于石洞中。后世僧侣建寺名之天台寺，又因纪念赵杲，亦名赵杲观（图 6.2.9.1）。

既为避难之处，躲避官兵搜寻，其险远便也不足为奇。赵杲观绝大多数建筑都以“洞”的形式存在。本已距代县县城四十公里之遥，进入山门，沿着山路又行数公里，方才见到北洞建筑群。建筑布局灵活，峰回路转，经“天台寺”山门、万圣门（图 6.2.9.2），过“大觉路”，便是三院的大雄宝殿和旁侧的“三清洞”了（图 6.2.9.3）。洞旁有明万历年间修缮碑碣数通（图 6.3.9.4）。

三清洞的形式颇有趣味，嵌在崖缝之中，共有五层，颇有些石窟的感觉。不过二者不同的是，石窟的木结构外立面搭在石体之外，三清洞的立面和出檐缩在石壁之内，这样使得檐口的长短不一，构造完全适应自然局限。或许后者的做法虽然不甚体面，但是能

图 6.2.9.1 赵杲观入口全景

更少淋雨，更少漏水之虞，更多的是从僧侣的使用角度来考虑的。

爬至北洞区，皆觉疲惫。望见三清洞，构造惊异，心中惊喜。师兄问：“你上去吗？”笔者以为内部不异于其他宝塔楼阁，登梯而已，便欣然应允，师兄在洞外等待。待进入洞门，发现面对一块微有凹凸的岩壁，上面一条铁链垂下来，仰视不见尽头，不由发怵。然而终究觉得君子一言，羞于反悔，便横下心来，拽着铁链，手脚并用爬了上去。岩壁有数丈高，登顶时四肢酸软，俯视这一“简易楼梯”（图 6.3.9.5），犹惊魂未定。

站在楼上俯瞰寺观（图 6.3.9.6），清风拂面，尘心减却。不由敬佩起在寺中修行的前人来，攀登已然不易，何况宽袍蔽履，携带器具。传闻紫霞道人每天手托香烛上楼功课，最后也圆寂于此，非有诚心难为之。

图 6.2.9.3 “三清洞”全景

图 6.2.9.2 万圣门

图 6.2.9.4 三清洞外碑碣

图 6.2.9.5 三清洞登楼铁链

图 6.2.9.6 北洞区全景

10 钟楼⑬

Bell Tower

名称与别名	代县钟楼
地　　址	代县上馆镇东北街村东大街
看　　点	建筑造型 · 木结构
推荐级别	★★
级　　别	山西省文物保护单位
类　　型	市政建筑 · 木结构
年　　代	明
交　　通	市中心，公交

代县钟楼在代县的中心区域，位于边靖楼（原为鼓楼）东侧，相隔一片闹市，与之遥相呼应。

代县钟楼是一座双层建筑，建于砖砌台基之上（图 6.2.10.1）。明代遗构，坐北朝南。钟楼十字交叉歇山顶，底层重檐，周围廊，正面中间辟门。一重檐施三踩单翘斗拱，二重檐施五踩单翘单昂斗拱。上层三开间，平面方形，斗拱为五踩单昂单翘（图 6.2.10.2），四面中间辟窗。楼身西侧有楼梯，以供登楼。砖石和油饰看上去并不陈旧，应系 2004 年维修。据《代县志》记载，代县钟楼始建于明洪武七年（1374 年），在明代万历十四年（1586 年），清康熙四十八年（1709 年），清咸丰二年（1852 年）多次维修。可见钟楼作为城内报时的工具，已然成为代县的地标，虽然时代更迭，但它仍然焕发出巨大的生命力。

图 6.2.10.1 钟楼南立面

图 6.2.10.2 钟楼细节

钟楼基座上立有咸丰二年重修钟楼碑碣一通，记载了钟楼创建、修缮，以及建造武臣坊的事宜。

明成化十四年（1478年）十二月《边靖楼记》记载钟楼使用的情况："翼七载，春三月，侯夏卜卫之右隙地，筑台建楼，设钟楼，为兵民之警焉。""乌革翚飞，光彩炫目，洵足与城楼、鼓楼后先辉映已。"钟楼二层内悬金大定二十八年（1188年）所铸大铁钟1口，直径1.66米，上铸铭文"金大定二十八年岁次戊申八月十三日造"。其声雄浑激越，"闻之钟声铿锵以立足，有号令之象焉"。今天，报时已经有了更加准确的手表，钟声不复。在之后的岁月中，因为钟楼建筑矗立于市井之中，因此周围兴建起热闹的商业街，钟楼显得格外落寞（图6.2.10.3）。虽然当地一度有过"钟楼广场"的方案，然而似乎只进行了一半，就停工了。这也是很多古建筑面临的困境，如何融入新城、与周围的环境相得益彰，让它能够更好地讲述这个城市的历史和文脉。

图6.2.10.3 钟楼周围环境

6.3 定襄县

1 白佛堂⑭

White Buddha Hall

名称与别名	定襄白佛堂
地　　址	定襄县河边镇继成村东南20里许
看　　点	石雕 · 木结构
推荐级别	★★
级　　别	山西省文物保护单位
类　　型	佛寺 · 木结构
年　　代	明—清
交　　通	乡村，自驾

提到古建筑，我们脑海中闪现的，往往是梁思成先生笔下的"在长达四千年时间里长存不败"的木结构建筑，新陈更替，不求永恒。然而明代嘉靖年间的住持长老，却决心在万仞石壁上，开凿一座石质寺庙，以求不朽，于是便有了今日的白佛堂（图6.3.1.1）。

在《五仙山白佛堂开凿碑记》中提到，白佛堂原名福田寺，宋宣和年间，寺内造碧玉像一尊，因此改称白佛堂。在宋代到明代，白佛堂三毁三建，命运多舛。于是就有了长老孙如秀决定开凿石殿的史话。

五仙山风景秀美，远离凡尘（图6.3.1.2），的确是修禅悟道的佳境。五仙山白佛堂石殿是建筑群的主体建筑，仿木结构，主殿面阔三间，各种建筑构件就山体开凿，精致生动。前檐两根廊柱均为圆形石柱，上面盘有两条石龙（图6.3.1.3），檐柱及两山柱均为八边形石柱。柱上雕饰斗拱，作蚂蚱头和挑尖梁头。

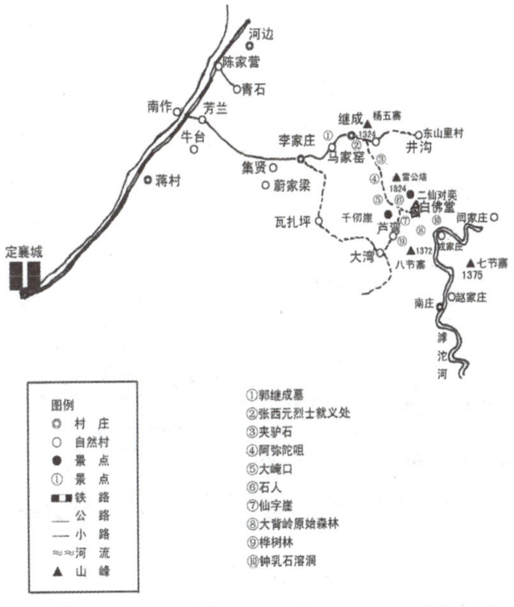

图6.3.1.1 白佛堂导游图

石殿面阔 9.6 米，进深两间（6.6 米），正中供奉着一尊释迦牟尼主佛。神态端庄，衣袂飘逸，线条圆润。周围有挟侍四尊、罗汉 14 尊。殿顶藻井雕有太极图案，可以看出道、释融合的时代特征。后壁中央，雕刻有一扇半掩的板门，又浮刻一僧人从门中走出的场景，人物面带笑容、憨态可掬，为石殿带来了活泼的气氛。

白佛堂正面原有西配殿观音堂一座，始建于明，康熙年间重建，改作圣母庙，内部供奉老君圣母和送子娘娘。20 世纪 70 年代前后建筑坍塌，现在仅存老君圣母像一座。

除观音堂外，附属建筑又有关帝庙、（东配殿）龙王庙、药王楼，可见古代人们的多神崇拜。关帝庙建于金代，清嘉庆年间重建，殿内留存当时的关帝等塑像和三国题材的壁画。龙王庙建于元代，重建于清康熙年间，内部留存有龙母与五龙王的木雕塑像，栩栩如生。可惜壁画因屋漏不存。龙王庙于 1992 年落架大修。药王楼建于清道光年间为白佛堂住持陈太璞所建，楼立于绝壁，面临深谷，辉煌壮丽。

在建筑之外，白佛堂又有自然胜景“圣水洞”，洞窟内部有清澈泉水，白佛堂各代僧侣均以此为裨益身体之圣水。洞内结合钟乳石的自然奇观，洞顶雕刻飞天仙女的形象，殿内供奉西方三圣、地藏菩萨。

“扫却尘心闻唤鸟，徘徊古寺觅苍松”，清代进士钟一诚在白佛堂前留下如此吟咏。今人来此，在清幽之地，聆听风木石的诉说，的确能体验到暂离尘俗的宁谧心境。

图 6.3.1.2 五仙山风光

图 6.3.1.3 白佛堂入口

2 关王庙⑮

Temple of Guan Yu

名称与别名	定襄关王庙，关帝庙
地　　址	定襄县关王庙文物管理所，永顺大街 2 号
看　　点	彩画 · 木结构
推荐级别	★★★
级　　别	全国重点文物保护单位
类　　型	祠庙 · 木结构
年　　代	宋—元
交　　通	乡村，自驾

定襄关王庙西侧朝街（图 6.3.2.1），南侧挂着县文物管理所的牌子，关王庙留给街巷的是一个落寞的背影。

我们造访此庙，适逢“十一”假期刚结束，在定襄逗留两日，文管所都无人上班，又不甘就这样错过，便从东侧绕至民居棚户区，穿入小径，跨过围墙，直奔它的怀抱。

关王庙原为寿圣寺的西配殿，内供关王。当年的小配角成了今日的当家花旦，也不难解释为何此殿坐西朝东了。

关王庙最具特色的部分还当属东侧，正面明间特宽而两次间特窄（图 6.3.2.2），而其西侧后檐的开间比例则是正常的。前檐明间平柱柱头铺作与后檐次间补间铺作位置相对，前檐巨大的明间跨度通过大额枋连接。王子奇的《山西定襄关王庙考察札记》中提到徐怡涛先生观察后认为，前檐普拍枋的拼缝与前檐柱头错位（图 6.3.2.3，施于明间当心斜拱两侧的两朵补间铺作下，而两山及后檐的普拍枋拼缝俱在柱头铺作下。且前檐两平柱与其他檐柱相比未做柱头卷杀（图 6.3.2.4），时代明显偏晚。这些证据指向了前檐明间被后代（王子奇文中认为为元代）改动，明间原有檐柱分别向外移半间，形成现有明间阑额上承三朵补间铺作的样貌。实际上，关王庙前檐的原貌应为每间补间有一朵斜拱，不用阑额。

这样的推测也就把寺庙的建造时间提前到了金代初年甚至北宋末期。对于关王庙具体的建造年代，各家结论不一。对于非专业人士，这种细腻的断代推测或许并不如实地的观感来得更动人心弦。充满野趣的长长昂尾，拱眼壁上神韵生动的三国人物壁画（图 6.3.2.5），谒访的艰辛似乎也得到了犒赏。

图 6.3.2.1 关王庙西立面

图 6.3.2.2 关王庙东立面

图 6.3.2.4 柱头细节对比

图 6.3.2.3 关王庙前檐普拍枋构造细节

图 6.3.2.5 拱眼壁壁画

3 洪福寺⑯

Hongfu Temple

名称与别名	定襄洪福寺
地　　址	定襄县宏道镇北社村
看　　点	布局 · 木结构
推荐级别	★★★
级　　别	全国重点文物保护单位
类　　型	佛寺 · 木结构
年　　代	宋—清
交　　通	乡村，自驾

说到寺庙，我们往往脑海中闪现出的，是围墙环绕，轴线森严的场景。定襄洪福寺（图 6.3.3.1）比起寺庙，更像一座堡垒：矗立在 7 米高的夯土台基上，周围环以高十余米的夯土围墙，若非墙上悬挂的牌匾和墙内漏出的大殿屋面，很难相信它就是洪福寺。

寺庙的历史是悠久的，根据县志和碑文记载，寺庙在宋金时期就以此名存世，且与五台山诸多大寺保持着密切的联系，其香火之盛，可见一斑。然而洪福寺内部现存建筑，除正殿外，均为清道光七年（1827 年）所建，且历经新近的装修（图 6.3.3.2），外檐门窗都被替换掉，古韵全无。

洪福寺的精华在正殿（图 6.3.3.3）——一座五

图 6.3.3.1 洪福寺围墙

图 6.3.3.4 洪福寺正殿斗拱细节

图 6.3.3.2 装修后的耳房

图 6.3.3.3 洪福寺正殿南立面

图 6.3.3.5 洪福寺正殿前碑碣

开间悬山顶大殿，又名三圣殿。大殿内部柱网颇为规矩，三椽栿对前乳栿后劄牵用四柱。斗拱的批竹昂切斫精细，柱头铺作为单杪双下昂六铺作，补间出斜拱（图 6.3.3.4），形制上应为宋金时期遗存。金柱围绕礼佛空间，后金柱之间砌扇面墙，墙前供奉华严三圣及众胁侍，人物神态安详，雕刻细腻，为宋塑中的精品。

正殿前一通万历三十六年（1608 年）的碑碣（图 6.3.3.5）记载："古洪福寺，据高而临深。嘉靖二十九年（1550 年）秋，虏□寇雁门时，族祖景州守渠公致仕里居，率里人据其险保。虏至，望之辄引去。自环寺筑谍为堡嘉靖三十九年秋，虏复蕹象为江，遥望是堡，又辄引去。"夯土墙应是嘉靖年间所筑。

这座堡垒般的寺庙，在地近雁门，时处边塞的村落，不仅在精神上给人们寄托，也确实地用它坚实的臂膀，保护着村民的血肉身躯。

4 留晖洪福寺⑰

Hongfu Temple at Liuhui Village

名称与别名	留晖洪福寺
地　　址	定襄县南王乡留晖村
看　　点	布局 · 木结构
推荐级别	★★
级　　别	全国重点文物保护单位
类　　型	庙宇 · 木结构
年　　代	元—明—清
交　　通	乡村，自驾

留晖村位于定襄县城东南 7.5 公里处，今属南王乡。村有新石器遗物、汉初墓葬、唐代古槐等，文化底蕴深厚。村名原为"刘晖"，源自七岩山东魏摩崖碑铭"刘石增晖"而简之。刘指十六国之汉的开国君主刘渊。现更名为"留晖"，取村庄位于东山坡之上，每到夕阳西下，落晖尚存之意。

留晖洪福寺，始建年代不详，重建于元泰定元年（1324 年），明、清、民国时期均有修葺。山门外站立着两只风化的石狮（图 6.3.4.1），昭示着寺庙悠久的历史。山门内陈列着四大天王的塑像，梁上有中华民国六年重修的字样（图 6.3.4.2）。

穿过山门，北面为一个四角攒尖的亭子（图 6.3.4.3）。该建筑即为寺庙的献殿，又名圣乐亭。

图 6.3.4.1 留晖洪福寺山门

献殿面阔、进深均为三间，斗拱三踩单翘。献殿平面为方形，当心间移柱造，使得内部空间更加宽敞。亭内五架梁上借助驼峰垫起四架梁，四架梁上用驼峰垫起平梁。平梁两端用隔架科，中间用云子墩撑起井架。井架中间施十字梁，十字梁中间立一根童柱来撑起攒尖顶。井架四角各升起一根阳马，插入童柱的顶端（图 6.3.4.4）。这样的结构形式十分牢固。根据献殿建筑用材的分析以及亭顶筒瓦的年代考据，这座建筑应当为明代晚期作品。献殿槽内西侧安装隔扇门，使得方形平面的建筑有了确切的朝向。猜测这样的内檐装修可能是出自圣乐亭功能上的需求。十字梁上有 2010 年重修的题记。献殿内部立有大清光绪二十四年（1898 年）重修伽蓝殿和观音殿的功德碑，也有乾隆二十八年（1763 年）重修关帝庙的碑文。献殿前有宋代政和年间经幢一座，为寺庙之内最老的文物遗存（图 6.3.4.5）。

献殿的东西侧分别为圣母殿和地藏殿，均为悬山顶，面阔三间，进深两间。

献殿的北侧为大雄宝殿（图 6.3.4.6）。大雄宝殿建立在石砌台基之上，为元代建筑。悬山顶，面阔五间，进深四椽。补间铺作出 45 度斜拱，柱头铺作单杪双下昂，切斫规整。建筑外窗旁残留有壁画（图 6.3.4.7），风格应为清代绘制。殿前有乾隆四十一年（1776 年）

图 6.3.4.4 献殿梁架构造

图 6.3.4.2 山门内梁架题记

图 6.3.4.3 洪福寺献殿南立面

图 6.3.4.5 献殿前宋代经幢

图 6.3.4.6 大雄宝殿南立面

图 6.3.4.7 大雄宝殿外墙壁画

的禁山碑。东西分别有配殿伽蓝殿和二郎殿。

整组建筑的东侧有关帝庙（图 6.3.4.8）一座，为三开间硬山小殿，前出抱厦。据关帝庙前碑记记载，洪福寺关帝庙建于清嘉庆四年（1799 年），清同治年间和民国九年（1920 年）均得到修缮。于 1998 年再次修缮。

在众多碑碣之中有一座立于 1999 年的碑碣，纪念抗日战争中留晖村牺牲的十九名烈士。缅怀历史、瞻仰古迹，也能从不断损毁又重建的建筑与文明之中，感受到这片热土和人民生生不息的韧性。

图 6.3.4.8 洪福寺关帝庙

6.4 繁峙县

1 公主寺⑱

Princess Temple

名称与别名	公主寺
地　　址	繁峙县杏园乡公主村
看　　点	壁画 · 布局
推荐级别	★★★
级　　别	全国重点文物保护单位
类　　型	佛寺 · 木结构
年　　代	明—清
交　　通	市中心，公交

寺庙冠以“公主”之名，颇多了一些浪漫的气息。寺庙名字的由来根据《广清凉传》所载：“北台之西，繁峙县东南，有一寺名公主寺，后魏文帝第四女信诚公主所置。”北魏信诚公主和汉人崔珣之间的恋情遭到文成帝反对，崔珣也被折磨致死，信诚公主哀恸之

图 6.4.1.1 公主寺过殿

图 6.4.1.2 公主寺大雄殿

下选择在五台山出家，寺庙因之得名“公主寺”。然而在唐代至明末，这座古公主寺逐渐衰落，最后和公主村的文殊寺合并，即为今日的公主寺。

公主寺营建的历史不算久远，寺内除过殿（图 6.4.1.1）和大雄殿（图 6.4.1.2）为明代建造之外，其余建筑均为清代所建。过殿和大雄殿均为三间，规模不大。为公主寺增色最多的，当属大雄殿的水陆壁画，壁画绘制于明代，东壁题记明确记载了塑匠、画匠的名字：“真定府塑匠任林、李欣、孟祥、张峰、李珠、赵士孝、敬升、陈义。画匠荣钊、高升、高进、张鸾、冯秉相、赵喜。”这些平凡的名字为我们今日留下了一场视觉盛宴。

东、西、南壁壁画保存较好，东侧以卢舍那佛为中心，结跏趺坐于须弥座上，赤红色袈裟与壁画青绿的底色相互映衬，尺度巨大，仪态端庄，西壁则为弥勒佛（图 6.4.1.3），二者相互映衬，其在诸神祇中的地位一目了然。除两尊主佛外，东西壁各分四行，罗列诸罗汉、神鬼人伦部众（图 6.4.1.4），主次分明。北壁上绘制十大明王。不同于一般水陆画“成行列雁式”的构图，公主寺的壁画构图主次分明，富有生气。加之人物绘制上精致细腻的技法，匠人之工巧，不容小觑。

图 6.4.1.3 大雄殿壁画

图 6.4.1.4 大雄殿壁画

2 秘密寺⑲

Mimi Temple

名称与别名	秘密寺
地　　址	繁峙县维屏山秘魔岩
看　　点	建筑环境
推荐级别	★★★
级　　别	全国重点文物保护单位
类　　型	佛寺·木结构
年　　代	清
交　　通	乡村，自驾

秘密寺，寺如其名。造访之前，脑海中便想象出了陶渊明的《桃花源记》，渔夫忘路之远近，忽逢桃花林，夹岸数百步，便来到了秘密的极乐世界——桃花源。的确，在现实中，秘密寺也是这样一个风景别致，世外桃源般的所在。

五台山地区，山脉连绵，虽然不如华山之险，然而山峰被青翠环绕，山顶石头裸露，是一种秀美与粗犷的结合。盘山而上，在秘魔崖的环抱之下，秘密寺揭开了它的面纱（图 6.4.2.1）。

背靠群山，面临幽谷，秘密寺可以说是中国风水智慧的极佳体现。除了秘密寺前几座经幢为金代所作外，就秘密寺的主体建筑而言，是清朝修建，所有的建筑都没有斗拱，屋顶也是平凡的悬山顶。寺院坐北朝南，山门两侧分布着钟鼓楼（图 6.4.2.2），形制非常规整。建筑群落依山势而建，拾级而上，山门北侧为天王殿，是一座三开间，悬山顶的小建筑（图 6.4.2.3）。再北侧为大雄宝殿，五开间悬山顶，有前廊（图 6.4.2.4），殿前有碑碣两通，为康熙和道光年间重修的碑记。院落最北端为文殊殿，体量和形制与大雄宝殿相同，立于台基之上（图 6.4.2.5），内部梁架上有清代彩绘（图 6.4.2.6）。站在寺内向南远眺，群山连绵，正像风水学的龙脉，为建筑，形成

图 6.4.2.1 秘密寺入口

图 6.4.2.2 秘密寺钟鼓楼

图 6.4.2.3 秘密寺天王殿

图 6.4.2.4 秘密寺大雄宝殿南立面

了一个登顶的佳处，又像一个安全的港湾。

中轴线两侧的东西厢房，均为近年修缮（图 6.4.2.7）。尚有僧侣在其中修行。建筑之间，漏出满眼山色；出寺入寺，歆享一路风景。

图 6.4.2.5 秘密寺文殊殿

所谓芝兰生于深林，不以无人而不香，位于台外的秘密寺，虽然游人稀少，却焕发出历史的生机，远离尘嚣，教人清心的道理。

图 6.4.2.6 文殊殿梁架彩绘

图 6.4.2.7 文殊殿东西厢房

3 三圣寺⑳

Temple of Three Sages

名称与别名	繁峙三圣寺
地　　址	繁峙县砂河镇西沿口村北
看　　点	壁画彩塑 · 木结构
推荐级别	★★★
级　　别	全国重点文物保护单位
类　·　型	佛寺 · 木结构
年　　代	金—清
交　　通	乡村，自驾

三圣寺位于繁峙县西沿口村，寺庙坐北朝南，建筑群落完整，中轴线上分布山门、地藏殿、大雄宝殿，东西分布着奶奶殿、马王殿、伽蓝殿、真君殿、钟鼓楼、禅房等建筑。

寺院山门前有古榆两株（图 6.4.3.1），专家鉴定有一千多年历史。这也为这座寺庙的创始年代和身世来源画上了一个问号。它究竟有多古老？不如走进寺庙，探寻一番。

走进寺庙，第一进院落是地藏殿（图 6.4.3.2）、山门形成的院落空间。我们来到地藏殿之时，地藏殿侧墙的夯土结构和柱网脱开，可能存在坍圮的危险，因此修筑了砖扶壁（图 6.4.3.3），而且还搭建了脚手架，正在对屋顶进行施工，更换破损的瓦件和琉璃件。地藏殿的檐口柱头有龙头雕饰（图 6.4.3.4）。我们登上脚手架，来到屋面层，这座悬山顶建筑屋面朴素，青瓦铺砌，屋脊有精美的琉璃件装饰（图 6.4.3.5）。

三圣寺最重要的建筑为第二进院落的大雄宝殿

图 6.4.3.1 三圣寺山门

图 6.4.3.2 三圣寺地藏殿

图 6.4.3.3 地藏殿砖扶壁

图 6.4.3.4 地藏殿前檐柱头细节

图 6.4.3.5 地藏殿屋顶

（三圣殿），它也是整座建筑组群的高潮，虽然体量和地藏殿相比不相上下，然而歇山顶屋面是所有建筑中形制最高的。歇山顶的出檐深远，曲线平和（图 6.4.3.6），斗拱单杪单下昂，用材较大，有着早期建筑的雄浑优美。在修复上，屋顶的丰富性和装饰反而不如地藏殿，削弱了它的重要性。大木作结构保存了金代较多原构件，柱头铺作结构简洁，补间铺作运用了 45 度斜拱（图 6.4.3.7），无独有偶，大雄宝殿的柱首也是龙头的雕饰（图 6.4.3.8），可以推知地藏殿在维修上参考了大雄宝殿的风格样式。大殿内现存元明的塑像 14 尊和明清时期的壁画，梁上有元代的题记。根据大雄宝殿前四通碑碣记载的文字，可以知道三圣寺历代进行过多次维修，大雄宝殿在元代进行过维修，地藏殿于明代进行过两次维修，清代乾隆、嘉庆、同治年间整座寺庙进行过维修，民国初年添加了五谷神和风奶奶小殿，让这组建筑组群更加丰富。

走出三圣寺，回望这一座寺庙的建筑，就像打开了一座从金代到清代的宝库，也能窥探到从古至今历代修缮古建筑的智慧。他们并不仅仅按照当时的风格来营造，也会结合寺院的整体感觉，结合场地中其他时代已建成的风格进行思考。所以才能营造出三圣寺这样一座整体和谐、主次分明的宏伟寺庙。

图 6.4.3.6 大雄宝殿东山

图 6.4.3.7 大雄宝殿正立面

图 6.4.3.8 大雄宝殿前檐柱头细节

4 狮子窝琉璃塔㉑

Glazed Pagoda at Shiziwo

名称与别名	繁峙琉璃塔，万佛塔
地　　址	繁峙县岩头乡庄子村
看　　点	琉璃工艺 · 砖结构
推荐级别	★★
级　　别	全国重点文物保护单位
类　　型	塔 · 砖结构
年　　代	明
交　　通	乡村，自驾

图 6.4.4.1 狮子窝琉璃塔远眺

图 6.4.4.2 塔身券门

狮子窝琉璃塔（图 6.4.4.1）位于五台山台怀镇西南十公里左右，虽然地图上的直线距离相去不远，然而驱车却要绕很远的山路，数小时方能抵达。不由敬佩起古时翻山越岭，来台礼佛的善男信女们。

“狮子窝”的说法载于《清凉山志》：“相传昔人在此见亿万狮子游戏。狮子乃文殊之乘骑，狮戏于此，文殊必在当空，建寺祀之，名曰文殊寺，俗称狮子窝。”琉璃塔原位于五台山寺庙文殊寺中，起于五台山的佛教兴盛之时，后寺毁塔存。这样精致的琉璃塔能够跨越岁月，留存至今，宿命之外还有幸运吧。

图 6.4.4.3 琉璃罗汉

图 6.4.4.4 琉璃罗汉细节

狮子窝琉璃塔塔高32米，八角十三层密檐式塔，层层收分，线条颇为雄健。塔的一、三、五层东西南北四面辟券门（图6.4.4.2），门两侧各有罗汉一对。罗汉（图6.4.4.3）神色不见威严，倒是颇为可爱。笔者查阅琉璃塔老照片后发现未修缮前的琉璃塔琉璃砖剥落严重，尤其是首层，几乎全部砖墙裸露。这些蓝得闪闪发亮的琉璃底色和神态逗趣的罗汉都是重修的产物，门神旁侧的小字揭示了它的产地——北京。

其中一座琉璃罗汉（图6.4.4.4）背后有明显的粘贴痕迹，它的蓝底也比其他门神更为浅淡雅致一些，上有"乾清宫管事御马监"的布施建造罗汉的文字，这块琉璃应当是古时候留存下来的，当时制琉璃的精致细腻，实在比今日略胜一筹。

琉璃塔的主体是万尊琉璃小佛像（图6.4.4.5），从留存下来的原物来看，每一块琉璃砖都刻着布施者姓名，和首层留存的罗汉相似。所谓聚沙成塔，这座恢宏磅礴的宝塔，也是当时信众们的点滴努力的结晶。

图6.4.4.5 琉璃小佛像

5 岩山寺㉒

Yanshan Temple

名称与别名	繁峙岩山寺
地　　址	繁峙县天岩村
看　　点	壁画 · 木结构
推荐级别	★★★★
级　　别	全国重点文物保护单位
类　　型	佛寺 · 木结构
年　　代	金
交　　通	乡村，自驾

在五台山的东支山脉——岩山的山路上驱驰，新修的水泥路指引我们来到了天岩村。经过新修建的范氏宗祠，便到达了岩山寺。

岩山寺前有台河桥（图6.4.5.1）一座，正值秋季，桥下水位枯干，又看到岩山寺前的古树倒塌（图6.4.5.2），不由得平添了几分苍凉的心境。

图6.4.5.1 台河桥

岩山寺又名灵岩寺、灵岩院，创建时间不晚于北宋元丰二年（1079年），金正隆三年（1158年）大兴扩建。岩山寺历经战火岁月催折，正殿已经不存，

图6.4.5.2 倒塌的古树

现存南殿（文殊殿）、东西配殿、伽蓝殿、僧房、钟楼（图6.4.5.3）。和它院墙内部的空间相比，有些空阔。除南殿之外，东西配殿为明建清修，均为清末至民国年间建造。

最珍贵的文殊殿（图6.4.5.4）是一座金代建筑，在梁架上能看到元代修复的题记（图6.4.5.5）。五开间歇山顶建筑。柱子的生起、侧脚比较明显。为了内部礼佛空间的考虑，采用了减柱造，内部仅有4根柱子。整座建筑的窗户、墙壁、阑额等均为金代遗物。殿内佛坛上供奉着菩萨等塑像（图6.4.5.6），均为金代的彩塑，生动传神。

然而最让人称道的，则是文殊殿内保存完好的90余平方米的金代壁画。

现存文殊殿壁画为当时“御前承应画匠”王逵于金大定七年（1167年）所画，壁画题材丰富、布局严谨、笔法工整、人物传神，弥足珍贵，堪称国工。据壁画题记记载，王逵用十年时间立意构图，并最终呈现出今日我们所见的辉煌效果。王逵除了在文殊殿留有壁画外，在正殿也绘制了“水陆图”的壁画。现存的文殊殿壁画内容与佛教故事有关：西壁为释迦牟尼的生平，东壁绘制了经变和佛本生故事，北壁绘制了五百商人海上遇难，得到罗刹女营救的故事，南壁绘制楼

图6.4.5.5 文殊殿内部修复题记

图6.4.5.3 岩山寺钟楼

图6.4.5.4 岩山寺文殊殿

图6.4.5.6 文殊殿殿内塑像

阁人物和供养人像。这些图画通过对仙境和人间的对比描画，不仅仅有玉树琼枝的天上仙境，也刻画了市井小民的陋室茅屋，甚至我们可以从一座小房子的形态上，惊奇地发现它与20世纪的柯布西耶作品不谋而合（图6.4.5.7），古人的智慧实在不容小觑。壁画准确生动地再现了金代的建筑（图6.4.5.8）、服饰和文化。成为中国壁画史上一颗璀璨的明珠。就光凭建筑而言，岩山寺描绘了许多亭台楼榭岩山寺壁画和晋南芮城永乐宫壁画，并称为山西佛道教壁画的“双璧”。

1999年至2001年，岩山寺进行了全面的维修，揭取、加固，修复了壁画。千载丹青，重现生机。照片上呈现出的美感和震撼，比不上现场目睹之万一。虽然岩山寺路途偏远，不过相信每一个亲眼见到的游人一定会觉得不虚此行。

图6.4.5.7 文殊殿壁画细节

图6.4.5.8 文殊殿壁画细节

6 正觉寺大雄宝殿㉓

Main Hall of Zhengjue Temple

名称与别名	繁峙正觉寺大雄宝殿
地　　址	繁峙县繁城镇二道街
看　　点	木结构
推荐级别	★★★
级　　别	全国重点文物保护单位
类　　型	佛寺 · 木结构
年　　代	金
交　　通	市中心，公交

“繁峙”，北有恒山山脉，南有五台山山脉，群山环绕，因此得名。在繁峙县中心，有一座香火旺盛的礼佛之处——正觉寺。

正觉寺，宋称天王院，宣和年间朝廷赐名“正觉

图6.4.6.1 正觉寺牌楼

图 6.4.6.2 正觉寺钟鼓楼

禅院”，原址在滹沱河南岸杏园村北。万历十四年（1586年），县城从滹沱河南岸迁至今址。明万历四十一年（1613年），正觉寺也从滹沱河南岸迁址到今日所在——繁峙县新城中央的南北中轴线上，前临鼓楼，位置显赫。新中国成立后，曾被县粮食局占用，除大雄宝殿之外，其他建筑均被改建，损毁严重。但是经过2009年起的修缮工作，正觉寺整座寺庙焕然一新。

寺庙坐北朝南，前有牌楼一座（图6.4.6.1），上书“正觉寺”，除大雄宝殿，现存建筑有天王殿及钟鼓楼（图6.4.6.2）、过殿、东西配殿等，中轴线外还有新建的僧舍和楼阁、功德堂等建筑，多为近世重建之作，让整座寺庙的格局更加完整。

大雄宝殿位于正觉寺最后一进院落，殿前有白色石质小佛塔一对。大雄宝殿立在白色的须弥座上。单檐歇山顶，五开间（图6.4.6.3）。建筑斗拱布列较密集。殿内运用了减柱造和移柱造的手法，仅有金柱两根（图6.4.6.4），梁架用材雄伟，殿内内额横跨三间。整座建筑只用两根金柱的类似手法在金元庙宇之中偶有出现，体现出匠人对于建筑结构设计的大胆，不过就用材的规整和建筑尺度而言，正觉寺大殿都称得上是最好的范例。柱子有生起，柱高（427.5厘米）与柱径（40厘米）之比约为10∶1，比例符合《营造法式》的规范，经鉴定为金代遗物。梁架存留至今，

图 6.4.6.3 正觉寺大雄宝殿

图 6.4.6.4 大雄宝殿内部梁架

图 6.4.6.5 大雄宝殿脊檩题记

结构仍然稳固安全，也不必增加柱子来使结构稳定，可见当时的匠人在减柱造做法上，已经有了熟练可靠的技术手段。脊檩上有明代万历年间修缮的题记（图 6.4.6.5）。

大雄宝殿东、北壁上原有壁画，面积约 120 平方米，在粮食局占用期间被涂抹，有所损坏，十分可惜。据说观察露出的部分，可以发现是明代万历四十六年（1618 年）的水陆画，色彩鲜艳，笔法娴熟。我们参观之时，正在保护维修，壁画部分被盖住（图 6.4.6.6），无缘得见。希望壁画能够早日修缮成功，重见天日，再现大殿营建时期的辉煌盛况。

图 6.4.6.6 大雄殿内部壁画被遮盖

7 作头天齐庙㉔

Tianqi Temple at Zuotou Village

名称与别名	作头天齐庙
地　　址	繁峙县繁城镇作头村
看　　点	布局 · 木结构
推荐级别	★
级　　别	山西省文物保护单位
类　　型	祠庙 · 木结构
年　　代	清
交　　通	乡村，自驾

作头天齐庙位于作头村西南侧。茅茨不剪，颇为衰颓。

寺庙规模不大，坐北朝南，山门前有戏台一座（图 6.4.7.1）。中轴线有院落两进。戏台是保存状况最好的建筑，屋顶瓦石、椽飞应为近年修缮过，三开间出前廊，不施斗拱。戏台和山门的形制相似，然而独特的是，四椽栿并没有搭在前檐柱头正上方对应的位置，而是向中轴线偏移，置于当心间普拍枋上，柱头处另做假梁头（图 6.4.7.2）。这种做法或许能起到保持梁架等距的情况下稍微扩大当心间的面阔的作用，适应于戏台表演的需要。不过梁架上都有彩画的痕迹，只有假梁头上没有，而且真梁的断面木材看上

图 6.4.7.1 作头天齐庙戏台

去相对比较新鲜，不由猜测可能是“文革”时期锯掉了原有的梁头，修复的时候补配了假梁头，把真梁的位置稍作移动。便成了今日奇特的构造。

第一进院的保存情况相对较好，居住管理人员。

第二进院内存有碑碣若干，其中最清晰的一通“重修东岳庙碑记”碑文中提到嘉靖己未（1559 年）春三月重修。如今两侧配殿正在施工（图 6.4.7.3），坍圮较严重，均为三开间，然而开门的位置十分奇怪，应为 20 世纪时所改。内部有祈雨的壁画（图 6.4.7.4），画工平庸，用色很躁。两配殿的屋顶两坡不一样长，前檐两椽，后檐一椽（图 6.4.7.5）。整体结构为三架梁对前劄牵用三柱。

二进院正殿的内部梁架保存完好，脊檩两侧有叉手（图 6.4.7.6），梁架上尚有彩画留存，四壁壁画画风和两配殿相似（图 6.4.7.7），内容为历朝发生的因果报应的大事小事，主人公从商鞅到秀才，不一而足，应为教化村民惩恶扬善之用。

作头天齐庙虽然保存情况堪忧，然而其内部存在着一种“野趣”，能让我们看到正统官式建筑之外，匠人在营造之时，有时也会做出更加“乡土”和民居化的选择。

图 6.4.7.2 天齐庙戏台梁头

图 6.4.7.5 配殿梁架结构

图 6.4.7.3 天齐庙配殿

图 6.4.7.6 天齐庙正殿梁架结构

图 6.4.7.4 天齐庙配殿壁画

图 6.4.7.7 正殿内部壁画

6.5 河曲县

1 北元护城楼㉕

Fortress at Beiyuan Village

名称与别名	北元护城楼，玉皇阁
地　　址	河曲县文笔镇北元村
看　　点	环境 · 砖结构
推荐级别	★★
级　　别	全国重点文物保护单位
类　　型	防御设施 · 木结构、砖结构
年　　代	明
交　　通	乡村，自驾

北元护城楼（图 6.5.1.1），位于古城墙北侧。为拒北侵，万历二年（1574 年）山西提督刘夕仁公急奏朝廷并奉旨兴建。既是抗拒北虏，那么南面是朝向我方城池的，券上有万历年间题写的“镇虏”匾额（图 6.5.1.2），也是对于一众将士的激励。

图 6.5.1.1 北元护城楼南立面

图 6.5.1.2 “镇虏”匾额

护城楼立于台基之上，券内依砖台兴建无梁殿（图 6.5.1.3），悬有匾额“广济龙王菩萨”。沿着券内的楼梯登楼，便来到了护城楼之上的玉皇阁。由山门、钟鼓楼、正殿和耳殿围合成一进院落，其中钟楼内部有嘉庆年间铁钟一口（图 6.5.1.4）。正殿玉皇阁内部已被修葺一新，根据寺前《重修护城楼玉皇阁记》碑文记载，玉皇阁原确为乡村信士叩拜上香之地，历经朝代更迭与“文革”破坏已经坍圮，今日之阁为 1996 年重建。笔者认为，立于台基之上，还是多层之阁更妙一些，如今玉皇“阁”只有一层，在城池高台之上，有失威严气势。踏入正殿，发现内部梁架交接方式诡异（图 6.5.1.5），用材粗糙，梁上塑武士，两山悬塑作文臣，不由有些“梁上君子”的滑稽感。修缮之后喧嚣热闹，全无古意，令人扼腕。

走出玉皇阁，站在护城楼之上，从箭垛的缺口之中，可以看到黄河就在脚下流过（图 6.5.1.6）。“戍客望边色，思归多苦颜”，护城楼的边色比起朔漠，多了黄河，也多了不少温柔壮美。若是黄河能通向家乡，则使得思绪更有了寄托。一楼一阁，城防和宗教的结合，更多了一些死与生、肉体与精神的呼应。

图 6.5.1.3 护城楼台基内无梁殿

图 6.5.1.4 嘉庆铁钟

图 6.5.1.5 玉皇阁内部梁架结构

图 6.5.1.6 护城楼俯瞰黄河

2 岱岳庙㉖

Temple of Mount Tai

名称与别名	岱岳庙
地　址	河曲县城关镇岱岳殿村西
看　点	布局 · 木结构
推荐级别	★★
级　别	山西省文物保护单位
类　型	祠庙 · 木结构
年　代	明—清
交　通	乡村，自驾

岱岳庙，顾名思义，为祭祀泰山之庙。然而为何远在山西会出现泰山庙呢？根据《山又石刻丛编》卷十二《大宋国忻州定襄县蒙山乡东霍社新建东岳庙碑铭（并序）》载，宋真宗大中祥符三年（1010 年）发布圣旨——“越以东岳地遥，晋人然备蒸尝，难得躬祈介福，今敕下从民所欲，任建祠祀”，山西各地纷纷开始修建东岳庙。岱岳庙也应是在此背景之下营造的。

岱岳庙建于金天会十二年（1134 年），元明清时期均有修葺。现在寺院坐北朝南，建于台基之上，走进三门，会发现庙宇内部建筑布局颇为杂乱，不复有轴线留存，几乎所有的配殿均已不存。现存之建筑大体可看出中轴、东西跨院的相对位置，每列三进的格局。可以总结为“五殿”“三庙”“一阁”“三宫”（或并称日月宫）“一祠”，以及山门、过厅和祠堂。

岱岳庙各建筑均为三开间，外观相类，形制殊

图 6.5.2.1 岱岳庙过殿

异，殿宇大都没有匾额，让本就错综的布局更加混沌。其中过殿为歇山顶（图 6.5.2.1），岱岳殿为勾连搭（图 6.5.2.2），三宫殿为无梁殿（图 6.5.2.3），其他几乎都为悬山顶。

图 6.5.2.2 岱岳庙岱岳殿

图 6.5.2.3 岱岳庙三宫殿

图 6.5.2.4 岱岳殿内部壁画

其中规格最高的岱岳殿（又称天齐殿）为卷棚悬山勾连搭，内部壁上有周子兴绘制的花鸟山水图（图 6.5.2.4），配以《爱莲说》和《春日》等诗文。也有清咸丰四年（1854 年）庠生张子卓题于墙上的字（图 6.5.2.5），其中文字为《东岳大帝宝训》，例如“行善之人，如春园之草，不见其长，日有所增；行恶之人，如磨刀之石，不见其损，日有所亏”的文字。可见岱岳庙在当时不仅仅有祀奉东岳大帝的宗教价值，也有教化乡人的功用。

岱岳庙中有一通大明嘉靖三十九年（1560 年）的修缮碑碣（图 6.5.2.6），碑文右侧出现了一列“万历三十□年九月初□李如达……香叩记”的笨拙镌刻，可见“到此一游”的传统来历悠久，令人莞尔。

图 6.5.2.5 岱岳殿内部书法

图 6.5.2.6 岱岳庙内明代修缮碑碣

3 海潮庵㉗

Haichao Nunnery

名称与别名	海潮庵，海潮禅寺
地　　址	河曲县城东南旧县村南门外
看　　点	布局 · 砖结构
推荐级别	★★
级　　别	山西省文物保护单位
类　　型	佛寺 · 砖结构
年　　代	明—清
交　　通	乡村，自驾

海潮庵前揽洄河潭水，背倚黄土高原，在风水极佳之处建寺。我们于正午前后抵达，山门前有一众僧人倚着清碑闲聊，旁边几只猫正在慵懒地晒太阳（图 6.5.3.1），颇有怡然之趣。

走进海潮庵，会发现它和常见的大多数寺庙不同，结构紧凑，路径丰富。进入山门，便是一个小院落（图 6.5.3.2），四面首层为砖窑洞形制，各开券洞一个。被称为“太子游四门”规制，影射释迦牟尼早年经历。在“四门”的砖窑洞之上，又建有木结构建筑。正对山门的，是海潮庵的主殿观音殿（又称大殿）（图 6.5.3.3），建于弥勒殿之上，前出抱厦，是海潮庵中最大的木结构建筑。卷棚抱厦之内的梁栿之上，悬有很多清代到民国的匾额（图 6.5.3.4），可见当时寺院香火之盛。抱厦之后为三孔窑洞式无梁殿，内有精美的小木作佛龛（图 6.5.3.5），龛内供奉观音菩萨的金身像。除海潮庵前抱厦外，其他的绝大部分殿宇，类似藏经殿（图 6.5.3.6），都是砖结构无梁殿，配以屋顶或木结构前廊。能在同一座寺庙中领略到数目众多规格完整的无梁殿，实属不易。

关于海潮庵有一件轶事，同治年间河曲知县金福增六十寿辰之时，他将自己画作海潮庵僧人趺坐之态，在场保德州知州姚庆布吟诗一首，众宾客纷纷同韵相和。诗中除了对于寿星的夸耀溜须，也不乏对于海潮庵修业的盛赞溢美。如“红尘不到清凉境，洒偏杨柳水一杯”，“选圣闲寻野寺僧，辉煌殿宇上孤棱”。可见海潮庵之于河曲，确是宗教上最大的丛林所在，就连县令都心向往之。

图 6.5.3.1 海潮庵山门

图 6.5.3.3 海潮庵观音殿正立面

图 6.5.3.2 海潮庵一进院

图 6.5.3.4 观音殿匾额

图 6.5.3.5 观音殿内小木作佛龛

图 6.5.3.6 海潮庵藏经殿

6.6 静乐县

1 文庙㉘

Temple of Confucius

名称与别名	静乐文庙
地　　址	静乐县城内鹅城镇鼓楼东街静乐县文物管理所
看　　点	布局 · 木结构
推荐级别	★★
级　　别	全国重点文物保护单位
类　　型	祠庙 · 木结构
年　　代	明
交　　通	乡村，自驾

文庙，作为一方教化的承担者，自古便有着尊崇的地位。静乐文庙始建于宋，明朝迁移、重建，增建岑山书院（明伦堂），成为今天东西共两跨院的布局。今日留存的明代遗构有大成殿及东西厢房，明伦堂及东西二斋。

图 6.6.1.1 静乐文庙大成殿正立面

大成殿（图 6.6.1.1）是文庙中最重要的建筑，也是一般文庙中形制最高的殿宇。静乐文庙大成殿面阔五间，进深六椽，七踩斗拱（图 6.6.1.2），屋架（图 6.6.1.3）为五架梁对前后单步梁用四柱。正面、后面柱头科斗拱后尾插于金柱之内，平身科后尾则出挑杆支承在金枋下。两山也通过类似的结构承载五架梁和踩步金。

东西厢房（图 6.6.1.4）为五开间悬山顶，斗拱下昂（图 6.6.1.5）的切斫上与大成殿极为相似。当心间平身科亦出斜昂，整体的设计风格十分统一。

图 6.6.1.2 文庙大成殿斗拱

图 6.6.1.3 大成殿内部梁架

明伦堂（图 6.6.1.6）院落则十分低调，小巧雅致，作为文庙的陪衬。明伦堂面阔三间，无斗拱。两侧的存心、养心斋三开间卷棚顶，无论是尺度上还是屋顶的层级上都要逊色于隔壁。两跨院落先有岑山书院，六年后重建文庙，今日主次分明，揖让有度的布局上，必有匠人的审慎思考与精心布策。

图 6.6.1.4 大成殿厢房正立面

图 6.6.1.5 厢房斗拱细节

图 6.6.1.6 明伦堂及其厢房

6.7 岢岚县

1 北寺塔㉙

North Pagoda

名称与别名	北寺塔
地　　址	山西省忻州市岢岚县民生东街北寺塔公园
看　　点	砖结构 · 石结构
推荐级别	★★
级　　别	山西省文物保护单位
类　　型	塔 · 砖结构
年　　代	明
交　　通	乡村，自驾

岢岚是一座古老安宁的小县城，因其多山而得名。建筑虽经更迭，城墙街巷仍然保持着旧时的肌理，北寺塔也像它的名字一样，一直守候在岢岚县的北边。

北寺塔位于岢岚北侧的高地上（图 6.7.1.1），选址风水极佳，城于山之阳，寺于山之上。今日北寺不存，两塔犹在。根据形制分析，较高的应为舍利塔，较矮的或为灵塔。

舍利塔为正统年间北寺圆寂的方丈所建，清道光二十七年重修。为七层六角密檐砖塔（图 6.7.1.2），首层较高，由须弥座与仰莲承托，上承六层密檐。顶层屋檐上载一小基座，其上为仰莲与金属塔刹（图 6.7.1.3）。宝塔整体的姿态瘦劲秀美。虽为密檐，每层的斗拱、阑额、平座、柱头卷杀（图 6.7.1.4），都刻画得十分具体。

相较之下，舍利塔东南侧的灵塔就显得粗糙朴拙

图 6.7.1.1 北寺塔远望

图 6.7.1.3 北寺塔塔刹

图 6.7.1.4 塔身斗拱雕刻细节

图 6.7.1.2 北寺塔近观

图 6.7.1.5 北寺塔灵塔

了。它是一座五层石塔（图 6.7.1.5），每一层的屋檐、塔身、仰覆莲等构件分别由单块石材雕成，别以颜色，叠砌在一起，尤有率性之趣，和舍利塔一拙一工，相映成趣。

灵塔上最下层上有碑文，记录了修塔经过与营建功德。其中，“成化年间重修寺殿”“弘治十七年五月建立宝塔”等内容（图 6.7.1.6），交代了塔的营建时间。同样在铭文中，也出现了“岢岚”的名字（图 6.7.1.7）。岢岚的建制之久，由此可见一斑。

图 6.7.1.6 灵塔塔身文字

图 6.7.1.7 灵塔上“岢岚”字样

6.8 宁武县

1 万佛寺㉚

Ten-thousand-Buddha Temple

名称与别名	万佛寺，万佛洞
地　　址	宁武县城关镇西关
看　　点	塑像
推荐级别	★★★
级　　别	山西省文物保护单位
类　　型	佛寺·木结构
年　　代	明—清
交　　通	乡村，自驾

万佛寺位于宁武县城西约一公里左右，本不险远，然而香客不多。

或因万佛寺建于明万历年间，不算是一座高古的寺庙，规模不大，内部遗构也不算多，中轴线上自南向北依次分布山门、天王殿、正殿。

山门面阔三间（图 6.8.1.1），进深四椽，两根角梁交叉之后搭在四椽栿上（图 6.8.1.2）。这种交叉的构造十分罕见，毕竟对于材料的抗剪能力有着极大的破坏，因此后世修缮时还在交叉处增加了铁件来支撑结点。笔者不由想象，或许是匠人在设计和施工两个工序中出现了材料计算的失误，又或者这座山门是匠人出师之后的处子作，缺乏经验？

正殿是万佛寺中体量最大的建筑，五开间，硬山卷棚组合屋顶（图 6.8.1.3），硬山顶下“祝延圣”的匾额上道出了寺庙的营建时间——万历二十八年（1600 年）。其为无梁殿形制，上铺红黄绿三色琉璃瓦，檐下砖雕斗拱、椽飞，仿木结构立面。正殿内部空间和外部形式较为统一，也分为南北两部分。南部

图 6.8.1.1 万佛寺山门正立面

前廊两端各有清代碑碣一通（图 6.8.1.4），讲述顺治、乾隆年间的修缮之事。而北侧则为更高的大空间，供奉释迦牟尼、阿弥陀佛、药师佛、文殊、普贤等十二尊明代塑像，面容端庄，神韵生动。在这些主像之后的砖壁上，嵌满了鎏金小佛像，这也是"万佛殿"名字的由来。在硬山顶檐下高于卷棚的南墙上，开了五券高窗，阳光从中射入，照在佛像面上，也点亮了小佛的金色，"日照龙鳞万点金"，美感之外，也多了宗教的神秘和震撼。

图 6.8.1.3 万佛殿正殿正立面

图 6.8.1.2 山门内部梁架结构

图 6.8.1.4 正殿前廊内部修缮碑碣

6.9 偏关县

1 护宁寺㉛

Huning Temple

名称与别名	护宁寺，大寺庙
地　　址	偏关县城西寺沟村南
看　　点	环境 · 木结构
推荐级别	★★
级　　别	山西省文物保护单位
类　　型	佛寺 · 木结构
年　　代	元—清
交　　通	乡村，自驾

偏关自古以来是兵家必争之地，明朝更是九边重镇之一。在偏关总能看到壮美的黄河景观与明长城堡垒交相辉映（图 6.9.1.1），护宁寺立于其间，正像寺中《重修护宁寺碑记》之中所说："其地东距桦林长城之巅，西眺麟州之野，下看黄河中流，仰瞻紫塞穹隆，俯临龙口雪浪，所谓天堑地险，此地会也。"黄河经老牛湾入晋，与河曲龙口向南，河道变窄，水流湍急。"龙口雪浪""边墙夕照""紫塞朝霞"等河曲胜景都在此展开画卷。护宁寺（图 6.9.1.2）依山而建，坐落崖上，隔望陕西，尽占地利。

根据寺中碑碣记载，护宁寺原名大寺，改名"护宁"，"盖取护佑一方人物咸宁之义"。寺院坐北朝南，院落一进。山门南侧有戏台一座（图 6.9.1.3），为嘉靖重修寺庙时所建，咸丰年间重修，三开间卷棚顶，

图 6.9.1.1 护宁寺西侧黄河景观

要头刻作象头，很有清代特征。

护宁寺正殿、配殿、山门的形制接近（图 6.9.1.4），大殿五铺作斗拱颇为富丽（图 6.9.1.5）。清代军队桦林营位于护宁寺东二里处，作为绿营官吏，带头修建寺庙和戏台，其他营部的官员和战士也参与了出资。寺庙，尤其是戏台，为戍守之人提供了丰富的娱乐生活，也带来了精神的慰藉和寄托。

图 6.9.1.2 护宁寺南立面

图 6.9.1.3 护宁寺戏台正立面

图 6.9.1.4 护宁寺内部院落布局

图 6.9.1.5 护宁寺大殿斗拱

2 隆岗寺㉜

Longgang Temple

名称与别名	隆岗寺，南寺庙
地　　址	偏关县旧县城东南隆岗街
看　　点	布局 · 木结构
推荐级别	★
级　　别	山西省文物保护单位
类　　型	佛寺 · 木结构
年　　代	明
交　　通	乡村，自驾

偏关旧城方约一公里（图 6.9.2.1），保持过去的街巷肌理，只可步行。隆岗寺之名，当地年轻人都不知，直到询问了一位白发老者，为我们指明了方向。沿着南城墙脚下的小路（隆岗街）一直西行（图 6.9.2.2），隆岗寺就位于旧城的东南角的偏关县新关粮食储备库的院内，我们抵达之时，寺院正在施工。

寺庙坐北朝南，现余院落一进（图 6.9.2.3）——南有天王殿、钟鼓楼，北有正殿。钟鼓楼立于砖台基上(图 6.9.2.4)，不可登临。天王殿面阔三间(图 6.9.2.5)，进深四椽，硬山顶，厅堂造形制，脊槫由中柱直接支撑。根据普拍枋、阑额的断面比例以及斗拱下昂的形状分析，较符合明代的建筑的特征。

大殿是寺庙的主体建筑（图 6.9.2.6），颇为雄壮。

图 6.9.2.1 偏关旧城南门北立面

图 6.9.2.2 “隆岗街” 路牌

图 6.9.2.3 隆岗寺全景

图 6.9.2.4 隆岗寺钟鼓楼

图 6.9.2.5 天王殿内部梁架结构

图 6.9.2.6 隆岗寺大殿正立面

面阔五间，歇山顶，周围环廊。屋顶铺灰瓦，绿琉璃剪边，正脊和垂脊琉璃件十分精美，脊刹琉璃上又作三座歇山顶小建筑（图 6.9.2.7），好似画中画，十分可爱。前金柱出抱头梁，插入檐柱斗拱之内(图6.9.2.8)。大殿的斗拱的切斫形制上和天王殿相类，二者应为同一时期的遗构。

虽然我们见到的终是施工中的隆岗寺，看似不够体面，但也让我们有机会看到它更新的过程态：两座建筑的外檐装修都是这次修缮所添，局部的梁栿重新更换，大殿前檐斗拱部件更换，柱子得到了加固……尚未上油饰的素面朝天，也让我们完全领略到新旧对比的趣味，也多了几分对于它日后"妆成"的期待。

图 6.9.2.7 大殿脊刹琉璃

图 6.9.2.8 大殿前檐梁架结构

6.10 五台山

1 金阁寺㉝

Jinge Temple

名称与别名	金阁寺
地　　址	五台山台怀镇西南 15 公里
看　　点	布局 · 石雕
推荐级别	★★
级　　别	山西省文物保护单位
类　　型	佛寺 · 木结构
年　　代	明—清
交　　通	乡村，自驾

金阁寺位于南台和中台的交界处的金阁岭上，虽然相去最热闹的台怀建筑群十几公里，香火不盛，但胜在怀抱群山，独揽清凉，倒也是五台山之中一处清静之处。

从台怀镇沿着公路向西南行驶，在山腰上见到四柱三楼的牌坊（图 6.10.1.1），上书“金阁浮空”，便知来到了金阁寺的领域之内。穿过牌坊，百余级台阶之上立有一座石牌楼（图 6.10.1.2），其后的金阁寺若隐若现。金阁寺的山门和天王殿合一，位于寺庙空间序列的最南端。天王殿开券门三个（图 6.10.1.3），券上石雕腾龙、人物等，雕工精美。门前的陛道、旗杆和石狮同样也体现了匠人的精湛技艺。一对石狮保存完好（图 6.10.1.4），基座的祥瑞雕饰可谓繁缛。金阁寺是我们此次五台山之行最后一个目的地，离寺

图 6.10.1.1 金阁寺南侧台阶下牌坊

图 6.10.1.2 金阁寺石阶与石牌楼

图 6.10.1.3 金阁寺天王殿正立面

图 6.10.1.4 天王殿前石狮

图 6.10.1.5 金阁寺旗杆与月色

之时，月出于东山之上（图 6.10.1.5），映衬着这些石雕，平添了几分温柔秀美。

寺庙建于唐代，赐名“大圣金阁保应镇国寺”。据《旧唐书》记载，金阁寺“铸铜为瓦，涂金于上，照耀山谷，计钱巨亿万”。从中我们不难想象当时建筑的壮观景象。自五代以降，寺庙屡次重修，今日之寺已无当时的格局。然而寺中仍留有当时的印迹：大唐参加译经唯一的日本僧人灵仙三藏，曾经在金阁寺求法两年，现在金阁寺西院之内还有中日两国为纪念灵仙三藏所立的行迹碑。昭示着金阁寺对于五台山佛教历史的重要意义。

2 龙泉寺㉞

Longquan Temple

名称与别名	龙泉寺
地　　址	五台山台怀镇南 5 公里九龙岗山腰
看　　点	石雕工艺 · 布局
推荐级别	★★★
级　　别	山西省文物保护单位
类　　型	佛寺 · 木结构
年　　代	民国
交　　通	乡村，自驾

看罢五台山台怀景区的寺庙群，我们向西奔赴九龙岗，龙泉寺位于九龙岗阳坡上，寺东清泉扬波，寺下百余级台阶通达山上。台阶前有一座石照壁（图 6.10.2.1），左中右共三段，呈八字形，中间段嵌汉白玉镂空石雕，表现五台山色与寺庙之观。远远上望，台阶的尽头是一座石牌坊（图 6.10.2.2），在夕阳的照射下光影明晰，雕塑的硬朗之感让人精神振奋。

攀上台阶，便得以近距离观瞻石牌坊的雕工（图 6.10.2.3）。牌坊仿木结构，工艺精美，当心间尤其繁复，阑额上雕饰有各种人像，雀替处作透雕镂空。虽然牌坊如此精工细作，其实匠人也是深谙“抓

图 6.10.2.2 龙泉寺台阶与石牌坊

图 6.10.2.1 龙泉寺石照壁

图 6.10.2.3 石牌坊雕刻细节

图 6.10.2.5 天王殿正立面

图 6.10.2.4 天王殿陛道

图 6.10.2.6 普济和尚墓塔

图 6.10.2.7 岫净文公大和尚墓塔

大放小”与“面子工程”之道的，比如两朵斗拱之间的缝隙就不做雕刻，不仔细观察也是不会发现的。

除了牌坊外，龙泉寺中的精美石雕也是应接不暇。如天王殿前的石拱陛道（图6.10.2.4）、天王殿的汉白玉拱券门（图6.10.2.5）等。

在中轴线西侧的两进偏院内，分别有两个僧人的墓塔。中院内有普济和尚墓塔（图6.10.2.6）。普济和尚为清末南山寺住持，在五台山修建18座寺院，功德圆满，圆寂后弟子为他修建墓塔。墓塔四围栏杆与塔身通体为汉白玉石雕成，塔身似覆钵形，四面开壶门各有佛像一尊。上雕斗拱承八角飞檐。颇有一种喇嘛塔和本土楼阁式塔杂交的感觉。西院（文殊院）内有普济和尚徒弟岫净文公大和尚的墓塔（图6.10.2.7），立于1920年。形制与其师傅的墓塔类似，尺度更小，雕工更加粗略。

走出龙泉寺下台阶之时，窥见栏杆上刻有“民国十三年岁次甲子立”的字样。整座寺庙年代并不算久远，然而为我们留下了众多美妙的石雕作品，价值同样不容小觑。

3 罗睺寺㉟

Rahu Temple

名称与别名	罗睺寺
地　　址	五台县台怀镇杨林村
看　　点	建筑布局 · 汉藏文化
推荐级别	★★★
级　　别	全国重点文物保护单位
类　　型	佛寺 · 木结构
年　　代	明—清
交　　通	乡村，自驾

图6.10.3.1　罗睺寺文殊塔正面

罗睺寺始建于唐代，现存建筑基本为明清所留。虽然年代上不算古旧，但是就寺庙的完整程度来说，基本完全保留了明清时期的恢宏大气，在五台山建筑群之中别具一格。穿过位于东南侧的牌楼，西行进入寺庙。寺庙坐北朝南，东西共有三组院落，中间一组相当完整，中轴线上依次为天王殿、过殿文殊殿、大雄宝殿、藏经阁和文殊塔（图6.10.3.1）。两侧的钟鼓楼和禅房也形制完全。

天王殿和文殊殿都是三开间单檐歇山顶，文殊殿的尺度更大一些，且有周围廊，形成了主次的格局（图6.10.3.2）。文殊殿殿前有碑碣5通，坐落于台

图6.10.3.2　罗睺寺文殊殿正立面

图6.10.3.3　罗睺寺大雄殿正立面

基之上，踏道中间有斜坡道，雕刻有二龙戏珠的图案。殿内正中供奉着文殊菩萨，殿后两侧又有两座黄教宗喀巴大师的雕像，内部东西墙壁上又有佛龛，供奉释迦牟尼和宗喀巴大师的小塑像。可以推知应为清代寺庙由青庙改黄庙之后所塑。

大雄宝殿（图 6.10.3.3）是整组建筑群落的高潮部分，殿前有康熙御制碑碣两通。建筑四阿顶，前部出重檐抱厦。供奉释迦牟尼、阿弥陀佛、药师佛等佛像三尊，背光雕刻精美。三佛前供奉着黄教的宗喀巴大师及其弟子。建筑内部悬挂乾隆年间的御匾两

图 6.10.3.4 罗睺寺藏经阁正立面

图 6.10.3.5 藏经阁开花现佛

图 6.10.3.6 文殊塔西侧面

块——“慧灯静照”“意蕊生香”。清代皇室对五台山黄教建筑的青睐，由此可见一斑。

藏经阁是一座五开间二层硬山顶建筑（图 6.10.3.4），内部有着著名的“开花现佛”塑像。在八瓣莲座之内，立有四座背靠背的佛像（图 6.10.3.5）。当僧人在莲座下方的暗室之内操纵机关，就能控制莲瓣的开合，从而使得佛像或隐或现。藏经阁两侧放置汉、藏、蒙三种文字的《大藏经》。

藏经阁之后有一座砖塔——文殊塔（图 6.10.3.6），其高 7.5 米，塔基四角各角层层内缩，形成十字形须弥座，塔身覆钵状，上承须弥座、十三天，金属华盖，为典型的藏式塔形象。眼光门内有文殊像，故名文殊塔。建造风格约略与塔院寺大白塔相近，年代亦应为明代前后。

康熙在《罗睺寺碑文》之中不吝赞誉之词：“罗睺寺者，灵鹫之精蓝，祇园之名刹也。”罗睺寺作为清代民族怀柔政策的产物，成为五台山仅次于菩萨顶的黄庙。我们可以从中窥见汉藏文化的融合与结晶。

4 南山寺㊱

Nanshan Temple

名称与别名	南山寺
地　　址	五台山台怀镇南约 2 公里
看　　点	布局 · 石雕
推荐级别	★★
级　　别	全国重点文物保护单位
类　　型	佛寺 · 木结构
年　　代	元—清
交　　通	乡村，自驾

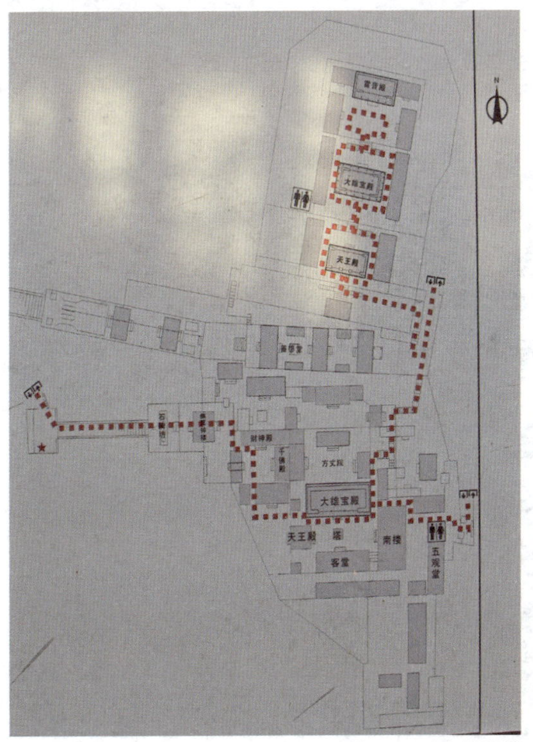

图 6.10.4.1 南山寺平面图

从台怀镇建筑群一路驱车向南，南山寺便在南山坡上豁然可见。不同于大多数格局规矩的寺庙，南山寺是民国时期由三座寺庙——极乐寺、善德堂、佑国寺——合并而成（图 6.10.4.1）。寺庙依托山势，层层跌落，中间的善德堂坐东朝西，其下三层为极乐寺，上三层为佑国寺。虽然三者大体上均为中轴对称的布局，然而在纵向的垂直高程上屡有变化，为寺庙的空间序列增色不少。

南山寺的建筑构成的院落很有围合感，建筑布局紧凑，且不少建筑的首层都为窑洞形制（图 6.10.4.2），体量感很强，颇有一些“庭院深深深几许”的韵味。

穿过不二门，来到佑国寺的领域内，便具备

图 6.10.4.2 南山寺建筑形态

图 6.10.4.3 善德堂俯瞰

了俯瞰全局的绝佳视角，其下的善德堂院落狭长（图 6.10.4.3），极乐寺屋顶连绵。仰视佑国寺，栏杆雕饰精美（图 6.10.4.4），山门石墙中间开三券，当心间雕饰腾龙，两侧雕凤及祥花瑞草。佑国寺内部更是遍布各种精美石雕，大多为人物群组（图 6.10.4.5）。在雷音殿院落内就有浮雕 345 幅，取材三国故事、神话传说等，和龙泉寺石雕年代接近，均为民国时期作品，距今不远，然而也体现出匠人的精湛技艺。

站在佑国寺前，迎着夕阳，五台山其中四台的画卷便在眼前徐徐展开（图 6.10.4.6）。正像余光中先生笔下所言：“云缭烟绕，山隐水迢的中国风景，由来予人宋画的韵味。”画卷也好，山水也罢，若没有超然旷达之心，美总会大打折扣的。或许山上的僧人们境界更高，能超脱美的皮相来洞察本质。然而我等俗人，赞叹一下造化的鬼斧神工，亦是不虚此行。

图 6.10.4.4 佑国寺山门正立面

图 6.10.4.5 佑国寺石雕细节

图 6.10.4.6 南山寺眺望五台山

5 殊像寺㊲

Temple of Manjushri

名称与别名	殊像寺
地　　址	五台山台怀镇西南 500 米处
看　　点	布局 · 木结构
推荐级别	★★
级　　别	山西省文物保护单位
类　　型	佛寺 · 木结构
年　　代	明—清
交　　通	乡村，自驾

殊像寺，顾名思义，供奉文殊之像，也符合五台山作为文殊道场的宗教背景。

文殊像的居所——大文殊殿（图 6.10.5.1），也是殊像寺的主殿，坐镇正中的重要位置（图 6.10.5.2）。

图 6.10.5.1 殊像寺大文殊殿

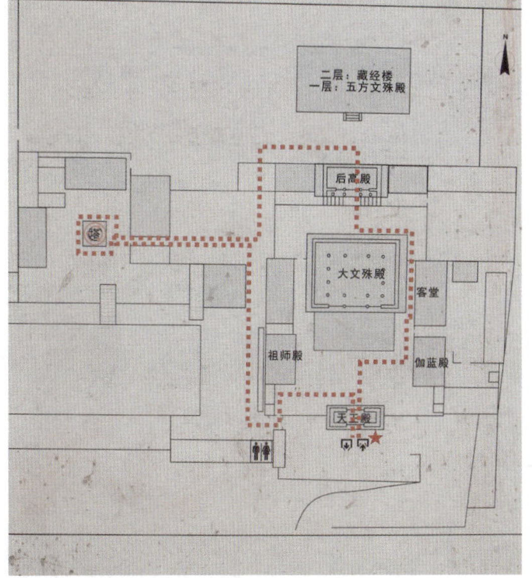

图 6.10.5.2 殊像寺平面图

文殊殿面阔五间，重檐歇山顶，平面柱网共有内外两圈，金柱高度高于檐柱，撑起上层屋檐。殿内正中即为文殊骑狻猊塑像（图 6.10.5.3），为五台山最大的一尊文殊像，总高 9.87 米。文殊胯下的狻猊高近 4 米，身体青色白点，绿色鬃毛，环目圆睁，口齿大张，似咆哮状。1983 年以降的彩画修缮工作使得大殿内的色彩焕然一新，色彩的明度和饱和度较高，狻猊的威风和肃杀之气也削弱了不少。不知道当时康熙帝称赞的“瑞相天然”的狻猊，又会是怎样的姿态样貌。

环顾四周，东西山墙和后墙上的“五百罗汉渡江”悬塑让大殿变得更加热闹（图 6.10.5.4）。虽然同样地，簇新的颜色使得悬塑略显浮夸，但是仔细观瞻，仍能感受到不同的人物形象塑造上细节之处的用心，罗汉的衣着、仪态、神情各不相同，栩栩如生。悬塑中还有建筑形象的体现——得胜殿（图 6.10.5.5）。殿面阔不大，却配了一对大鸱吻，颇有意趣。

大殿南侧院内立有明清御制碑碣数通（图 6.10.5.6），其中较大的高 4 米左右，碑体雕刻精美。虽然今日殊像寺规模不大，但是从这些碑碣，足见寺庙作为五台山“五大禅处”“十大青庙”之一的辉煌历史。

图 6.10.5.3 殊像寺内部文殊像

图 6.10.5.4 文殊殿内部悬塑

图 6.10.5.5 文殊殿悬塑细节

图 6.10.5.6 文殊殿内部修缮碑碣

6 五台山建筑群 · 碧山寺㊳

Bishan Temple in architectural complex at Mount Wutai

名称与别名	碧山寺，护国碧山十方普济禅寺，广济茅蓬
地　　址	台怀镇东北 2 公里北台山麓
看　　点	布局 · 木结构
推荐级别	★★★
级　　别	全国重点文物保护单位
类　　型	佛寺 · 木结构
年　　代	明—清
交　　通	乡村，自驾

碧山寺位于五台山台怀镇以北五公里左右的北台建筑群，山势逶迤，绿树掩映。同时毗邻众多重要寺庙，如显通寺、菩萨顶、塔院寺，形成错落有致的宗教建筑群格局，也方便观光客一览胜境，大饱眼福。

图 6.10.6.1　碧山寺寺前牌坊

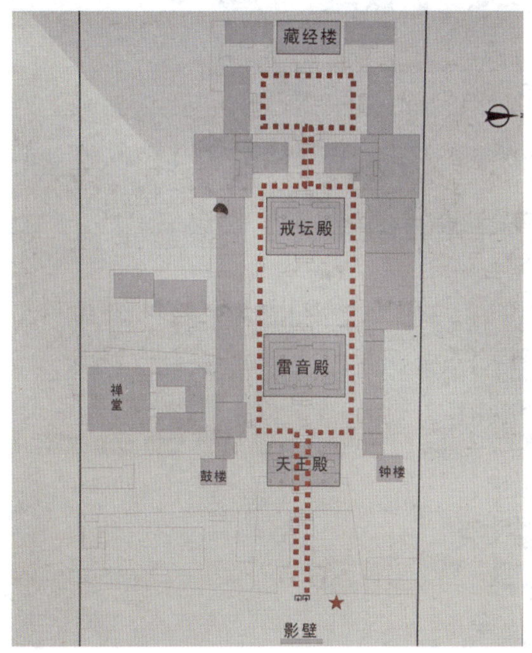

图 6.10.6.2　碧山寺平面图

碧山寺始建于北魏孝文帝时期，因寺庙在灵鹫峰以北，北台之下，故名北山寺，清康熙三十七年（1698年）重修，改名碧山寺。从寺门外牌坊上书“清凉震萃”（图 6.10.6.1），可见改名之由为山色葱茏，青碧清凉。

碧山寺格局完整规矩（图 6.10.6.2），坐北朝南，中轴线自南向北依次为前院的天王殿（兼做山门）、正殿雷音殿、后殿戒坛殿，后院的藏经楼。

其中正殿雷音殿（图 6.10.6.3），因为讲法声音如雷贯耳，因此得名。庑殿顶，面阔五间，北面当心间出抱厦，为院内规制最高的建筑。殿外墙壁上嵌有明万历年间的题诗《五台碧山寺观百岁老僧》，可见当时说法盛况。殿内正中供奉毗卢佛（图 6.10.6.4），在文殊菩萨的道场——五台山也是绝无仅有的。殿内梁上有乾隆御匾“香林宝月”一块（图 6.10.6.5）。

碧山寺南部后院建在台基之上（图 6.10.6.6），且须经过一道垂花门，进入之后则面对藏经阁（图 6.10.6.7），空间豁然开朗。藏经阁高两层，前出廊，面阔五间，殿内放满经架。殿内正中有弥勒像一尊（图 6.10.6.8），姿态安详，线条圆和，其贯穿两层，头部升到二层，称“弥勒下坐”。

图 6.10.6.3　雷音殿正立面

图 6.10.6.4　雷音殿内部毗卢佛像

数百年来，古寺清净，五台苍翠，胜境清凉。正如明代高僧镇澄作诗描述碧山寺：“落日北山寺，萧然古涧边。白云生翠崦，明月下寒泉。孤鹤栖双树，疏钟破晓烟。梵香坐清夜，暂尔已忘缘。”

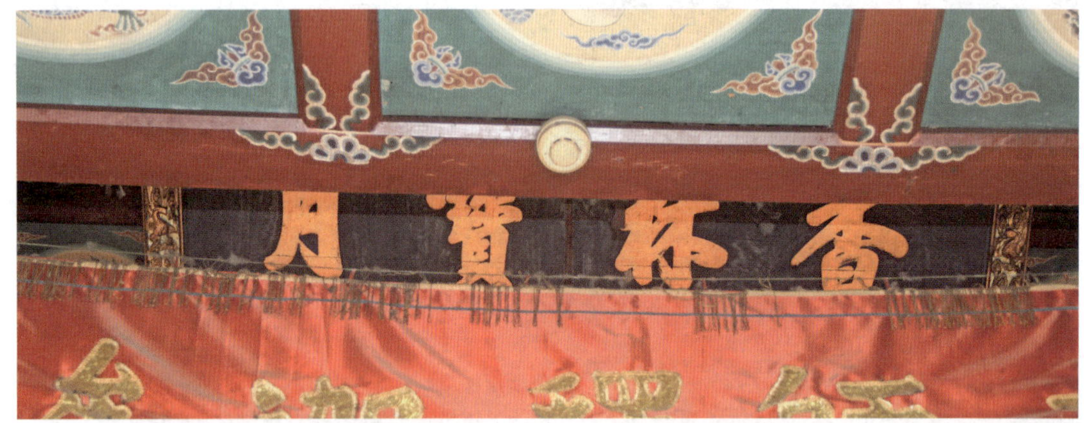

图 6.10.6.5 雷音殿内部匾额

图 6.10.6.6 碧山寺后院

图 6.10.6.8 藏经阁内部弥勒像

图 6.10.6.7 碧山寺后院藏经阁

7 五台山建筑群·菩萨顶㊴

Pusading Imperial Abode in architectural complex at Mount Wutai

名称与别名	菩萨顶
地　　址	五台山台怀镇显通寺北侧灵鹫峰上
看　　点	布局·木结构
推荐级别	★★★
级　　别	全国重点文物保护单位
类　　型	佛寺·木结构
年　　代	清
交　　通	乡村，自驾

菩萨顶位于显通寺北侧的灵鹫峰上，峻峭的石阶陛道通上。居高临下，地位不凡。而且自下仰视，黄色的屋顶金光闪烁（图 6.10.7.1），更是昭示了其在五台山之中的显赫地位。

菩萨顶为五台山中规模最大的黄教寺院，黄教相对于汉地佛教的“青庙”，是藏传佛教寺庙，为喇嘛所住。菩萨顶显赫之时为清代，作为康熙、雍正、乾隆、嘉庆四代帝王朝拜五台山之时驻跸的行宫，也因此仿照皇宫制度，建筑屋顶覆盖黄色琉璃瓦。

图 6.10.7.1　仰望菩萨顶

图 6.10.7.2　大雄宝殿正立面

中轴线自北向南依次为天王殿、大雄宝殿、文殊殿、僧房等。

大雄宝殿的建筑形态颇不拘一格（图 6.10.7.2），三开间歇山顶周围廊，前出重檐抱厦。殿前的排水口雕成小兽（图 6.10.7.3），雕工精致，样貌温顺可爱。

大雄宝殿东侧为御碑院，院内有碑亭两座，内有乾隆的四棱御碑（图 6.10.7.4），四面分别用汉、蒙、满、藏四种文字雕御制碑文，内容为七言律诗，虽然乾隆帝的文采可想而知，不过这种形制的碑碣还是相当少见的，碑高近五米，基座四面雕龙（图 6.10.7.5），颇有大一统之气概。

图 6.10.7.3　大雄宝殿台基排水口

图 6.10.7.4　菩萨顶碑亭内四棱御碑

文殊殿为菩萨顶最主要殿宇（图 6.10.7.6），庑殿顶，三开间周围廊，立在汉白玉台基之上，陛道、栏杆雕刻精美。殿前石阶上有凹坑（图 6.10.7.7），据称过去殿檐在春夏秋三季不断滴水，“水滴石穿”形成，然而在 1984 年修缮之后，“滴水殿”的奇观不复。

图 6.10.7.5 御碑基座雕刻细节

图 6.10.7.7 文殊殿前石阶凹坑

图 6.10.7.6 菩萨顶文殊殿正立面

8 五台山建筑群·塔院寺㊵

Tayuan Temple in Architectural Complex at Mount Wutai

名称与别名	塔院寺
地　　址	五台山台怀镇灵鹫峰前坡
看　　点	布局·白塔
推荐级别	★★★★
级　　别	全国重点文物保护单位
类　　型	佛寺·木结构
年　　代	元—明
交　　通	乡村，自驾

说起五台山建筑群，塔院寺几乎是最负盛名的寺院之一，大白塔更是已然成为五台山景区的标志。

不仅是大白塔，塔院寺整体的格局在五台山的寺庙之中也是十分独特的。汉代佛教传入中国后，最早期的佛教寺院建筑布局为“廊院式”，以塔为中心，前后有殿宇，左右为僧舍，四周通过围廊连接，独立成院，著名的北魏永宁寺即是廊院式布局。

宋代以降，廊院式布局逐渐被纵轴式所代替，这样的廊院式寺庙遗存格外罕见，塔院寺更是五台山的孤例（图 6.10.8.1）。

塔院寺原是显通寺塔院，明万历十七年（1589 年），御赐“大塔院寺”，从此成为独立的寺庙。主要建筑分列轴线之上，前有天王殿（图 6.10.8.2）、大慈延寿宝殿（图 6.10.8.3），后有藏经阁，两侧为僧舍。

塔院寺大白塔为尼泊尔王族工匠阿尼哥在元代建成，他的作品还有北京白塔寺白塔。二者风格相类，都是覆钵式尼泊尔风格的大白塔（图 6.10.8.4）——全塔砖制，外抹石灰，塔基方形，塔身覆钵，上有粗壮的十三天相轮，金属塔刹。五台山大白塔通高 75 米，即使并非立于山顶，带来的视觉观感依然雄浑震撼（图 6.10.8.5），清风拂过，塔刹铜垂檐下风铃铮铮有声，令人忘俗。正如明代镇澄法师诗曰：“浮图何缥缈，卓出梵王宫。远带青山色，孤标紫界雄。金瓶涵海月，宝铎振天风。自是藏灵久，神邦万古崇。”

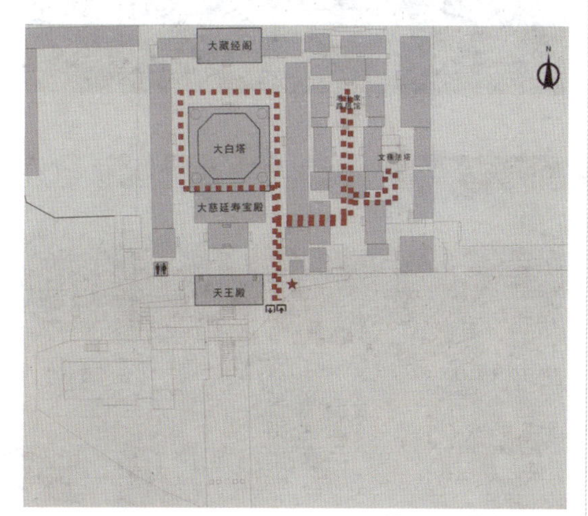

图 6.10.8.1 塔院寺平面图

图 6.10.8.2 塔院寺天王殿

图 6.10.8.3 塔院寺大慈延寿宝殿

图 6.10.8.4 塔院寺大白塔

图 6.10.8.5 塔院寺俯瞰

9 五台山建筑群 · 显通寺㊶

Xiantong Temple in Architectural Complex at Mount Wutai

名称与别名	显通寺，大显通寺
地　　址	五台山台怀镇灵鹫峰前坡
看　　点	布局 · 木结构
推荐级别	★★★★
级　　别	全国重点文物保护单位
类　　型	佛寺 · 木结构
年　　代	明—清
交　　通	乡村，自驾

显通寺始建于东汉永平十一年（68 年），清代成为五台山十大青庙与五大禅寺之首，从历史上和规模上现为五台山第一大寺。

图 6.10.9.1 显通寺观音殿正立面

显通寺坐北朝南，布局规矩，中轴线上布列七进殿堂，均为明清遗构，依次为前端的观音殿（图 6.10.9.1）、大文殊殿、大雄宝殿、无量殿，以及序列后端立于高台之上的铜殿与藏经殿（图 6.10.9.2）。

图 6.10.9.2 显通寺藏经殿

图 6.10.9.3 显通寺大文殊殿正立面

在这组建筑中，不少建筑都不是规矩的方形平面，形制独特。如清代遗构大文殊殿（图 6.10.9.3），歇山顶，后出重檐抱厦。歇山顶彻上明造，彩画保存完好，檩三件组合起来绘制大幅的盘龙彩绘（图 6.10.9.4），气势不凡。抱厦则装天花，绿地金龙（图 6.10.9.5），色彩鲜明。

其北侧的大雄宝殿为重檐庑殿顶（图 6.10.9.6），周围廊，前出重檐卷棚抱厦，为显通寺中规模最大的建筑。殿内施平闇，柱网的布列大致规则，局部会呼应殿中佛像的位置有所调整。

明代遗构无梁殿是砖结构建筑（图 6.10.9.7），通体刷白灰，与之前的木建筑用色完全不同，别有格调。无梁殿从外部看来是七开间两层建筑，内部为三间砖穹隆，通过砖叠涩形成八角穹顶空间，上用平闇装饰（图 6.10.9.8）。东间有一座元代木雕鎏金佛塔，塔身八角形，层层收分，颇有峻峭之姿（图 6.10.9.9）。砌筑细腻的砖墙与窗洞射入的日光形成炫目摇曳的光影效果，令人感动。

再往北行，便见地势高起。建筑层层跌落，中间的铜殿熠熠生辉（图 6.10.9.10）。这座铜殿铸于明万历三十八年（1610 年），是中国现存四大铜殿之一。铜殿高 5 米，双层，歇山顶，尺度介于建筑与模型之间。铜殿充分仿照木结构建筑铸成，甚至脊檩上有“大明万历三十五年……”的题记（图 6.10.9.11）。二层四面内壁上满布万尊小佛。铜殿对于斗拱的表现弱化，通过拱眼壁的隐刻形式传达（图 6.10.9.12）。但是各构件之上的雕饰精美（图 6.10.9.13），甚至可以传达出彩绘的效果。

回望显通寺，古寺悠悠，香客不绝，就在熙熙攘攘的人潮中，能看见不少打坐的僧人（图 6.10.9.14），似乎对于周遭的热闹充耳不闻。或许在这里大隐于市，也是对心灵安宁的考验与锻炼。

图 6.10.9.4 大文殊殿内盘龙彩绘

图 6.10.9.5 大文殊殿抱厦天花

图 6.10.9.7 显通寺无梁殿正立面

图 6.10.9.6 显通寺大雄宝殿

图 6.10.9.8 无梁殿内部砖结构

图 6.10.9.9 无梁殿内元代木雕佛塔

图 6.10.9.12 铜殿拱眼壁雕刻细节

图 6.10.9.13 铜殿构造细节

图 6.10.9.10 显通寺后院全景

图 6.10.9.14 显通寺内打坐僧人

图 6.10.9.11 铜殿脊檩题记

10 圆照寺㊷

Yuanzhao Temple

名称与别名	圆照寺
地　　址	五台山台怀镇灵鹫中峰
看　　点	砖塔 · 木结构
推荐级别	★★
级　　别	山西省文物保护单位
类　　型	佛寺 · 木结构
年　　代	明—清
交　　通	乡村，自驾

自显通寺钟楼沿石阶向东北行走约百步，便抵达圆照寺山门（图 6.10.10.1）。门前矗立一对旗杆，八字影壁，左右钟鼓楼峙立，颇为壮观。

圆照寺旧称普宁寺，始建于元至大二年（1309年），现存建筑为明清遗构。明永乐十二年（1414年），黄教祖师宗喀巴大师的弟子降全曲尔计来此弘扬黄教，为黄教传入五台山之始。明宣德年间，尼泊尔高僧室利沙圆寂，明宣宗降旨建塔将舍利藏于其中，重修寺庙改名“圆照寺”，则昭示着圆照寺成为敕建的黄教道场，也成为了五台山最早的黄庙。

图 6.10.10.1 圆照寺山门正立面

圆照寺位于五台山灵鹫峰南坡，负阴抱阳，尽揽形胜。寺庙的格局规矩（图 6.10.10.2），中轴线上依次为山门、天王殿、大雄宝殿、都纲殿。都纲殿前院落中便是著名的室利沙舍利塔。此塔高 17 米，乍看上去很像缩微版的五台山大白塔，同为覆钵式砖塔，塔刹的造型也很像。不过仔细观察，会发现塔基四角各有一座小砖塔，所以此塔在形制上为金刚宝座塔。室利沙塔同时也是我国最早、最高的金刚宝座塔，作为黄教在五台山传入之初的纪念碑，颇为珍贵。

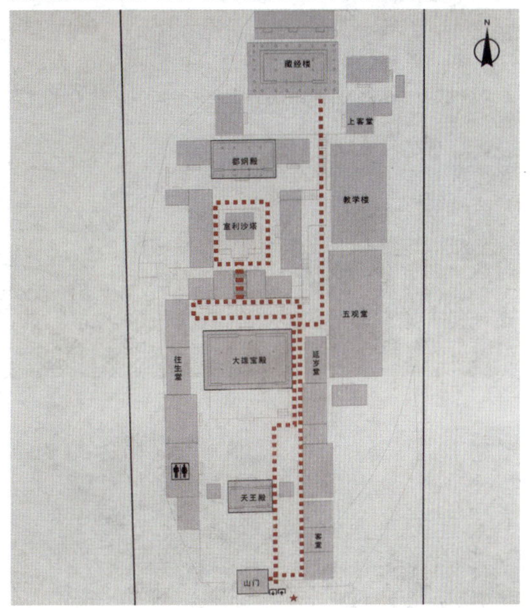

图 6.10.10.2 圆照寺平面图

6.11 五台县

1 佛光寺㊸

Foguang Temple

名称与别名	佛光寺 · 寺院
地　　址	山西五台县豆村镇佛光村
看　　点	布局 · 木结构 · 彩塑 · 壁画
推荐级别	★★★★★
级　　别	全国重点文物保护单位
类　　型	佛寺 · 木结构
年　　代	唐—清
交　　通	乡村，自驾

让佛光寺为外界所知的，当然不是觉得大殿不甚雄伟的日本人关野贞，也不是后来慧眼识珍的中国建筑学之父梁思成，而是位于敦煌莫高窟南区中段下层、敦煌最大窟之一的第 61 窟。这座又被称为“文殊堂”的洞窟正壁上绘制的是《五台山图》。洞窟和《五台山图》均成于五代，而图中更描绘寺院、庐庵、兰若、凉亭、城池、房宇等建筑 199 处，大佛光之寺赫然其中，院中所立似即法兴禅师所建弥勒大阁，后毁于唐武宗会昌五年（845 年）的灭法运动（图 6.11.1.1）。壁画固然不是写实，而是依据史料、粉本，所载信息定然早于今天的佛光寺东大殿。四望今天寺院周边寂寥的苍山，想起古代的盛名与香火，沧海桑田，翻滚得快要在胸中装不下了。

今天的佛光寺，想必继承了原来的朝向和坐落，

图 6.11.1.1 敦煌莫高窟 61 窟五台山图中的佛光寺

图 6.11.1.2 佛光寺鸟瞰

位于一个向西的山坡上（图 6.11.1.2.）。大殿和山门都采取东西向，金天会十五年（1137 年）建造的文殊殿居于配殿位置在北，明代重建的伽蓝殿在南，只是对应参差，体量悬殊极大，是沧海桑田过程的见证。寺院适应着地形，形成层次。进入山门之前须盘桓而上，寺前尚为宽敞；山门之内的平台较宽阔，左右配置，中立经幢，为唐乾符四年（877 年）建造；再前又一小平台，然后是因挡土墙而建的窑房；高阶穿越其中才是有正殿，殿前的经幢唐大中十一年（857 年）建，幢身上“女弟子佛殿主宁公遇”等语是证实梁思成先

图 6.11.1.3 佛光寺东大殿前经幢

生判定东大殿内墨书题记和大殿修建年代的重要证据（图 6.11.1.3）；再侧还有万善堂、关帝庙以及厢房等建筑。在大殿所在的平台上，配殿之外，最重要的祖师塔。塔系砖构，六角形平面，是北魏时期建筑的墓塔。这座塔两层、高 12 米、内置六角小室的古塔，塔刹、门窗、细部装饰和叠涩做法均可见证古远的传统（图 6.11.1.4）。

除了寺内的祖师塔，佛光寺外还有六座墓塔（图 6.11.1.5）。寺东大殿后的山坡上有三座，即唐天宝十一载（752 年）建造的无垢净光塔、唐贞元十一年（795 年）的大德方便和尚塔和晚唐的智远和尚塔；寺西北还有塔三座，分别是唐长庆四年（824 年）建造的解脱禅师塔、金泰和五年（1205 年）的杲公和尚塔和一座无名砖塔。

理所当然的，佛光寺在 1961 年荣登国务院公布为第一批全国重点文物保护单位名录；2009 年，佛光寺作为五台山的一个重要组成部分，列入联合国教科文组织的世界文化遗产名录。

图 6.11.1.4 佛光寺东大殿外祖师塔

图 6.11.1.5 佛光寺外古代和尚墓塔

2 佛光寺 · 东大殿㊹

Eastern Hall of Foguang Temple

名称与别名	佛光寺东大殿
地　　址	山西五台县豆村镇佛光村
看　　点	木结构 · 彩塑 · 壁画 · 瓦作 · 小木作
推荐级别	★★★★★
级　　别	全国重点文物保护单位
类　　型	佛寺 · 木结构
年　　代	唐
交　　通	乡村，自驾

仰望高基之上的东大殿（图 6.11.2.1），也仰望前辈学者伟岸的背影，一个个不会被忘记的名字：梁思成、林徽因、莫宗江、纪玉堂、陈明达、祁英涛、傅熹年、罗哲文、柴泽俊、王贵祥……必须要重复这样的评价："佛光寺东大殿是我国现存规模最大、保存最完整的唐代木结构建筑，也是唯一一座殿堂式唐代建筑。由于东大殿内保存有唐代木构、唐代墨书题记、唐代塑像、唐代壁画，被梁思成先生称为'四绝'，誉为我国古建筑第一国宝。"

木构无疑是大殿之本。唐代题记中"宁公遇"的名字将大殿与大唐结合在一起；而同样题记中记录的“故右军中尉王”则顺理成章地把大殿的建筑形式和唐代官式建筑挂上了钩。古代匠师在此无非遵循他们熟知的规则因地制宜地建造；也正是如此，大殿自身所携带的历史信息更是我们管窥唐代建筑的重要依据。

大殿木构是复杂的（图 6.11.2.2）。整体面阔七间，进深四间，由内外两周立柱支撑斗拱和屋架，其上单檐庑殿顶。屋架有分成构造装饰效果强烈的露明部分（图 6.11.2.3）和“随宜支撑固济”的草栿部分（图 6.11.2.4）。虽然没有唐代术语体系保留至今，所幸梁思成先生参照了北宋《营造法式》的称谓对东大殿结构进行了全面解读。这份学术成果一直是后人的指路明灯。当然，直观来看，大殿震撼人心之处首先就在出檐，近乎 4 米的出檐，雄浑的出檐，“唐风扑面”（图 6.11.2.5）；支撑出檐的立柱之上的斗拱被称为“双杪双下昂七铺作”（图 6.11.2.6），是现存早期大木结构中规格最高的，北方地区现存的效法东大殿的类似案例还有蓟州独乐寺观音阁二层外檐柱头铺作、平遥镇国寺万佛殿外檐柱头铺作、高平崇明寺中佛殿外檐柱头铺作、义县奉国寺大雄殿外檐柱头及补间铺作、应县佛宫寺释迦塔二层外檐柱头铺作、朔州崇福寺弥陀殿外檐柱头铺作等。进入殿内，则是枋、额、拱、栿相交织，承托平闇，令人感到恍然走进巨大精巧的鲁班锁，满目千年推敲而成的衔接和比例，用自己的语言讲述绝妙的故事（图 6.11.2.7）。

图 6.11.2.1 佛光寺东大殿外景

至于东大殿内的塑像，还分为佛坛彩塑，内檐回廊彩塑以及东、南、北内檐悬塑三部分。东大殿主佛坛上共有塑像 35 尊，除一尊韦驮像为后期由山门移至来之外，其余 34 尊彩塑始建于晚唐时期。主佛坛

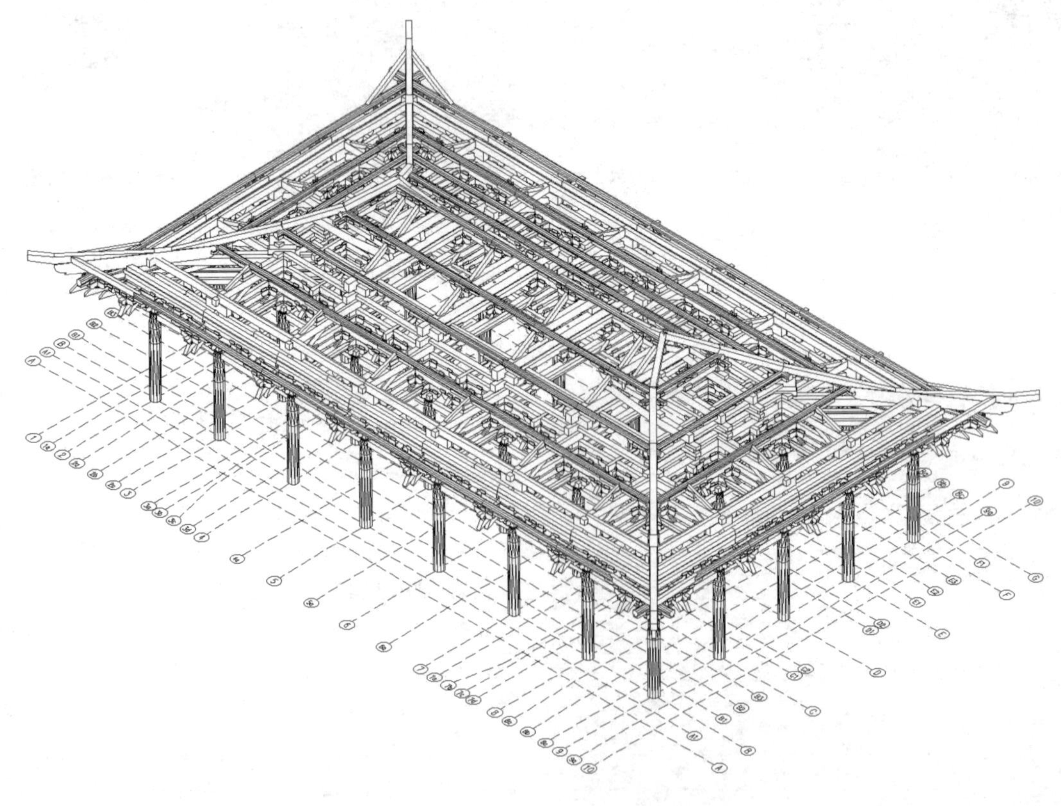

图 6.11.2.2 佛光寺东大殿大木结构轴测图

塑像与建筑轴网对应，共分为五组，释迦牟尼佛、阿弥陀佛、弥勒佛、文殊菩萨、普贤菩萨分别位于不同的开间的中间位置。回廊中的五百罗汉像成于明宣德年间，悬塑则当为万历年间的补充。

佛光寺东大殿内现存较完整的历代壁画有 15 幅：内槽外侧拱眼壁壁画 14 幅，明间主佛台背后束腰壁画 1 幅；建筑油饰彩画则至少有 5 种不同类型的留存——以双色燕尾、七朱八白和白缘道为代表的丹粉刷饰，斗耳泥上的彩画，阑额上叠压在七朱八白之上的黑白花卉彩画，撩檐槫上的彩画，以及多次通体的土朱刷饰。这些素材尚有待研究者进行长期的分析探讨。

图 6.11.2.3 佛光寺东大殿内景一

图 6.11.2.4 佛光寺东大殿草栿内景

图 6.11.2.5 佛光寺东大殿外景

图 6.11.2.6 佛光寺东大殿斗拱

图 6.11.2.7 佛光寺东大殿内景二

3 佛光寺 · 文殊殿㊺

Hall of Manjushri of Foguang Temple

名称与别名	佛光寺文殊殿
地　　址	山西五台县豆村镇佛光村
看　　点	木结构 · 壁画 · 瓦作 · 小木作
推荐级别	★★★★★
级　　别	全国重点文物保护单位
类　　型	佛寺 · 木结构
年　　代	金
交　　通	乡村，自驾

在佛光寺东大殿无比巨大的光芒映照下，文殊殿显得那么默默无闻。学术泰斗们曾经多次感慨文殊殿的重要，可惜文殊殿的名气总是不会比得上“若生在旁人家”那般（图 6.11.3.1）。

文殊殿的平面规模几乎和与东大殿等量齐观——面阔七间，进深四间（图 6.11.3.2）；不同之处在于尺度略小，且文殊殿采用的是更加谦逊的悬山顶（图 6.11.3.3）。

文殊殿建于金天会十五年（1137 年），有据可查的修缮则有元至正十一年（1351 年）的重修、1953 年的补修和 1980 年代的大修。考察殿内东、西、北三壁上五百罗汉像，现存 245 幅，为明弘治年间（1488—1505 年）所成，判断明代的踵事增华之举也当不鲜。

面向南方的文殊殿的斗拱规格也不低，为单杪单下昂五铺作，耍头也作昂形，往往用于宋金时期中小型庙宇的正殿（图 6.11.3.4），加之其巨大的平面体量，与当今配殿的位置不甚相称。若不是东大殿的存在，令人颇疑金代的佛光寺是南北朝向，而文殊殿雄踞中轴线上。

图 6.11.3.1 从东大殿平台上俯瞰佛光寺文殊殿

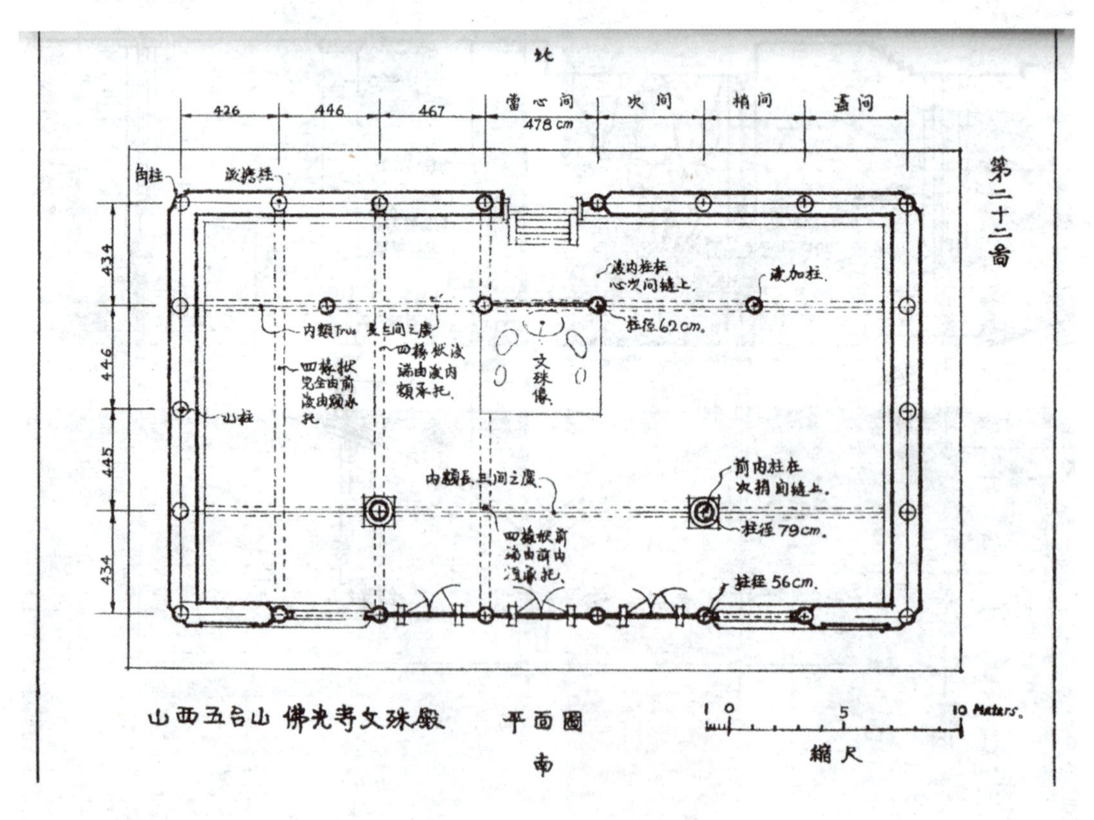

图 6.11.3.2 佛光寺文殊殿平面图

图 6.11.3.3 佛光寺文殊殿外景

图 6.11.3.5 佛光寺文殊殿斗拱

殿空间宏敞，足资大型佛事活动周旋。而之所以能够形成这样的空间，全然要感谢不同凡响的平面和屋架设计。增加跨度、减少立柱是大空间的保证，但是多么粗壮的木料才能承担加大的荷载呢？古代匠人的做法是在加大梁栿、枋额截面的同时，并于两架之间用斜木相撑，构成类似今天的“桁架组合”，协同承担荷载（图 6.11.3.5）。

闭上眼睛，马上映出的是当年梁思成惊叹的表情。

图 6.11.3.4 佛光寺文殊殿斗拱

4 广济寺大雄宝殿㊻

Main Hall of Guangji Temple

名称与别名	广济寺，西寺
地　　址	五台县城西大街北侧县文物局院内
看　　点	塑像 · 木结构
推荐级别	★★★
级　　别	全国重点文物保护单位
类　　型	佛寺 · 木结构
年　　代	元
交　　通	乡村，自驾

广济寺位于五台县文物局院内，前院是徐继畬纪念馆（图 6.11.4.1），后院为大殿。我们到达时不巧赶上寺庙内塑像维修，闭门谢客，在我们出示信函、说明来意之后，县文物局的工作人员便带我们来到了后院，一座五开间悬山顶、充满异域风情的建筑便映入眼帘（图 6.11.4.2）。南面中间四根檐柱柱头作兽首，转角柱柱头旁边立有挥舞手臂的孩童形象

图 6.11.4.1 广济寺前院徐继畬纪念馆

（图 6.11.4.3），生动活泼，十分可爱。

大殿结构为四椽栿对后乳栿用三柱（图 6.11.4.4），明间两根后金柱减掉，剩下两根后金柱通过长三间的巨大额枋联系，大额枋下设墙体（图 6.11.4.5），起到一定的支撑作用。墙体把内部空间打断成为南北两组礼佛空间。殿内塑像亦为元代作品，正面供奉华严三圣（图 6.11.4.6），趺坐于须弥座上，人物面容安详，姿态柔美。东西两侧有十八罗汉的塑像（图 6.11.4.7），

图 6.11.4.2 广济寺大雄宝殿正立面

图 6.11.4.3 大雄宝殿转角柱旁孩童形象

图 6.11.4.4 大雄宝殿内部梁架结构

图 6.11.4.5 大雄宝殿内部大额枋

图 6.11.4.6 大雄宝殿南侧华严三圣塑像

图 6.11.4.7 大雄宝殿东西十八罗汉塑像

图 6.11.4.8 大雄宝殿北侧三大士像

图 6.11.4.9 大殿宝南侧院内唐代经幢

形象各异。北侧供奉的三大士像（图 6.11.4.8），虽然尺度比南侧主像小很多，然而骑兽的姿态颇为自然潇洒，面容上也具备不少蒙古人的味道。其中一尊胁侍更是着蒙古士兵的装束，这在塑像之中颇为罕见。

走出大殿，殿前有一座唐代经幢（图 6.11.4.9），上书尊胜陀罗尼经。另有两通碑碣（图 6.11.4.10），均书于清乾隆己亥年间，即乾隆四十四年（1779 年），其一为县令所书，谈到了寺庙坍圮已久，遂修缮寺庙、修补大殿塑像的经历。笔者猜测，大殿内额之下的墙体，以及大内额两侧插入金柱内、切斫粗糙的小额枋，或许都是清代修缮时所为。另一是募化碑记，碑文中提到了广济寺原初的规模——山门三间、地藏菩萨殿

图 6.11.4.10 清代碑碣

图 6.11.4.11 配殿内部塑像

图 6.11.4.12 配殿内部空心佛像

图 6.11.4.13 空心佛像体内裱糊纸张

五间、大雄宝殿五间，修缮增修东西配房十间、厨房等。根据文物局工作人员回忆，他童年时确实对于大殿之前的山门、地藏殿、钟鼓楼有印象，可惜“文革”时期遭到破坏，今日唯余大殿。他带我们走入大殿东侧的配殿，配殿内的塑像即是当年地藏殿内所供奉的塑像（图 6.11.4.11）。经此浩劫，塑像惨遭“枭首”，但是又使得我们窥见塑像工艺之奥妙。其中有两座空心佛像（图 6.11.4.12），内部没有龙骨，十分罕见。其塑造工艺或许与今日凤翔空心泥塑相似，有翻模的可能性。且内部竟贴有道教经文的纸张（图 6.11.4.13），煞是奇异。其工艺与塑造年代究竟如何，尚待进一步研究分析。

5 南禅寺㊼

Nanchan Temple

名称与别名	南禅寺
地　　址	山西省五台县阳白乡李家庄
看　　点	木结构 · 彩塑
推荐级别	★★★★★
级　　别	全国重点文物保护单位
类　　型	庙宇 · 木结构
年　　代	唐
交　　通	乡村，自驾

南禅寺，初入建筑学之门，便久仰大名。它作为中国现存最早的木构建筑，顽强地捱过会昌灭法的浩劫，存活到 1100 余年后的今天。

比起佛光寺的游客众多，香火鼎盛，南禅寺显得门庭冷清。寺庙背倚山野，只有我们二人信步其中。屋顶曲线角度之平缓（图 6.11.5.1），为现存木结构遗构中之最，配合两侧的鸱吻，顿觉唐风扑面。

南禅寺或许在历史上就由于荒僻偏远，无人问津，创建与维修的记录鲜少，发现的时间也晚在 1953 年。当时对于大殿的断代依据源于大殿明间西缝梁架平梁底皮的墨书题记：“因旧名旹大唐建中三年岁次壬戌□月 居戊申丙寅朔更午日癸未时重修殿法显等谨志。”记载了建筑于唐建中三年（782 年）重修，它的创建

图 6.11.5.2　南禅寺大殿西侧方柱

图 6.11.5.1　南禅寺大殿正立面

年代应比其更早。

大殿除建中年间的重修外，经历了宋元祐年间的“落架大修”，以及元明清的数次修缮。对于研究者来说，更需要拨开后世修缮的诸多痕迹，一窥当时初建伊始的面目。

在平面上，大殿西侧三根柱为方形微抹四角（图 6.11.5.2），据考证应比其他现存圆柱更早，乃承袭汉代风格之作，为现存的木结构古建筑之孤例。

大殿的梁架结构颇为简练，四椽栿通檐用两柱，梁头切斫后插入斗拱内形成第二跳华拱（图 6.11.5.3）。四椽栿上加缴背，上有驼峰、托脚承平梁。平梁通过叉手承脊槫，是为早期木构的特征。

大殿斗拱为五铺作双杪偷心造。根据郑智钧先生结合唐代营造尺的推测讨论，认为其营造尺为 300 毫米，约略与佛光寺用尺近似，材厚、材广则约合二等材，材广约为 22 分°，盖取整尺寸，与《营造法式》规定略有出入。

殿内的十七尊塑像（图 6.11.5.4），立于砖雕台基之上（图 6.11.5.5），与建筑同期，均为唐代作品。释迦佛为主佛，居中，其余文殊普贤，诸弟子、胁侍分立两侧，面容端庄，姿态圆和，造型优雅。

走出南禅寺，其后便是几畦菜圃果园，绿色的枝叶映衬庙宇红墙（图 6.11.5.6），一片生意盎然。不由觉得这个木构之祖，竟也有了些“返老还童”的意味。

图 6.11.5.3 南禅寺大殿梁架结构

图 6.11.5.4 南禅寺内部塑像

图 6.11.5.5 大殿内部台基

图 6.11.5.6 南禅寺周围景致

6 延庆寺㊽

Yanqing Temple

名称与别名	延庆寺
地　　址	五台县阳白乡善文村东北隅
看　　点	布局 · 木结构
推荐级别	★★★
级　　别	全国重点文物保护单位
类　　型	佛寺 · 木结构
年　　代	金
交　　通	乡村，自驾

延庆寺位于五台县，距离佛光寺、南禅寺相去不远，且早在 1953 年即被发现，本以为会被修复得辉煌煊赫，售卖门票。当我们到达之时，发现它在善文村外（图 6.11.6.1），颇不起眼，大门紧闭，便回村问询到负责的村民三猫，帮我们开了寺门。

走进山门，小小的寺庙在眼底一览无余，两进院落（图 6.11.6.2），格局空旷，过殿和两侧的配殿面孔崭新，应是近年修复。三猫指给我们过殿前的一座经幢（图 6.11.6.3），立于莲座之上。经幢由于数年前被盗走了上面两段，仅余最下面一节。名曰“佛顶尊胜陀罗尼之幢”。经幢上尚能看到“景祐二年”“右侍禁兵马监押知县事”的字样，记载了立碑的时间——

图 6.11.6.1 延庆寺山门

图 6.11.6.2 延庆寺全景

图 6.11.6.3 延庆寺宋代经幢

图 6.11.6.4 延庆寺大雄殿正立面

1035 年，也反映了宋代部分县令兼带兵马的职权，碑上亦有“代州五台县白泉乡善文村”，可见村落历史同样悠久。

来到坐落在院落最北的大雄殿前（图 6.11.6.4），不禁眼前一亮，深远出檐和生起侧角都彰显出它作为金代遗构的纯正血统。面阔三间，进深六椽，柱头铺作用单杪单下昂偷心造（图 6.11.6.5），昂下用华头子，昂尾压在梁下，梁头伸出作要头。

走进内部，殿内有立柱数根，像点样的有四根，前金柱位置两根显然为后加，后金柱位置的两根柱颇为诡异，其中东北角的柱直接顶到了托脚之下（图 6.11.6.6），把六椽栿截成两段。

实际上在原初的建筑中，大殿内应当是没有柱子的，陈明达先生也提到了这座建筑，处于“减柱造”盛行的时期，然而内部本没有柱子，所以便在梁架上力图精简，减去一条四椽栿。根据陈明达先生所论，建筑内应无任何内柱。东北角的“金柱”，笔者猜测，或为六椽栿断裂，修复时难以找到这样大的木料，便换了一根更高的柱子，让梁的断口两端插入到柱身之内，遂成今日的样态。

图 6.11.6.5 大雄殿柱头铺作

建筑的原貌为通檐用六椽栿，上用大驼峰承乳栿（图 6.11.6.7），通过叉手和长两椽的大托脚保持每榀的稳定。结构清爽简洁。也许正是这种“能省则省”的结构为建筑遗留后患，如今梁下拄了好多条拐杖，煞是可惜。

图 6.11.6.6 大雄殿内部梁架结构

图 6.11.6.7 大雄殿内部梁架

7 尊胜寺㊾

Zunsheng Temple

名称与别名	尊胜寺
地　　址	五台县城北 20 公里西峡村山峪
看　　点	布局 · 经幢
推荐级别	★
级　　别	全国重点文物保护单位
类　　型	佛寺 · 木结构
年　　代	民国
交　　通	乡村，自驾

尊胜寺是古时善男信女来五台朝拜时的途经之地，故有“五峰咽喉”之誉（图 6.11.7.1）。寺庙依山而建，自南向北缓缓升起，空间收束于最北的万

图 6.11.7.1 “五峰咽喉”匾额

藏塔。

寺庙规模很大，然而淡季门可罗雀，气氛冷清，适逢冬末的阴天，萧条之意暗合。七进院落的宏大序列（图 6.11.7.2）真的让人可以明了过去记载的“一时为大丛林”的盛况，且寺院虽建于唐代之前，然而现存建筑规制乃民国建立，因此寺庙并没有沧桑痕迹。内心颇为遗憾。

然而自大雄宝殿南侧院落走进东跨院后，两座高耸的石经幢便映入眼帘（图 6.11.7.3），不由得令人激动。彼时我们离开延庆寺不久，延庆寺经幢的失窃令人痛心，而根据其失窃前的照片来看，不论是形制还是镌刻格式都与眼前南侧的经幢十分吻合！同为三节，八角形状，每节之间有仰莲相隔（图 6.11.7.4）。最下面一段题“佛顶尊胜陀罗尼之幢”。最下面一段仔细观看，经幢为宋天圣四年（1026 年）所造，也与延庆寺经幢的年代——景祐二年（1035 年）十分接近。这两座经幢好似一对兄弟，能从其中较完整的尊胜寺经幢检索出延庆寺经幢的血脉，让人稍感宽慰。

话说尊胜寺历史上共有经幢三座，最初的经幢为唐永淳年间（682—683 年），为密宗盛行之初。此经幢今已不存。紧随其后的是此天圣四年的经幢，就是现存的这座，风格仿照唐代经幢。此经幢北侧，现存一座民国时期的经幢，形制仿照宋代经幢，唯节之间不用仰莲，而以石刻飞檐分隔。

五台山地区现有经幢 17 余座，形式相类。其中以尊胜寺宋代经幢保存最为完好，从中我们可以窥见密宗佛教的盛况，而这么多相似的经幢，也表现出了宗教传播中一种约定俗成的范式。

图 6.11.7.3 尊胜寺石经幢

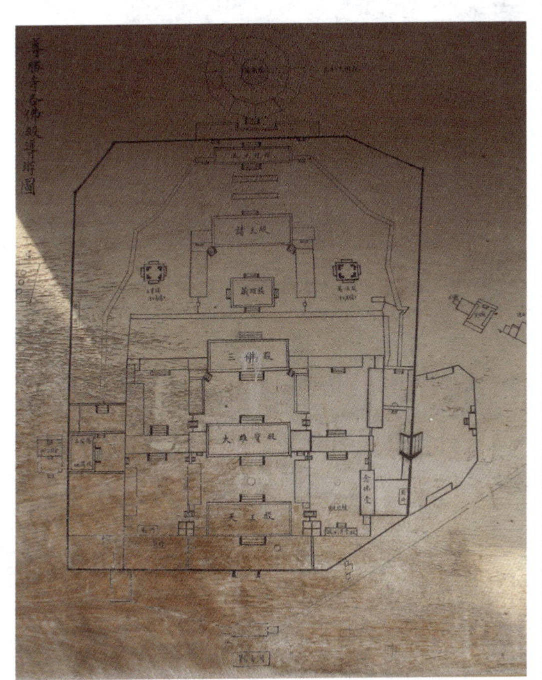

图 6.11.7.2 尊胜寺平面图

图 6.11.7.4 宋代经幢雕刻细节

忻州市

6.12 原平市

1 佛堂寺㊿

Fotang Temple

名称与别名	佛堂寺
地　　址	原平市西镇乡前沙城村
看　　点	布局 · 木结构
推荐级别	★★
级　　别	山西省文物保护单位
类　　型	佛寺 · 木结构
年　　代	元—明—清
交　　通	乡村，自驾

细雨蒙蒙的下午，驱车前往佛堂寺的村路有些泥泞。自西向东，一座古建筑的屋面如剪影一样映于眼帘。佛堂寺就这样低调地藏身于村庄之中。

佛堂寺附近有一棵古楸树（图 6.12.1.1），有 800 年的树龄，算来在佛堂寺建立之初，它就存在了。它现在已经失去了叶片和花朵，只剩光秃秃的枝干，就像是佛堂寺这个垂垂老者手中的拐杖一样。

佛堂寺坐北朝南，现在寺院的围墙之内，现在仅存过殿和正殿。过殿（图 6.12.1.2）是一座歇山顶建筑，面阔三间、进深三间。过殿始建于明朝，斗拱的下昂均为假昂，然而在梁椽之间，除侏儒柱外，又有着内槽斗拱、叉手和襻间的使用（图 6.12.1.3），能看出早期建筑的样式遗存。举头仰望，可以看到梁栿上有清光绪二十三年（1897 年）修复的题记。在佛像背光的斜上方，梁栿下有一块木板（图 6.12.1.4）记载着佛寺最近修缮的经过。过殿在 2016 年 2 月至 5 月，进行了大规模的修缮，这也是光绪修缮之后至今的首

图 6.12.1.1 佛堂寺前楸树

图 6.12.1.2 佛堂寺过殿正立面

图 6.12.1.3 过殿内部梁架结构

图 6.12.1.4 过殿梁下木板

次修复。

过殿经过修缮和粉刷，已经焕然一新。然而其背面的正殿——大雄宝殿，则尚未修复。大雄宝殿始建于元代，立于台基上，悬山顶，面阔三间，进深五间，有前廊（图 6.12.1.5）。殿内塑有三世佛，为了礼佛的氛围，建筑内部用了减柱造的手法，中柱和前槽金柱都被减掉，因为建筑尺度不大，所以结构尚且合理。屋面上的飞子已经破坏严重，前廊的立柱也有变形，山墙的夯土脱落（图 6.12.1.6）。瓦面大量脱落，屋脊琉璃件尚算完好，斗拱和拱眼壁上的彩画也清晰可辨。虽然号称元代建筑，但是就内部木构架来说，梁柱之间的搭接关系，比过殿更加简洁（图 6.12.1.7），反倒不似过殿有古意。正殿后墙已经修缮一新。可以想见不久之后，整组庙宇连同配殿，都将得到修缮，有幸能在这一过程中窥见素颜，也是另外一种别致韵味。

图 6.12.1.5 佛堂寺大雄宝殿正立面

图 6.12.1.6 大雄宝殿山墙

图 6.12.1.7 大雄宝殿梁柱结构

2 崞阳文庙㉛

Temple of Confucius at Guoyang Town

名称与别名	崞阳文庙
地　　址	原平市崞阳镇文庙街
看　　点	布局 · 木结构
推荐级别	★★
级　　别	全国重点文物保护单位
类　　型	祠庙 · 木结构
年　　代	明—清
交　　通	乡村，自驾

崞阳文庙始建于元大德三年（1299 年），据元大德十一年七月碑记记载，文庙于元代已有，清光绪《崞县志》载，元大德年间建，明洪武三年知县周英重建，景泰、成化年间重修，后又在万历、崇祯及清顺治、康熙、乾隆、同治历代修葺。现在文庙只保留中轴线上的部分建筑：礼门、影壁、棂星门（图 6.12.2.1）、戟门、大成殿。余者皆毁无存，整个建筑群坐北向南，除戟门和大成殿为明代遗构之外，均为清代修建。

大成殿（图 6.12.2.2）为明代遗构，位于轴线现存建筑最北端，大殿坐北朝南，面阔七间，进深八椽，七架梁，前后单步梁用四柱，单檐歇山顶，上覆四彩琉璃瓦。殿门为 20 扇镂花板壁门，各以四扇为一组，镂刻着梅花、艾叶、海棠、花灯等精美图案，工艺精巧，剔透玲珑。大殿内部梁架为七架梁前后单步梁用四柱，用减柱造减去前金柱。檐柱斗拱七踩三昂，正面柱头科出 45 度斜拱，繁复华丽（图 6.12.2.3）。

据说在大成殿盛时，建筑堪称“承以崇台，盘以文石，虬柱云榱，华梁藻井”，十分华丽隆重。门上方悬“大成殿”巨型匾额，两旁曾置有一副木刻楹联：“道若江河，随地可成洙泗；至如日月，普天皆有春秋。”二十个字就对这位孔圣人作了恰如其分的评价。大成殿南侧有古树若干（图 6.12.2.4），侧柏、楸树等，树龄七百年，应为元代寺庙始建时所栽。

文庙戟门为五开间悬山顶，上覆琉璃瓦，与大成殿的堂皇相比，作为配角相得益彰。前有泮池，泮池狭长半圆形，形制独特（图 6.12.2.5），栏杆上的各式石雕（图 6.12.2.6），与普济桥栏杆相类。

图 6.12.2.1 崞阳文庙棂星门

图 6.12.2.2 崞阳文庙大成殿

图 6.12.2.3 大成殿斗拱

图 6.12.2.4 大成殿南侧古树

崞阳文庙是晋北地区第二大庙，但是保存现状和代县文庙相比就显得十分破败。文庙长年被粮库占用，年久失修，亟待保护。2014 年 12 月起，开始对崞阳文庙大成殿进行维修施工。我们抵达崞阳文庙之时，文庙也是在一片工地之中。晚秋的雨灌溉了泮池内部萦生的蔓草，也淋湿了泮池两侧的碑碣。文庙里也晾晒着金黄的粮食。建筑的文化呼召在今日日趋衰落，只好通过其他方式实现它的价值。

文庙院内一通古碑记道：“崞阳，晋北名区也，粤稽邑乘，科第铄懿，代有伟人。”的确，从名宦祠、乡贤祠、忠义祠祭祀的众多人物，就证明了这一点。看到大成殿修复的成果，不禁也期待着整座文庙的文化价值能够被更多的人发现。毕竟，一个地方的文脉不断，它的文明才能一直流传下来。文庙，也该点起这星星之火。

图 6.12.2.5 崞阳文庙泮池

图 6.12.2.6 泮池栏杆石雕

3 惠济寺52

Huiji Temple

名称与别名	原平惠济寺
地　　址	原平市东北 15 公里练家岗村
看　　点	彩塑 · 木结构
推荐级别	★★★
级　　别	全国重点文物保护单位
类　　型	佛寺 · 木结构
年　　代	宋—明—清
交　　通	乡村，自驾

初到惠济寺，觉得它其貌不扬。入口的门脸似乎是普通的乡居，只有上面张贴的布施者名字和数额，能看出寺庙在乡村之中的地位（图 6.12.3.1）。事实上，这不仅仅是一座承担起村庄宗教生活的寺庙，在美学层面上也能让参观的我们深深折服。小门之后，的确别有洞天。

寺庙坐北朝南，形制规整，现存的所有建筑——山门、钟楼、文殊殿、观音殿都围绕这进院落展开，布局十分紧凑。寺院之中最大的建筑文殊殿据称为宋代遗构，形制上也颇有古朴风格（图 6.12.3.2）。殿前有一座嘉靖时的重修碑记，上面记载惠济寺是唐代始建，宋代重修。也有咸丰碑碣一通，说明寺庙在明清之时也多有修缮。文殊殿为五开间歇山顶，进入建筑之内，就会发现室内空间十分空阔，匠人运用了移柱和减柱的构造设计（图 6.12.3.3），室内空间只有四根金柱，而且据说其中两根八棱后柱和四根中柱为唐柱（图 6.12.3.4）。根据建筑的用材来看，外檐斗拱的尺度雄浑有宋风，居中的补间铺作出 45 度斜拱（图 6.12.3.5），做法应不晚于金代，然而槽内梁柱的交接关系出现错位（图 6.12.3.6），颇似明清时期大修所为。文殊殿内有彩塑若干，造型生动，比例匀称，据称为宋塑（图 6.12.3.7），颜色或为近世修缮新上，略显浮夸。但主尊和胁侍菩萨等惨遭枭首，只能通过原来资料了解，且四壁木格内原有的五百罗汉被偷盗一空。殿内佛坛上有宋代彩塑九尊，主尊文殊菩萨居

图 6.12.3.3 文殊殿内部梁架构造

图 6.12.3.1 惠济寺山门布施明细

图 6.12.3.4 文殊殿内唐柱

图 6.12.3.2 惠济寺文殊殿正立面

图 6.12.3.5 文殊殿前檐补间斗拱

中，主次分明，错落有致。在角落里有一尊不起眼却最为独特的塑像——曹姑姑像。外部为泥塑，内部为曹姑姑真身。据传建寺之时，有曹氏为工人担水布施，寺庙竣工之后曹氏坐化，后人用她的真身塑像，再现其音容笑貌，用来纪念她。

文殊殿对面有观音殿一座（图 6.12.3.8），三开间悬山顶。与文殊殿形成主从关系。观音殿内有悬塑一座，内有观音像，两侧善财童女已遗失。东西墙壁前塑有十二圆觉菩萨像，最外侧各有武臣坐像。这些泥塑为明代时期作品。

这些泥塑虽然与建筑主体并没有直接的关系，但是仍然是中国古代文化瑰宝不可或缺的一部分。它们和建筑相表里，可以窥见当时人们的生活和心怀。

图 6.12.3.6 文殊殿内梁柱关系

图 6.12.3.7 文殊殿内塑像

图 6.12.3.8 惠济寺观音殿正立面

4 普济桥[53]

Puji Bridge

名称与别名	普济桥、南桥
地　　址	原平市城北 20 公里崞阳镇南门外
看　　点	石雕 · 石结构
推荐级别	★★
级　　别	山西省文物保护单位
类　　型	桥梁 · 石结构
年　　代	金
交　　通	乡村，自驾

普济桥旧称南桥，因位于崞阳镇南门外而得名。普济桥始建于金泰和三年（1203 年），主桥全长 30 米，分成车辇道与人行道（图 6.12.4.1）。主桥两侧各有一引桥。明成化年间重修，清乾隆二十年（1755 年）、道光十年（1830 年），桥洞坍塌两次，分别重修。光绪二年和五年又补修，铺道筑堤。主桥结构严谨，造型独特，石刻浮雕典雅，寓意深远，故载入《中国古代桥梁史》一书。最近一次修缮，为 1989 年至 1990 年，栏板、望柱、抱鼓石、排水渠均得到修缮，使古桥重现生机。

从外观上来看，普济桥和赵州桥有很多相似之处，均为敞肩石拱桥（图 6.12.4.2），能有效地起到泄洪的作用。因此普济桥素有“小赵州桥”之称。但是仔细观察会发现，普济桥的拱券，是由石材错缝拼接而成（图 6.12.4.3），而赵州桥的拱券，则是单列拱并置而成。这两种不同的结构体系各有优劣，就普济桥的结构而言，它的整体性更好，然而坍塌之后，修缮的难度则更大。

普济桥不仅在姿态上保留了古桥的雄浑，就装饰的细节，也能反映出金时瑰丽的特征。范成大在《揽辔录》里描写金代精致奢靡的生活，“遥望前后殿屋，崛起处其多，制度不轻，工巧无遗力，所谓穷奢极侈者”，从普济桥可见一斑。券口边缘上，有造型精美

图 6.12.4.1 普济桥桥面

图 6.12.4.2 普济桥形态

图 6.12.4.3 普济桥拱券构造

的浮雕石刻，大券中间雕有吸水兽，小券中间则雕有蛟龙。也包括“瑞兽擒水怪”的浮雕，人面鸟喙的金翅鸟战胜河神，化解水患，表现出当时人们对于平定水患的愿望。另外券口上也雕有人物故事图，题材各异，我们可以从中窥见金代军事，生活以及宗教的片段。

石望柱的柱首形态各异，有佛手、仙桃等（图 6.12.4.4），不一而足。如今的水位不高，桥梁的小券里，有几个年幼的孩童在嬉戏（图 6.12.4.5）。桥梁下，也时常有羊群经过。虽然在今日，桥梁的运输功能已经淡化，然而他仍然和当地的居民，以另外一种形式取得了情感上的连接。

随着时代的变迁，桥面上的车辇道，上面已经有深深的辙印。就像桥梁北部的一块碑上所载马增祥先生的一首诗《崞州桥》：

杨柳依依滹水摇，楼烦古渡枕河涛。金元铁马明清辙，一邑兴衰两道槽。

图 6.12.4.4 普济桥望柱柱首

图 6.12.4.5 拱券中的孩童

5 土圣寺㊹

Tusheng Temple

名称与别名	繁峙土圣寺
地　　址	原平市闫庄镇水油沟村
看　　点	砖塔 · 木结构
推荐级别	★★
级　　别	山西省文物保护单位
类　　型	佛寺 · 木结构
年　　代	金—明
交　　通	乡村，自驾

土圣寺旧云灵泉寺，山岩耸立，豁如画屏，林木遍野，环境幽静（图 6.12.5.1）。古塔侍其左，青流环其右，前有渡仙桥，背靠云中山。“灵泉”之名因

图 6.12.5.1 土圣寺周围环境

此得来。而“土圣”之名则是因为该寺庙原有良田千亩，土产丰富，因此称之为“土圣”。寺庙荫庇一方，由此可见一斑。

寺始建于宋，明嘉靖年间重建，明隆庆、万历年间重修。寺庙基址高耸，门前台阶六十级，阶上为五间二层木制藏经阁（图 6.12.5.2），又称南楼，周围廊。下层廊内四大天王分列两侧，上层阁内供游人远眺抒怀。登临上层阁，远可观深山幽谷，清风徐来，近可赏雕梁画栋，如翚斯飞。木结构十分简洁，具有明代楼阁建筑的风格。二层角科斗拱用附角斗（图 6.12.5.3），附角斗与角大斗距离很近，这种做法能够增加对于屋角的支撑性能。局部出现松动开裂的部分，也被木工巧妙地通过榫卯，得以加固（图 6.12.5.4）。

其北侧为大雄宝殿（图 6.12.5.5），根据脊檩上

图 6.12.5.2 土圣寺藏经阁

图 6.12.5.3 藏经阁二层附角斗

图 6.12.5.4 藏经阁二层榫卯结构

图 6.12.5.5 土圣寺大雄宝殿正立面

文字记载，为 1998 年新建。前面有若干今年修缮的碑碣、功德碑等。在角落里，有一通只留下碑身的乾隆年间修缮碑碣，随着岁月推移已经漫漶不清。寺前的重修碑记记载，建国后龙王庙伽蓝庙年久失修先后倒塌，1985 年整修寺侧东山之巅上悬挂的土圣晚钟，1991 年，整修寺前形制奇特的万佛古塔，1993 年集资重塑东廊房内金身。

走出土圣寺，就来到了灵崖塔（图 6.12.5.6），灵崖塔为金代遗物，建于金泰和五年（1205 年），据 2012 年所立“灵牙舍利塔”的碑碣记载说，舍利塔现藏有灵牙两枚、舍利少许。舍利塔为八角形砖塔，高 15 米，塔刹小，塔身圆硕。在塔基之上雕刻有人物、动物的图案，花纹繁复精美，人物衣袖的褶皱也被雕刻出来。塔身仿照木结构，做出砖叠涩，层层出檐，雄浑绮丽（图 6.12.5.7）。灵崖塔相比于土圣寺，像是一个路标，也像是一座灯塔，它让隐藏于深林的古寺昭于尘世。走入山清水秀，瞻仰圣物圣塔，转入树影婆娑之中，拾级而上，未到寺庙，心灵已经被荡涤清净。

图 6.12.5.6 土圣寺灵崖塔

图 6.12.5.7 灵崖塔正面

6 朱氏牌楼55

Memorial Archway to Mdm. Zhu

名称与别名	朱氏牌楼
地　　址	原平县城西阳武村
看　　点	石雕技术
推荐级别	★★★
级　　别	全国重点文物保护单位
类　　型	牌楼 · 砖结构
年　　代	清
交　　通	乡村、自驾

朱氏牌楼位于原平县大牛店镇西阳武村，一共有两座，一座在村外，一座在村中。

我们先抵达了村中的牌楼，牌楼锁在一间院子里，石牌楼透出风化后灰黄的色泽（图 6.12.6.1）。牌楼是咸丰年间陕西延榆绥兵备道加盐运使武访畴为其母朱氏所建。武访畴 (1801—1876 年)，字受之，号芝田，崞县（今原平）人，武访畴少年丧父，家境贫寒。母

图 6.12.6.1 朱氏牌楼主坊院落

亲朱氏（1784—1856），28 岁守寡，上奉高堂，下抚幼子。而现今看管牌楼的，正是修建牌楼的人武访畴的玄孙。

村里的牌楼建于咸丰五年（1855 年），此时朱氏还未去世。牌楼仿木结构，四柱三间六楼，歇山顶。各种构件雕刻精美，柱上盘螭首，前立石狮、旗杆各一对（图 6.12.6.2）。整座石牌坊和屏风坐落在“凸”字形束腰须弥座上，须弥座栏板望柱雕刻细致。明楼的雀替部分刻画了二龙戏珠的题材（图 6.12.6.3），坊上又雕有“丹凤朝阳”“二十四孝图”和吉花祥兽。整座牌楼几乎没有留白，极尽富丽。牌坊后面有一座石屏风，正中雕有“福禄寿”三星图。这些都表现出访畴对母亲健康长寿的美好祝愿，这是对于朱氏贞节的表彰。牌坊后面有关于朱氏生平和守节的记载，刻于第二年朱氏去世之后。又有石刻匾额、对联，比如“燕缕凛清操冰霜奇节”“鸾书辉彤史闺阁完人”，歌颂朱氏的贞节。整体的雕刻与设计上与交口韩极石牌坊颇为相似。

村口的牌楼为配坊（图 6.12.6.4），立于咸丰六年（1856 年），朱氏去世之年。牌坊四柱三楼，立于石质台基之上，风格与村中之楼极其相似，不过构件与雕饰上都简洁一些，额枋镌刻对朱氏和武家的诰命（图 6.12.6.5）。牌楼在雕工上稍逊于村中牌楼，多为浮雕，透雕较少，上面雕刻的文字字体和村中牌楼一致，但内容上则更多是对先人和朝廷的感谢，如“缥缃世业怀先泽”“纶綍新恩拜圣朝”。武访畴丁母忧期间辞去职务，我们可以推知这是得蒙朝廷应允之后所书。牌楼旁边立一石质碑亭（图 6.12.6.6），内即是乡绅和武氏后人纪念武访畴功德教化所立的碑。

石雕牌楼，看似在保存上，比木制牌楼更为容易。不过据武访畴玄孙介绍，因为“文革”年间被打砸，再加上自然风化，村里的牌楼破损十分严重，局部檐

图 6.12.6.2 朱氏牌楼主坊全景

图 6.12.6.3 主坊正面

图 6.12.6.4 朱氏牌楼配坊全景

口出现开裂，旗杆断裂。老人以巨大的决心不断与省文物局沟通，最终文物得到了修缮和保护。

两座牌楼真的堪称中国清代石雕艺术的精华，仔细审视每一个细节，不论是须弥座上的金刚，还是雀替上的腾龙，可谓骨肉丰满、栩栩如生。作为牌楼这一类建筑小品，朱氏牌楼不仅仅体现了当时的节孝文化，也充分展示了出神入化的石雕艺术，堪称明清牌坊之中的精品。

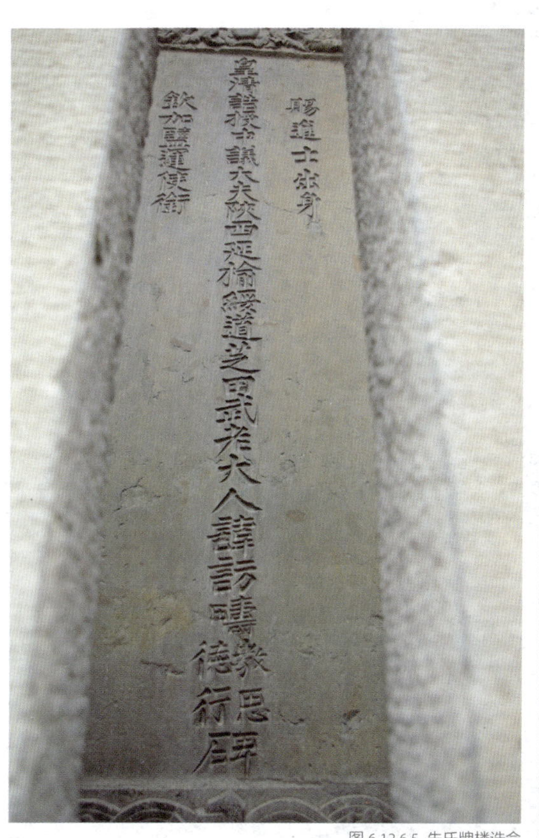

图 6.12.6.5 朱氏牌楼诰命

图 6.12.6.6 牌楼旁碑亭

职工摩托

7
阳泉市
YANGQUAN

阳泉古建筑分布图

Historical Architectural Map of Yangquan

1. 关王庙
2. 冠山书院
3. 冠山天宁寺双塔
4. 马齿岩寺
5. 藏山祠
6. 大王庙
7. 府君庙
8. 烈女祠
9. 坡头泰山庙
10. 三圣寺
11. 盂北泰山庙

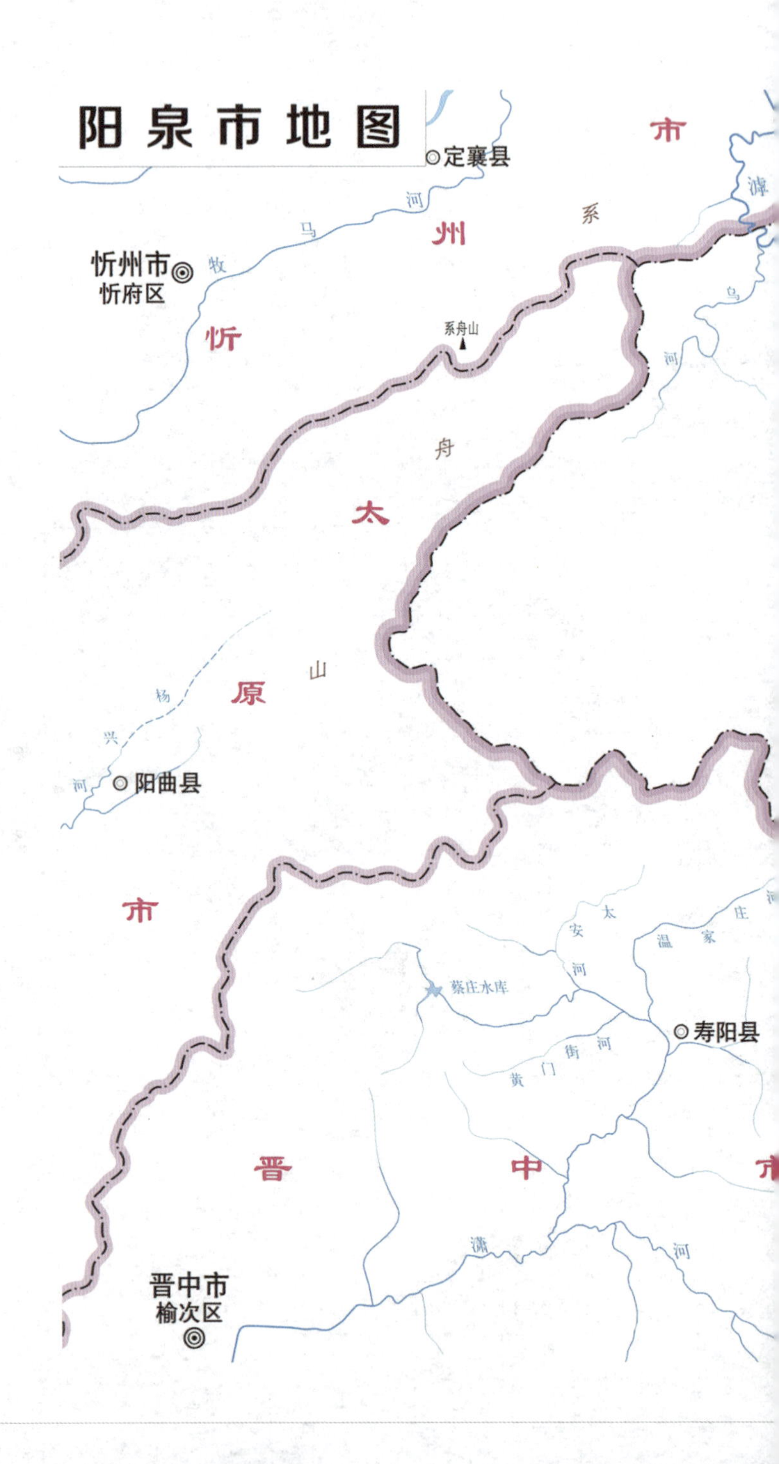

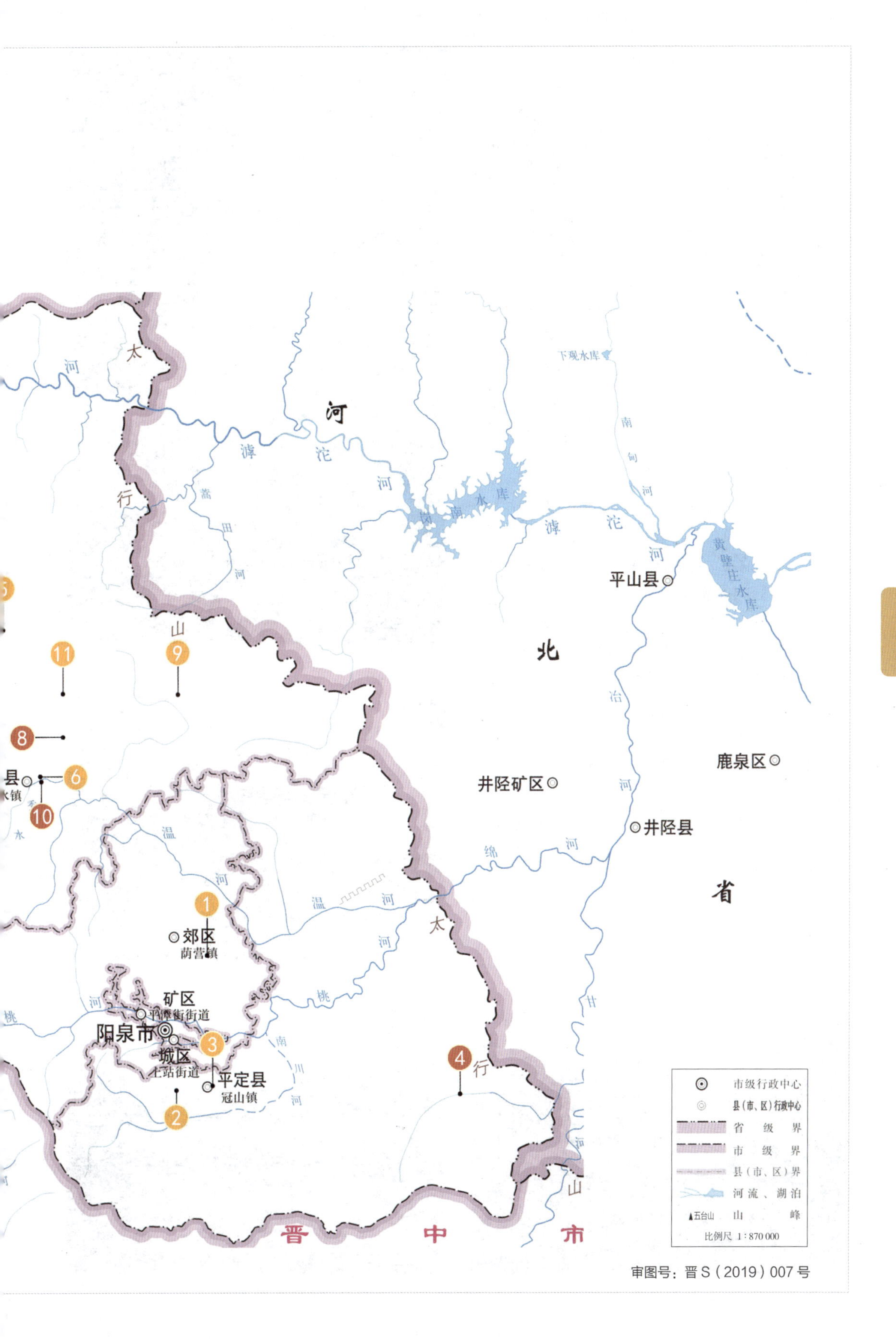

审图号：晋S（2019）007号

7.1 城区及近郊区

1 关王庙①

Temple of Guan Yu

名称与别名	关王庙，老爷庙
地　　址	阳泉市郊区白泉乡林里村南的玉泉山腰
看　　点	自然风光 · 布局 · 木结构
推荐级别	★★★★
级　　别	全国重点文物保护单位
类　　型	祠庙 · 木结构
年　　代	北宋
交　　通	郊区，公交，自驾

潺潺溪水依偎着山脚向东流去，仅靠一座拱桥来连接市井的喧嚣和山林的静，午后的绵雨不仅洗去了夏日燥热，还晕染出一片空蒙山色（图 7.1.1.1）。关王庙在这山色之中，只是对于初访之人，林深雾蒙而不知其处，姑且不问前路，径直走上去吧（图 7.1.1.2）。

拾级而上，顺势转身向右，便豁然开朗，远远望到山门。此庙为坐西朝东的两进院落，气势宏大。出于对地势和视线的权衡，山门轴线与主轴线略成夹角，丰富了空间层次。主轴线上布置戏台（图 7.1.1.3）、端门（图 7.1.1.4）、献殿和大殿，院落两侧的配殿依山就势层层跌落。戏台、端门和献殿是按宋式建筑风格新建的，唯有大殿是北宋原构。据专家考证，大殿建于北宋熙宁五年（1072 年），重修于北宋宣和四年（1122 年），明清两朝又屡有重修。

大殿与献殿紧邻，但各自独立（图 7.1.1.5）。大殿面阔和进深各三间，平面近似方形，下承低矮台基，前设檐廊，上覆单檐歇山顶；檐柱粗壮，柱子有明显

图 7.1.1.2 登山石阶

图 7.1.1.3 戏台

图 7.1.1.1 山脚小溪

图 7.1.1.4 端门

的侧脚和生起，柱头做卷杀处理，用阑额和普拍枋，阑额不出头；面阔明间柱头用五铺作45度斜拱，出双杪，各补间用五铺作斗拱一朵；柱头方隐刻斗拱，令拱上置通长替木以承撩风槫（图7.1.1.6）。大殿现已闭门谢客，内部梁架无法尽观，参考相关文献可知：殿身用“四椽栿对乳栿用三柱”的构架（图7.1.1.7），次间用丁栿承托歇山构架，屋架角部用递角栿，角梁转过一椽（图7.1.1.8）；各缝梁架之间用襻间，脊槫下用叉手，平槫不用托脚。虽有一些细部做法与《营造法式》微异，但总体而言，大殿外观和内部梁架具有明显的宋代风格。

离庙之时，门卫大爷收音机里的流行音乐打断了思绪里对大殿的回味，深吸一口新鲜空气，顿觉轻松惬意。这是一座令人印象深刻的庙宇，不因为流行音乐，也不只因为它是现存最早的关王庙，还在于它幽美的自然风光，唯有人文和自然和谐共生的物质环境才会拥有长久的魅力。

图7.1.1.5 大殿与献殿

图7.1.1.6 大殿外檐

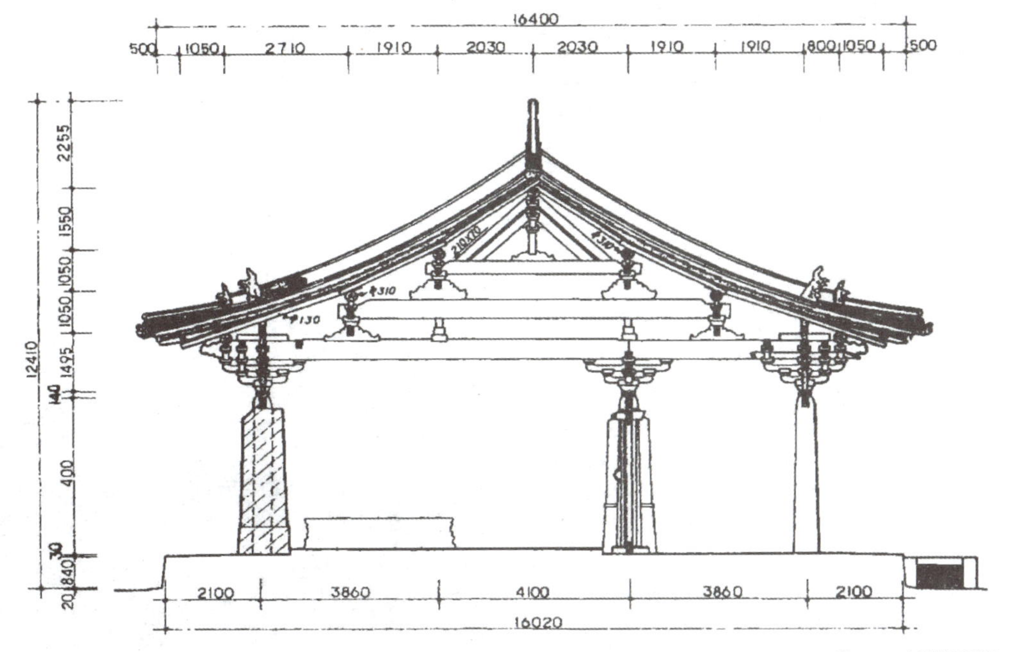

图7.1.1.7 大殿横断面图

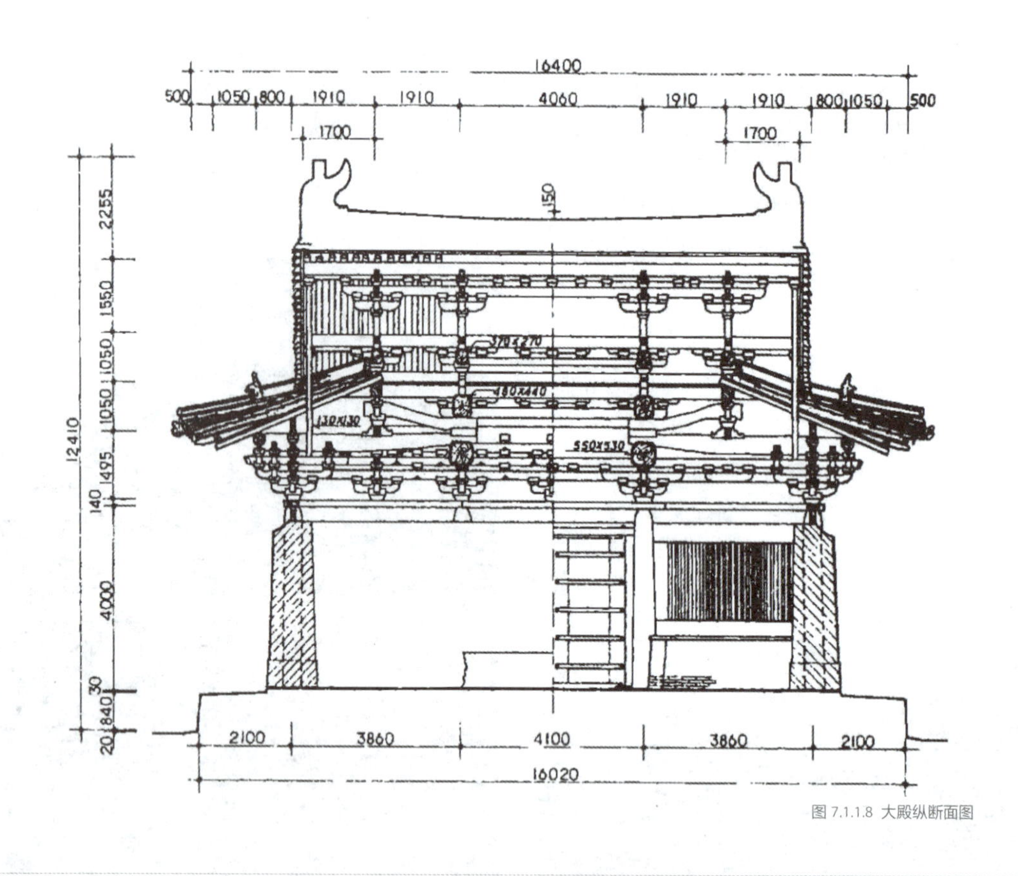

图 7.1.1.8 大殿纵断面图

7.2 平定县

1 冠山书院②

Academy of Classical Learning at Mount Guan

名称与别名	冠山书院
地　　址	平定县冠山镇后沟村
看　　点	布局 · 儒、释、道文化
推荐级别	★★★
级　　别	全国重点文物保护单位
类　　型	书院 · 木结构、砖石结构
年　　代	明—清
交　　通	乡村，自驾

书院一词始于唐代，分官私两类，官方书院初为皇家修书、校书或讲经之所，私人书院初为私人读书之处。唐代以后，书院向着聚徒讲学的方向发展。到宋代，出现了白鹿洞、岳麓、睢阳、嵩阳四大著名书院，私人书院向官私合办或官办方向发展，教育也向科举方向发展。

冠山书院，创建年代不详，有学者认为它源于宋末的“冠山精舍”，元至顺年间（1330—1333 年）再由左丞相吕思诚重修并扩建，明、清又多次修建。今之冠山书院建筑群包括资福寺、崇古书院、文昌阁、夫子洞四组依山而建的建筑，除夫子洞凿于明代外，其他建筑均为清代遗构。资福寺为坐北朝南的一进院落，由山门、正殿和东西配殿组成（图 7.2.1.1）；崇古书院位于资福寺西部的山坡上，为坐西朝东的两进院落，主殿和配殿均为窑洞式建筑（图 7.2.1.2）；文

图 7.2.1.1 资福寺鸟瞰

昌阁坐西朝东，高两层，上层为文昌阁，下层为吕祖洞（图 7.2.1.3）；夫子洞是开凿于明嘉靖五年(1526年)的石窟，窟内有三尊石刻坐像，拱形洞口的门楣上刻篆书“夫子洞”三字（图 7.2.1.4），洞外有石牌坊一座（图 7.2.1.5）。

冠山书院现存元代残碑 1 通，明碣 1 方，清代画像石 2 方，清代碑 16 通，集释、道、儒及碑碣石刻为一体，从侧面展示了古代文人儒、释、道兼修的治学风貌，文化积淀十分丰厚。

图 7.2.1.2 崇古书院鸟瞰

图 7.2.1.3 文昌阁

图 7.2.1.4 夫子洞

图 7.2.1.5 石牌坊

2 冠山天宁寺双塔③

Double pagodas in Tianning Temple at Mount Guan

名称与别名	冠山天宁寺双塔
地　　址	平定县冠山镇南营街
看　　点	布局 · 砖构
推荐级别	★★★
级　　别	全国重点文物保护单位
类　　型	塔 · 砖石结构
年　　代	北宋
交　　通	乡村，自驾

在匠人地位低下的古代，民间总会将一些宏大或智巧的工程划归鲁班爷之手，即便匠人常常没有资格像掌权者那样勒铭于碑碣或留墨于梁檩，自己的作品若能被冠以鲁班祖师之名也足以欣慰了，又何必在意流芳百世的浮名呢？

平定民间就流传着鲁班兄妹一夜之间建造天宁寺雌雄双塔的传说，足见百姓对双塔的赞美和喜爱了。传说毕竟不等同于事实，地方文物部门在 2005 年修塔时，于地宫发现《记事碑》和《大宋平定军葬舍利佛骨塔铭并序》两块石碑（图 7.2.2.1，图 7.2.2.2），得知西塔由“东头供奉官知平定军事”谭延德于“大宋至道元年岁次乙未”（995 年）主持建造的史实。东塔在重修时并未发现任何碑记，而《平定州志》记载，“天宁寺，宋熙宁间（1068—1077 年）建，赐名‘天宁万寿禅林’，太师蔡京书额，寺内有大悲阁，双塔东西对峙”，有专家认为州志所载年代或许也是东塔

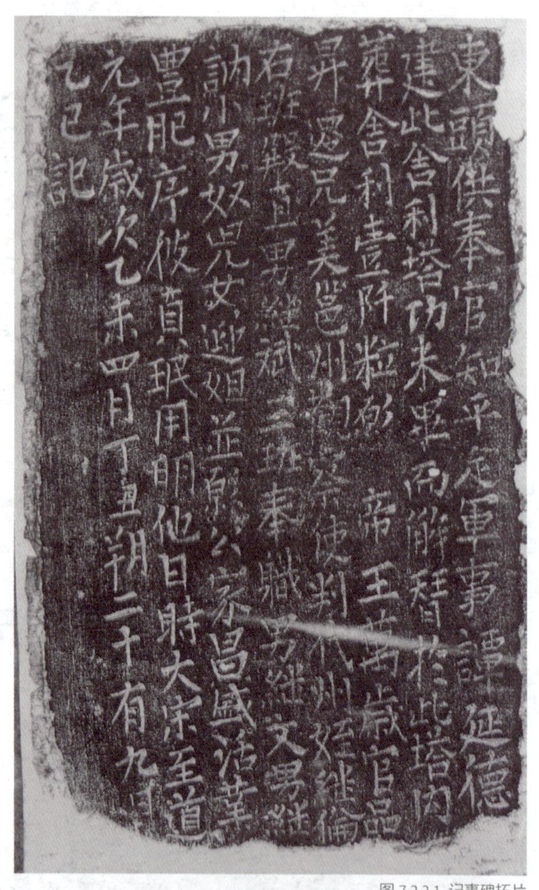
東頭供奉官知平定軍事譚延德
建此舍利塔功未畢而辭替於此塔内
葬舍利壹阡粒祝　帝王萬歲官品
昇遷兄美邕州觀察使判代州兄继偁
右班殿直男继斌三班奉職男继文男继
訥小男奴兒女迎姐並家人家昌盛浩華
豐肥序彼貞珉用明他日時大宋至道
元年歲次乙未四月丁丑朔二十有九日
乙巳記

图 7.2.2.1 记事碑拓片

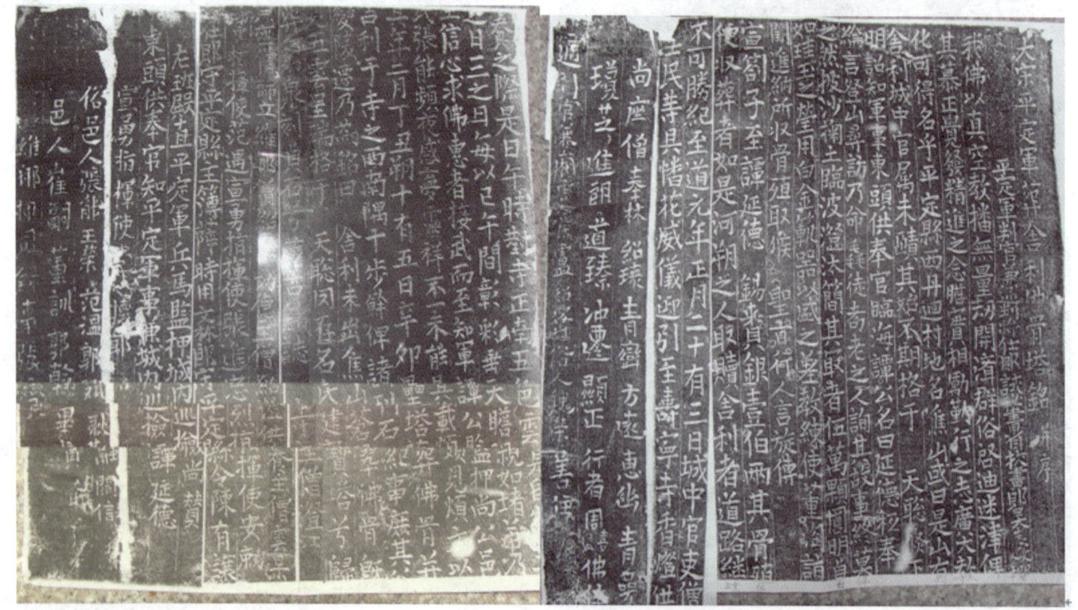

图 7.2.2.2 塔铭拓片

的建造年代。

双塔外形相似，均为八角形平面和四层塔身加上三层平座样式，总高近 20 米，塔身收分非常明显，檐下斗拱用五铺作双杪偷心造；双塔内部构造则完全不同，西塔空心，由木楼板分为五层，东塔全为实心，这种虚实相对的关系或许与雌雄双塔的传说不无关联（图 7.2.2.3）。

在修复之前，西塔损坏较为严重（图 7.2.2.4），东塔相对完整（图 7.2.2.5），修好的双塔是它们的本来面目吗？时光的印记还在吗？原真性的讨论与文物修复工作始终结伴而行，而敬畏之心和谨慎态度是必不可少的。西塔修复过程中，还发现了净瓶、熏炉、茶盏、瓷碗、瓷碟、石棺、佛骨、丝织帷帐、唐宋铜币、银质方盒、石函、银壶等珍贵文物和大量舍利子（图 7.2.2.6），中宫的墙上绘有护法金刚壁画（图 7.2.2.7）。得见文物的惊喜是否湮没了文物工作者的忧虑呢？我们有足够的能力保护好它们吗？

传说并不只是心灵的美好掠影，有心人总会从中读到某种真实；文字历史未必完全可靠，常需实物加以佐证；历史真相的呈现、文物的有效保护还需借助发展中的科技手段谨慎前行。

图 7.2.2.4 修缮前的西塔

图 7.2.2.3 双塔外观

图 7.2.2.5 修缮前的东塔

图 7.2.2.6 西塔中宫的文物

图 7.2.2.7 中宫壁画

3 马齿岩寺④

Machiyan Temple

名称与别名	马齿岩寺，樱桃寺
地　　址	阳泉市平定县东回镇马山村
看　　点	布局 · 木结构
推荐级别	★★
级　　别	山西省重点文物保护单位
类　　型	佛寺 · 木结构
年　　代	金、清
交　　通	乡村，自驾

今天的马山村有两个名片，一是省级文保单位马齿岩寺，二是红色旅游观光村。而那张“红色名片”也与马齿岩寺相关。据寺内标牌介绍，抗日战争时期129师师长刘伯承曾在马齿岩寺召开过“马山军事会议”，并在此指挥了著名的“七亘大捷”（图 7.2.3.1）。

寺庙创建年代不详，据寺内现存碑碣，最早的重修记录可以追溯到金大定二十九年（1189年），此后元、明、清历朝均有修缮。寺内现存南殿和正殿两座建筑，

图 7.2.3.1 马山会议纪念牌

南殿为清代遗构，正殿仍有金元遗风。正殿高居石台之上，面阔三间进深六椽，单檐歇山顶，屋面平缓、出檐深远（图 7.2.3.2）；檐下用单杪单下昂五铺作斗拱，各补间仅施一朵（图 7.2.3.3）。阶前的两株古树不约而同地向大殿倾斜，温柔暧昧地依偎着。

马齿岩寺还有一个别名叫“樱桃寺”，关于“樱桃寺”的来历，有人说正殿的大梁是用樱桃木做成的，也有人认为是源自马山樱桃树的传说。今天，借助先进的科技手段来检测大梁的材质已非难事，而要追溯传说的出处却要更加困难些。

图 7.2.3.2 大殿外观

图 7.2.3.3 大殿斗拱

7.3 盂县

1 藏山祠⑤

Memorial Hall at Mount Cang

名称与别名	藏山祠、文子祠
地　　址	盂县城北 18 公里处藏山
看　　点	布局 · 自然风光 · 木结构
推荐级别	★★★★
级　　别	全国重点文物保护单位
类　　型	祠庙 · 木结构
年　　代	明—清
交　　通	乡村，自驾

藏山，因程婴藏匿“赵氏孤儿”于此而得名。除盂县藏山外，忻州市西郊和垣曲县也各有一处藏山，究竟哪一座山是赵武真正的藏身之所已不可考，有学者认为藏孤之处不宜距当时的晋国都城过远而选择垣曲县的藏山，或许，程婴为远离是非之地而舍近求远亦未可知。

藏山祠始建年代不详，专家据《神泉里藏山神庙记》推断，此祠至迟建于金大定十二年（1172 年）。现存建筑除寝宫木构尚有金、元之风外，其余均为明、清遗构。祠庙以“赵氏孤儿”故事为依托，以主人公赵武的“文子祠”为中心，上祭赵氏先祖，并祀程婴、韩厥、公孙杵臼等忠臣义士以及替赵武而死的程婴之子。建筑群坐北朝南，依山就势，平面呈矩形，东西长，南北短，分为东、中、西三部分（图 7.3.1.1）。东部包括抱孤殿、落驾厅、垂花门等建筑；西部有纠首楼及厢房；中部为祠庙主体，包含前后两进院落，轴线上由南至北依次是影壁、牌坊（图 7.3.1.2）、山门（图 7.3.1.3）、正殿（图 7.3.1.4）、献殿与寝宫（图 7.3.1.5），

图 7.3.1.2 牌楼

图 7.3.1.1 藏山祠全景

两侧有钟鼓楼、画廊、厢房、耳殿等附属建筑。正殿面阔五间，单檐歇山顶歇山，翼角起翘极大；献殿为卷棚顶，檐下悬挂明成化二十年（1484 年）御赐牌匾，上书“万岁朝廷香火院”（图 7.3.1.6）；寝宫紧邻献殿之后，室内设天花和藻井，木构梁架颇具古风（图 7.3.1.7）。

藏山祠建筑群尽得地形之妙，因地制宜，错落有致，体现出山地建筑特色，古代文人、哲匠以高超技艺实现了历史文化和自然环境的完美融合。

图 7.3.1.3 山门

图 7.3.1.4 正殿

图 7.3.1.5 献殿与寝宫

图 7.3.1.6 御赐匾额

图 7.3.1.7 寝宫梁架

2 大王庙⑥

Shrine to Zhao Wu

名称与别名	大王庙
地　　址	盂县秀水镇北关村文管所院内
看　　点	布局 · 木结构
推荐级别	★★★★
级　　别	全国重点文物保护单位
类　　型	祠庙 · 木结构
年　　代	金—明
交　　通	乡村，自驾

藏山既然被盂县人民认定是“赵氏孤儿”的藏身之所，对藏山大王赵武的信仰在盂县得以广泛流传便是情理之中的事情了。时至今日，盂县大地上还保存着九座大王庙，以至于笔者在初次拜访时到了北庄村大王庙（图 7.3.2.1）。本文讲述的是位于盂县秀水镇北关村的大王庙，它被列为第五批全国重点文物保护单位。

图 7.3.2.1 北庄村大王庙

图 7.3.2.2 古树

大王庙在盂县文管所院内，坐北朝南，南侧隔着不宽的马路即是香河。山门并不开放，要从西侧的文管所大门入院。隔着院墙，两株苍劲的古槐证明着祠庙的古老年岁，还讲述着程婴带着赵武躲避追兵的故事（图 7.3.2.2）。

祠庙现存两进院落和山门、大殿、寝殿三座主要建筑。山门是常见的组合形式，背面是戏台，屋顶一悬一硬以勾连搭形式相接（图 7.3.2.3）。大殿体形最大，气势雄伟，三开间的檐廊与五开间的殿身形成明三暗五的独特形式；宽大的柱距、平缓的屋面、深远的屋

图 7.3.2.3 山门

图 7.3.2.4 从山门看大殿

图 7.3.2.5 大殿外观

檐仍有宋金遗风；而圆柱形柱础、厚重的额枋、玲珑的雀替和雕琢繁复的翼形拱又呈现出晚近特色。据殿内题记，大殿为明成化三年（1467年）遗构（图7.3.2.4，图7.3.2.5）。

寝殿最为古老。殿身面阔三间进深四椽，悬山屋顶、鸱吻遒劲、斗拱壮硕，华拱作假昂与晋祠献殿昂形颇似，阑额不出头，普拍枋出头直切，柱头卷杀圆润。（图7.3.2.6）殿内彻上明造，不设内柱，梁架用叉手和襻间，蜀柱直抵脊槫（图7.3.2.7）。专家根据木构特征判断此殿为金代遗构。

祠庙东侧设有碑廊，廊内保存《夫子庙堂记》石碑一块（图7.3.2.8），碑面左侧刻“宣圣兖公小景”落款为吴道子笔，右侧录颜真卿书《夫子庙堂记》；碑阴有大元延祐年间题记。据考证，山西省现存多块元代翻刻的《夫子庙堂记》碑，足见元代统治时期的尊孔崇儒风尚。

图7.3.2.6 寝殿外观

图7.3.2.7 寝殿梁架

图7.3.2.8 夫子庙堂碑

3 府君庙⑦

Fujun Temple

名称与别名	府君庙
地　　址	盂县上社镇中社北村
看　　点	木结构
推荐级别	★★★★
级　　别	全国重点文物保护单位
类　　型	祠庙 · 木结构
年　　代	元—清
交　　通	乡村，自驾

府君庙所在的社北村交通十分便利，沿着垂直于214省道的乡路径直向西，并从天黎高速下穿过，就来到了府君庙门口，与很多位于村里的国保单位一样，寺门紧锁。老乡约略描述了管理人的住址，并说明那里有一棵大槐树。笔者在第二棵大槐树附近找到了管理员李先生，虽是午休时间，他还是爽快地为我打开了寺门。

图 7.3.3.1 山门与老爷庙

寺庙坐北朝南，内部布局略显奇怪，山门并不在主要的建筑轴线上，而是与偏东的老爷庙正对着（图7.3.3.1），这座老爷庙是清代加建的。进门稍向左转，有一个台基遗址，应是原寺的过殿所在。台基北侧是一进较为完整的院落，只是少了东侧的一座配殿（图7.3.3.2）。轴线北端是三开间悬山式正殿，正殿前方，左右各一座单开间悬山式小殿，玲珑小巧（图7.3.3.3）。

正殿造型古朴（图7.3.3.4），柱头略作卷杀，柱

图 7.3.3.2 主体院落

图 7.3.3.3 悬山小殿

图 7.3.3.4 正殿外观

身出横向斗拱以承月梁形阑额，造型秀美，阑额与普拍枋出头直切（图 7.3.3.5）；柱头用五铺作斗拱，出双假昂，重拱计心造；补间铺作出 45 度斜拱，耍头作龙头形，极具装饰效果（图 7.3.3.6）；大殿后檐仅用四铺作斗拱，且不出飞檐，既经济又简洁朴素。殿内彻上明造，构架为四椽栿对乳栿用三柱；脊槫用叉手，并且采用横向斜撑与侏儒柱形成稳定三角形，平槫不用托脚（图 7.3.3.7，图 7.3.3.8）；梁架上有大量墨迹，未能清晰辨认，有学者根据襻间之上“元延祐二年 (1315 年) 重修”的题记判定大殿为元代遗构。从现存木构特征来看，此殿确有明显的早期特色，与明清风貌不同。

寺庙围墙之外，正对山门，有戏台遗址（图 7.3.3.9）。台基上的拱形门洞已被今天的地坪埋入大半。据李先生介绍，此门洞为古时道路穿行所用，若果真如此，寺庙原本也居于高台之上吧。

图 7.3.3.5 阑额与普拍枋

图 7.3.3.6 补间铺作

图 7.3.3.8 室内梁架二

图 7.3.3.7 室内梁架一

图 7.3.3.9 山门与戏台遗址

4 烈女祠⑧

Shrine to Princess Chaihua

名称与别名	烈女祠，柴花圣母祠
地　　址	盂县孙家庄镇大吉村水神山
看　　点	自然风光，布局
推荐级别	★★★
级　　别	山西省文物保护单位
类　　型	祠庙 · 木结构
年　　代	明、清
交　　通	乡村，自驾

古时的县志都有烈女一卷，以表彰传统伦理道德下女性的高风亮节。盂县烈女祠供奉的是后周世宗之女柴花公主。相传陈桥兵变之后，柴花公主为复国而四处奔走，并在后周大将李筠兵败之后逃至盂县水神山，隐居于此以待复国时机。后来，后周旧臣被赵宋一一征服，柴花公主见复国无望便以死殉国。当地百姓有感于她的忠烈，在水神山为其建祠而祀，这便是烈女祠的由来。

如今，比起烈女祠景区前导空间的排场（图 7.3.4.1），山腰上的烈女祠建筑群显然低调了很多；它没有炫目的色彩和撼人的体量，只有高低错落的小房子依着山势静静地长在那里（图 7.3.4.2）。

烈女祠建筑群分为东西两路，东路为祠庙的主体，是以圣母殿为核心的祭祀空间，形制较为严整；西路是以抱泉楼为核心的叙事空间，神话传说与景物编织在一起。虽然各处的单体建筑并无特异之处，但建筑群的空间规划却极为成功。祭祀空间沿着轴线和山势一路爬升，层层叠起的院落将空间趣味和礼仪秩序巧妙地结合起来（图 7.3.4.3）；叙事空间则偏安一隅，自由布置，以烈女殉节处、母子柏、捞儿泉等景观为依托，向世人讲述着柴花圣母的传说和神力（图 7.3.4.4）。

从历史到故事，从故事到传说，从传说到神话，历史就这样在时光的打磨下渐渐变得模糊、走向神秘，正如明万历元年（1573 年）《重修圣母庙记》所言：“供祀有高山仰止之意，非若后世之祈嗣也。”即便如此，对于现世的人们而言，虔诚之心和朴素的信仰也许比历史的真实更为重要吧。

图 7.3.4.1　烈女祠景区入口

图 7.3.4.3　祭祀空间

图 7.3.4.2　烈女祠远景

图 7.3.4.4　抱泉楼

5 坡头泰山庙⑨

Temple of Mount Tai at Potou Village

名称与别名	坡头泰山庙
地　　址	盂县北下庄乡东坡头村
看　　点	布局 · 木结构 · 壁画
推荐级别	★★★
级　　别	全国重点文物保护单位
类　　型	祠庙 · 木结构
年　　代	元—清
交　　通	乡村，自驾

导航再一次指错了路，其实并不怪导航，因为盂县有两个坡头村，而坡头泰山庙位于盂县东北方向的东坡头村。路上大货车很多，由 207 国道转向“交孙线”乡路，再前行 3 公里余，就到了东坡头村。村庄位于小山坡上，村南的农田里坐落着一组灰墙黛瓦的古建筑，那便是泰山庙了。热心的郭大爷骑上摩托车，载着笔者来到庙前（图 7.3.5.1）。

三开间的山门和下设券门的钟鼓楼构成了泰山庙完整的南立面，颇有雄风（图 7.3.5.2）。穿过山门来到第一进院落（图 7.3.5.3），三开间的硬山顶正殿端居高台之上，两侧各为五开间硬山顶配殿。正殿檐柱作卷杀，用阑额和普拍枋；柱头和补间均用四铺作斗拱，出假昂；当心间补间施 45 度斜拱一朵，不仅具有装饰性还有效地调和了斗拱间距（图 7.3.5.4）。殿内梁架为三椽栿对劄牵用三柱（图 7.3.5.5），内柱柱础形式独特，在盂县大王庙和烈女祠都有类似的柱础形式（图 7.3.5.6）；脊槫下施丁华抹颏拱，用叉手，三椽栿上的彩画仍清晰可辨；殿内山墙和北墙绘有大量壁画，因曾被抹灰掩盖，遭到破坏（图 7.3.5.7）。

正殿之北为后殿所在的第二进院落（图 7.3.5.8）。后殿面阔三间，下承低矮台基，上覆悬山顶，檐柱、

图 7.3.5.1 坡头泰山庙远景

图 7.3.5.2 山门外观

图 7.3.5.3 第一进院落

额枋、普拍枋、斗拱等做法与前殿相似；不同于前殿的通面隔扇门做法，后殿只在明间设隔扇门，次间辟直棂窗；窗槛墙各有嵌石一块，分别是明崇祯和清康熙年间遗物，记载了募资重修村中古井之事，并镌有施主姓名(图7.3.5.9)。殿内梁架为四椽栿通檐用二柱，后加两根内柱以保梁架安全（图7.3.5.10）；后殿比正殿更注重各缝梁架之间的稳定性，缝间用襻间，其上隐刻斗拱；殿内东西山墙绘有壁画（图7.3.5.11）。

郭大爷对泰山庙有很深的感情，他曾在庙里度过

图 7.3.5.4 正殿外檐

图 7.3.5.5 殿内梁架

图 7.3.5.6 内柱柱础

图 7.3.5.7 正殿壁画

图 7.3.5.8 第二进院落

图 7.3.5.9 康熙四十四年嵌石

图 7.3.5.10 后殿梁架

了小学时光，也在数不清的雨夜带着塑料布遮盖过漏雨的屋顶。如今，面对修复一新的庙宇，他可以自豪地讲述泰山庙的故事，而不必像从前那样担心它的安危了。

走出山门，向东南方向望去，原野中还有另外一座不起眼的小庙（图 7.3.5.12）。在几千年的农业社会里，靠天吃饭的老百姓将生计与神灵的庇佑联系在一起，那些淳朴的信仰支撑起他们对未来期望，也留下了人类文明的印记。

图 7.3.5.11 后殿壁画

图 7.3.5.12 田间小庙

6 三圣寺⑩

Temple of Three Sages

名称与别名	三圣寺，西寺
地　　址	盂县县政府院内
看　　点	形制 · 木构
推荐级别	★★★★
级　　别	山西省文物保护单位
类　　型	佛寺 · 木结构
年　　代	金
交　　通	县城，公交

三圣寺又是一个惊喜，只是来得并不容易。

说不容易有两个原因，一是它并不好找，二是它并不好进。文物局只给出 “阳泉市盂县城内” 这个含糊的地址，而且就连盂县文物所的门卫人员都未听过 “三圣寺” 的名号。还好盂北泰山庙的管理员大爷见多识广，老人家不仅知道三圣寺就是 “西寺” ，甚至还在庙里开过会。在庙里开会？没错，三圣寺就在盂县的政府大院里，一直为县政府所用。所以，说它 “并不好进” 就无须多解释了。

三圣寺仅剩的一座大殿隐藏在政府办公楼身后，当我们在办公楼转角处瞥到它的一瞬，便被深深地震撼了，好一座宏构！深远平缓的屋檐和高大雄壮的斗拱在逼仄的空间里散发着豪劲的傲气，厚重的砖墙虽遮住了它的容颜却遮不住那恢宏的尺度（图 7.3.6.1）。

走进细看，还有惊喜。柱头铺作单杪单下昂，竟然用了真昂（图 7.3.6.2）；补间铺作均用 45 度斜拱（图 7.3.6.3）。普拍枋和阑额从中部向两端微微翘起，这是檐柱采用了生起和侧脚的暗示（图 7.3.6.4）！

转到东侧，依然震撼。这座五开间的悬山大殿居然是八架椽的进深，屋面十分平缓，目测举高也要小于四分之一，不禁让人想起华严寺的海会殿。悬山一侧深远的出檐在山墙上留下厚重的阴影（图 7.3.6.5）。

此行的唯一遗憾就是未能进入殿内一睹梁架的风采，然而比起因找不到庙址而一度打算放弃的想法，又觉得十分庆幸。从未想过一座省保单位竟会是这样恢宏的巨构，也未曾知晓它曾用作会议室和食堂的历史。或许持续的使用使它避免了倾颓的厄运，身居官墙之内让它披上了安全的外衣。然而，这样一座珍贵的文物建筑未能走入公众的视野还是有点遗憾。翻起照片，看到因妨碍条幅悬挂而被生生锯掉的昂嘴和耍头，又是一阵心痛……

图 7.3.6.1 大殿外观

图 7.3.6.2 柱头铺作

图 7.3.6.3 补间铺作

图 7.3.6.4 大殿檐部

图 7.3.6.5 大殿侧面

7 盂北泰山庙⑪

Temple of Mount Tai at Yubei Village

名称与别名	盂北泰山庙，天齐庙
地　　址	盂县孙家庄镇西盂北村
看　　点	布局 · 木构 · 壁画
推荐级别	★★★
级　　别	全国重点文物保护单位
类　　型	祠庙 · 木结构
年　　代	元—清
交　　通	乡村，自驾

盂北村是一个布局规整的村落，十字大街构成了村庄的基本骨架。泰山庙在盂北村西，沿着十字街的交叉口向西走到村头便是。

寺庙坐落在一块高高的台地上，每当游客来访，上了年纪的管理员大爷都要爬上数十级台阶来开门，想到这里就有种莫名的感动（图 7.3.7.1）。

寺庙为坐北朝南的两进院落。第一进院落有西配殿和倒座式戏楼两栋建筑（图 7.3.7.2，图 7.3.7.3），第二进院落仅余大殿和已经倾颓的西朵殿（图 7.3.7.4）。从布局看，前院不见山门和钟鼓楼痕迹，过殿位置设置戏楼的做法也略显独特。就保存状况而言，盂北泰山庙也确实不及坡头泰山庙完整。

西配殿和大殿虽规模不大倒也算得上是佳构。两殿均为面阔三间进深四椽的悬山式木构，尺度和梁架形式却略有差异。西配殿进深略小，不设内柱，为四架椽屋通檐用二柱形式（图 7.3.7.5），与坡头泰山庙的后殿梁架十分相似；大殿进深略大，内设抹楞方柱两根，为劄牵对三椽栿用三柱形式，三椽栿穿过内柱砍成丁头拱以承劄牵的构造做法与坡头泰山庙正殿如出一辙（图 7.3.7.6）。完全有理由猜测这两座相距三十余里的祠庙是同一匠作流派的作品。大殿山墙与北壁绘有壁画，可惜一度被白垩所掩，现已局部清理。壁画画工平常，与烈女祠圣母殿画风接近，并非民间画师之高手所为（图 7.3.7.7）。

此行最难忘的一幕便是我们与管理员大爷一起撬大殿的门锁了。原因并不是丢了钥匙，也不是雨水锈蚀了锁头，而是新做的板门在干缩后将锁链完全绷紧，动弹不得。我们并没有抱怨制作锁链的匠人欠缺最基本的木材学知识，而是反思从事文物工作的我们又是否具备了足够的经验和学识呢？

图 7.3.7.3 戏楼

图 7.3.7.1 寺前的台阶

图 7.3.7.4 大殿和朵殿

图 7.3.7.2 西配殿

图 7.3.7.5 西配殿梁架

图 7.3.7.6 大殿梁架

图 7.3.7.7 大殿壁画

参考文献

方志类

[1] 明 李维桢修 .（万历）山西通志 .
[2] 清 曾国荃 张煦修 . 王轩 杨笃等纂 .（光绪）山西通志 .
[3] 清 吴辅宏修 . 王飞藻纂 . 文光校订 .（乾隆）大同府志 .
[4] 清 黎中辅纂修 .（道光）大同县志 .
[5] 清 桂敬顺修 .（乾隆）浑源州志 .
[6] 清 宋起凤纂 . 岳宏誉增订 .（康熙）灵丘县志 .
[7] 清 洪汝霖 鲁彦光修 . 杨笃纂 .（光绪）天镇县志 .
[8] 清 苏子芬纂 .（雍正）阳高县志 .
[9] 民国 王玉汝纂修 . 和顺县志 .
[10] 清 张赓麟修 . 董重纂（同治）介休县志 .
[11] 清 王志瀜修 . 黄宪臣纂 .（嘉庆）灵石县志 .
[12] 清 恩端等修 . 武达材 王舒萼纂 .（光绪）平遥县志 .
[13] 清 刘发岏纂 .（光绪）祁县志 .
[14] 清 马家鼎修 . 张嘉言纂 .（光绪）寿阳县志 .
[15] 清 郭晋修 , 管粤秀纂 .（乾隆）太谷县志 .
[16] 民国 皇甫振清等修 . 李光宇纂 . 昔阳县志 .
[17] 清 王家坊 , 葛士达修 . 田福谦等纂 .（光绪）榆社县志 .
[18] 清 徐三俊修 . 葛附凤等纂 .（雍正）辽州志 .
[19] 清 孙和相修 . 戴震纂 .（乾隆）汾州府志 .
[20] 清 姚启瑞 , 方渊如 刘子俊等纂 .（光绪）永宁州志 .
[21] 清 方家驹 , 庆文修 . 王文贞纂 .（光绪）汾阳县志 .
[22] 清 夏肇庸修纂 .（光绪）交城县志 .
[23] 民国 胡宗虞修 . 吴命新纂 . 临县志 .
[24] 清 袁学谟修 . 秦燮等纂 .（雍正）石楼县志 .
[25] 清 范启堃 王炜修 . 阴步霞纂 .（光绪）文水县志 .
[26] 清 邓必安修 . 邓常纂 .（光绪）孝义县志 .
[27] 清 蓝山纂修 .（乾隆）兴县志 .
[28] 清 汪嗣圣修 . 王霷纂 .（雍正）朔州志 .
[29] 清 马俊显修 . 刘熙春纂 .（宣统）怀仁县志 .
[30] 清 徐元梅修 , 朱文翰等纂 .（嘉庆）山阴县志 .
[31] 明 田蕙纂修 .（万历）应州志 .
[32] 清 费淳 , 沈树声纂修 .（乾隆）太原府志 .
[33] 清 薛元钊修 . 王效尊纂 .（光绪）太原县志 .
[34] 清 王勋祥修 . 王效尊纂 .（光绪）清源乡志 .
[35] 清 王勋祥修 . 秦宪纂 .（光绪）徐沟县志 .
[36] 清 李培谦等纂 .（道光）阳曲县志 .
[37] 清 方戊昌修 . 方渊如纂 .（光绪）忻州志 .
[38] 清 俞廉三修 . 杨笃纂 .（光绪）代县志 .
[39] 清 王时炯修 . 牛翰垣纂 .（康熙）定襄县志 .
[40] 清 何才价修 . 杨笃纂 .（光绪）繁峙县志 .
[41] 清 金福增修 . 张兆魁等纂 .（同治）河曲县志 .
[42] 清 吴光熊修 . 史文炳纂 .（光绪）岢岚州志 .
[43] 清 魏元枢 , 周景柱纂修 .（乾隆）宁武府志 .
[44] 清 王秉韬纂修 .（乾隆）五台县志 .
[45] 清 邵丰鍭 , 顾弼等纂修 .（乾隆）崞县志 .
[46] 清 赖昌期 , 张彬等纂修 .（光绪）平定州志 .

著作类

[1] 宋 李诫 . 营造法式 .
[2] 梁思成 . 梁思成全集（第二卷、第七卷）. 北京：中国建筑工业出版社 ,2001.
[3] 刘敦桢 . 中国古代建筑史 . 北京：中国建筑工业出版社 ,1987.
[4] 刘叙杰 , 傅熹年 , 郭黛姮 , 潘谷西 , 孙大章 . 中国古代建筑史（五卷集）. 北京：中国建筑工业出版社 ,2009.
[5] 潘谷西 , 何建中 . 营造法式解读 . 南京：东南大学出版社 ,2005.
[6] 陈明达 . 营造法式辞解 . 天津：天津大学出版社 ,2010.
[7] 中国科学院自然科学史研究所 . 中国古代建筑技术史 . 北京：科学出版社 ,1985.
[8] 萧默 . 中国建筑艺术史（上下册）. 北京：文物出版社 ,1999.
[9] 傅熹年 . 中国科学技术史・建筑卷 . 北京：科学出版社 ,2008.
[10] 王贵祥 . 中国汉传佛教建筑史 . 北京：清华大学出版社 ,2016;
[11] 陈正祥 . 中国文化地理 . 北京：生活・读书・新知三联书店 ,1983.
[12] 谭其骧 . 中国历史地图集 . 北京：中国地图出版社 ,1996.

[13] 山西省史志研究所．山西通史（多卷本）．太原：山西人民出版社 ,2001.
[14] 杨茂林等．山西文明史（上、中、下全三册）．北京：商务印书馆 ,2015.
[15] 行龙主．环境视野下的近代山西社会．太原：山西出版集团・山西人民出版社 ,2007.
[16] 李元平．山西地域文化．太原：山西出版传媒集团・三晋出版社 ,2014.
[17] 刘纬毅．山西文献总目提要．太原：山西人民出版社 ,1998.
[18] 杨秋梅．山西历史与文化．太原：山西出版传媒集团・三晋出版社 ,2014.
[19] 陈扬炯，冯巧英．古清凉传，广清凉传，续清凉传．太原：山西人民出版社 ,1989.
[20] 镇澄．清凉山志．北京：中国书店 ,1989.
[21] 陈明达．应县木塔．北京：文物出版社 ,1980.
[22] 傅熹年．中国古代建筑十论．上海：复旦大学出版社 ,2004.
[23] 孙大章．中国民居研究．北京：中国建筑工业出版社 ,2004.
[24] 柴泽俊．朔州崇福寺．北京：文物出版社 ,1996.
[25] 柴泽俊．柴泽俊古建筑文集．北京：文物出版社 ,1999.
[26] 柴泽俊．山西琉璃．北京：文物出版社 ,2012.
[27] 柴泽俊．山西寺观壁画．北京：文物出版社 ,1997.
[28] 柴泽俊．山西古建筑文化综论．北京：文物出版社 ,2013.
[29] 王贵祥，刘畅，段智均．中国古代木构建筑比例与尺度研究．北京：中国建筑工业出版社 ,2011.
[30] 王贵祥．承尘集．北京：清华大学出版社 ,2014.
[31] 刘畅．雕虫故事．北京：清华大学出版社 ,2014.
[32] 清华大学建筑设计研究院与北京清华城市规划设计研究院文化遗产保护研究所编著．佛光寺东大殿建筑勘察研究报告．北京：文物出版社 ,2011.
[33] 刘畅，廖慧农，李树盛．山西平遥镇国寺万佛殿与天王殿精细测绘报告，北京：清华大学出版社 ,2013.
[34] 李玉明．山西古建筑通览．太原：山西人民出版社 ,2001.
[35] 王金平，李会智，徐强．山西古建筑．北京：中国建筑工业出版社 ,2015.
[36] 杨平主．山西国宝之旅．太原：山西人民出版社 ,2017.
[37] 王月娥．河曲名刹海潮庵．太原：三晋出版社 ,2008.
[38] 张方维，杨秀波，高贵平．白佛堂．北京：新时代出版社 ,2009.
[39] 乔云飞．柳林香岩寺研究与修缮报告．北京：文物出版社 ,2013.
[40] 张建德．永安寺壁画．北京：中国林业出版社 ,2016.

论文类

[1] 刘海滨．大同古城墙修复中的历史价值回归探索 [J]. 中国文化遗产 ,2011(1):70-73.
[2] 武建亭．大同观音堂菩萨雕像考 [J]. 美术大观 ,2016(4):97.
[3] 李海．大同府文庙沿革 [J]. 文物世界 ,2011(2):66-70.
[4] 丰驰．明代大同代王府考析 [J]. 文物世界 ,2010(3):42-45.
[5] 史宏蕾．阳高县云林寺大雄宝殿明代水陆壁画 [J]. 山西档案 ,2014(3):18-22.
[6] 伊宝．永安寺传法正宗殿水陆壁画的构图及艺术特征 [J]. 山西档案，2013(4):23-28.
[7] 王鹏飞．北岳圆觉寺铃鸾风塔之研究 [J]. 文物世界 ,1992(1):69-76.
[8] 常学文，孙书鹏．浑源荆庄大云寺大雄宝殿勘测报告 [J]. 文物世界，2004(6):23-25.
[9] 张信忠．广灵水神堂 [J]. 沧桑 ,1994(5):37-39.
[10] 兰梅．古城旁的佛影 [J]. 山西师大学报（社会科学版）研究生论文专刊 ,2011(9): 72-74.
[11] 王丰．从传统文化看王家大院 [D]. 山西大学 ,2005.
[12] 雨晴．灵石资寿寺 [J]. 五台山研究 ,2013(2):60-64.
[13] 裴欣．明清商业影响下的晋中地区市楼研究 [J]. 西安文理学院学报（社会科学版）,2015,18(1):35-38.
[14] 贾莹燕．平遥城墙的建筑文化与军事文化 [J]. 中国文物报 ,2012-5-23（004）.
[15] 郭步艇．平遥慈相寺勘察报告 [J]. 文物世界 ,1990(1):82-90.
[16] 赛尔江・哈力克，刘畅，刘梦雨．平遥慈相寺大殿三维激光扫描测绘述要 [J]. 建筑史 ,2015,7:86-100.
[17] 焦洋．平遥古建筑大木构件装饰研究 [D]. 重庆大学 ,2006.
[18] 冯世平．浅谈双林寺彩塑的艺术特色 [J]. 文物世界，2017(1):24-25.
[19] 乔南．清代山西的商业市镇，平遥——以平遥市楼碑刻资料为中心的考察 [J].2006(6):31-37.
[20] 王国军．山西祁县渠家大院主院建筑考察与研究 [D]. 西北民族大学 ,2014.
[21] 申盈盈．榆次城隍庙空间组织及装饰艺术研究 [D]. 太原理工大学 ,2010.
[22] 武勇．张壁古堡——罕见的古代袖珍城堡 [N]. 中国社会科学报 ,2015（007）.
[23] 王国华．山西介休张壁古堡地道创建于明代考 [N]. 中国文物报 ,2015（004）.
[24] 樊国华．中国古代琉璃瓦初探 [D]. 南京大学 ,2010.
[25] 王春波．山西灵丘觉山寺辽代砖塔 [J]. 文物 ,1996(2):51-62.
[26] 刘畅，徐扬，姜铮．算法基因——两例弯折的下昂 [J]. 中国建筑史论汇刊 ,2015(2):267-311.
[27] 张明远．汾阳太符观金代彩塑艺术 [J].2010 年三晋文化研讨会论文集 ,2010：404-414.
[28] 郝红霞，贺丹．山西汾阳太符观壁画所揭示的村落民众信仰 [J]. 文物世界 2012(3):37-40.
[29] 李文苑．卦山风景名胜区非物质文化景观的传承模式初探 [J]. 山西林业科技，2014(4):54-55.
[30] 田芳．山西交城阳渠永福寺建筑布局及大雄宝殿遗构分析 [J]. 文物世界，2011(5):28-33.
[31] 杨鹏．带状空间结构传统聚落的空间承载力研究——以碛口古镇为例 [J]. 华中建筑，2014(10):170-173.

[32] 崔广哲 . 碛口的由来与兴起 [J]. 山西档案 ,2016(4):14-16.
[33] 李会智 . 文水则天圣母庙后殿结构分析 [J]. 古建园林技术 , 2000(2):7-11.
[34] 王志东 , 梁荟茗 . 临黄塔佛舍利之考 [J]. 文史月刊 ,2008(1):50-51.
[35] 王晓娟 .《崔府君庙碑》考 [J]. 史档杂俎 ,2009(5):55-56.
[36] 李国华 . 朔州崇福寺弥陀殿壁画研究 [D]. 太原理工大学 ,2011.
[37] 朱向东 , 田悦 . 山西应县净土寺大雄宝殿营造技术特色分析 [J]. 古建园林技术 ,2008(4):39-41.
[38] 吴连城 . 山西右玉宝宁寺水陆画 [J]. 文物 ,1962(z1):88-90.
[39] 晋博 . 太原崇善寺 [J]. 文史知识 , 1998(3):124-127.
[40] 黄静静 . 窦大夫祠古祠建筑形态分析 [D]. 太原理工大学 ,2009.
[41] 程文娟 . 山西祠庙建筑研究——晋祠的布局及空间形态分析 [J]. 太原理工大学，2006.
[42] 孙怀中 . 过太原督军府 [J]. 中华诗词 , 2016(11):25-25.
[43] 廖奔 . 宋元戏台遗迹——中国古代剧场文物研究之一 [J]. 文物 , 1989(7):82-95.
[44] 彭明浩 . 试析“替木式短拱”[J]. 中国建筑史论汇刊 ,2014(1):79-93.
[45] 张十庆 .《营造法式》厦两头与宋代歇山做法 [J]. 中国建筑史论汇刊 ,2014(2):188-201.
[46] 苑杰 . 关于文物保护修缮理念的思考——从太原市唱经楼修缮过程中引发的一点思考 [J]. 文物世界 , 2016(05):51-54.
[47] 王永锋 , 李富华 . 从山西清徐狐突庙看中国民间信仰的变迁 [J]. 山西大同大学学报 (社会科学版),2012,26(02):17-21.
[48] 柴玉梅 . 清徐尧庙尧王殿勘察报告 [J]. 文物季刊 ,1992(1):82-88.
[49] 苑杰 . 太原地区的文庙建筑 [J]. 文史月刊 ,2016(12):65-72.
[50] 李小涛 . 不二寺大雄宝殿迁建保护与研究 [J]. 文物 ,1996(12):67-74+2.
[51] 郑杰 . 山西境内的祭祀类建筑型制及其空间分析 [D]. 太原理工大学 ,2015.
[52] 任青田 . 定襄县五仙山白佛堂的明代石窟 [J]. 忻州师范学院学报 ,2003,19(6):41-42.
[53] 董慧敏 . 山西定襄县留晖村洪福寺及其圣母乐亭考 [J]. 中华戏曲 , 2010(1):72-88.
[54] 李有成 . 定襄县关王庙构造浅探 [J]. 古建园林技术 ,1995(4):4-8.
[55] 王子奇 . 山西定襄关王庙考察札记 [J]. 山西大同大学学报 (社会科学版), 2009,23(4):23-27.
[56] 李有成 . 山西定襄洪福寺 [J]. 文物世界 ,1993(1):22-26.
[57] 侯慧明 . 繁峙公主寺水陆画神祇构图及考订 [J]. 山西档案 ,2014(2):13-19.
[58] 赵继红 . 山西偏关县寺沟村护宁寺及戏台考述 [J]. 中华戏曲 ,2010(1):56-71.
[59] 黄盛璋 . 五台山大塔院寺白塔的来源与创建新考 [J]. 晋阳学刊 , 1982(1):51-55.
[60] 李海英 , 张映莹 . 五台山南山寺的组群方式及景观构成 [J]. 文物世界 , 2011(3):47-50.
[61] 赵培成 , 赵红岩 . 碧山寺史话 [J]. 五台山研究 ,1992(3):39-43.
[62] 刘畅，徐扬 . 观察与量取——对佛光寺东大殿三维激光扫描信息的两点反思 . [J]. 中国建筑史论汇刊 ,2016(10):46-64.
[63] 祁英涛 , 柴泽俊 . 南禅寺大殿修复 [J]. 文物 ,1980(11):61-75.
[64] 段智钧 . 南禅寺大殿大木结构用尺与用材新探 [J]. 中国建筑史论汇刊 , 2008(00).
[65] 刘艳 . 五台县广济寺文物保护与管理 [J]. 文史月刊 , 2009(11):44-45.
[66] 潘松 . 正在消亡的艺术瑰宝 [J]. 美术研究，2011(4):124-125.
[67] 高明和 . 尊胜寺石经幢 [J]. 五台山研究 ,2012(3):62-64.
[68] 丁晓慧 . 普济桥雕刻图案渊源略说 [J]. 魅力中国 ,2011(10):396-396.
[69] 史国亮 . 阳泉关王庙大殿 [J]. 古建园林技术 ,2003(2):40-44.
[70] 王鹏龙 . 山西盂县“赵氏孤儿”祠庙及其剧场的动态考察 [J]. 戏曲研究 ,2016(3).

图片来源

图片序号	图片来源
1.1.5.1	大同府志
1.1.5.2	大同日报传媒公众号
1.1.9.6	海会殿旧照片来源于网络
1.1.11.4	梁思成摄影
1.1.11.9~1.1.11.12	华严寺全景 AR 截图
1.3.1.2	王金平，李会智，徐强．山西古建筑．北京：中国建筑工业出版社，2015.
1.3.2.1~1.3.2.4	王金平，李会智，徐强．山西古建筑．北京：中国建筑工业出版社，2015.
1.3.3.1~1.3.3.2	王金平，李会智，徐强．山西古建筑．北京：中国建筑工业出版社，2015.
1.3.8.1~1.3.8.4	同顺．悬卧恒山这腰 挥洒巧手木作——山西恒山悬空寺．居业，2015(1):70–75.
1.3.11.3~1.3.11.7	张建德．永安寺壁画．北京：中国林业出版社，2016
1.5.1.2~1.5.1.3	王金平，李会智，徐强．山西古建筑．北京：中国建筑工业出版社，2015.
2.1.1.1~2.1.1.5	山西省第七批国保单位申报材料
2.1.2.1~2.1.2.6	山西省第七批国保单位申报材料
2.2.3.3~2.2.3.6	新浪博客“感悟山西”
2.3.3.1~2.3.3.8	山西省第七批国保单位申报材料
2.3.7.1~2.3.7.5	山西省第七批国保单位申报材料
2.3.9.1~2.3.9.4	山西省第七批国保单位申报材料
2.4.1.2~2.4.1.4	山西省第七批国保单位申报材料
2.4.4.1~2.4.4.5	新浪博客“感悟山西”
2.5.1.1~2.5.1.4	山西省第七批国保单位申报材料
2.5.2.1~2.5.2.8	山西省第七批国保单位申报材料
2.5.3.1~2.5.3.5	山西省第七批国保单位申报材料
2.5.9.1~2.5.9.6	山西省第七批国保单位申报材料
2.5.10.1~2.5.10.4	山西省第七批国保单位申报材料
2.5.12.1~2.5.12.7	山西省第七批国保单位申报材料
2.5.13.1~2.5.13.5	山西省第七批国保单位申报材料
2.5.15.1~2.5.15.7	山西省第七批国保单位申报材料
2.5.24.3~2.5.24.4	清源文化遗产公众号
2.5.27.1~2.5.27.6	山西省第七批国保单位申报材料
2.5.28.1	贺从容摄影
2.5.28.2	李路珂摄影
2.5.28.3	刘芸绘图
2.5.29.2	李路珂摄影
2.6.5.2	光绪祁县志
2.7.1.1~2.7.1.10	山西省第七批国保单位申报材料
2.7.3.1~2.7.3.9	山西省第七批国保单位申报材料
2.7.4.1~2.7.4.7	新浪博客“感悟山西”
2.7.6.1~2.7.6.8	新浪博客“感悟山西”
2.9.1.1~2.9.1.5	山西省第七批国保单位申报材料
2.9.2.1~2.9.2.6	山西省第七批国保单位申报材料
2.11.1.1~2.11.1.5	山西省第七批国保单位申报材料
2.11.2.1~2.11.2.10	山西省第七批国保单位申报材料
3.3.1.1~3.3.1.7	山西省第七批国保单位申报材料
3.4.5.1~3.4.5.9	山西省第七批国保单位申报材料
3.5.1.1~3.5.1.4	新浪博客“感悟山西”
3.7.9.1~3.7.9.7	山西省第七批国保单位申报材料
3.8.1.1~3.8.1.8	山西省第七批国保单位申报材料
3.8.2.1~3.8.2.8	新浪博客“感悟山西”
3.9.2.1~3.9.2.4	新浪博客“爱塔传奇”
3.9.3.1~3.9.3.5	山西省第七批国保单位申报材料
3.10.1.1~3.10.1.6	山西省第七批国保单位申报材料
3.10.1.2	山西省第七批国保单位申报材料
3.10.4.1~3.10.4.7	山西省第七批国保单位申报材料
3.10.5.1~3.10.5.6	山西省第七批国保单位申报材料
4.1.3.4~4.1.8.3	柴泽俊．朔州崇福寺．北京：文物出版社，1996.
4.4.1.1~4.4.1.8	新浪博客“感悟山西”
5.1.9.1	梁思成 林徽因摄影
5.1.11.1~5.1.13.4	梁思成 林徽因摄影
5.1.12.1~5.1.13.4	山西省第七批国保单位申报材料
5.2.1.1~5.2.1.5	新浪博客“感悟山西”
5.3.5.1	光绪清源乡志
5.4.2.1~5.4.2.4	山西省第七批国保单位申报材料
5.4.3.1~5.4.3.2	新浪博客“福成中华”
5.4.4.1~5.4.4.4	新浪博客“感悟山西”
5.4.5.1~5.4.5.4	山西省第七批国保单位申报材料
5.4.6.1~5.4.6.6	山西省第七批国保单位申报材料
5.4.7.1~5.4.7.8	山西省第七批国保单位申报材料
6.2.8.1	王金平，李会智，徐强．山西古建筑．北京：中国建筑工业出版社，2015.
6.3.1.1~6.3.1.3	张方维，杨秀波，高贵平．白佛堂．北京：新时代出版社，2009.
6.4.4.1~6.4.4.5	新浪博客“感悟山西”
6.6.1.1~6.6.1.6	新浪博客“感悟山西”
6.11.4.1~6.11.4.6	山西省第七批国保单位申报材料
7.2.1.1~7.2.1.5	山西省第七批国保单位申报材料
7.2.2.1~7.2.2.7	山西省第七批国保单位申报材料
7.2.3.1~7.2.3.2	网易博客“天涯游魂”
7.3.1.1~7.3.1.7	山西省第七批国保单位申报材料

结语

还记得当接到《山西古建筑地图（下）》的任务时，内心带着些朝觐的激动与期待。作为一个初入建筑历史之门的学生，看到谒访名单浩浩荡荡三百座古建筑，不乏一些在课堂上如雷贯耳的名字，想到会与它们来一次“亲密接触”，便足以让我心驰神往。

于是便开始了数次的奔波之旅，从盛夏到隆冬，行迹遍布晋北。山河壮美，风云变幻，微渺如我，似乎在这旅途中，触摸着山西大地的每一寸褶皱。

过程中也并不如想象中的一帆风顺，“奇伟瑰怪非常之观，常在于险远，非有志者不能至也”。这次“寻宝之旅”中，即使GPS已经为我们的行程提供了极大便利，仍然有很多建筑并没有明确的位置信息。听着当地居民山西腔调的指路，一步步接近我们的目标，直至邂逅瞬间的惊喜。即使如此，“惊喜”却不总是向我们敞开的，有时候需要深入村中，找到看管文物的负责人，方得以一览胜景。最不走运的时候，只好扭曲身体，从门缝檐上选择合适的角度，拍一些它的只鳞片羽，如果您在书中看到了角度神奇的照片，几乎都来自此种情境。

当然，动人的不仅仅是建筑，行程沿途的美景见闻同样令人难忘。在碛口看滚滚黄河的壮美，也安静地享受滹沱河的月色；在五台欣赏积雪和苍翠，也迷失在吕梁的黄土墚塬上。在旅途中，感受着时空交织、天人际会。古建筑连同其背后的历史源流扑面而来，而一座座村庄又在我们身旁飞驰而过，它们如此恢宏壮阔，穷极一生，也很难描摹其中之万一。

旁人说，人要经历三重境界——见自己，见天地，见众生。然而我觉得，这次山西之旅，却是逆向而行——见众生，见天地，见自己。走出象牙塔，走出城市，来到田野，是一次别开生面的尝试与挑战。在雪花啤酒的鼎力赞助之下，我们幸运地得以成行。

一路上，感受到了不少关乎古建筑的温暖，过程中有各级文物部门和学校的协助支持，也有基层文物工作者的配合。温暖也延续到返程之后，“感悟山西”博主等文保人士的交流帮助。

听到村子里的老人们自豪地谈论起古建筑在他们小时候的样子，为来玩耍的孩子们指点梁架上的古时题记，便觉得这些木构似乎也有了灵魂，成了当之无愧的地标与场所记忆。

当然更多的情况是让人心酸的。随着城市化的进程，不少乡村已经人去屋空。问询古建筑的具体位置，也往往要找上了年纪的老人。年轻人似乎并不喜欢他们的故乡，也大都是无神论者，当地的庙宇对于他们，也变得无足轻重了。当这些古建筑的生存之根逐渐消亡，它们便只好单纯地以文物的姿态存在着，如何寻找它们之于时代新的意义，是萦绕在古建筑保护者心头的难题。

也曾驱车行在吕梁泥泞的山路上，遭遇两次塌方，兜兜转转，带着星光回家。看到直立黄土上开凿的窑洞，不由想象居于其中的人，又如何在资源匮乏的环境中生存，我们的祖先又如何在这样的环境之下，为我们留下精美绝伦的建筑遗产，不由得感喟人之坚强。从前并不了解窑洞背后的日子和生活，此行也无缘得见，不过所幸电影《二十二》的镜头给了我答案。其中有一段盂县的场景，老人们在窑洞中生火做饭，在炕上小憩。镜头下的老人们，和其他住在这里的人们一样，平静地生活着。须臾的人生，本无宏阔可言，但是内里的韧性却让我十分感动。它让我明白，当生活袒露出它粗粝的一面，又该怀着怎样的心情来热爱生命、创造美好。

时至今日，在《山西古建筑地图（下）》即将收尾之际，我仍然怀念那些日子，怀念着惊喜与辛苦参半的时光，与好兄弟把酒言欢的快乐，每天奔向未知美好的期待。所谓百闻不如一见，纵有生花妙笔，也终究不及见到古建筑本身的喜悦与震撼。希望这本《山西古建筑地图（下）》能够成为诸君游历山西的契机。若能来到山西，亲自领略这里的表里山河、人文荟萃，相信定会不虚此行。